Entwicklung und Management von Informationssystemen und intelligenter Datenauswertung

Herausgeber:
Prof. Dr. Paul Alpar, Philipps-Universität Marburg
Prof. Dr. Ulrich Hasenkamp, Philipps-Universität Marburg

Stefan Bartsch

Ein Referenzmodell zum Wertbeitrag der IT

Mit einem Geleitwort von Prof. Dr. Ulrich Hasenkamp

 Springer Vieweg

Stefan Bartsch
Köln, Deutschland

Dissertation Philipps-Universität Marburg, 2014

Entwicklung und Management von Informationssystemen und intelligenter Datenaus-
wertung
ISBN 978-3-658-09299-3   ISBN 978-3-658-09300-6 (eBook)
DOI 10.1007/978-3-658-09300-6

Die Deutsche Nationalbibliothek verzeichnet diese Publikation in der Deutschen Nationalbi-
bliografie; detaillierte bibliografische Daten sind im Internet über http://dnb.d-nb.de abrufbar.

Springer Vieweg
© Springer Fachmedien Wiesbaden 2015

Gedruckt auf säurefreiem und chlorfrei gebleichtem Papier

Springer Fachmedien Wiesbaden ist Teil der Fachverlagsgruppe Springer Science+Business Media
(www.springer.com)

Geleitwort

Die betriebswirtschaftliche Untersuchung der Wertorientierung stellt sich speziell im Bereich der Informationstechnologie als aktueller und forschungsstrategisch wichtiger Gegenstand dar. Das Thema "Wertbeitrag der IT" wird zwar schon seit mehreren Jahren in Publikationen behandelt, allerdings mangelt es an weithin anerkannten Best Practices, und bisher existiert hierzu kein umfassendes Referenzmodell.

Nachdem sich die Aufregung um die Thesen von Carr gelegt hat, motiviert das in der jüngeren Vergangenheit wieder aufgeflammte Interesse an der Wertorientierung in der Betriebswirtschaftslehre eine stärkere wissenschaftliche Auseinandersetzung mit dem Wertbeitrag der IT. Nicht zuletzt durch die Fokussierung der Marburger Betriebswirtschaftslehre auf die Wertorientierung liegt die Untersuchung des Wertbeitrags der Informationstechnologie nahe.

Nach wie vor bestehen in der Praxis starke Zweifel hinsichtlich des Wertbeitrags der IT, die vielfach zu kontroversen Diskussionen insbesondere um die Höhe der Budgets führen. Offensichtlich kann die Frage nach dem Wertbeitrag der IT nicht pauschal beantwortet werden, sondern muss unternehmensindividuell und für jede IT-Investition spezifisch erarbeitet werden. Die in der vorliegenden Arbeit vorgestellte Systematik hat das Potenzial, die Wirkungen von IT klarer zu dokumentieren und den Wertbeitrag der IT qualitativ besser steuern zu können. Ein methodischer Ansatz zum Verständnis der IT ist unter anderem auch deshalb wichtig, weil die Unternehmensführungen auch heute noch in vielen Fällen kein ausreichendes Verständnis für die IT haben, sondern sich diesbezüglich auf Spezialisten verlassen müssen. Da die Wahrnehmung des Wertbeitrags seitens der Spezialisten naturgemäß anders ist als die der Unternehmensführung, sind Missverständnisse und Konflikte an der Tagesordnung.

In der vorliegenden Arbeit wird der Gegenstand des Wertbeitrags der IT im Kontext eines Unternehmens systematisch erfasst. Dabei werden die vorhandenen Quellen umfangreich recherchiert und der Konstruktion des Referenzmodells zugrunde gelegt. Insgesamt handelt es sich um einen wertvollen Forschungsbeitrag, der auch für die Praxis unmittelbar relevant ist.

Prof. Dr. Ulrich Hasenkamp

Vorwort und Danksagung

Die vorliegende Arbeit ist neben meiner beruflichen Tätigkeit als Berater im IT-Management entstanden und hat mich über einen langen Zeitraum hinweg begleitet. In meiner beruflichen Praxis werde ich fortwährend mit sehr unterschiedlichen Philosophien im Hinblick auf die Steuerung der IT und mit verschiedenen Sichtweisen des Wertbeitrags der IT konfrontiert. Die Beobachtung dieser Vielschichtigkeit hat mich stets neugierig auf die Beweggründe gemacht und mich bei meinem Vorhaben bekräftigt und motiviert. Rückblickend stellt sich die Promotion zwar als anspruchsvolles Unterfangen dar, am Ziel angekommen überwiegt jedoch die Freude darüber, etwas erreicht zu haben, das ohne Entbehrung und ohne die vielseitige Unterstützung nicht möglich gewesen wäre.

Die Begleitung eines externen Doktoranden ist keine Selbstverständlichkeit. Zunächst möchte ich meinem Doktorvater Prof. Dr. Ulrich Hasenkamp für die vorbildliche Unterstützung während meines Promotionsvorhabens danken. Neben der Konkretisierung des Themas, wertvollen Ratschlägen und kritischen Fragen an den richtigen Stellen, hätte ich mir auch auf persönlicher Ebene keine bessere Zusammenarbeit vorstellen können.

Darüber hinaus gilt mein Dank dem gesamten Institut für Wirtschaftsinformatik der Universität Marburg. Ich habe die regelmäßigen Doktorandenkolloquien stets als Plattform für einen offenen Dialog und wertvolle Kritik wahrgenommen. Prof. Dr. Paul Alpar danke ich für die Übernahme des Zweitgutachtens und Prof. Dr. Michael Kirk für den Vorsitz im Prüfungsausschuss.

Ferner danke ich allen beteiligten Unternehmen für ihr Vertrauen und die Bereitschaft ihre sensiblen Daten im Rahmen dieses Forschungsprojektes zur Verfügung gestellt zu haben.

Schließlich möchte ich mich an dieser Stelle bei meiner Partnerin Eileen Kunzmann bedanken, die mir stets Verständnis entgegengebracht und mich sehr liebevoll unterstützt hat.

Inhaltsverzeichnis

Abbildungsverzeichnis

Tabellenverzeichnis

Abkürzungsverzeichnis

AHP	Analytical Hierarchy Process
BSI	Bundesamt für Sicherheit in der Informationstechnik
Capex	Capital expenditures
CIO	Chief Information Officer
CMMI	Capability Maturity Model Integration
COBIT	Control Objectives for Information and Related Technology
DSRM	Design Science Research Methodology for Information Systems Research
EBIT	Earnings before interest and taxes
ERP	Enterprise Resource Planning
EVA	Economic Value Added
ISACA	Information Systems Audit and Control Foundation
I&K	Information und Kommunikation
IM	Informationsmanagement
ITGI	IT Governance Institute
IRR	Internal Rate of Return
IT	Informationstechnologie
ITIL	IT Infrastructure Library
IV	Informationsverarbeitungsfunktion
KAM	Key Account Management
KPI	Key Performance Indicator
MTBF	Mean Time Between Failure
MTTR	Mean Time To Recover
NOPAT	Net Operating Profit After Taxes
NPV	Net Present Value
OMG	Object Management Group
Opex	Operational expenditures
RBV	Resource Based View
RoCE	Return on Capital Employed
RoE	Return on Equity
RoI	Return on Investment

SAM   Strategic Alignment Model
SIS   Strategic Information Systems
SLA   Service Level Agreement
TCO   Total Cost of Ownership
UML   Unified Modeling Language
UP   Underpinning Contract

1 Einleitung

Obwohl die Bedeutung der IT für ein Unternehmen unterschiedlich stark ausgeprägt ist und von einer Vielzahl unterschiedlicher Faktoren abhängt,[1] ist festzustellen, dass dem Thema Wertbeitrag der IT branchenübergreifend eine gesteigerte Aufmerksamkeit zukommt.[2] Indes ist ein zunehmender Bedarf an Transparenz der IT-Leistung erkennbar. Ein wesentlicher Treiber für diese Entwicklung ist die Höhe der IT-Investitionen, die in zahlreichen Unternehmen mittlerweile den größten Investitionsblock darstellt.[3] Unabhängig von den Investitionsausgaben implizieren hohe Betriebsausgaben die Frage, ob und wie weit die durch IT gebundenen Mittel im Sinne eines Unternehmens effektiv und effizient genutzt werden. Während die IT-Kosten bekanntermaßen gut quantifiziert werden können, liegt das Hauptaugenmerk des Gegenstandsbereichs Wertbeitrag der IT auf einer Quantifizierung des Nutzens, was sich sowohl in der Planung als auch ex post als schwierig erweist.[4]

Die Fragestellung, ob IT grundsätzlich einen Wertbeitrag leistet, wird inzwischen weniger kontrovers diskutiert als noch durch die im Jahre 2003 von CARR postulierte These „IT doesn't matter".[5] Die breite Wahrnehmung ist mittlerweile, dass die IT einen entscheidenden Beitrag für den Geschäftserfolg leistet. So kommt eine vom IT Governance Institute (ITGI) beauftragte und von PRICEWATERHOUSECOOPERS durchgeführte Studie zu dem Ergebnis, dass 87% der befragten Führungskräfte den Beitrag der IT zur Umsetzung der Unternehmensstrategie als wesentlich bis sehr wesentlich einstufen.[6] Laut einer Umfrage von THE ECONOMIST haben technologische Innovationen den größten Einfluss auf die Umsetzung strategischer Unternehmensziele und den Geschäftserfolg von Unternehmen.[7]

---

1   KRCMAR bestimmt die Bedeutung der IT für ein Unternehmen anhand von drei unterschiedlichen Merkmalen: der Informationsintensität, der strategischen Bedeutung der Anwendungen im Unternehmen und der Beeinflussung der kritischen Erfolgsfaktoren des Unternehmens durch die IT (vgl. Krcmar 2005, S. 319).
2   Vgl. Strecker 2009, S. 27.
3   Vgl. Ranganathan, Brown 2006, S. 145.
4   Vgl. Pietsch 2003, S. 46; Krcmar 2005, S. 395.
5   Vgl. Carr 2003.
6   Vgl. ITGI 2009, S. 10.
7   Vgl. Franklin 2005, S. 10-11.

Trotz der Relevanz und der langjährigen Auseinandersetzung kann man den Gegenstand des Wertbeitrags der IT als noch nicht hinreichend verstanden charakterisieren. Ein fortwährendes Problem resultiert aus der mangelnden begrifflichen Präzision. Zum einen ist der Wertbegriff an sich vage,[8] zum anderen wird der Gegenstandsbereich oder Teile dessen durch eine Vielzahl weiterer Begriffe beschrieben, deren Abgrenzung und Kohärenz nicht offensichtlich sind. Der Mangel einer präzisen, allgemeingültigen Definition sowie fehlende Best Practices zur Steuerung des Wertbeitrags der IT lassen einen geringen Erkenntnisstand attestieren.[9] So hat sich bis heute kein allgemeines Verständnis für den Wertbeitrag der IT und die Wirkungsweise von IT durchgesetzt.

1.1 Problemstellung und Motivation

Es zeigt sich, dass sowohl in der Theorie als auch in der Praxis unterschiedliche Annahmen über die Wirkungsweise des IT-Einsatzes existieren, die verschiedene Ursache-Wirkungs-Beziehungen unterstellen und unter dem Sammelbegriff Wertbeitrag der IT diskutiert werden.[10]

Wissenschaftliche Untersuchungen zum Wertbeitrag der IT stammen überwiegend aus dem angloamerikanischen Raum und werden vornehmlich unter dem Begriff *IT Business Value* geführt.[11] Der Gegenstand des Begriffs oder Teile dessen werden im deutschsprachigen Raum auch unter den Stichworten Nutzen, Leistung, Value, Performance, Benefit, Produktivität, Effizienz und Effektivität diskutiert. Distinktive Merkmale erscheinen dabei nicht klar erkennbar. Es existiert zwar eine Fülle an Veröffentlichungen, die sich mit Methoden zur Bewertung der IT auseinandersetzen, eine klare Definition oder intensive Auseinandersetzung hinsichtlich des Gegenstands des Wertbeitrags liegt in wissenschaftlichen Arbeiten in der Regel jedoch nicht vor.[12] Vielmehr wird die eigentliche Bedeutung als selbsterklärend oder gegeben angenommen.[13] Im Hinblick auf die Interpretationen des Wertbeitrags der IT lässt sich eine erhebliche Varianz feststellen. So identifizieren GAMMELGÅRD, EKSTEDT und GUSTAFSSON über 625

---

8   Vgl. Heyde 1926, S. 7.
9   „Bis heute ist der Wertbeitrag der IT nicht präzise definiert und es gibt keine allgemein akzeptierte Best Practice" (Durst 2007, S. 90). Ähnlich auch Kleinschmidt, Pfeifer 2004, S. 1-2.
10   Vgl. Wolters, Dünnebacke 2011, Vorwort, S. V; Bannister, Remenyi 2000, S. 232.
11   Vgl. Johannsen et al. 2007, S. 7; Pfeifer 2003, S. 17.
12   Vgl. Bannister, Remenyi 2000, S. 232; Cronk, Fitzgerald 1997, S. 408-409.
13   Vgl. Krcmar 2005, S. 395.

unterschiedliche Sichtweisen des IT-Wertbeitrags.[14] Es ist zu erkennen, dass sich diese Sichtweisen in verschiedenen Dimensionen unterscheiden.

In der Praxis spiegelt sich dieses Bild wider: So zeigt eine Studie vom ITGI, dass in weniger als der Hälfte der befragten Unternehmen ein gemeinsames Verständnis des Wertbeitrags der IT verankert ist.[15] TALLON und KRAEMER stellen fest, dass der Beitrag der IT von verschiedenen Gruppen innerhalb einer Organisation unterschiedlich wahrgenommen wird.[16] Ein divergentes Verständnis einschließlich unterschiedlicher Erwartungen zeichnet sich typischerweise zwischen der IT-Organisation, deren Kunden und der Unternehmensleitung, aber auch innerhalb dieser Gruppen ab. Diese unterschiedlichen Sichtweisen werden in der Praxis jedoch nicht offen diskutiert, so dass ein Austausch über den Gegenstand des Wertbeitrags der IT unterbleibt und es zu unterschiedlichen Erwartungen oder Missverständnissen in Bezug auf den Wertbeitrag kommt.

Die Unklarheit des Gegenstands des Wertbeitrags der IT hat einen deutlichen Einfluss auf die Steuerung der IT. Für eine wertorientierte Steuerung der IT ist es zwingend erforderlich, ein klares Verständnis des Gegenstands zu etablieren und die zugrunde liegenden Steuerungsobjekte zielgerichtet darauf auszurichten. Ferner gilt eine enge Verzahnung von IT- und Geschäftsaktivitäten als Voraussetzung für die Generierung von Wertbeitrag und um einen effektiven und nachhaltigen Beitrag für ein Unternehmen zu leisten. Wenngleich dies keine neue Erkenntnis ist, scheint der Wandel der IT von einer reinen Unterstützungsfunktion hin zu einer IT-Business-Symbiose erst allmählich in der Praxis – auch über die Grenzen der IT-Organisation hinweg – Einzug zu halten. Trotz der kognitiv wahrgenommenen Notwendigkeit findet eine ganzheitliche IT-Steuerung in der Praxis heute nur eingeschränkt statt.[17] So zeigt die erwähnte Studie des ITGI, dass zwei Drittel der befragten Unternehmen ihren Wertbeitrag nicht vollständig und zielgerichtet steuern.[18] Auch in informationsintensiven Branchen orientieren sich IT-Investitionen nicht überwiegend am Wertbeitrag.[19] Es ist zu erkennen, dass auf bestimmte Bewertungsgegenstände wie z.B. eine Reduktion der IT-Kosten oder Produktivitäts- und Wirtschaftlichkeitssteigerungen fokussiert wird

---

14 Vgl. Gammelgård, Ekstedt, Gustafsson 2006, S. 3. Eine Vielschichtigkeit ist bereits frühzeitig aufzufinden. RENKEMA und BERGHOUT identifizieren 65 verschiedene Methoden zur Evaluation des Wertbeitrags der IT (vgl. Renkema, Berghout 1997, S. 10-11). WILSON merkt im Jahre 1988 bereits 66 verschiedene Evaluationsmethoden an (Wilson 1988, S. 3).

15 Vgl. Kessinger, Vohasek, Duffer 2009.

16 Vgl. Tallon, Kraemer 2007.

17 Vgl. Zimmermann 2008, S. 338, Boehm, Sullivan 2000, S. 322; Verhoef 2002, S. 2.

18 Vgl. Kessinger, Vohasek, Duffer 2009.

19 Laut einer Umfrage vom Institut für Versicherungswirtschaft der Universität St. Gallen werden bei Finanzdienstleistern 50% der IT-Entwicklungsbudgets in Projekte mit unklarem Wertbeitrag investiert (vgl. Principe et al. 2002, S. 6).

und es an einer gesamtheitlichen Betrachtung des IT-Wertbeitrags mangelt.[20] So werden unter anderem Risiken nicht hinreichend quantifiziert oder das Alignment von IT und Business wird nicht mit dem nötigen Nachdruck umgesetzt. Auch wird der strategische Aspekt von Innovation durch IT nicht hinreichend wahrgenommen und als Bewertungsmaßstab in die Portfolioplanung nur unzureichend einbezogen.

Da der Einsatz von IT nie als Selbstzweck fungiert, sondern vielmehr ein unter Kosten-Nutzen-Gesichtspunkten zu berücksichtigendes Instrument zur Erreichung eines bestimmten Ziels ist, kann dem Gegenstand des Wertbeitrags eine grundlegende, mit dem Einsatz von IT inhärent verbundene Problemrelevanz zugesprochen werden. Aufgrund des zunehmenden Durchdringungsgrades der IT und einer intensiven Verzahnung von IT- und Nicht-IT-Geschäftsprozessen kommt der IT eine zunehmende Bedeutung für Unternehmen und den Geschäftserfolg zu. Das ist ein Grund, warum der Gegenstand nicht nur dem Verantwortungsbereich der IT-Organisation zuzuordnen ist, sondern auch in weiteren Unternehmensbereichen eine wesentliche Rolle spielt. Daher stellt sich im Hinblick auf die Problemrelevanz die Frage, wessen Handlungsspielraum der Gegenstand betrifft.

Eine Grundlage für die weitere Diskussion ist die Erkenntnis, dass sich der Einsatz von IT als Entscheidungsproblem darstellt.[21] Ein wesentlicher Bestandteil des Entscheidungsprozesses, welcher von dem Themenbereich Wertbeitrag der IT abgedeckt wird, ist die Bewertung von IT-Projekten oder -Investitionen. Der Gegenstand der Entscheidung kann verschiedene Fragestellungen umfassen. Zum einen kann die Fragestellung, ob sich ein IT-Investment aus unternehmerischer Sicht grundsätzlich lohnt und ob mit der Durchführung ein positiver Wertbeitrag generiert wird, im Vordergrund stehen. Darüber hinaus ist die Bewertung und Auswahl von Investitionsalternativen – sei es durch alternative Technologien oder durch substitutive Investitionen, die nicht der IT zuzuordnen sind – ebenfalls gegenständlich.[22]

Die Entscheidung über die Durchführung einer IT-Investition ist offensichtlich ein essentieller Bestandteil des IT-Managements und der antizipierenden Business-Organisation. Teilaspekte von IT-Investitionen spielen aber auch in anderen Verantwortungsbereichen eine wichtige Rolle. Dies wird deutlich, wenn man sich die Höhe von IT-Budgets vor Augen führt, die sich in Konkurrenz zu

---

20 Vgl. Mertens 2006, S. 115.
21 Vgl. Krcmar 2005, S. 395.
22 Zur Diskussion des Investitionsbegriffs siehe Kapitel 2.6.

denen anderer Unternehmensbereiche befinden.[23] Allein aufgrund der Höhe von IT-Budgets werden bestimmte IT-Entscheidungen auf Ebene der Geschäftsführung getroffen. Ferner ist die Finance-Organisation durch ihre Aufgabe einer übergreifenden Budgetkonsolidierung involviert.

Bei der Bewertung von Budgets oder einzelner Investitionen ist ein Verständnis der jeweilig verfolgten Zwecke unabdingbar. So sollten bei Entscheidungen über Budgetanpassungen die daraus resultierenden Konsequenzen im Management verstanden und im Entscheidungsprozess berücksichtigt werden. In der Praxis zeigt sich jedoch, dass das Verständnis der Wirkungsweise der IT in der Geschäftsführung weniger stark ausgeprägt ist, was sich negativ auf das Verständnis des Wertbeitrags der IT auswirkt.[24]

Darüber hinaus sollte im Hinblick auf einzelne IT-Investitionen auf Business- und IT-Seite auch das gleiche Verständnis über den Wertbeitrag der IT vorliegen. Die in der Praxis häufig wiederzufindenden Kommunikations-probleme zwischen Business (Demand Side) und IT (Supply Side) werden in jüngster Zeit durch neue Organisationsformen mit klareren Schnittstellen adressiert, so dass ein besseres gemeinsames Verständnis über die Vorstellungen und zu erreichenden Ziele angestrebt wird.

Es wird deutlich, dass der Gegenstandsbereich IT-Wertbeitrag verschiedene Beteiligte in einem Unternehmen adressiert und dieser verschiedene Funktionen erfüllt:[25]

* Entscheidungsfunktion: Die Entscheidungsfindung von IT-Investitionen sollte durch ein rationales Kriterium bestimmt sein. Eine Orientierung am Wertbeitrag ist hier zweckdienlich. Darüber hinaus kann eine am Wertbeitrag orientierte Priorisierung die Ressourcenallokation im Unternehmen unterstützen. Überdies dient der Wertbeitrag als eine Entscheidungsunterstützung im Management, sofern zukünftige geschäftliche Handlungsalternativen einen IT-Anteil besitzen.

* Kommunikationsfunktion: In Bezug auf Erwartungen unterschiedlicher Beteiligter im Unternehmen ist es unerlässlich diese vorab offenzulegen und darüber zu informieren, inwieweit diese erfüllt worden sind. Der

---

23 Die Höhe einzelner IT-Budgets ist stark branchen- und unternehmensspezifisch. BUCHTA, EUL und SCHULTE-CROONENBERG weisen einen durchschnittlichen Anteil von ca. 1-7% der IT-Kosten an den Gesamtkosten eines Unternehmens aus (vgl. Buchta, Eul, Schulte-Croonenberg 2005, S. 11). Zu einem ähnlichen Ergebnis kommen EGLE, WEIBEL und MYRACH mit einem Anteil von 1-5% der IT-Kosten an den Gesamtkosten eines Unternehmens (vgl. Egle, Weibel, Myrach 2008).
24 Vgl. Mahmood, Mann 1993, S. 98.
25 Vgl. Berger 1988, S. 64-65 sowie Schedler 2005, S. 40-47.

Kommunikation wohnt daher auch eine Motivationsfunktion inne, die den involvierten Mitarbeitern und Beteiligten zeigt, ob ihre Anstrengungen zielführend waren. Nicht zuletzt ist es für die IT essentiell eine gewisse Aufmerksamkeit zu generieren und ihre Bedeutung für das Unternehmen darzustellen.

• Lernfunktion: Die kontinuierliche Ausrichtung auf den Wertbeitrag und dessen Monitoring bietet die Möglichkeit, Erfahrungen für zukünftige Initiativen zu nutzen, interne Defizite zu identifizieren und Verbesserungen an Prozessen vorzunehmen.

• Steuerungsfunktion: Mit der Verbindung konkreter Zielvorgaben stellt der Wertbeitrag im Sinne eines Regelkreissystems eine Führungsgröße dar, die es erlaubt die einzelnen Gegenstände auf dieses Ziel hin auszurichten. Diese Steuerungsgröße kann dabei in seine Ursache-Wirkungs-Zusammenhänge zerlegt und auf verschiedene Managementebenen und Verantwortungsbereiche adaptiert werden.

• Integrationsfunktion: Aufgrund der unterschiedlichen Erwartungen bietet der Wertbeitrag unter der Voraussetzung einer angemessen wahrgenommenen Kommunikationsfunktion die Möglichkeit, die verschiedenen Parteien zusammenzubringen und einen Konsens im Hinblick auf die Zwecke der IT herzustellen.

1.2 Zielsetzung

Eine übergeordnete Zielsetzung lässt sich aus der Problemstellung ableiten, die ein diversifiziertes Verständnis des Gegenstands des Wertbeitrags der IT adressiert. Übergreifend wird daher angestrebt, den Erkenntnisstand zum Wertbeitrag der IT zu verbessern. Dieses übergreifende Ziel wird im Hinblick auf eine zielgerichtete Vorgehensweise konkretisiert und operationalisiert.

• Forschungsziel: Das Ziel der Arbeit ist eine systematische Erfassung und Modellierung des Gegenstands des Wertbeitrags der IT im Kontext eines Unternehmens.

Dieses Forschungsziel charakterisiert den methodischen Auftrag der Abhandlung. In der Wirtschaftsinformatik lassen sich Forschungsziele in Erkenntnis- und Gestaltungsziele unterscheiden.[26] Während Erkenntnisziele nach einem

---

26   Vgl. Frank 1997; Bucher, Riege, Saat 2008.

„Verständnis gegebener Sachverhalte" streben, beziehen sich Gestaltungsziele auf eine „Gestaltung bzw. Veränderung bestehender und damit der Schaffung neuer Sachverhalte".[27] Obwohl die Gestaltung neuer Sachverhalte eine Erklärung voraussetzt, ist die Erklärungsaufgabe in der deutschen Wirtschaftsinformatik eher unterrepräsentiert.[28] Diesem Aspekt wird insofern Rechnung getragen, als in einem ersten Teil der Abhandlung Gründe erarbeitet werden, die zu der Ausgangssituation eines unbestimmten Begriffs von IT-Wertbeitrag geführt haben. Im Anschluss werden die Gegenstandsbereiche und Defizite, die im Zusammenhang mit dem Wertbeitrag stehen, detailliert dargestellt. Diese bilden die Grundlage für die Gestaltungsaufgabe, der im weiteren Verlauf dieser Arbeit nachgegangen wird. Das Forschungsziel lässt in die folgenden Teilbereiche untergliedern:

- Erkenntnisziel 1: Zum einen sollen durch Diskussion und Aufarbeitung des Begriffs Wertbeitrag der IT Gründe identifiziert werden, die zu einer heterogenen Sichtweise des Themenkomplexes führen. Diese Gründe werden in einem Erklärungsmodell für die Unbestimmtheit des Themenkomplexes zusammengetragen. Entsprechend des Zieltyps liegt der Erkenntnisgewinn hier bei der Entwicklung eines genauen Problemverständnisses.

- Erkenntnisziel 2: Es soll identifiziert werden, auf welche Gegenstände sich der Begriff des Wertbeitrags der IT bezieht und in welchen Dimensionen sich unterschiedliche Verständnisse unterscheiden. Der Begriff des Wertbeitrags der IT wird hierfür aus Unternehmenssicht – ausgehend von einem allgemeinen Wertbegriff – deduktiv hergeleitet.

- Gestaltungsziel: Primär wird die Entwicklung eines Referenzmodells zum Gegenstand des Wertbeitrags der IT angestrebt. Das Referenzmodell soll dabei die verschiedenen Sichtweisen des Gegenstands integriert abbilden und die Möglichkeit bieten, die verschiedenen Facetten des Wertbeitrags der IT sowie dessen Steuerungsobjekte zu visualisieren. Das Modell soll zur Kommunikation genutzt werden können und eine Ausgangsbasis bilden, um die subjektiv verschiedenen Sichtweisen zusammenzuführen.

---

27 Becker et al. 2003, S. 11-12.
28 Vgl. Heinrich 2005, S. 110-112.

Ausgehend von diesen Zielen lassen sich folgende Forschungsfragen ableiten:

- Forschungsfrage 1: Welche Gründe führen zu einem diversifizierten Begriffsverständnis des Wertbeitrags der IT?
- Forschungsfrage 2: Wie lässt sich der Begriff des Wertbeitrags der IT herleiten?
- Forschungsfrage 3: Welche Gegenstände umfasst der Begriff Wertbeitrag der IT in Theorie und Praxis?
- Forschungsfrage 4: Wie lässt sich der Begriff des Wertbeitrags der IT modellieren?
- Forschungsfrage 5: Welche Implikationen und Handlungsempfehlungen sind für eine wertorientierte IT-Steuerung aus den Erkenntnissen ableitbar

In der vorliegenden Arbeit soll ein Erkenntnisgewinn durch die Beschreibung und Erklärung des Gegenstandsbereichs Wertbeitrag der IT geleistet werden, welcher in einem Referenzmodell gestaltend zusammengeführt wird.

1.3 Forschungsdesign und Aufbau der Arbeit

Das Forschungsdesign besteht aus einem mehrstufigen Prozess. Eingebettet in einen Design-Science-Ansatz, der im nächsten Kapitel genauer beschrieben wird, werden in Kapitel 2 zunächst Grundlagen erarbeitet, die für den weiteren Verlauf der Arbeit relevant sind.

Im anschließenden Kapitel 3 wird das Problemfeld des Wertbeitrags der IT weiter zerlegt und es werden Gründe erarbeitet, die aufzeigen, warum der Gegenstandsbereich so unterschiedlich verstanden wird. GREGOR folgend ist dieser Teil als „Theory for Explaining" einzuordnen, der beschreibt, wie und warum ein Phänomen zu beobachten ist.[29] Diese Gründe werden in einem Erklärungsmodell zur Unbestimmtheit des Themenkomplexes zusammengefasst.

Im darauf folgenden Kapitel 4 wird der Begriff des Wertbeitrags deduktiv hergeleitet. Dazu wird ein allgemeiner Wertbegriff diskutiert, in dem grundsätzliche, den Wert betreffende Charakteristika aufgezeigt werden. Der allgemeine Wertbegriff wird dann auf den betriebswirtschaftlichen Bereich übertragen. Dieser bildet den Rahmen für die weitere Diskussion und die Konkretisierung des

---

29 „This type of theory explains primarily how and why some phenomena occur [...] with the aim of bringing about an altered understanding of how things are or why they are as they are" (Gregor 2006, S. 624).

Wertbegriffs und den daraus abgeleiteten Wertbeitrag der IT in Kapitel 5. In diesem konstruktionsorientierten Teil werden die unterschiedlichen Dimensionen des Wertbeitrags der IT identifiziert und die Ergebnisse sukzessive in einem Referenzmodell integriert. Diese Vorgehensweise stellt eine normativ-ontologische Sichtweise des Wertbeitrags der IT dar. Entsprechend wird das Ergebnis der Modellierung als normatives Referenzmodell bezeichnet. Da der Prozess der Modellkonstruktion in der vorliegenden Arbeit eine weitere Iteration umfasst und im späteren Verlauf ergänzt wird, bildet das normative Referenzmodell noch nicht den endgültigen Modellierungsstand ab.

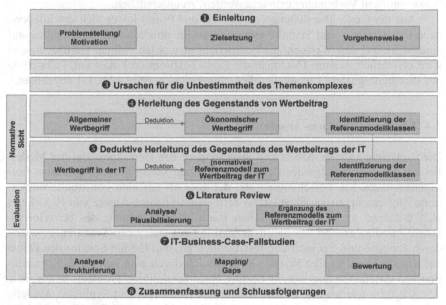

Abb. 1-1: Aufbau der Arbeit
(Quelle: eigene Darstellung)

Bei der Konstruktion von Referenzmodellen ist sicherzustellen, dass alle für den Anwendungsbereich relevanten Artefakte berücksichtigt werden. Um das normative Referenzmodell zu plausibilisieren, Mängel zu beseitigen und auf Vollständigkeit hin zu überprüfen, wird die Sichtweise des Wertbeitrags der IT anhand eines strukturierten Literature Reviews in Kapitel 6 evaluiert. Dabei werden Schwachstellen aus der normativ-ontologischen Sichtweise aufgezeigt und Verbesserungen am normativen Referenzmodell vorgenommen. Die Ergebnisse des Literature Reviews werden dann in das Referenzmodell integriert.

Um diesem theoretischen einen praktischen Teil gegenüberzustellen, wird in Kapitel 7 anhand von Fallstudien analysiert, welche Bereiche des IT-Wertbeitrag gegenständlich sind. Auf Basis realer IT Business Cases[30] wird untersucht, welche Teilaspekte des Wertbeitrags der IT von Unternehmen in der Praxis verfolgt werden und ob es bestimmte Teilbereiche gibt, auf die sich Unternehmen fokussieren, bzw. ob es Teile des Referenzmodells gibt, die vernachlässigt werden. Da ein Business Case alle entscheidungsrelevanten Aspekte einer IT-Investition beinhalten sollte,[31] werden diese als angemessene Ausgangsbasis erachtet, um den Wertbeitrag der IT und die zugehörigen Gegenstände, die in der Praxis damit in Verbindung gebracht werden, zu untersuchen.

Aus der Gegenüberstellung von Theorie und Praxis lassen sich abschließend neue Erkenntnisse und Handlungsempfehlungen ableiten, die im Hinblick auf eine Steuerung des Wertbeitrags berücksichtigt werden sollten. Darüber hinaus wird ersichtlich, warum Unternehmen einen bestimmten Fokus auf Teilaspekte des Wertbeitrags der IT legen. Das Forschungsdesign ist in Abb. 1-1 abgebildet.

1.4 Ein Design-Science-Ansatz

Die Zielsetzung dieser Arbeit und insbesondere das Gestaltungsziel der Modellierung des Wertbeitrags der IT motivieren einen konstruktionsorientierten Forschungsansatz. Ein Forschungsansatz, der speziell auf eine konstruktionsorientierte Zielsetzung ausgerichtet ist, ist der Design-Science-Ansatz von HEVNER et al.[32] Während im US-amerikanischen Raum eine Dominanz des behavioristischen Paradigmas und des damit in Verbindung stehenden Erkenntnisgewinns durch Empirie und Beobachtung festzustellen ist, legt Design Science den Fokus auf Konstruktion. Design Science zeichnet sich durch eine innovative Konstruktion von Artefakten aus, die zur Lösung eines bestimmten Problems beitragen.[33] Als *Artefakte* werden begriffliche Konstrukte (Sprachen und Symbole), Modelle (Abstraktionen und Abbilder), Methoden (Algorithmen und Praktiken) und Instanzen (implementierte bzw. prototypische Systeme) verstanden. Design Science zielt darauf ab, praktische und theoretische Probleme durch die Konstruktion und Evaluation von einem Problem angemessener Artefakte zu lösen. Daher kann der Design-Science-Ansatz auch als problemlösungsorientierter Ansatz aufgefasst werden. Der Typ des zu entwickelnden Artefakts dieser Arbeit ist entsprechend der Zielsetzung ein Modell, speziell ein Referenzmodell zum Gegen-

---

30 Zur Definition von Business Cases siehe Kapitel 2.6.
31 Vgl. Brugger 2005, S. 13.
32 Vgl. im Folgenden Hevner et al. 2004.
33 Vgl. Bichler 2006, S. 133.

stand des Wertbeitrags der IT. HEVNER et al. explizieren den Typus Modell, der im Sinne des Design-Science-Ansatzes als Artefakt angesehen werden kann, nicht genauer. Daher stellt sich die Frage, ob Referenzmodelle im Rahmen des Design-Science-Ansatzes als Artefakt klassifiziert werden können. Es ist anzumerken, dass der Begriff des Referenzmodells nicht eindeutig ist und innerhalb der Wirtschaftsinformatik uneinheitlich interpretiert wird.[34] In der vorliegenden Abhandlung wird ein Referenzmodell als spezifische Ausprägung eines allgemeinen Modelltyps verstanden. Demnach sind Referenzmodelle Modelle, die bestimmte Merkmale aufweisen.[35] Dazu zählen Qualitätsmerkmale wie Allgemeingültigkeit oder ein Empfehlungscharakter, welche bei der Entwicklung spezifischer Unternehmensmodelle zum Tragen kommen.[36] Da Referenzmodelle als eine Teilmenge eines allgemeinen Typus Modell verstanden werden, wird die Meinung vertreten, dass diese im Sinne des Design-Science-Ansatzes als Artefakt aufzufassen sind.

In Bezug auf einen konstruktionsorientierten Forschungsansatz fordern ÖSTERLE et al. die Einhaltung folgender Kriterien:[37]

- Abstraktion: Ein Artefakt muss auf eine Klasse von Problemen anwendbar sein.
- Originalität: Ein Artefakt muss einen innovativen Beitrag zum publizierten Wissensstand leisten.
- Begründung: Ein Artefakt muss nachvollziehbar begründet werden und validierbar sein.
- Nutzen: Ein Artefakt muss heute oder in Zukunft einen Nutzen für die Anspruchsgruppen erzeugen können.

Referenzmodelle bieten, entsprechend ihrem Merkmal der Allgemeingültigkeit, die Möglichkeit, verschiedene Verwendungszwecke und Perspektiven zu berücksichtigen und diese in einer entsprechend höheren Abstraktionsstufe zu integrieren. Referenzmodelle abstrahieren bewusst von einem einzelnen unternehmensspezifischen Kontext. Diese Art der Abstraktion wird auch als Multiperspektivität bezeichnet.[38] Die verschiedenen Verwendungszwecke und Perspektiven repräsentieren unterschiedliche Problembereiche, die in einer Problemklasse generalisiert werden. Entsprechend der Zielsetzung soll das Referenzmodell zum Wertbeitrag der IT die verschiedenen Perspektiven auf den Gegenstand des

---

34 Vgl. Gehlert 2007, S. 177.
35 Der Begriff des Referenzmodells wird in Kapitel 2.2 genauer erläutert.
36 Vgl. Thomas 2006, S. 1.
37 Vgl. Österle et al. 2010, S. 5.
38 Vgl. Rosemann, Schütte 1999, S. 23.

Wertbeitrags der IT explizit mit berücksichtigen. Das Kriterium der Originalität wird dadurch gewährleistet, dass ein Defizit des aktuellen Forschungsstands aufgezeigt und ein innovativer Beitrag zur Verbesserung des Wissensstands geleistet wird. Im Hinblick auf das Kriterium der Begründung wird zum einen bei der Problembeschreibung explizit auf die Ursachen eingegangen, die zu einer Unbestimmtheit des Themenkomplexes führen. Des Weiteren werden die Elemente, die im Referenzmodell integriert werden, jeweils intensiv diskutiert und es wird begründet, warum eine Integration sinnvoll bzw. nicht sinnvoll erscheint. Ferner wird die Modellkonstruktion sukzessive vorgenommen, so dass die einzelnen Elemente des Gesamtmodells möglichst nachvollziehbar in das Referenzmodell integriert werden. Der Nutzen des entwickelten Referenzmodells wird kritisch diskutiert und es werden mögliche Verbesserungspotentiale aufgezeigt, die idealerweise eine praktische Anwendung haben.

HEVNER et al. präzisieren die Qualitätsmerkmale, die bei einem konstruktionsorientierten Forschungsansatz berücksichtigt werden sollten:[39]

1. Konstruktion als Artefakt: Konstruktionsorientierte Forschung soll gemäß der Definition von Artefakten einen nützlichen Output in Form von Konstrukten, Modellen, Methoden oder Instanzen erbringen.
2. Problemrelevanz: Dieses Merkmal beschreibt die Forderung eines Untersuchungsgegenstands, welcher bisher nicht hinreichend gelöste ökonomische Probleme adressiert und dem eine entsprechende Bedeutung zugesprochen werden kann.
3. Evaluation der Konstruktion: Die Nützlichkeit, Qualität und Effizienz der Problemlösung des Artefakts sind durch bekannte Verfahren nachzuweisen.
4. Beitrag zur Wissenschaft: Dieses Merkmal fordert, dass die Ergebnisse einen nachvollziehbaren Beitrag zur Wissenschaft leisten.
5. Strenge der Forschung: Dieses Merkmal beschreibt die Forderung einer rigorosen Nutzung bestehender wissenschaftlicher Erkenntnisse eines Forschungsgebiets im Hinblick auf Literatur, Theorien sowie der Nutzung anerkannter Forschungsmethoden.
6. Konstruktion als Suchprozess: Dieses Merkmal fordert den Prozess der Erkenntnisgewinnung einschließlich der Frage, wie der Modellierer zum Modell gelangt, sowie den Weg der Modellentstehung an sich in einem iterativen (Such-)Prozess zu beschreiben.
7. Kommunikation der Forschungsergebnisse: Die Ergebnisse sollen so kommuniziert werden, dass sie von sämtlichen Nutzergruppen verstan-

---

39 Vgl. Hevner et al. 2004.

den und nachvollzogen werden können. Hierbei sollen insbesondere die verschiedenen Perspektiven von technologieorientierten Nutzern und der Businessseite berücksichtigt werden.

Auch wenn Design Science vielfach als Forschungsmethode angesehen wird, stellt dieser Ansatz keine Methode im eigentlichen Sinne dar. Eine Methode wird als konkretes Verfahren zur Erreichung eines Ziels – „der Weg zu etwas hin" – verstanden.[40] Design Science stellt jedoch keine konkrete Vorgehensweise dar, sondern bildet Kriterien ab, die durch einen konstruktionsorientierten Forschungsansatz erfüllt werden sollen.

Als Forschungsmethode, die auf Design Science aufbaut, kommt die Design Science Research Methodology for Information Systems Research (DSRM) von PEFFERS et al. zur Anwendung, welche die Prozessschritte Problemidentifikation und Motivation, Zieldefinition, Konstruktion, Demonstration, Evaluation und Kommunikation vorsieht und als Methode zur Umsetzung eines konstruktionsorientierten Forschungsansatzes angesehen werden kann.[41] Obwohl DSRM eine Reihe von Freiheitsgraden bei der Umsetzung lässt, bietet die Methode eine gut strukturierte Vorgehensweise für den Prozess der Erkenntnisgewinnung. Neben der Ausgestaltung für diese Arbeit sind die allgemeinen Schritte der DSRM in Abb. 1-2 dargestellt. Diese werden nachfolgend erläutert.

Die Problemidentifikation und Motivation dient der Hinführung zum Problem, dessen Konkretisierung und der Darlegung der Relevanz des Themas. In der Zieldefinition werden die Ziele des Einsatzes des Artefakts beschrieben und qualifiziert, wie das Artefakt das Problem lösen soll. Die Konstruktion beinhaltet die Konzeption, theoretische Grundlagen zur Modellentwicklung und die eigentliche Entwicklung des Modells. Bei der Demonstration soll durch eine Probleminstanz gezeigt werden, dass ein Problem in mindestens einem Kontext gelöst wird, so dass der Nutzen des Artefakts ersichtlich wird. Die Evaluation beinhaltet eine kritische Würdigung der Ergebnisse und sieht die Möglichkeit einer Überarbeitung des Artefakts explizit vor. So ist ein Rücksprung zur Zieldefinition oder zum Konstruktionsprozess optional möglich und dann sinnvoll, wenn im Schritt der Evaluation neue Anforderungen ersichtlich werden oder sich Teile des Modells als verbesserungsfähig herausstellen. Durch diese Iterationsmöglichkeit soll insbesondere dem oben beschriebenen Merkmal „Konstruktion als Suchprozess" Rechnung getragen werden. Die Kommunikation der Forschungsergebnisse sieht ebenfalls einen Rücksprung vor. Der Aspekt ist so zu verstehen, dass im Gesamtverlauf eines Forschungsvorhabens (Teil-) Ergebnisse publiziert oder mit Dritten diskutiert werden und explizit eine Möglichkeit vorgesehen wird, die es

---

40 Vgl. Mittelstrass et al. 1995; Frank 2006, S. 22.
41 Vgl. Peffers et al. 2007.

erlaubt Feedback in den Konstruktionsprozess mit einfließen zu lassen. Der letzte Punkt der DSRM besteht aus einer angemessenen Publikation der Forschungsergebnisse.

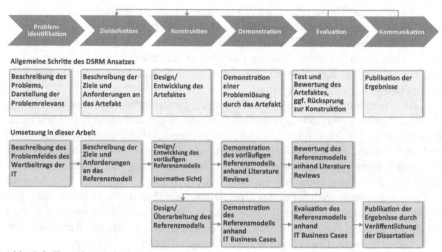

Abb. 1-2: Forschungsdesign der Arbeit auf Basis der DSRM
(Quelle: eigene Darstellung)

Bezogen auf die vorliegende Arbeit ergeben sich folgenden Schritte zur Ausgestaltung des DSRM-Ansatzes. Wie erörtert ist das im vorherigen Kapitel skizzierte Forschungsdesign in die DSRM eingebettet. Im ersten Schritt der Problemidentifikation wird das Problemfeld des Wertbeitrags der IT beschrieben und in Teilbereiche zerlegt. In der Zieldefinition werden Anforderungen an ein Referenzmodell zum Wertbeitrag der IT dargestellt. Der Konstruktionsprozess wird iterativ vollzogen. Zunächst wird in einem theoretischen Teil ein normatives Referenzmodell zum Wertbeitrag der IT erarbeitet. Hierbei wird von einem allgemeinen und wirtschaftlich ausgehenden Begriff deduktiv hergeleitet, wie sich der Wertbeitrag in Bezug auf die IT darstellt. Da bei der Modellkonstruktion ein weiterer Iterationsschritt explizit vorgesehen wird, kann das normative Referenzmodell als vorläufiges Ergebnis der Modellkonstruktion aufgefasst werden. In einem weiteren Schritt wird das normative Referenzmodell strukturiert anhand eines Literature Reviews evaluiert. Dazu wird zunächst geprüft, inwiefern sich wissenschaftliche Beiträge durch das normative Referenzmodell abbilden lassen (Demonstration). Das normative Referenzmodell wird dann auf seine Vollständigkeit hin überprüft, so dass überflüssige bzw. fehlende Artefakte identifiziert werden können und das Referenzmodell durch einen Rücksprung zur Konstruktion verbessert werden kann. Im Demonstrationsteil wird dargestellt, inwiefern theoretisches Konstrukt und Praxis zusammenpassen. Durch die Überprüfung realer IT Business Cases wird überprüft, welche Schwerpunkte in der Praxis gesetzt werden, ob bestimmte Teilaspekte des Gegenstands IT-Wertbeitrag vernachlässigt werden und ob das Referenzmodell alle Teilaspekte und Gegenstände der Praxis mit berücksichtigt. Die einzelnen Schritte der DSRM finden sich in der Struktur der Abhandlung wieder. Der Punkt Kommunikation wird durch die Publikation der Dissertation vollzogen.

2 Grundlagen

In diesem Kapitel werden übergreifende Definitionen dargestellt und Grundlagen erörtert, die für den weiteren Verlauf der Arbeit relevant sind. Zunächst wird der Zusammenhang von Begriff und Bezeichnung herausgestellt. Dieser Zusammenhang spielt für die Abgrenzung und Erläuterung der verschiedenen Vorstellungen, die im Themenkomplex Wertbeitrag der IT bestehen, eine entscheidende Rolle. Anschließend wird der Begriff des Referenzmodells präzisiert und werden die Beschreibungsmittel vorgestellt, die zur Modellierung verwendet werden. Darauf folgend werden IT-Steuerungsobjekte aufgezeigt, welche die grundlegenden Handlungsobjekte darstellen, um IT-Wertbeitrag zu generieren. Nachfolgend findet eine erste Annäherung an den Begriff des Wertbeitrags der IT statt und wird der Zusammenhang von IT-Investition, Business Case und Wertbeitrag dargestellt.

2.1 Die Kohärenz von Begriff und Bezeichnung

Ein *Begriff* ist eine „Denkeinheit, die aus einer Menge von Gegenständen unter Ermittlung der diesen Gegenständen gemeinsamen Eigenschaften mittels Abstraktion gebildet wird".[42] Ein Begriff wird auch als Vorstellung oder Gedankengebilde im Sinne einer konstruierten Wissenseinheit verstanden.[43]
Eine *Bezeichnung*[44] ist eine aus mindestens einem Wort bestehende Repräsentation eines Begriffs. Gegenstände stellen in diesem Zusammenhang einen wahrnehmbaren oder vorstellbaren Ausschnitt der Welt (z.B. Geschehnisse oder Sachverhalte) dar.

---

42 DIN 2342.
43 Vgl. Göpferich 1998, S. 177; Felber, Budin 1989, S. 2.
44 Synonym: Ausdruck, Benennung. In der Linguistik wird ein Ausdruck noch differenzierter, als eine sprachliche Einheit (z.B. ein Zeichen, Wort, Wortfolgen, Satz) verstanden. Streng genommen ist eine Benennung eine spezifische Form einer Bezeichnung. Diese Differenzierung ist im Rahmen der Arbeit vernachlässigbar. Bei der Bezeichnung wird stets von einem Wort oder einer Wortfolge ausgegangen. Nach DIN 2342 wird eine Bezeichnung als Repräsentation eines Begriffs mit sprachlichen oder anderen Mitteln verstanden.

Ein Begriff ist zunächst losgelöst von einer bestimmten Bezeichnung. Er ist nicht an eine Sprache gebunden, da er einen Gegenstand rein gedanklich darstellt. Umgekehrt ist eine Bezeichnung als rein syntaktisches Konstrukt zunächst vom Bedeutungsinhalt unabhängig. Begriffe sind jedoch eng mit Bezeichnungen verwoben. Der Zusammenhang von Bezeichnung, Begriff und Gegenstand kann durch das Konzept des semiotischen Dreiecks (Abb. 2-1) veranschaulicht werden. Bezeichnungen symbolisieren Begriffe (Vorstellungen). Durch diese Repräsentation kommt einer Bezeichnung indirekt Bedeutung zu.[45] Andererseits können Begriffe durch Bezeichnungen versprachlicht werden. Dadurch werden die Gegenstände, auf die sich ein Begriff bezieht, transitiv an eine Bezeichnung gebunden. Umgangssprachlich wird häufig nicht zwischen Bezeichnung und Begriff unterschieden.

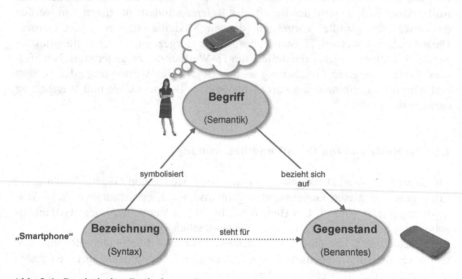

Abb. 2-1: Semiotisches Dreieck
(Quelle: in Anlehnung an Eco, Trabant 2002, S. 69)

Ein zusammengehöriges Paar aus Bezeichnung und Begriff wird als *Terminus* bezeichnet, welcher einen Teil einer Terminologie darstellt.[46] Eine *Terminologie*[47] ist auf eine eindeutige und widerspruchsfreie Kommunikation in einem Fachgebiet gerichtet und besteht aus der Gesamtheit aller Bezeichnungs- und

---

45 Vgl. Seiffert 1997, S. 36.
46 DIN 2342.
47 Synonym: Fachsprache.

Begriffspaare (Termini), welche die Gegenstände eines Fachgebiets abdecken. Eine *Nomenklatur* ist eine ausgewählte Teilmenge der Terminologie für einen bestimmten Anwendungsfall.

In Bezug auf die in einer Arbeit verwendete Nomenklatur stellt sich die Frage, welche Termini als erklärungsbedürftig erachtet werden. Hierbei ist zunächst abzuwägen, welche Gruppen primär zum Adressatenkreis gehören und welche Bezeichnungen potentiell unbekannt oder mehrdeutig sind. Für Fachbegriffe, bei denen davon ausgegangen werden kann, dass sie der Gruppe geläufig sind, erscheint eine Erklärung nicht notwendig.

Eine *Sprachgemeinschaft* wird als Personengruppe verstanden, die die Verbindung zwischen Bezeichnung und Begriff in stets identischer Weise herstellt und damit die gleiche Vorstellung der Menge an Gegenständen sowie deren Eigenschaften hat.[48] Neuartige Bezeichnungen, die der Sprachgemeinschaft unbekannt sind und in der Arbeit verwendet werden, sind entsprechend zu erläutern und semantisch festzulegen. Durch eine Festlegung von Bezeichnung und referenziertem Gegenstand kann die Sprachgemeinschaft entsprechend erweitert werden. Streng genommen impliziert das Verständnis der Sprachgemeinschaft eine Kontextunabhängigkeit, da die Zuordnung von Ausdruck und Begriff stets in der gleichen Weise herzustellen ist. Es gibt jedoch Bezeichnungen, die sich abhängig vom Kontext auf verschiedene Gegenstände beziehen.[49] Dies ist insbesondere bei Ausdrücken der Fall, die nicht streng definiert sind, so dass für eine Bezeichnung verschiedene gültige Begriffszuordnungen bestehen. Im späteren Verlauf wird deutlich, dass diese Kontextabhängigkeit beim Themenkomplex Wertbeitrag der IT stark ausgeprägt ist. Auch wenn eine Fachsprache auf eine möglichst eindeutige und widerspruchsfreie Kommunikation ausgerichtet ist, zeigt sich doch, dass es für den vorliegenden Gegenstandsbereich eine Vielzahl an Bezeichnungen gibt, die jeweils unterschiedlich begriffen werden. So ist im Fall der Bezeichnung „Wertbeitrag der IT" nicht von einer homogenen Sprachgemeinschaft auszugehen, da weder intersubjektiv noch subjektiv von einer stetigen Zuordnung der gleichen Gegenstände auszugehen ist. Das Bewusstsein, dass einer bestimmten Bezeichnung kontextspezifische Bedeutungen zukommen, ist eine Voraussetzung dafür, dass eine kritische Auseinandersetzung mit dem intendierten Begriff zwischen Subjekten stattfinden kann. Um den gleichen Gegenstand zu adressieren, ist es für kommunikative Zwecke sinnvoll die jeweilige kontextspezifische Bedeutung festzulegen. Entsprechend werden die unterschiedlichen Verständnisse des Wertbeitrags der IT erarbeitet und erläutert. Dar-

---

48 Vgl. Gehlert 2007, S. 39.
49 Die Pragmatik als Teilbereich der Linguistik beschäftigt sich mit der kontextabhängigen Zuordnung und Wahrnehmung von Bezeichnung und Semantik (vgl. Stickel 2001, S. 2 sowie Krcmar 2005, S. 16-17). Für eine ausführliche Diskussion siehe auch Watzlawick, Beavin, Jackson 2007.

über hinaus werden die im weiteren Verlauf der Arbeit genutzten Fachbegriffe, die möglicherweise unbekannt oder mehrdeutig sind, im Folgenden vorgestellt.

2.2 Der Begriff des Referenzmodells

In der Wirtschaftsinformatik kann für den Modellbegriff nach langjähriger wissenschaftlicher Auseinandersetzung ein allgemein akzeptiertes Verständnis konstatiert werden.[50] Bei dem Begriff des Referenzmodells ist ein derart allgemein akzeptiertes Verständnis jedoch nicht festzustellen.[51] Ein grundlegendes Ziel der Arbeit ist es, den Gegenstandsbereich des Wertbeitrags der IT einschließlich seiner unterschiedlichen Dimensionen in einem Modell zu integrieren.[52] Das originäre Ziel ist nicht die Erstellung eines Referenzmodelles, vielmehr werden bestimmte Anforderungen an das zu entwickelnde Modell aufgezeigt, die den Eigenschaften eines Referenzmodells entsprechen. Da ein Ergebnis dieser Abhandlung jedoch in einem Referenzmodell mündet, stellt sich zunächst die Frage, um was für eine Art von Modell es sich bei Referenzmodellen handelt und warum das Resultat der Modellierung als solches zu bezeichnen ist.

Modelle lassen sich als Abstraktionen eines Originals verstehen, die durch Struktur-, Funktions- oder Verhaltensanalogie von einem Subjekt eingesetzt werden, um eine bestimmte Aufgabe zu lösen.[53] Bei diesem Verständnis kommen vier wesentliche Elemente des Modellbegriffs zum Ausdruck:[54]

- die Abbildung einschließlich ihrer Regeln (Abstraktion)
- die abzubildende Realität (Original)
- das Modellsubjekt (Subjekt)
- der mit dem Modell in Verbindung stehende Zweck (Aufgabe)

Darüber hinaus wird deutlich, dass ein Modell stets für eine bestimmte Personengruppe in einem bestimmten Anwendungskontext von Bedeutung ist.[55] Ein Modell grenzt sich durch ein Verkürzungsmerkmal von seinem Original ab. Das Verkürzungsmerkmal verdeutlicht, dass nicht alle Eigenschaften des Originals mit in das Modell einfließen, sondern nur diejenigen, die vom Ersteller des Mo-

---

50 Gehlert 2007, S. 177.
51 Für die Vielfalt der Interpretation des Referenzmodellbegriffs siehe Thomas 2006, S. 21-26.
52 Siehe Kapitel 1.2.
53 Vgl. Klaus, Buhr 1971, S. 729.
54 Vgl. Krcmar 2005, S. 19.
55 Dieses Merkmal wird auch als pragmatisches Merkmal bezeichnet.

dells erkannt und als relevant erachtet werden.[56] Dabei ist zu berücksichtigen, dass der Modellierer eine eigene Einschätzung im Hinblick auf den Zweck zugrunde legt und implizit Annahmen über den Kenntnisstand der Nutzergruppen trifft. In Abhängigkeit von der Aufgabe lassen sich verschiedene Modelltypen identifizieren.

Die mit der Wirtschaftsinformatik als Wissenschaftsdisziplin verbundenen Aufgabenarten der Beschreibung, Erklärung, Gestaltung und der Prognose bieten eine Basis zur Klassifikation des Modellbegriffs.[57] Entsprechend kann zwischen Beschreibungsmodellen, Erklärungsmodellen, Gestaltungsmodellen und Prognosemodellen differenziert werden.[58]

Beschreibungsmodelle zielen darauf ab, die wesentlichen Eigenschaften eines Originals in einfacher Form darzustellen. Durch eine Reduktion auf die wesentlichen (bzw. die vom Ersteller als wesentlich erachteten) Elemente der Realität dienen sie den Nutzern des Modells zum Verständnis des Originals. In diesem Sinne kommt ihnen eine Unterstützungsfunktion beim Begreifen des Originals zu. Darüber hinaus dienen Beschreibungsmodelle der Kommunikation, insbesondere bei komplexen Zusammenhängen der Realität.[59] Ein Beispiel für ein Beschreibungsmodell ist ein Organigramm zur Darstellung der Aufbauorganisation eines Unternehmens.

Erklärungsmodelle dienen dazu Phänomene der Realität zu erklären bzw. zu begründen. Erklärungsmodelle basieren auf Hypothesen, welche einen Ursache-Wirkungs-Zusammenhang der zugrunde liegenden Einflussgrößen eines Phänomens der Realität unterstellen. Ein Beispiel für ein Erklärungsmodell sind die Transaktionskostentheorie[60] oder physikalische Modelle wie das NEWTON'sche Gravitationsgesetz[61].

Gestaltungsmodelle stellen Methoden und Empfehlungen zur Verfügung, die den Nutzer bei der Auswahl von Gestaltungsalternativen unterstützen sollen.[62] In der Wirtschaftsinformatik beziehen sich diese Methoden und Empfehlungen auf die Gestaltung betrieblicher Informationssysteme.[63] Gestaltungsmodelle können die Entwicklung von Standards forcieren.[64] Ein Beispiel für ein Ge-

---

56 Vgl. Stachowiak 1973, S. 132.
57 Vgl. Heinrich 2005, S. 111.
58 Vgl. Krallmann 2007, S. 73-75; Geib 2006, S. 17.
59 Vgl. Krallmann 2007, S. 75.
60 Vgl. Coase 1937.
61 Vgl. Hering, Martin, Stohrer 2009, S. 175.
62 Vgl. Burgwinkel 2004, S. 13.
63 Vgl. Biethahn, Muksch, Ruf 2004, S. 154.
64 Vgl. Burgwinkel 2004, S. 4.

staltungsmodell ist COBIT, das für den Anwendungsbereich IT-Governance Gestaltungsempfehlungen beinhaltet.[65]

Prognosemodelle basieren auf einer Annahme von Ursache-Wirkungs-Beziehungen und dienen dazu, auf zukünftige Zustände eines Originals zu schließen bzw. diese vorherzusagen.[66] Dafür werden die als relevant erachteten Einflussgrößen ermittelt und durch deren Variation Zustände des Originals simuliert. Ein Beispiel eines Prognosemodells ist ein Produktionsplanungssystem, welches den zukünftigen Verbrauch von Produktionsfaktoren auf Basis erwarteter Abverkäufe ermittelt.

In Bezug auf die Modelltypen ist anzumerken, dass die Übergänge der einzelnen Kategorien fließend sind und ein Modell einem Modelltyp nicht immer eindeutig zugeordnet werden kann.[67] Dies ist insbesondere dann der Fall, wenn mehrere Ziele mit einem Modell verfolgt werden.

Ziel der Modellbildung im Rahmen dieser Arbeit ist es, den Gegenstandsbereich des Wertbeitrags der IT in einem Beschreibungsmodell abzubilden. Der Themenkomplex soll durch die Darstellung der verschiedenen Dimensionen und Gegenstände besser verstanden und die Kommunikation erleichtert werden. Bevor sich dieser Aufgabe gewidmet wird, wird jedoch ein Erklärungsmodell erarbeitet, das die Unbestimmtheit des Themenkomplexes begründet. Dieses Modell lässt die Ursachen erkennen, die zu einem diversifizierten Begriffsverständnis geführt haben. Der Schwerpunkt der Abhandlung liegt jedoch in der Entwicklung des genannten Beschreibungsmodells zum Wertbeitrag der IT. Im Folgenden wird erläutert, warum es sich dabei um ein Referenzmodell handelt.

Referenzmodelle können als spezifische Art von Modellen aufgefasst werden.[68] Der Begriff des Referenzmodells wird jedoch verschieden verstanden und zum Teil inflationär verwendet, ohne dass eine begründete Qualifizierung vorliegt.[69] Vorhandene Interpretationen des Referenzmodellbegriffs haben jedoch gemeinsam, dass sie sich durch das Merkmal der Allgemeingültigkeit auszeichnen und einen Empfehlungscharakter aufweisen.[70] Die Allgemeingültigkeit bezeichnet die Eigenschaft, dass das Modell nicht nur für ein einzelnes, sondern für eine Klasse von Problemen nützlich ist oder die Darstellung allgemeingültiger betrieblicher Sachverhalte anstrebt.[71] THOMAS versteht Referenzmodelle als Modelltypus, der „zur Unterstützung der Konstruktion von anderen Modellen ge-

---

65 Vgl. ITGI 2007.
66 Vgl. Krallmann 2007, S. 75.
67 Vgl. Krause, Mertins 2006, S. 7.
68 Vgl. vom Brocke 2003, S. 31; Thomas 2006, S. 16.
69 Vgl. Braun, Esswein 2006, S. 3.
70 Vgl. vom Brocke 2003, S. 31 sowie Pescholl 2011, S. 52.
71 Vgl. Rosemann, Schütte 1999, S. 23.

nutzt wird".[72] Ähnlich beschreiben FETTKE und LOOS Referenzmodelle als Modelle, die „zur inhaltlichen Unterstützung bei der Erstellung von Anwendungsmodellen entwickelt oder genutzt werden. Kennzeichnendes Merkmal eines Referenzmodells ist ihre potenzielle oder faktische Wiederverwendung in anderen Modellierungskontexten".[73] Dies stellt eine nutzungsorientierte Sichtweise des Referenzmodellbegriffs dar, lässt eine Abgrenzung zum allgemeinen Modellbegriff jedoch offen, da hierdurch jedes Modell, das zur Entwicklung eines anderen Modells genutzt wird, als Referenzmodell aufgefasst werden kann.[74] In Abgrenzung zum allgemeinen Modellbegriff zeichnen sich Referenzmodelle zwar durch einen komparativ höheren Abstraktionsgrad aus, dieses Merkmal scheint jedoch a priori schwer überprüfbar und charakterisiert den Modelltyp in einem noch nicht hinreichenden Maße.

GEHLERT identifiziert über das Merkmal der Allgemeingültigkeit und des Empfehlungscharakters hinaus noch weitere Merkmale, die ein allgemeines Modell von einem Referenzmodell abgrenzen.[75] Aus dem Empfehlungscharakter ergibt sich die Möglichkeit, von den Empfehlungen abzuweichen. Daraus kann das Merkmal der Anpassbarkeit des Modells abgeleitet werden, welches die Möglichkeit beschreibt, das Modell in bestimmten Punkten verändern zu können. Diese Anpassungsmöglichkeit macht es notwendig Konventionen für die Anpassungen zur Verfügung zu stellen, die durch eine Beschreibungssprache geregelt sind. Derartige Regeln zur Anpassung sind in der Modellierungsgrammatik des Referenzmodells explizit mit zu berücksichtigen. FETTKE und LOOS konkretisieren den Referenzmodellbegriff weiter und systematisieren ihn nach dem in Abb. 2-2 dargestellten Schema. Die unterschiedlichen Typen werden folgend beschrieben und die jeweiligen Qualitätseigenschaften identifiziert.

Zunächst lassen sich Referenzmodelle des Gegenstandsbereichs und des Aussagenbereichs unterscheiden. Referenzmodelle des Gegenstandsbereichs sind real existierende Erscheinungen wie z.B. das SAP-Referenzmodell. Demgegenüber abzugrenzen sind Referenzmodelle des Aussagenbereichs, welche sich als theoretische Konstrukte auffassen lassen, die primär das Ergebnis wissenschaftlicher Betrachtungen sind.[76]

---

72 Thomas 2006, S. 16.
73 Fettke, Loos 2004, S. 9.
74 Ein durch ein Referenzmodell instanziiertes Modell wird auch als (unternehmens)spezifisches Modell, Implementierungsmodell oder Anwendungsmodell bezeichnet (vgl. Pescholl 2011, S. 52).
75 Vgl. Gehlert 2007, S. 178.
76 FETTKE und LOOS weisen darauf hin, dass eine Abgrenzung nach Gegenstands- und Aussagenbereich nicht immer eindeutig vorgenommen werden kann (vgl. Fettke, Loos 2004, S. 9). Eine genaue Beschreibung, wie sich Referenzmodelle des Gegenstandsbereichs von anderen Modellen in der Realität unterscheiden, bleibt hierbei aus.

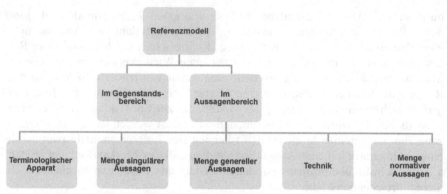

Abb. 2-2: Systematisierung des Referenzmodellbegriffs
(Quelle: in Anlehnung an Fettke, Loos 2004, S. 9-12)

Referenzmodelle als Menge singulärer Aussagen beschreiben reale Referenzmodelle des Gegenstandsbereichs aus wissenschaftlicher Perspektive. Ein Referenzmodell als terminologischer Apparat wird als Menge von Begriffen verstanden, die im Sinne einer Ontologie einen Gegenstandsbereich beschreiben. Dabei werden grundlegende Entitäten identifiziert und ihre Beziehungen untereinander einschließlich ihrer Semantik abgebildet. Sie sind damit Teil der Wissensrepräsentation eines Gegenstandsbereichs und bilden den Gestaltungsrahmen der Modellelemente eines zu modellierenden Gegenstands ab. Referenzmodelle als Menge genereller Aussagen beziehen sich nicht auf ein konkretes, sondern auf eine bestimmte Klasse von Unternehmen. Dieser Typ Referenzmodell weist somit eine, im Rahmen der Klasse liegende, Allgemeingültigkeit auf. Gängige Klassifikationsformen sind die Zugehörigkeit zu einer bestimmten Branche oder Merkmale in Bezug auf die Unternehmensgröße. Referenzmodelle als Technik stellen die Technik der Referenzmodellierung selbst in den Vordergrund und untersuchen, inwieweit diese geeignet ist, um Probleme in der Wirtschaftsinformatik zu lösen. Ein Referenzmodell als Menge normativer Aussagen besteht aus „Regeln, Gesetzen, Vorschriften oder Maßstäben, welche menschliche Handlungen bei der Systemgestaltung vereinheitlichen oder – strenger formuliert – vorschreiben".[77] Referenzmodelle normativer Aussagen lassen sich als Handlungsempfehlungen für einen bestimmten Aufgabenbereich interpretieren. Dieses Referenzmodellverständnis deckt sich mit der Sicht von HANSEN und NEUMANN, die Referenzmodelle als „Modelle, die Anhaltspunkte für eine sinnvolle Systemgestaltung oder ein empfehlenswertes Verhalten bieten" verstehen.[78] Bei diesem

---

77   Fettke, Loos 2004, S. 11.
78   Hansen, Neumann 2001.

Verständnis kommt der bereits genannte Empfehlungscharakter von Referenz-modellen besonders zum Ausdruck.

Das Merkmal der Allgemeingültigkeit ist in dem in dieser Arbeit zu entwi-ckelnden Modell gegenständlich, da hier nicht auf eine bestimmte Klasse von Unternehmen Bezug genommen wird und der Gegenstandsbereich des Wertbei-trags der IT eines beliebigen Unternehmens durch das Modell repräsentiert wer-den können soll. Da die verschiedenen Sichtweisen und Gegenstandsbereiche des Wertbeitrags der IT aufgezeigt werden und diese bei der unternehmensindi-viduellen Ausgestaltung selektiv berücksichtigt werden sollen, weist das Modell ebenfalls einen Empfehlungscharakter auf, ohne diesem zwingend Folge leisten zu müssen. Vielmehr wird für den Modellierungsprozess empfohlen die ver-schiedenen Sichtweisen des Gegenstands bei der unternehmensspezifischen Ge-staltung gedanklich mit einzubeziehen. Demzufolge ist das Merkmal der An-passbarkeit wiederzufinden. Auch wenn die Beschreibungssprache des Refe-renzmodells Gegenstand des nächsten Kapitels ist, sei angemerkt, dass Konven-tionen für eine individuelle Ausgestaltung durch die Mächtigkeit der verwende-ten Modellierungssprache mit berücksichtigt werden.[79]

Die Frage, wo sich das Referenzmodell entsprechend der vorgestellten Sys-tematisierung einordnet, lässt sich nicht eindeutig beantworten. Zum einen wer-den bei der Analyse des Wertbeitrags der IT normative Aussagen sowie Empfeh-lungen für die Systemgestaltung erarbeitet. Dieser Aspekt würde für eine Ein-ordnung als Referenzmodell normativer Aussagen sprechen. Da der entwickelte Bezugsrahmen jedoch primär die grundlegenden Entitäten des Gegenstandsbe-reichs Wertbeitrag der IT abbildet, liegt die Einordnung des Referenzmodells als terminologischer Apparat nahe.

Neben der Einordnung als Referenzmodell könnte auch die Ansicht vertre-ten werden, das zu entwickelnde Modell als Metamodell zu betrachten. ROSEMANN und SCHÜTTE stufen Metamodelle als eine spezifische Art von Refe-renzmodell ein.[80] Der Begriff des Metamodells sieht analog zum Referenzmo-dellbegriff ebenfalls das Merkmal der Allgemeingültigkeit vor. Ferner sind Me-tamodelle stets mit dem Zweck verbunden, andere Modelle daraus abzuleiten.[81] Metamodelle sind jedoch Beschreibungsmodelle von Modellen, die in einer Me-tasprache verfasst werden. Obwohl Sichtweisen existieren, die eine gleiche Spra-che für Metamodell und Modell nicht ausschließen,[82] ist das überwiegende Ver-ständnis des Metamodellbegriffs dadurch gekennzeichnet, dass das Metamodell

---

79 Zum Beispiel dadurch, dass bestimmte Strukturelemente nicht instanziiert werden.
80 Vgl. Rosemann, Schütte 1999, S. 24.
81 BLAHA definiert Metamodelle als „models that describe other models" (Blaha 1992, S. 13).
82 Vgl. Strahringer 1996, S. 15.

die Sprache des untergeordneten Modells abbildet.[83] Meta- und Objektsprache unterscheiden sich insofern, als die Metasprache die Syntax eines Modells beschreibt. Das in dieser Arbeit zu entwickelnde Modell bildet jedoch nicht die Sprache eines potentiell darauf aufbauenden Modells ab. Vielmehr deckt dieses auf einer höheren Abstraktionsebene Elemente ab, die den Gegenstandsbereich des Wertbeitrags der IT normativ beschreiben. Die Klassifikation als Metamodell wird daher als ungeeignet eingestuft.

2.3 UML als Modellierungssprache

Im Rahmen der Referenzmodellierung kommen unterschiedliche Visualisierungsformen und Modellierungssprachen zur Anwendung. Modellierungssprachen sind künstliche Sprachen, welche die Konstruktion und Interpretation von Modellen organisieren, indem sie Konstrukte bereitstellen, die nach bestimmten Regeln semantische Aussagen abbilden können.[84]

Sprachen können nach dem Grad der Formalisierung in natürliche (informale) und künstliche Sprachen unterschieden werden, wobei sich künstliche Sprachen weiter in formale und semiformale Sprachen unterteilen lassen.[85] Im Gegensatz zu natürlichen Sprachen, die Gegenstand der Linguistik sind, sind künstliche Sprachen das Ergebnis eines bewussten Konstruktionsprozesses.[86] Bei formalen Sprachen sind die verwendeten Konzepte sowie ihre Semantik, einschließlich der Wechselwirkungen der verwendeten Symbole, eindeutig, so dass keine Interpretationsspielräume in Bezug auf den beschriebenen Gegenstand vorliegen.[87] Semiformale Sprachen sind zwar in Hinsicht auf die verwendeten Konzepte, nicht jedoch hinsichtlich ihrer Semantik eindeutig.[88] Für die Modellrepräsentation werden in der Regel semiformale Sprachen verwendet, da ihnen eine höhere Verständlichkeit zugeschrieben wird.[89]

83 Vgl. Strahringer 1996, S. 23-28 und Gebauer et al. 2005, S. 2.
84 Vgl. Frank, van Laak 2003, S. 20; Engels 2010 sowie Patig 2006, S. 1.
85 Vgl. vom Brocke 2003, S. 66-67; Frank 1999, S. 9. ROMMELSPACHER folgend wird der Begriff *Konstrukt* verwendet, der Zeichen und Symbole als Teilmenge der Syntax subsumiert (Rommelspacher 2011, S. 47). Siehe auch Frank, van Laak 2003, S. 20.
86 Vgl. Hilbert 1970, S. 156; Patig 2006, S. 1.
87 Vgl. vom Brocke 2003, S. 67.
88 Vgl. Frank 1999, S. 9; vom Brocke 2003, S. 67.
89 Vgl. Fettke, Loos 2004, S. 14.

Tab. 2-1: Anforderungen an die Modellierungssprache

Anforderungen an die Modellierungssprache	
A1	Komplexitätsreduktion bei der Abbildung des Gegenstands des Wertbeitrags der IT
A2	Vollständige Abbildung der Entitäten des Gegenstandsbereichs
A3	Integration der verschiedenen Sichtweisen des Gegenstandsbereichs
A4	Leichte Verständlichkeit/Kommunikationsmöglichkeit zwischen unterschiedlichen Akteuren
A5	Eindeutige Modellrepräsentation (Interpretation des abzubildenden Gegenstands)
A6	Abbildung des impliziten Ursache-Wirkungs-Zusammenhangs von IT-Einsatz und Businessziel
A7	Anpassungsmöglichkeit bei unternehmensspezifischer Ausgestaltung

Da der Gegenstandsbereich des Wertbeitrags der IT unterschiedlich verstanden wird, gilt es eine Modellierungssprache zu wählen, welche wenig Raum bei der Interpretation des Referenzmodells bietet. Gleichzeitig soll die Modellierungssprache auch leicht verständlich sein, so dass die vom Modellierer angestrebte Intention für die jeweilige Nutzergruppe ersichtlich wird.[90] Obwohl formale Modellierungssprachen aufgrund ihrer Eindeutigkeit eine höhere Genauigkeit aufweisen, kommt ihnen im Rahmen der Referenzmodellierung faktisch kaum eine Bedeutung zu. Da der Lernaufwand zur Interpretation einer formalen Sprache als hoch charakterisiert werden kann, ist diesen eine geringere Verständlichkeit zuzusprechen. Bei semiformalen Modellierungssprachen wird die geringere Genauigkeit durch eine bessere Verständlichkeit kompensiert.[91] Ferner ist darauf zu achten, dass der Gegenstandsbereich des zu modellierenden Objekts grundsätzlich angemessen abbildbar ist. Basierend auf dem Gestaltungsziel lassen sich die in Tab. 2 1 dargestellten Anforderungen ableiten.[92]

Ein wesentliches, modellinhärentes Merkmal ist das Verkürzungsmerkmal. Durch Generalisierung und eine Konzentration auf die wesentlichen Aspekte des abzubildenden Gegenstands soll die Komplexität reduziert werden und der Gegenstandsbereich leichter zu fassen sein. Gleichwohl sollen die verschiedenen Sichtweisen, auf die sich der Wertbeitrag der IT bezieht, möglichst vollständig

---

90 Hierbei ist zu berücksichtigen, dass der Gegenstandsbereich durch heterogene Nutzergruppen z.B. IT vs. Business geprägt ist.
91 FETTKE und LOOS sowie VOM BROCKE betonen die besondere Bedeutung der Verständlichkeit durch semiformale Modellierungssprachen im Rahmen der Referenzmodellierung (vgl. Fettke, Loos 2004, S. 14; vom Brocke 2003, S. 107-108).
92 Für generelle Anforderungen an Modellierungssprachen siehe Frank, van Laak 2003, S. 25-33.

durch das Modell abgebildet werden.[93] Die Integration der verschiedenen Sichtweisen von Wertbeitrag in das Referenzmodell soll die Kommunikation zwischen Akteuren fördern, die eine unterschiedliche Sichtweise des Gegenstands
mitbringen. Dies bekräftigt die Anforderung der Verständlichkeit, die es einem
Adressaten möglichst ohne aufwändige Einarbeitung in Syntax und Semantik
ermöglicht, das Modell zu verstehen. Des Weiteren soll das, einer bestimmten
Sichtweise des Wertbeitrags der IT zugrunde liegende, Wirkungsmodell aus dem
Modell hervorgehen. Zum Teil resultiert ein unterschiedliches Verständnis des
Gegenstandsbereichs aus einem unterschiedlichen Verständnis von Ursache-
Wirkungs-Zusammenhängen. Während Mitarbeiter, die einen „frühen" Bereich
der IT-Produktion in der Wertschöpfungskette verantworten, den Output ihres
Verantwortungsbereichs bereits als Wertbeitrag betrachten, sind Mitarbeiter, die
in einem „nachgelagerten" Teil der Wirkungskette (z.B. im Finance-Bereich) tä-
tig sind, tendenziell auf den Wirkungsbereich ihres Aufgabengebiets fokussiert.[94]
Durch eine explizite Abbildung der Ursache-Wirkungs-Kette kann die implizit
angenommene Wirkung transparent gemacht werden.

Das in dieser Arbeit gegenständliche Referenzmodell zum Wertbeitrag der
IT wird in der Modellierungssprache UML (Unified Modeling Language) durch
ein Klassendiagramm beschrieben. UML ist eine standardisierte und von der
OBJECT MANAGEMENT GROUP entwickelte Sprachfamilie, die verschiedene Dar-
stellungstechniken zur Verfügung stellt.[95] Es sei darauf hingewiesen, dass auch
alternative Konzeptualisierungen für die Referenzmodellierung denkbar sind.
Die folgenden Gründe sprechen jedoch für den Einsatz von UML als Beschreibungssprache.

Bei einer konstruktionsorientierten Forschungsmethode ist es zweckmäßig
die Modellierungssprache in Abhängigkeit von dem zu modellierenden Gegenstand zu wählen. Hierbei ist zwischen zu modellierenden Geschäftsprozessen,
Daten und Objekten zu unterscheiden, für die sich unterschiedliche Sprachen anbieten.[96] Da es sich bei dem Referenzmodell um ein Beschreibungsmodell handelt, welches die verschiedenen Gegenstände (im Sinne von Entitäten oder Objekten) des Themenbereichs mit seinen Eigenschaften integriert darstellen soll,
liegt ein objektbezogener Schwerpunkt vor. Nach FRANK kann zur Modellierung

---

93 Da sich Vollständigkeit und Komplexitätsreduktion widersprechen, ist auf ein angemessenes
    Verhältnis zu achten, das beide Anforderungen hinreichend berücksichtigt.
94 Siehe Kapitel 3.
95 Zur genauen Spezifikation der Beschreibungselemente siehe OMG 2011. Im Rahmen der Refe-
    renzmodellierung kommen im Wesentlichen die Beschreibungselemente Klassendiagramm und
    Aktivitätsdiagramm zur Anwendung (vgl. vom Brocke 2003, S. 122; Pescholl 2011, S. 60-62).
    Für eine weitere Diskussion zur Eignung von UML im Rahmen der Referenzmodellierung siehe
    Schwegmann 1999, S. 114-130.
96 Vgl. Frank 2006, S. 59; Fettke, Loos 2004, S. 13-14.

von Objekten UML oder die Object Modeling Language (OML) herangezogen werden.[97] VOM BROCKE konstatiert, dass dem Sprachprofil der Referenzmodellierung die Beschreibungselemente der UML auf fachkonzeptioneller Ebene grundsätzlich entsprechen.[98]

UML wird überwiegend als semiformale Modellierungssprache eingestuft.[99] Die daraus resultierenden Eigenschaften lassen die Bewertung als geeigneten Kompromiss zwischen Formalisierung im Sinne einer hinreichend präzisen Semantik zur eindeutigen Interpretation und einer guten Verständlichkeit durch die grafische Visualisierung zu. Positiv zu bewerten ist auch, dass UML eine der am weitesten verbreiteten Modellierungssprachen ist.[100] Weiterhin sei angemerkt, dass UML Anpassungen bei der Modellierung explizit zulässt, so dass eine unternehmensspezifische Ausgestaltung berücksichtigt werden kann.[101] Es kann festgestellt werden, dass UML den genannten Anforderungen dieser Arbeit gerecht wird.

Die UML bietet verschiedene Diagrammtypen. Im Rahmen der Referenzmodellierung kommen überwiegend Klassendiagramme zur Anwendung, mit denen die Gegenstände der zu modellierenden Referenz sowie deren Beziehungen untereinander beschrieben werden können.[102] Das Referenzmodell zum Wertbeitrag der IT wird ebenfalls durch ein Klassendiagramm abgebildet, welches die Gegenstände des Wertbeitrags der IT abbildet. Die verwendeten Beschreibungsmittel des Klassendiagramms werden im Folgenden erläutert.[103]

• Klassen

Klassen bzw. Entitäten sind die wesentlichen Beschreibungsmittel des Klassendiagramms. Eine Klasse bildet einen Teilbereich des Gegenstands des Wertbei-

---

97 Vgl. Frank 2006, S. 59-61. Ein Vergleich von UML und OML findet sich bei Frank, Prasse 1997.

98 Vgl. vom Brocke 2003, S. 121. Ähnlich auch Pescholl 2011, S. 60-61.

99 Vgl. Wilde, Hess 2007, S. 282; vom Brocke 2003, S. 67; Moro 2004, S. 82; Katzke 2008, S. 41. Allerdings gibt es auch abweichende Meinungen, die UML als formale Sprache einordnen (vgl. Felfernig, Friedrich, Jannach 2000; Linhardt 2003, S. 127). Da der Semantik jedoch keine Eindeutigkeit attestiert werden kann, ist die Einordnung als formale Modellierungssprache fragwürdig. Es ist anzumerken, dass es Bestrebungen gibt, UML zu formalisieren (vgl. McUmber, Cheng 2001). Die möglichen Interpretationsspielräume, die sich aus der UML ergeben, sind ferner als gering einzustufen.

100 Vgl. Engels 2010.

101 Vgl. vom Brocke 2003, S. 121.

102 Vgl. Schwegmann 1999, S. 114; vom Brocke 2003, S. 122.

103 Es werden lediglich die Beschreibungsmittel erläutert, die im weiteren Verlauf der Arbeit verwendet werden. Es sei darauf hingewiesen, dass UML noch zahlreiche weitere Beschreibungsmittel zur Verfügung stellt.

trags der IT ab, der gleiche oder ähnliche Merkmale oder Eigenschaften aufweist. Klassen werden in UML durch Rechtecke repräsentiert.[104] Über Assoziationen und Generalisierungen wird der Zusammenhang der Klassen untereinander beschrieben.

Abb. 2-3: Konzept der Klasse in UML-Notation (mit zugehörigem Beispiel)
(Quelle: eigene Darstellung)

- Assoziationen

Assoziationen beschreiben die Art und Weise, wie die identifizierten Klassen
miteinander in Beziehung stehen.[105] Folglich wird durch Assoziationen die Bedeutung einer einzelnen Klasse im Zusammenhang deutlich. Es kann zwischen
den drei Typen Assoziation, Aggregation und Komposition unterschieden werden.[106] Eine Assoziation wird durch eine Linie repräsentiert. Eine dazugehörige
Assoziationsbezeichnung qualifiziert, inwieweit die beiden Klassen miteinander
in Verbindung stehen. Eine Assoziationsbezeichnung ist in der Regel ein Prädi-
kat. Das Symbol „▶" qualifiziert hierbei die Leserichtung der Assoziation. Das
untenstehende Beispiel beschreibt den Sachverhalt, dass ein Mitarbeiter einen
Aufgabenbereich verantwortet.

Abb. 2-4: Konzept der Assoziation in UML-Notation (mit zugehörigem Beispiel)
(Quelle: eigene Darstellung)

- Aggregation

---

104 Grundsätzlich stellt UML noch weitere Beschreibungsmittel wie Attribute und Operationen zur
    Spezifizierung von Klassen bereit (OMG 2011). Diese kommen im Rahmen dieser Abhandlung
    jedoch nicht zur Anwendung, so dass sie nicht näher erläutert werden.
105 Vgl. Staud 2010, S. 39.
106 Vgl. Gebauer et al. 2005, S. 3.

Eine Aggregation ist eine besondere Form der Assoziation. Sie beschreibt die Komponenten, aus denen eine Klasse besteht, bzw. welche Klassen in einer Klasse enthalten sind. Eine Assoziationsbezeichnung ist hierbei nicht notwendig, da diese stets dem Prinzip „ist Teil von" folgt. Durch Aggregation werden mehrere Einzelobjekte logisch zu einem Gesamtobjekt zusammengefasst. Das Prinzip der Aggregation ist in Abb. 2-5 dargestellt. Bei einer Aggregation können die Teilklassen unabhängig von der übergeordneten Klasse existieren.[107] Im Beispiel ist der Zusammenhang von Bildschirm, CPU und Festplatte dargestellt, die zusammen einen PC bilden.

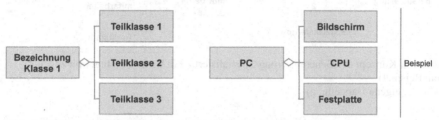

Abb. 2-5: Konzept der Aggregation in UML-Notation (mit zugehörigem Beispiel) (Quelle: eigene Darstellung)

*   Generalisierung

Das Konzept der Generalisierung und Spezialisierung ist auf SMITH und SMITH zurückzuführen und beschreibt die Möglichkeit, Eigenschaften und Beziehungen zwischen Klassen zu vererben.[108] Haben mehrere Klassen gemeinsame Attribute oder Beziehungen, können diese in einer generalisierten Klasse zusammengefasst werden, ohne dass diese für jede dieser Klassen modelliert werden muss.[109] Die einzelnen, unterhalb der generalisierenden Klasse bestehenden Klassen werden als Spezialisierung bezeichnet. Darüber hinaus bietet das Konzept der Gene-

---

107 Diese Möglichkeit grenzt die Aggregation von der Komposition ab. Die Komposition ist eine besondere Form der Aggregation und macht die Existenz der Teilklassen an der Existenz der übergeordneten Klasse als Bedingung fest. Ein Beispiel hierfür ist ein Raum, der zu exakt einem Gebäude gehört und an dessen Existenz gebunden ist. Da im zu entwickelnden Referenzmodell keine Kompositionen verwendet werden, wird die Notation der Komposition nicht genauer beschrieben.
108 Vgl. Smith, Smith 1977.
109 Im Rahmen der Softwareentwicklung bietet das Konzept der Vererbung eine Reihe weiterer Vorteile. In Bezug auf die in der Arbeit angestrebte Entwicklung eines Referenzmodells kommen diese Eigenschaften jedoch nicht zum Tragen, so dass auf eine differenzierte Diskussion verzichtet wird.

ralisierung die Möglichkeit, das Modell einfacher und übersichtlicher zu gestalten. Steht eine generalisierte Klasse durch eine Assoziation mit einer anderen Klasse in Verbindung, entfällt die Modellierung der Assoziation für jede spezialisierte Klasse der Generalisierung, da diese jeweils die Assoziation der generalisierten Klasse übernehmen und die Assoziation somit nur einmal (für die Generealisierung) abgebildet werden muss.

Abb. 2-6: Konzept der Generalisierung/Spezialisierung in UML-Notation (mit zugehörigem Beispiel)
(Quelle: eigene Darstellung)

2.4 Steuerungsobjekte der IT

2.4.1 IT-Organisation

Für eine Diskussion des IT-Wertbeitrags stellt sich zunächst die Frage, was als IT zu verstehen ist und welche Steuerungsobjekte im Hinblick auf eine Wertgenerierung zu berücksichtigen sind. Entsprechend dienen die Ausführungen in diesem Kapitel dazu, die verschiedenen Gegenstände des Wertbeitrags der IT zu präzisieren. Es ist zunächst festzustellen, dass der Begriff IT, unabhängig vom Zusammenhang des Wertbeitrags unterschiedlich verwendet wird.[110] Zum einen wird darunter die eingesetzte Informations- und Kommunikationstechnik im Sinne von Geräten zur Speicherung, Verarbeitung etc. von Informationen verstanden.[111] Mittlerweile hat sich allerdings ein umfassenderes Begriffsverständnis etabliert, das IT als Organisation auffasst und die aus einer Zusammenfassung gleichartiger Aufgaben resultierende betriebliche Funktion[112] für Informati-

---

110 Vgl. Weill, Olson 1989, S. 5; Wörpel 2011, S. 5-6.
111 Vgl. Gadatsch, Mayer 2006, S. 519; Teubner 2003, S. 36.
112 Analog zu anderen betrieblichen Funktionen wie z.B. Beschaffung, Produktion und Absatz. Betriebliche Funktionen werden auch als Funktionsbereich bezeichnet. Im Vergleich zu anderen betrieblichen Funktionen zeichnet sich die IT insbesondere dadurch aus, dass sie nicht nur die direkt wertschöpfenden Funktionen, sondern auch die Querschnittsfunktionen durchdringt, was die Komplexität der Leistungsbeziehungen verdeutlicht (vgl. Heinrich, Stelzer 2011, S. 2-3).

on und Kommunikation zur Erfüllung des Unternehmenszwecks mit einschließt.[113] Die IT-Organisation bildet den betriebswirtschaftlich geprägten Leistungserstellungsprozess für informations- und kommunikationsbezogene Produkte und Dienstleistungen ab. In Abgrenzung zu temporären Konstellationen, die sich aus kurzfristigen Aufgaben ergeben, ist unter Organisation ein auf Dauer angelegtes Beziehungsgeflecht zwischen Personen, Arbeitsmitteln, Aufgaben und Prozessen zu verstehen.[114]

Der Bezeichnung Organisation kommen sowohl umgangssprachlich als auch im betriebswirtschaftlichen Kontext verschiedene Bedeutungen zu, die sich wie folgt unterscheiden lassen:[115]

- Instrumentaler Aspekt: Dieser Begriff bezieht sich auf eine bewusst geschaffene Ordnung im Sinne von Strukturen (Aufbauorganisation), Aufgaben und Prozessen (Ablauforganisation), die im Unternehmen vorgesehen werden, um bestimmte Ziele zu erreichen. Organisation ist in dem Sinne als Ordnungsfunktion aufzufassen, welche sich gegenständlich mit den Beziehungen zwischen Mitarbeitern sowie zwischen Mitarbeitern und Ressourcen zur Erreichung von Unternehmenszielen beschäftigt.

- Gestalterischer Aspekt: Bei diesem Verständnis steht die Tätigkeit des Gestaltens von Unternehmen im Vordergrund. Da ein Unternehmen kein statisches Gebilde ist und permanent auf Veränderungen reagieren muss, beschäftigt sich dieser Aspekt mit der langfristigen Organisationsentwicklung und der Durchführung von Veränderungsprozessen in Organisationen.

- Institutionaler Aspekt: Dieser Aspekt untersucht die Frage, welche der in der Realität vorkommenden Gebilde als Organisation zu verstehen sind.

Der Gegenstand dieser Arbeit bezieht sich auf den Wertbeitrag der IT-Organisation mit überwiegendem Bezug auf den instrumentalen Aspekt des Organisationsbegriffs. Es steht also weniger die Gestaltung von Strukturen der IT-Organisation an sich im Vordergrund, sondern die Nutzung der bestehenden Strukturen und deren Ausrichtung im Hinblick auf einen positiven Wertbeitrag. Dies schließt die Notwendigkeit von Maßnahmen zur Organisationsgestaltung

---

113 Vgl. Krcmar 2005, S. 28. Im Hinblick auf die informations- und kommunikationstechnischen Aufgaben werden auch die Bezeichnungen IT-Funktion, Informationsfunktion, Informationsmanagement (IM), Informationsverarbeitungsfunktion (IV) oder Datenverarbeitungsfunktion (DV) verwendet.
114 Vgl. Auner 2008, S. 1.
115 Vgl. Thommen, Achleitner 2006, S. 769.

nicht aus, allerdings ist die Umsetzung gestalterischer Maßnahmen selbst nicht Gegenstand von Wertbeitragsbetrachtungen. Vielmehr können Maßnahmen der Organisationsgestaltung Gegenstand von Wertbeitragsbetrachtungen sein. Im Kontext dieser Arbeit versteht sich IT als die Gesamtheit der Aufgaben zur Beschaffung, Herstellung, Bevorratung und Verwendung von Information zur Erfüllung des Unternehmenszwecks einschließlich der Führungsaufgaben, Ressourcen und Strukturen.[116] Daher wird folgend der Frage nachgegangen, welche Strukturen und Prozesse als Teilbereiche der IT-Organisation grundsätzlich gegenständlich sind. Daran schließt sich die Frage an, was als Wertbeitrag zu verstehen ist. Aufgrund des Dienstleistungscharakters spielt die Frage der rechtlichen Eingliederung der IT-Organisation eine eher nachgelagerte Rolle, da diese unabhängig hiervon den gleichen Prinzipien folgt.[117] Schließlich muss der Gegenstandsbereich des Wertbeitrags der IT ganzheitlich gesteuert werden, auch wenn die Art der Steuerung und die Weisungsbefugnisse anderen Schwierigkeiten unterliegen, wenn sie von externen Dienstleistern wahrgenommen werden. Daher werden unter dem Begriff der IT-Organisation sowohl klassische unternehmensinterne als auch externe Strukturen sowie Shared Service Center[118] subsumiert.

Die IT-Organisation ist in die Aufbauorganisation und die Ablauforganisation zu unterteilen. Beide Teile stehen sehr eng miteinander in Verbindung und betrachten das gleiche Objekt aus verschiedenen Perspektiven.[119] Die *Aufbauorganisation* befasst sich hauptsächlich mit der Frage, wie die Gesamtaufgabe eines Unternehmens mittels einer Aufgabenanalyse in Teilaufgaben zergliedert werden kann,[120] welchen Organisationseinheiten diese zugeordnet werden und welche Ressourcen zur Erfüllung dieser Aufgaben eingesetzt werden (Aufgabensynthese).[121] Als *Organisationseinheiten* werden sämtliche durch Zusammenfassung und Zuordnung von (Teil-)Aufgaben entstehenden organisatorischen Einheiten verstanden.[122] Dazu zählen im Wesentlichen Stellen[123], Abteilungen,

---

116 Sowohl HEINRICH und STELZER als auch TEUBNER nutzen den Begriff der *Informationsfunktion* für eine Zusammenfassung der Aufgaben der IT und den Begriff der *Informationsinfrastruktur* für IT-bezogene Ressourcen und Strukturen (vgl. Heinrich, Stelzer 2011, S. 2-3, S. 17; Teubner 2003, S. 32-48). Der im Kontext dieser Arbeit verwendete IT-Begriff verbindet die beiden Sichtweisen und schließt sowohl zugehörige Aufgaben der IT als auch Ressourcen und Strukturen im Sinne des instrumentalen Aspekts von Organisation mit ein.

117 Vgl. Pfeifer 2003, S. 121.

118 Zum Begriff des Shared Service Center siehe Kapitel 2.4.3.

119 Vgl. Thommen, Achleitner 2006, S. 783.

120 Die Zerlegung der Gesamtaufgabe eines Unternehmens in einzelne, zweckmäßige Teilaufgaben wird in der Organisationslehre als *Aufgabenanalyse* bezeichnet (vgl. Mertens, Knolmayer 1998, S. 2).

121 Vgl. Bühner 1999, S. 65; Selig 1986, S. 87.

122 Vgl. Kosiol 1976, S. 89.

Hauptabteilungen und Stabsstellen. Die Aufbauorganisation befasst sich daher primär mit der Struktur eines Unternehmens.

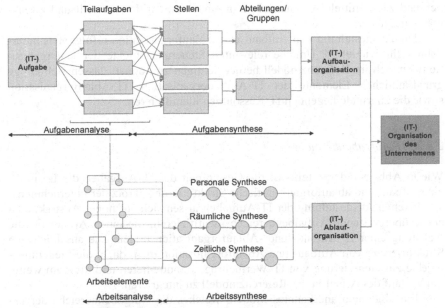

Abb. 2-7: Zusammenhang von Aufbau- und Ablauforganisation
(Quelle: in Anlehnung an Bleicher 1991, S. 49)

Die *Ablauforganisation* beschäftigt sich mit der Festlegung von Geschäftsprozessen unter Berücksichtigung von Raum, Zeit, Sachmitteln und Personen.[124] Ein *Geschäftsprozess* wird als definierte, wiederkehrende Abfolge von Tätigkeiten verstanden, die unabhängig von ihrer organisatorischen Eingliederung durchgeführt werden, um ein bestimmtes unternehmerisches (Teil-)Ziel zu erreichen.[125]

---

123 Eine Stelle wird als kleinste Organisationseinheit betrachtet, die durch eine Zuordnung von Aufgaben auf einen einzelnen menschlichen Aufgabenträger entsteht (vgl. Eisenführ 1996, S. 59). Diese ist personenunabhängig definiert.

124 Vgl. Thommen, Achleitner 2006, S. 780; Schlick et al. 2010, S. 455.

125 Vgl. Stahlknecht, Hasenkamp 2005, S. 206-207; Hammer, Champy 1994, S. 52; Wigand, Picot, Reichwald 1997, S. 150. Zur weitergehenden Diskussion des Begriffs des Geschäftsprozesses siehe Gadatsch 2010, S. 40-46. Dem Begriff des Arbeitsprozesses kommt eine ähnliche Bedeutung zu. Als *Arbeitsprozesse* werden einzelne, schrittweise Vorgänge verstanden, die auf die Erreichung vorgegebener Aufgaben abzielen (vgl. Schulte-Zurhausen 2005). In der vorliegenden Arbeit wird keine Differenzierung der Begriffe Geschäftsprozess und Arbeitsprozess vorgenommen. Für eine genaue Abgrenzung siehe Klaffke 2008.

Die Aufbauorganisation legt also den strukturellen Rahmen festlegt, in dem die Geschäftsprozesse vollzogen werden. Zur Festlegung der Geschäftsprozesse werden die in einer Aufgabenanalyse identifizierten unternehmerischen Aufgaben und Ziele mittels Arbeitsanalyse in einzelne Schritte unterteilt und zweckmäßig gegliedert.

Die Ausgestaltung von Aufbau- und Ablauforganisation erfolgt stets unternehmensindividuell.[126] Um die relevanten Steuerungsobjekte der IT-Organisation dennoch im Referenzmodell berücksichtigen zu können, lassen sich einige grundsätzlichen Elemente der IT-Aufbauorganisation, IT-Ablauforganisation sowie die zugrunde liegenden IT-Ressourcen identifizieren.

2.4.2 IT-Aufgabenbereiche

Wie in Abb. 2-7 dargestellt, ist die Gesamtheit der IT-Aufgaben die Basis für eine aufbau- und ablauforganisatorische Strukturierung. Trotz der unternehmensspezifischen Ausgestaltung der IT-Aufgaben lassen sich auf hoher Abstraktionsebene übergreifende Aufgabenbereiche identifizieren, die einen Ansatz für die Ableitung einer IT-Aufbau- und -Ablauforganisation bilden. Die anschließende Strukturierung von Aufbau- und Ablauforganisation dient dazu, die Steuerungsobjekte zur Generierung von IT-Wertbeitrag zu modellieren und diese im weiteren Verlauf der Arbeit in das Referenzmodell zu integrieren.

Ein allgemein anerkanntes Modell, welches die Aufgabenbereiche der IT-Organisation beschreibt, ist auf KRCMAR zurückzuführen, der folgende Strukturierung vornimmt:[127]

- Management der Informationswirtschaft
- Management der Informationssysteme
- Management der Informations- und Kommunikationstechnik
- sowie übergreifende Führungsaufgaben

---

126 „It is not easy to produce a general statement of the ideal organizational arrangement for IS/IT resources. A number of factors will always have to be weighed for any organization" (Ward, Peppard 2003, S. 346).

127 Vgl. Krcmar 2005, S. 47-49. Bei dieser Strukturierung wurden die Aufgabenbereiche überwiegend nach dem Merkmal Objekt, Ressource und dem Rang der Führungskompetenz gegliedert (siehe Kapitel 2.4.3). Die Strukturierung findet sich auch in der Praxis in der IT-internen Aufbauorganisation von Unternehmen wieder, wobei hier andere Bezeichnungen verwendet werden. Es sei hier darauf hingewiesen, dass sich die Aufgabenbereiche der IT-Organisation auch anders abgrenzen lassen und es weitere Strukturierungsformen gibt. Weitere Ansätze werden diskutiert von Wollnik 1988; Heinrich, Stelzer 2011, S. 3-8; Krcmar 2005, S. 28-49 und Brenner 1993, S. 67-74.

Als *Management der Informations- und Kommunikationstechnik* werden Aufgaben verstanden, die sich auf die IT-Ressource Infrastruktur[128] (z.B. Netze, Server) beziehen. Dazu zählen die Bereitstellung, Planung und Verwaltung der technischen Infrastruktur. Diese Ebene bildet die physische Basis und die Voraussetzungen für die verwendeten Anwendungssysteme, welche von der darüber liegenden Managementebene behandelt werden.

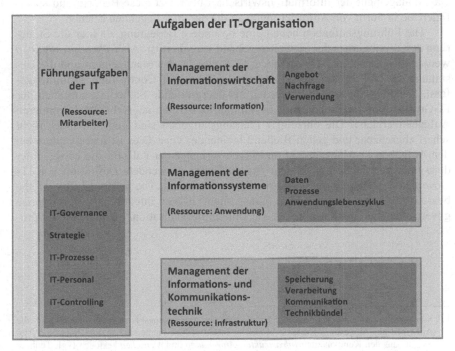

Abb. 2-8: Aufgabenbereiche der IT-Organisation
(Quelle: in Anlehnung an Krcmar 2005, S. 47)

---

128 Zum Ressourcenbegriff siehe Kapitel 2.4.5. Die hier angemerkten Zuordnungen von Aufgaben und Ressourcen verstehen sich als Schwerpunkte. Das schließt nicht aus, dass die Ressourcen auch in anderen Aufgabenbereichen gesteuert werden. So spielt die Ressource der Infrastruktur auch im Bereich der IT-Strategie eine entscheidende Rolle, die operative Umsetzung wird aber im Bereich Management der Informationsinfrastruktur vorgenommen.

Der Aufgabenbereich *Management der Informationssysteme*[129] bezieht sich auf die IT-Ressource Anwendung und zielt auf eine angemessene Entwicklung, Integration und den Betrieb von Anwendungen im Lebenszyklus ab.

Der Aufgabenbereich *Management der Informationswirtschaft* bezieht sich auf die IT-Ressource Information und deren angemessene Bereitstellung im Unternehmen. Dabei werden Bedarfe an Informationen aus sämtlichen Unternehmensbereichen unabhängig von existierenden Informationssystemen koordiniert. Das Management der Informationswirtschaft übersetzt diese Bedarfe und spezifiziert sie in Form von Anforderungen an die darunter liegenden Ebenen.

Die Führungsaufgaben haben eine besondere Bedeutung, da hier die Steuerung des Wertbeitrags der IT weitestgehend verankert ist. Als *Führungsaufgaben* werden die Bereiche IT-Governance, IT-Strategie, das Management und die Gestaltung der IT-Prozesse, des IT-Personals und das IT-Controlling zusammengefasst. Die Führungsaufgaben werden als übergreifende Steuerungsaufgaben der IT-Organisation angesehen und bestimmen den Handlungsrahmen der anderen Aufgabenbereiche. Die einzelnen Führungsaufgaben sind gegeneinander nicht scharf abgrenzbar und gehen fließend ineinander über. Dies ist insbesondere bei den Aufgaben IT-Management und IT-Governance der Fall, für die es verschiedene Interpretationen gibt.[130] Die am häufigsten verwendete Definition von IT-Governance stammt vom IT Governance Institute: „The responsibility of the board of directors and executive management. It is an integral part of enterprise governance and consists of the leadership and organisational structures and pro-

---

129 Sinngemäß könnte es daher auch „Management der Anwendungssysteme" heißen, da sich die Aufgaben auf Anwendungssysteme beziehen. Informationssysteme sind soziotechnische Systeme, die aus den Komponenten *Infrastruktur, Anwendung* und *Menschen* bestehen (vgl. Teubner 2003, S. 38-39). Der Teil der Infrastruktur ist in der darunter liegenden Ebene des Managements der Informations- und Kommunikationstechnik verankert. Die Ressource Mitarbeiter als Teil eines Informationssystems ist überwiegend und auf übergeordneter Ebene den Führungsaufgaben zuzuordnen (Organisation und Personal).

130 Der Begriff der *IT-Governance* hat in den vergangenen Jahren zunehmend an Präsenz gewonnen, jedoch wird er zum Teil unterschiedlich verstanden. Kennzeichnend für eine sich im Zeitverlauf wandelnde Interpretation des IT-Governance-Begriffs ist das folgende Zitat von HALINA TABACEK (Senior Director of IT Business Planning and Management bei Sun Microsystems): „We have been working to define IT Governance for a number of years. The definition has changed over time. Its origins were in control and measurement but it has moved and progressed into more front-end planning, putting the processes in place. It is more preventive, rather than taking action afterwards. It is the framework to do business, make decisions and monitor progress" (ITGI 2008, S. 6).

cesses that ensure that the organisation's IT sustains and extends the organisation's strategies and objectives."[131]

In Abgrenzung zur IT-Governance versteht sich IT-Management als eine die interne IT-Organisation betreffende Leitungsfunktion der IT-Produktion, d.h. der Steuerung von IT-Projekten, sowie den effektiven Regelbetrieb zur Bereitstellung von IT-Leistungen und -Produkten.[132] PETERSON sowie JOHANNSEN und GOEKEN ordnen die Steuerung des Wertbeitrags dem Bereich IT-Governance zu, welcher als zentraler Bereich und als über das IT-Management hinausgehende Aufgabe IT-Business-Alignment, Compliance, Erfolgsmessungen, Ressourcenmanagement und Risikomanagement miteinander verbindet.[133] Demzufolge ist IT-Governance im Gegensatz zum IT-Management weniger auf die Gegenwart, sondern auf die Zukunft ausgerichtet. Diese Abgrenzung von IT-Governance und IT-Management kann jedoch auch kritisch gesehen werden, da eine langfristige, zukunftsorientierte Planung auch als strategische IT-Managementaufgabe aufgefasst werden kann, welche die Steuerung des Wertbeitrags der IT mit einschließt.[134] Die Führungsaufgaben beziehen sich im hohen Maße auf die IT-Ressource Mitarbeiter.

Die Aufgaben des IT-Controllings werden als Spezialisierung von IT-Managementaufgaben angesehen, in der die Planungs- und Steuerungsentscheidungen vorbereitet werden.[135] Im Wesentlichen bestehen diese Aufgaben sowohl aus der Zurverfügungstellung standardisierter und strukturierter Informationen der Leistung der IT-Organisation als auch bei ad hoc getriebenen Fragestellun-

131 ITGI 2005, S. 10. Ähnliche IT-Governance-Definitionen entwickeln VAN GREMBERGEN, DE HAES und GULDENTOPS: „The organisational capacity exercised by the board, executive management and IT management to control the formulation and implementation of IT strategy and in this way ensure the fusion of business and IT" (van Grembergen, De Haes, Guldentops 2004, S. 5) sowie WEILL und ROSS: „Specifying the decision rights and accountability framework to encourage desirable behaviour in the use of it" (Weill, Ross 2004, S. 8).
132 Vgl. Fröhlich, Glasner 2007, S. 29; Johannsen, Goeken 2006, S. 14; van Grembergen, De Haes, Guldentops 2004, S. 4-5.
133 Vgl. Peterson 2004, S. 44; Johannsen et al. 2007, S. 22. PETERSON unterscheidet weiterhin, dass IT-Governance im Gegensatz zum IT-Management nicht extern ausgelagert werden kann: „Whereas elements of IT management and the supply of (commodity) IT services and products can be commissioned to an external IT provider, IT Governance is organization-specific, and direction and control over IT cannot be relegated to the market".
134 Vgl. Bernhard, Arenz 2003, S. 3; Heinrich, Lehner 2005, S. 33, S. 315-329. Als *strategische Aufgaben* der IT werden vereinfacht die Planung, Steuerung und Überwachung der IT verstanden, um nachhaltige Wettbewerbsvorteile zu erlangen (vgl. Buchta, Ful, Schulte-Croononborg 2005, S. 5). HEINRICH und LEHNER konkretisieren die strategischen Aufgaben in: strategische Situationsanalyse, strategische Zielplanung, Strategieentwicklung, strategische Maßnahmenplanung, Qualitäts- und Technologiemanagement, IT-Controlling sowie Revision (vgl. Heinrich, Lehner 2005, S. 73-192).
135 Vgl. Kütz, Friese 2006, S. 7; Gadatsch, Mayer 2006, S. 31; Tiemeyer 2005, S. 7.

gen im Management. Dabei kommt dem IT-Controlling die Aufgabe zu, mögliche Problemfelder frühzeitig zu erkennen und transparent zu machen bzw. proaktiv Verbesserungspotentiale aufzuzeigen.

Die genannten Aufgaben finden sich in nahezu jeder IT-Organisation wieder, auch wenn diese Aufgaben nicht unternehmensintern wahrgenommen und durch externe Dienstleister verantwortet werden. Diese Strukturierung von Aufgaben bildet eine Basis für eine Aufbauorganisation der IT, die sich im Referenzmodell zum Wertbeitrag der IT als Steuerungsobjekt wiederfindet.

2.4.3 IT-Aufbauorganisation

Die genannten Aufgabenbereiche der IT-Organisation bilden eine Basis, um eine idealtypische Aufbauorganisation zu beschreiben und zu begründen. Im Rahmen der Referenzmodellierung stellt sich die Frage, welche Elemente der Aufbauorganisation als Steuerungsobjekte zu berücksichtigen sind. Grundsätzlich ist die Ausgestaltung der IT-Aufbauorganisation unternehmensindividuell und umfasst ein breites Spektrum an Variationen.[136] SELIG stellt fest, dass in der Praxis eine große Vielfalt an Organisationsstrukturen in der IT vorliegt.[137] Die Vielfalt der unternehmensindividuellen Ausgestaltung steigt dabei mit der Detaillierungstiefe der Organisationseinheiten bis hin zur Stelle als kleinste aufbauorganisatorische Einheit. Darüber hinaus ist anzumerken, dass die IT-Aufbauorganisation in einem Unternehmen nicht statisch ist. Aufgrund der hohen Dynamik der Geschäftsanforderungen und technischen Innovationen, die in Unternehmen Einzug halten, steht die IT stets vor der Herausforderung, sich auch strukturell an sich verändernde Anforderungen anzupassen. Trotz dieser verschiedenen Ausgestaltungsmöglichkeiten lassen sich auf einem hohen Aggregationsgrad Gemeinsamkeiten bei der aufbauorganisatorischen Gestaltung erkennen, allerdings werden diese Organisationseinheiten in der Praxis uneinheitlich bezeichnet. Es sei darauf hingewiesen, dass die hier aufgeführten Strukturen als idealtypisch zu verstehen sind und in der Praxis auch abweichende Strukturen vorzufinden sind.

Zum einen ist zwischen der Art der Eingliederung der IT-Organisation in die Gesamtorganisation eines Unternehmens und der internen Strukturierung der IT und der damit verbundenen Frage, welche IT-Organisationseinheiten gebildet werden, zu unterscheiden.[138] Die Eingliederung der IT in die Gesamtorganisation eines Unternehmens kann sich ausprägen als Linieninstanz eines Hauptressorts, Hauptbereich, Stabsstelle oder Matrixorganisation, wobei die erste Form histo-

---

136 Vgl. Mertens, Knolmayer 1998, S. 62.
137 Vgl. Selig 1986, S. 87.
138 Vgl. Macharzina 1999, S. 669.

risch bedingt durch die frühe Integration im Finanz- und Rechnungswesen zu begründen ist und heute nur noch eine untergeordnete Rolle spielt.[139]

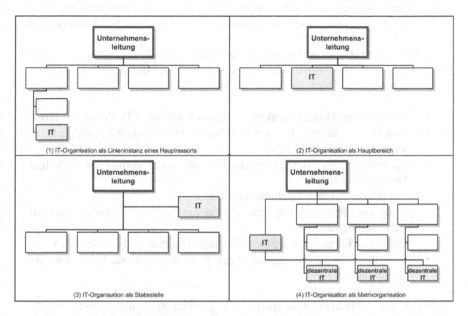

Abb. 2-9: Eingliederungsalternativen der IT-Organisation innerhalb eines Unternehmens (Quelle: in Anlehnung an Mertens, Knolmayer 1998, S. 54)

Darüber hinaus kommen unternehmensexterne Strukturierungen an externe Dienstleister oder als Shared Service Center in Frage.[140] Hier ist zunächst entscheidend, welche Aufgaben grundsätzlich eine geringe strategische Bedeutung für ein Unternehmen haben und sich für eine Auslagerung eignen. Outsourcing kann sowohl die gesamte IT als auch nur bestimmte Organisationseinheiten betreffen. Bei einer Auslagerung bestimmter Organisationsteile existieren quasi mehrere „IT-Organisationen" die gegebenenfalls mit dem Fachbereich kommu-

---

139 Vgl. Mertens, Knolmayer 1998, S. 52.
140 Shared Service Center verstehen sich als Organisationsform „zur Bereitstellung gleichartiger Dienstleistungen durch einen wirtschaftlich und/oder rechtlich selbständigen Verantwortungsbereich", welche mehrere Geschäftseinheiten bzw, -bereiche unterstützt (Hermes, Schwarz 2005, S. 101-102). Ähnlich definiert KAGELMANN Shared Service Center als „ein Organisationsansatz zur Bereitstellung von internen Dienstleistungen für mehrere Organisationseinheiten mittels gemeinsamer Nutzung von Ressourcen innerhalb einer Organisationseinheit" (Kagelmann 2001, S. 49). Für eine detaillierte Diskussion siehe Becker, Kunz, Mayer 2009 sowie für eine empirische Aufteilung von Organisationsformen der IT Son, Gladyszewski 2005, S. 16.

nizieren müssen, da per se keine klaren Verantwortlichkeiten bestehen. Entsprechend ist es notwendig, die IT-Einheiten übergeordnet zu koordinieren und eine
klare Rollenverteilung zu gewährleisten.[141] Hieran wird deutlich, dass die Fragestellung des Outsourcings nicht unabhängig von der internen Strukturierung der
IT zu beantworten ist.

Die Strukturierung in Organisationseinheiten wird üblicherweise anhand
von Aufgaben vorgenommen, die sich durch gleiche oder ähnliche Merkmale
auszeichnen. Hierbei finden folgende Merkmale Verwendung:[142]

- Verrichtung (Durchführen der gleichen Tätigkeit, z.B. Programmieren)
- Objekt (Objekt, auf das sich eine bestimmte Tätigkeit bezieht, z.B. An-
  wendung, Server)
- Ressource (bzw. Betriebsmittel, die zur Durchführung einer Aufgabe
  benötigt werden)
- Ort (an dem eine Aufgabe erfüllt wird)
- Rang der Führungskompetenz (Gliederung in Entscheidungs- und Aus-
  führungsaufgaben)
- Phase des Führungsprozesses (Planung, Durchführung, Kontrolle)
- Zweckbeziehung (Gliederung nach Kernaufgaben und Unterstützungs-
  aufgaben)

MERTENS und KNOLMAYER identifizieren Anwendungssysteme, Systembetrieb
und Benutzerservice als wesentliche Hauptabteilungen.[143] Diese Strukturierung
findet sich auch in neueren Veröffentlichungen wieder, wobei teilweise andere
Bezeichnungen für die gleichen Gegenstände genutzt werden. KÜTZ und FRIESE
identifizieren die Bereiche Entwicklung, Betrieb und Support, die für die genannten Aufgaben ebenfalls übliche Bezeichnungen der Praxis darstellen.[144]

Nach dem Merkmal Rang der Führungskompetenz werden die Aufgaben
klassischerweise auch in strategische, administrative und operative Aufgaben
gegliedert und organisatorisch unterschiedlich verankert.[145] So begründet sich
die organisatorische Strukturierung in Plan (Planung), Develop (Entwicklung)
und Run (Betrieb).[146] Die Planung umfasst hierbei die im vorherigen Kapitel

---

141 Dieser Aufgabenbereich ist Gegenstand von IT-Governance.
142 Vgl. Thommen, Achleitner 2006, S. 772.
143 Vgl. Mertens, Knolmayer 1998, S. 64 und ähnlich Stahlknecht, Hasenkamp 2005, S. 448-450.
144 Vgl. Kütz, Friese 2006, S. 23-25.
145 Vgl. Heinrich, Lehner 2005, S. 33-35; Biethahn, Muksch, Ruf 2004, S. 31-46. Die Bezeichnung
    „administrativ" ist hier etwas irreführend, da diese als administrative Managementaufgaben ver-
    standen werden, welche die Planung, Überwachung und Steuerung von IT-Ressourcen mit ein-
    schließen (vgl. Heinrich, Lehner 2005, S. 22-23).
146 Vgl. Zarnekow, Brenner 2004, S. 6.

dargestellten übergeordneten Führungsaufgaben einschließlich der strategischen Ausrichtung der IT auf die Geschäftsziele des Unternehmens.[147]

Die Organisationseinheit *Entwicklung*[148] bündelt die Aufgaben der Entwicklung von Anwendungssystemen, welche für ein betriebliches Anwendungsgebiet entwickelt, erweitert, eingeführt, eingesetzt oder im Falle von Standardsoftware customized werden, einschließlich der zugehörigen technischen Infrastruktur, und bildet diese organisatorisch ab.[149] Derartige Entwicklungsaufgaben werden bis zum Übergang in den Betrieb in IT-Projekten realisiert. Daher umfasst diese Organisationseinheit auch das IT-Projektmanagement.

Der *Betrieb*[150] dient der Sicherung der Betriebs- und Lieferfähigkeit der IT und des Unternehmens.[151] Zum Aufgabenspektrum gehören die Wartung und Pflege der Kernanwendungen und Infrastrukturkomponenten. Der Betrieb stellt die aus Hard- und Software erforderliche technische Infrastruktur sowie die benötigten Humanressourcen und Dienstleistungen zur Inbetriebnahme, Speicherung und Kommunikation der Softwareanwendungen zur Verfügung.[152]

Aufgrund der gesonderten Zweckbeziehung wird der *Support*[153] ebenfalls als eigene Hauptabteilung eingestuft.[154] Dieser stellt für den Anwender bzw.

---

147 In der Praxis werden auch die Bezeichnungen IT-Strategie, IT-Management, IT-Governance oder IT-Leitung verwendet.

148 Auch als Build, „Develop the Business" oder Systementwicklung bezeichnet. Der Bezeichnung Systementwicklung wird zum Teil vorgehalten, dass ein Fokus auf Eigenentwicklungen suggeriert wird. Allerdings soll die Integration von Standardsoftware explizit mit eingeschlossen werden. Dieser Aufgabenbereich wird als administrativ eingestuft (vgl. Heinrich, Lehner 2005, S. 22-23).

149 Vgl. Stahlknecht, Hasenkamp 2005, S. 204; Zarnekow, Brenner 2004, S. 6-7. Zum Teil wird in Unternehmen organisatorisch eine Trennung der Entwicklungs-/Integrationsaufgaben und Wartungsaufgaben vorgenommen, da diese verschiedene Phasen im Lebenszyklus eines Informationssystems betreffen und die Integrationsphase im Vergleich zur Wartung andere Planungs- und Vorgehensmodelle sowie Abnahmeprozeduren vorsieht (vgl. Mertens, Knolmayer 1998, S. 65). Trotz der Berücksichtigung von Infrastruktur, die für die Anwendungssysteme benötigt wird, liegt der Schwerpunkt der Aufgaben auf dem Gegenstand der Anwendungssysteme (siehe dazu auch: Anwendungssysteme im weiteren Sinn in Stahlknecht, Hasenkamp 2005, S. 204).

150 Auch: Systembetrieb, Operations, „Run the Business".

151 Vgl. Bubik, Quenter, Ruppelt 2000, S. 104.

152 Vgl. Krcmar 2005, S. 211. Es sei darauf hingewiesen, dass die im vorherigen Kapitel dargestellten Aufgabenbereiche Management der Informationssysteme und Management der Informations- und Kommunikationstechnik nicht den Organisationseinheiten Entwicklung und Betrieb entsprechen. Zwar gibt es Analogien, allerdings wurde bei der Aufteilung in den Organisationsstrukturen Entwicklung und Betrieb stärker nach dem Merkmal der Verrichtung als dem der Ressourcen strukturiert. KLEINSCHMIDT und PFEIFER merken an, dass sich diese Strukturierung im Gegensatz zu rein ressourcenbasierten Kostenarten eher für eine Berücksichtigung des Wertbeitrags eignet (Kleinschmidt, Pfeifer 2004, S. 7).

153 Auch: Benutzersupport, User-Support, Helpdesk, Servicedesk, Benutzer-Servicezentrum, Information Centre.

Kunden einen vom Gegenstand der IT unabhängigen, zentralen Ansprechpartner (Single Point of Contact) dar, um dessen Anliegen aufzunehmen, Störungen zu beheben, über diese zu informieren, identifizierte Probleme in strukturierter Form an geeignete Stellen weiterzuleiten sowie Änderungswünsche und Bestellanfragen entgegenzunehmen.[155] Intern ist der Support häufig in die Bereiche 1st, 2nd und 3rd Level Support gegliedert.[156]

Neben dieser klassischen Strukturierung findet sich die angemerkte Kundenorientierung in weiteren Bereichen wieder. Mit der Zielsetzung, die Anforderungen des Business besser verstehen und umsetzen zu können, ist in den letzten Jahren eine Tendenz zu beobachten, die Kunden-Lieferanten-Beziehungen auch in der IT organisatorisch abzubilden.[157] Hierbei wird eine Trennung von IT-Nachfrage (Demand) und Angebot (Supply) vorgenommen. Treiber für diese geänderte Strukturierung sind die sich durchsetzende Erkenntnis der Notwendigkeit, das IT-Business-Alignment zu stärken, sowie grundsätzliche Veränderungen im Leistungserstellungsprozess der IT. Während die traditionell zentral organisierte IT den gesamten Lebenszyklus der Planung, Erstellung und des Betriebs von Informationssystemen betreute, werden diese Aufgaben vielfach nicht mehr vollständig von der unternehmensinternen IT abgedeckt, sondern Teile der Leistungserstellung durch externe Dienstleister oder Shared Service Center erbracht.[158] Dies führt zwangsweise zu neuen Aufgaben an den hinzugekommenen Schnittstellen und zusätzlichen Koordinationsaufgaben für die IT, die folglich auch organisatorisch vollzogen werden. Im Wesentlichen kommen im Vergleich zur Eigenleistung (make) die Aufgaben des Managements der Kundenbeziehungen auf der IT-Demand-Seite sowie des Managements der Lieferantenbeziehungen auf der Supply-Seite (buy) zu. Um gezielt auf die geschäftsspezifischen Kundenbedürfnisse eingehen zu können, wird die IT an der Schnittstelle zum Business in Organisationseinheiten gegliedert, die den Geschäftsbereichen entsprechen. Diese IT-Abteilungen sind auf Demand-Seite eine Umsetzung des Key-Account-Management-(KAM-)Konzeptes und werden vereinzelt auch so bezeichnet.[159] In jüngster Zeit hat sich jedoch die Bezeichnung Demand Management durchgesetzt.[160]

---

154 Vgl. Heinrich, Lehner 2005, S. 23. Zum Teil wird dem Betrieb auch die Aufgabe des Benutzerservice zugeschrieben (vgl. Zarnekow, Brenner 2004, S. 6-7).
155 Vgl. Olbrich 2008, S. 18; van Bon 2006, S. 123; Macfarlane, Rudd 2001, S. 11-14.
156 Die zentrale Anlaufstelle bildet der 1st Level Support, welcher nicht standardisierte Anfragen an die darunter liegenden Ebenen weiterleitet (vgl. Köhler 2007, S. 69). Mit zunehmender Tiefe nimmt die Beratungsintensität zu.
157 Vgl. Hirschheim, Schwarz, Todd 2006; Earl, Sampler 1998.
158 Vgl. Grimm 2010, S. 80-82; Zarnekow, Brenner 2004.
159 Vgl. Dous 2007, S. 43; Wengler 2006, S. 2.
160 Vgl. Eul, Röder, Simons 2010, S. 66; Finkemeier 2011, S. 89-90.

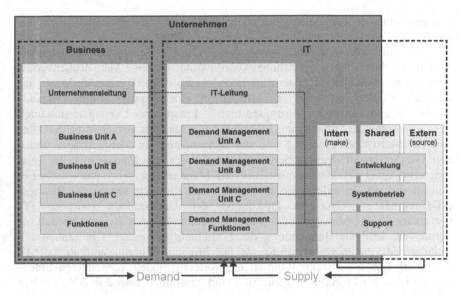

Abb. 2-10: Beispielhafte IT-Aufbauorganisation
(Quelle: eigene Darstellung)

Das Demand Management deckt einen Teilbereich des Service-Managements[161] ab und hilft dabei angemessene Servicelevel zu identifizieren, deren Qualität zu überwachen und gegebenenfalls mit nachgelagerten internen oder externen IT-Leistungserbringern Maßnahmen einzuleiten, um die Servicequalität zu verbessern.[162] Im Demand Management wird der dargestellte Aufgabenbereich des

---

161 Unter Service-Management wird die „Sicherstellung einer zielgerichteten, geschäftsprozessorientierten, benutzerfreundlichen und kostenoptimalen Erbringung der IT-Services für den Kunden [...]" verstanden (Grimm 2010, S. 88).
162 Service Level Agreements (SLA) beziehen sich auf die Dienstleistungskriterien eines Leistungserbringers zum Kunden. Vereinbarungen mit nachgelagerten internen Lieferanten, welche die Einhaltung der SLA sicherstellen, werden als „Operational Level Agreements" bezeichnet. Bei externen Lieferanten wird die Bezeichnung „Underpinning Contract" (UC) verwendet (vgl. Zarnekow, Brenner, Pilgram 2005, S. 56).

Managements der Informationswirtschaft kundenspezifisch gebündelt. Eine beispielhafte IT-Aufbauorganisation ist in Abb. 2-10 dargestellt.[163]

Die unternehmensexterne Auslagerung von IT-Organisationseinheiten erfordert wie beschrieben zusätzliche Koordination, um eine klare Rollenverteilung und Kommunikation zu gewährleisten.[164] Lagert die IT selber Teile aus, ändert sich die Perspektive der IT-Leistung von einer Supply- in eine Demand-
Sichtweise zum liefernden Vertragspartner.[165] Entsprechend verlagert sich auch
der Gegenstand der IT-Steuerung, da nur die Gegenstände gesteuert werden können, für die Kompetenzen im Sinne von Weisungsrechten oder Verträgen bestehen. Die Art der Steuerung ändert sich hierbei von einem Management der Leistungserbringung (IT-Management) auf das Management der Lieferantenbeziehungen und der Anforderungen an Services und Produkte seitens des Business
(IT-Governance). Um eine Diskussion der Unterschiede zwischen IT-
Governance und -Management in dem zu entwickelnden Referenzmodell zu
vermeiden, wird die Bezeichnung der IT-Leitung bevorzugt. Die Einheit IT-
Leitung bildet die im vorherigen Kapitel beschriebenen Führungsaufgaben der IT
organisatorisch ab. Die im Rahmen des Referenzmodell verwendeten Steuerungsobjekte der IT-Aufbauorganisation sind zusammenfassend in Abb. 2-11 in
UML dargestellt.

Abb. 2-11: IT-Aufbauorganisation in UML (Ausschnitt des Referenzmodells zum Wertbeitrag der IT)
(Quelle: eigene Darstellung)

---

163 Ein Praxisbeispiel, in dem die Schnittstellenfunktion von IT und Business ebenfalls deutlich
wird, wird von OLUFS und SCHOTT anhand der IT-Organisation von DHL dargestellt (vgl. Olufs,
Schott 2007). Die identifizierten Organisationsstrukturen finden sich mit abweichenden Bezeichnungen in diesem Beispiel weitestgehend wieder. GADATSCH und MAYER identifizieren
darüber hinaus noch die Elemente IT-Architekturen, IT-Kosten- und Leistungsrechnung und
SAP-Betreuung als Bestandteile einer typischen IT-Aufbauorganisation (vgl. Gadatsch, Mayer
2006, S. 174-175).
164 Diese Koordinationsaufgabe wird durch die in der IT-Leitung verankerte IT-Governance verantwortet. Siehe Kapitel 2.4.2.
165 Vgl. Kütz, Friese 2006, S. 24.

2.4.4 IT-Ablauforganisation

Zur Identifikation und Strukturierung ablauforganisatorischer Elemente können Frameworks[166] für das IT-Management herangezogen werden, welche Vorschläge für eine übergreifende Ablauforganisation bereitstellen. Derartige Frameworks unterliegen regelmäßigen Reviews und lassen neue Erkenntnisse aus Wissenschaft und Praxis bewusst in neueren Versionen einfließen. Insofern kann ihnen eine gewisse Legitimität zugesprochen werden. Allerdings beziehen sich gängige Frameworks lediglich auf eine Teilmenge der Aufgaben der IT-Organisation oder sind so allgemein, dass sich keine konkreten oder übergreifenden Elemente der Ablauforganisation ableiten lassen.[167]

Der Aufbau einer geeigneten Struktur- und Prozessorganisation kann dem Aufgabenbereich der IT-Governance zugeordnet werden.[168] IT-Governance-Frameworks ist jedoch gemein, dass sie einen Empfehlungscharakter aufweisen und die darin beschriebenen, zum Teil sehr umfangreichen Prozesse in nur seltenen Fällen vollständig in einem Unternehmen vorzufinden sind.[169] Die konkrete Ausgestaltung der IT- Ablauforganisation ist als grundsätzlich unternehmensindividuell einzustufen. Darüber hinaus ist die Strukturierung einzelner Prozesse in verschiedenen IT-Governance-Frameworks nicht deckungsgleich.[170]

Da es im Rahmen des Referenzmodells grundsätzlich möglich sein soll, einen unternehmensspezifischen Teil der Ablauforganisation mit zu berücksichtigen, der Gegenstand einer Wertbeitragsbetrachtung ist, werden im Referenzmodell keine konkreten IT-Prozesse integriert, sondern generische Teile der Ablauforganisation beschrieben, die in jeder IT-Organisation verankert sind und unternehmensindividuell ausgestaltet werden können.

---

166 Zum Teil wird auch der Begriff Best-Practice-Framework verwendet. Als Best Practice werden Vorgehensweisen, Methoden und Lösungsansätze bezeichnet, die sich in der Praxis bewährt haben. Neuerdings wird auch der Begriff Good Practice verwendet, der deutlich machen soll, dass es sich nicht um bestmögliche Lösungsansätze handelt, sondern um solche, die sich unter Kosten-Nutzen-Gesichtspunkten als bewährt erwiesen haben. Für einen Überblick und eine Einordnung von IT-Frameworks siehe ITSMF 2006; Johannsen et al. 2007.

167 Während die IT Infrastructure Library (ITIL) beispielsweise einen Schwerpunkt auf IT-Service-Management legt, steht die Verbesserung von Prozessen der Softwareentwicklung, -akquisition und -services beim Capability Maturity Model Integration (CMMI) im Vordergrund (vgl. Langner 2008, S. 74-90).

168 Vgl. Heinrich, Lehner 2005, S. 66; Weill, Ross 2004, S. 6, S. 183. Siehe auch die Ausführungen zu IT-Governance in Kapitel 2.4.2.

169 Vgl. Hill 2006, S. 151.

170 COBIT strukturiert die Aufgaben der IT in 34 Prozesse, die jeweils mit verschiedenen Aktivitäten verbunden werden (vgl. ITGI 2007). Das *IT Capability Maturity Framework* (IT-CMF) nimmt eine abweichende Strukturierung in 32 Prozesse vor (vgl. o.V. 2011).

Für eine unternehmensspezifische Festlegung der Ablauforganisation werden die in der Aufgabenanalyse und Aufgabensynthese identifizierten Teilaufgaben im Rahmen einer Arbeitsanalyse in ihre kleinsten Aktivitäten (Arbeitselemente bzw. Elementaraufgaben) zerlegt.[171] In einer Arbeitssynthese werden diese Aktivitäten unter Berücksichtigung personaler, räumlicher und zeitlicher Kriterien IT-Prozessen zugeordnet.[172] Ein *IT-Prozess* wird verstanden als eine wiederkehrende Abfolge von Aktivitäten mit definierten Rollen und Verantwortlichkeiten, deren Ergebnis eine festgelegte IT-Leistung hervorbringt.[173] Die Gesamtheit der IT-Prozesse bildet die IT-Ablauforganisation. Analog zu den aufbauorganisatorischen Organisationseinheiten können die im Rahmen der Arbeitssynthese festgelegten IT-Prozesse in verschiedenen Aggregations- bzw. Abstraktionsstufen betrachtet werden. So werden bereits kleinere Bündel von Arbeitsschritten als IT-Prozess aufgefasst, deren Ergebnis jedoch noch keiner für einen Kunden abrufbaren Leistung entsprechen muss. Entsprechend können IT-Prozesse Teilmengen anderer, generalisierter IT-Prozesse sein. Für die Modellierung der Steuerungsobjekte des IT-Wertbeitrags sei angemerkt, dass das Verständnis über den Umfang und Inhalt eines IT-Prozesses von der Perspektive des Betrachters abhängt.[174]

Während ein IT-Prozess die Leistungserstellung innerhalb der IT-Organisation beschreibt, verkörpert ein *IT-Service* bzw. ein *IT-Produkt* die erbrachte Leistung aus Sicht der Businessorganisation.[175] Sowohl IT-Produkte als auch IT-Services werden als Bündel von IT-Leistungen verstanden, welches „ein Geschäftsprozess oder ein Geschäftsprodukt des Leistungsabnehmers unterstützt und dort einen Nutzen erzielt".[176] Obwohl Produkte im Allgemeinen mit der Existenz eines physischen Guts verbunden werden, lassen sich IT-Services und IT-Produkte nur schwer voneinander abgrenzen. Zum einen haben die nichtphysischen Zusatzdienstleistungen bei physischen Gütern zum Teil einen erheblichen Umfang, so dass eine Klassifizierung nicht offensichtlich ist. Zum anderen

---

171 Siehe Abb. 2-7. Aufgabenanalyse und Aufgabensynthese sind Bereiche der Aufbauorganisation.
172 Diese Vorgehensweise wird auch unabhängig von der IT vollzogen. In Abgrenzung zu Geschäftsprozessen, die das Kerngeschäft eines Unternehmens abbilden, wird bezogen auf die IT auch von IT-Prozessen gesprochen.
173 Vgl. Anderegg 2000, S. 81; Krause 2008, S. 129.
174 Insbesondere zwischen IT- und Businessorganisation. So kann z.B. der Prozess der IT-Leistungsverrechnung mit deutlich umfangreicheren Tätigkeiten verbunden sein, als dies von Nichtbeteiligten angenommen wird. Dieser Umstand ist aufgrund von Arbeitsteilung offensichtlich, da mit zunehmender Spezialisierung die Kenntnis der zugrundeliegenden Arbeitsschritte steigt. Dem Umstand eines unterschiedlichen Verständnisses sollte bei der jeweiligen Spezifizierung der Ablauforganisation Rechnung getragen werden.
175 Vgl. Kütz, Friese 2006, S. 26.
176 Zarnekow, Brenner, Pilgram 2005, S. 18. Die Autoren unterscheiden hierbei nicht zwischen IT-Service und IT-Produkt.

sind IT-Leistungen überwiegend digitale Güter, die nicht notwendigerweise an ein physisches Medium gebunden sind. Während IT-Produkte eher eigenständig vom Nutzer betrieben werden, werden IT-Services überwiegend durch den IT-Service-Provider zur Verfügung gestellt.[177] Aufgrund der unzureichenden Abgrenzung wird im weiteren Verlauf und im Referenzmodell des Wertbeitrags der IT keine Differenzierung von IT-Produkt und IT-Service vorgenommen.

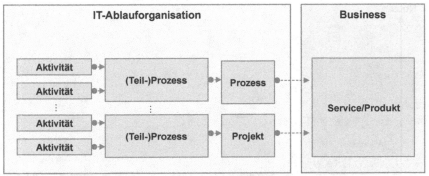

Abb. 2-12: Aggregationsformen der IT-Ablauforganisation
(Quelle: eigene Darstellung)

Ein weiterer Bestandteil der Ablauforganisation sind IT-Projekte, die von IT-Produkten und IT-Services abzugrenzen sind. IT-Projekte beziehen sich auf die Phase der Entwicklung im Lebenszyklus von Informationssystemen, welche einem Betrieb und einer Nutzung von IT-Services/-Produkten vorausgeht. *IT-Projekte* sind einmalige, zeitlich begrenzte, risikobehaftete Vorhaben, die von der IT-Organisation verantwortet werden.[178] Damit grenzen sich IT-Projekte auch von IT-Prozessen als wiederkehrender Abfolge von Tätigkeiten mit definiertem Output ab. Sowohl der Output als auch Rollen und Verantwortlichkeiten sind projektspezifisch. Verantwortlichkeiten und Rollen werden in einer temporären Projektorganisation festgelegt und können aus beliebigen Schnittmengen der Aufbauorganisation bestehen.[179] Dennoch können Teile eines Projekts durch Prozesse realisiert werden, da z.B. für Testverfahren standardisierte, projektübergreifende Verfahren angewandt werden. Das Ergebnis von IT-Projekten geht

---

177 Für eine Abgrenzung von IT-Services und IT-Produkten siehe Huppertz 2006, S. 23; Teubner 2008.

178 Vgl. Abts, Mülder 2009, S. 297-298; Wieczorrek, Mertens 2007, S. 9-11; Stahlknecht, Hasenkamp 2005, S. 214-215. Zum Teil wird auch die Bezeichnung IT-Initiative synonym verwendet.

179 Vgl. Balzert, Ebert 2008, S. 74-76.

zum Zeitpunkt der Einführung in den Betrieb eines IT-Produkts über, bis dieses am Ende des Lebenszyklus abgelöst oder eingestellt wird.[180] Projekte bereiten also die Nutzung der IT-Leistung vor und haben einen Fokus auf Innovationen, da ihre Gegenstände in Bezug auf ein konkretes Unternehmen neuartige Vorhaben sind.[181]

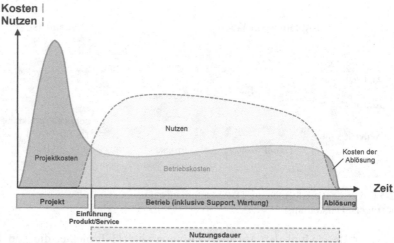

Abb. 2-13: Projekt-, Betriebskosten und Nutzen von IT-Services/-Produkten (Quelle: in Anlehnung an Brugger 2005, S. 11[182])

Projekte lassen sich nach Aufgabenbereichen in die Analyse, Projektplanung, Design, Entwicklung (inklusive Prototyping), Integration, Test und Einführung eines Systems gliedern.[183] Die Aufgaben des Betriebs können unterteilt werden in die laufende Sicherstellung der Betriebsfähigkeit, die Pflege sowie die Wartung bzw. Weiterentwicklung von Systemen. Da die Entwicklung entsprechende Projektkosten verursacht und auf eine Erstellung eines Produkts/Service abzielt, lassen sich IT-Projekte als IT-Investitionen auffassen.[184] Wesentlich für das Verständnis des Wertbeitrags der IT ist, dass aufgrund der Merkmale von Projekten

---

180 Unter der Prämisse, dass das Projekt nicht abgebrochen und sich nicht gegen eine Inbetriebnahme entschieden wird.
181 Vgl. Wieczorrek, Mertens 2007, S. 10.
182 Ähnlich auch Heinrich, Stelzer 2011, S. 264; Krcmar 2005, S. 147; Preißler 2008, S. 271; Riezler 1996, S. 9.
183 Vgl. Stahlknecht, Hasenkamp 2005, S. 209-214; Zarnekow, Scheeg, Brenner 2004, S. 183.
184 Vgl. Brugger 2005, S. 11; Ruf, Fittkau 2008, S. 224. Für eine Darstellung des Investitionsbegriffs siehe auch Kapitel 2.6.

Kosten und Nutzen zeitlich versetzt entstehen (siehe Abb. 2-13). So steht den Projektkosten für die Dauer der Entwicklung kein Nutzen gegenüber.[185] Allerdings sind die Projektkosten im Vergleich zu den Betriebskosten in der Regel absolut niedriger. In einer Untersuchung kommen ZARNEKOW, SCHEEG und BRENNER auf einen durchschnittlichen Anteil von 21% der Projektkosten und 79% der Betriebskosten pro Anwendung im Lebenszyklus.[186] Dieses Bild passt auch grundsätzlich zur Struktur der IT-Kosten von IT-Organisationen.[187] Die im Rahmen des Referenzmodell verwendeten Steuerungsobjekte der IT-Ablauforganisation sind zusammenfassend in Abb. 2-14 in UML dargestellt. Von einer Integration der Klasse „Aktivität" als Teil eines Prozesses wurde abgesehen, weil der Detaillierungsgrad für Wertbeitragsbetrachtungen als zu hoch erachtet wird.

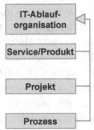

Abb. 2-14: IT-Ablauforganisation in UML (Ausschnitt des Referenzmodells zum Wertbeitrag der IT)
(Quelle: eigene Darstellung)

2.4.5 IT-Ressourcen

Ressourcen sind allgemein Betriebsmittel, die als Inputfaktoren in den Leistungserstellungsprozess einfließen.[188] DAFT umschreibt diese als „all assets, capabilities, organizational processes, firm attributes, information, knowledge, etc. controlled by a firm that enable the firm to conceive of and implement strategies that improve its efficiency and effectiveness".[189] Den strategischen Aspekt von

185 Ausnahmen bilden evolutionäre, prototypische Umsetzungen.
186 Vgl. Zarnekow, Scheeg, Brenner 2004, S. 185.
187 Eine *PWC*-Studie kommt zu dem Ergebnis, dass 20% der IT-Budgets in Projekte und 75% in den Betrieb fließen (vgl. Schülein, Murnleitner 2009, S. 8). Die restlichen 5% belaufen sich auf Overheadkosten der Organisation.
188 Vgl. Conner 1991, S. 132; Grant 1991, S. 118.
189 Daft 1983. Für einen Überblick über Definitionen des Ressourcenbegriffs siehe Pelz 2008, S. 54-57; Freiling 2001, S. 14.

Ressourcen betonend, fordert BARNEY zusätzlich, dass diese in dem Sinne „wertvoll" sind, dass sie zur Leistungserstellung tatsächlich beitragen, nur beschränkt zur Verfügung stehen sowie durch Wettbewerber nicht imitierbar oder kopierbar und nicht substituierbar sind.[190]

Folglich sind *IT-Ressourcen* Betriebsmittel, die sich auf den Leistungserstellungsprozess der IT beziehen. In der Literatur existieren verschiedene Klassifikationsarten von IT-Ressourcen. Überwiegend werden die Betriebsmittel Anwendungen[191], Infrastruktur sowie Personal als IT-Ressourcen zusammengefasst.[192]

Eine *Anwendung* ist eine Software, die zu einer bestimmten betrieblichen Aufgabe eingesetzt wird.[193] Als IT-*Infrastruktur* wird sowohl Hardware[194] im Sinne von technischen Anlagen und Geräten als auch die dazugehörige Systemsoftware[195] bezeichnet, welche zur Betreibung der Hardware benötigt wird.[196]

Der Begriff des Anwendungssystems wird nicht einheitlich verstanden. Zum Teil wird der Begriff Anwendungssystem mit Anwendung im Sinne von Software gleichgesetzt.[197] TEUBNER fasst darunter sowohl Software als auch Hardwarekomponenten zur Erfüllung einer betrieblichen Aufgabenstellung zusammen.[198] STAHLKNECHT und HASENKAMP differenzieren den Begriff des Anwendungssystems im engeren Sinne, als Anwendungssoftware, welche für einen betrieblichen Zweck einschließlich der dazugehörigen Datenbanken und Daten verwendet wird, und im weiteren Sinne, welcher die zugehörige Infrastruktur mit

---

190 Vgl. Barney 1991, S. 101.
191 Synonym: Applikationen, Anwendungssoftware.
192 Vgl. Melville, Kraemer, Gurbaxani 2004, S. 294; Heinrich, Stelzer 2011, S. 321; Gadatsch, Mayer 2006, S. 39; Gottschalk 2007, S. 41.
193 Vgl. Stahlknecht, Hasenkamp 2005, S. 204; Lassmann, Schwarzer, Rogge 2006, S. 166-167.
194 Die physikalischen Einheiten, aus denen eine Datenverarbeitungsanlage besteht (vgl. Müller, Löbel, Schmid 1988, S. 292).
195 Zum Beispiel Betriebssysteme, Middleware etc. (vgl. Lassmann, Schwarzer, Rogge 2006, S. 157-165).
196 IT-Infrastruktur wird in diesem Sinne auch als technische Infrastruktur bezeichnet (Krcmar 2005, S. 211). HEINRICH und LEHNER nutzen den Begriff der *Informationsinfrastruktur*, fassen diesen aber weiter als alle „Einrichtungen, Mittel und Maßnahmen zur Produktion, Verarbeitung und Nutzung von Information im Unternehmen" (Heinrich, Lehner 2005, S. 75). SCHNIEDERJANS, HAMAKER und SCHNIEDERJANS nehmen eine Unterteilung der Ressourcen in Anwendungssoftware und Systemsoftware vor (vgl. Schniederjans, Hamaker, Schniederjans 2005, S. 9). Unter praktischen Gesichtspunkten kommt einer gesonderten Betrachtung der Systemsoftware jedoch nur eine geringe Rolle zu. Daher bleibt diese Aufteilung in der vorliegenden Arbeit unberücksichtigt, so dass Systemsoftware unter der Ressource Infrastruktur subsumiert wird. Eine Ausnahme bildet die gesonderte Behandlung von Anwendungssoftware und Systemsoftware bzw. Firmware bei der Frage der bilanziellen Aktivierung. Dieser Gesichtspunkt wird in Kapitel 5.2.3.2 behandelt.
197 Vgl. Seibt 2001, S. 46-47.
198 Vgl. Teubner 2003, S. 39.

einschließt.[199] Informationssysteme werden als soziotechnische Systeme aufgefasst, die sich aus Anwendungssystemen im engeren Sinne und der dazugehörigen technischen Infrastruktur, den organisatorischen Aufgaben, Strukturen und Menschen zusammensetzen.[200] Daran lässt sich erkennen, dass Ressourcen auch in verschiedenen Abstraktionsstufen vorliegen können. Ein Beispiel hierfür sind Anwendungsportfolios.[201]

Die Ressource *Mitarbeiter* umfasst selbsterklärend das Personal mit allen Fähigkeiten, Fertigkeiten, Wissen, Ideen und Talenten zur Umsetzung der operativen und dispositiven Aufgaben im Unternehmen.

Aufgrund der zentralen Aufgabe der Informationsversorgung der IT-Organisation ist das intangible Betriebsmittel *Information*, welches als Input, Output oder Zwischenergebnis vorliegt, ebenfalls als IT-Ressource gegenständlich.[202]

Auch kommen Finanzmittel als Ressource in Betracht.[203] Der Arbeit liegt jedoch das Verständnis zugrunde, dass durch den Einsatz von IT-Ressourcen Kosten verursacht werden und gegebenenfalls Umsatzerlöse entstehen. Die Mittel zur Finanzierung der Kosten gehen nur indirekt in den Leistungserstellungsprozess mit ein und da deren Bereitstellung in der Regel nicht innerhalb der IT-Organisation verantwortet wird, werden Finanzmitteln nicht als IT-Ressource im Referenzmodell berücksichtigt.[204]

Die identifizierten IT-Ressourcen Anwendung, Infrastruktur, Mitarbeiter und Informationen entsprechen der Klassifikation der IT-Ressourcen des COBIT-Frameworks und sind in Abb. 2-15 zusammen mit den weiteren Steuerungsobjekten dargestellt.[205]

---

199 Vgl. Stahlknecht, Hasenkamp 2005, S. 204, S. 326.
200 Vgl. Holten 2003, S. 41; Teubner 2003, S. 38-39; Seibt 2001, S. 47.
201 Vgl. Ward, Peppard 2003, S. 154, S. 334-338; Wieczorrek, Mertens 2007, S. 412-415.
202 Vgl. Barney 1991, S. 101; Kremar 2005, S. 17; Stickel 2001, S. 4; ITGI 2007, S. 12; Fröhlich, Glasner 2007, S. 52-53. In der Regel wird Information von Wissen abgegrenzt (Gladen 2011, S. 2). Informationen werden als mit Semantik angereicherte Daten verstanden (Reucher 2009, S. 25). Wissen hingegen bildet auf Informationen basierende, erfahrungsbasierte Ursache-Wirkungs-Zusammenhänge ab (vgl. Eppich et al. 2002, S. 43-44; Probst, Raub, Romhardt 2010, S. 15-23). Eine scharfe Trennung dieser Konzepte ist in Bezug auf die vorliegende Arbeit jedoch nicht zweckdienlich, daher wird auf eine ressourcenspezifische Ausdifferenzierung von Information und Wissen verzichtet.
203 Vgl. Balzert, Ebert 2008, S. 403; Lorenz-Meyer 2004, S. 138.
204 Siehe auch die Definition von Ressourcen in Kapitel 4.2.1.
205 Vgl. ITGI 2007, S. 12; Johannsen et al. 2007, S. 57-58.

2.4.6 Integration der IT-Steuerungsobjekte

Die primäre Aufgabe der IT-Organisation ist die Entwicklung und Bereitstellung von Informationssystemen. Informationssysteme sind soziotechnische Systeme, welche aus den Komponenten Organisation, Personal und Technik bestehen.[206] Diese Komponenten wurden in Form von Ressourcen, Aufbau- und Ablauforganisation strukturiert und als Steuerungsobjekte der IT beschrieben.

Diese Steuerungsobjekte werden im Referenzmodell des Wertbeitrags der IT verwendet, um einen konkreten Gegenstand zu beschreiben, durch den IT-Wertbeitrag erzeugt wird. In diesem Sinne sind die Steuerungsobjekte als Mittel zum Zweck aufzufassen. Da das Referenzmodell sukzessive aufgebaut wird, ist in Abb. 2-15 der Ausschnitt der Steuerungsobjekte in UML dargestellt. Da Referenzmodellen eine Allgemeingültigkeit innewohnt, ist darauf hinzuweisen, dass bei konkreter Anwendung in einem Unternehmen die unternehmensspezifischen Gegebenheiten angepasst werden müssen.

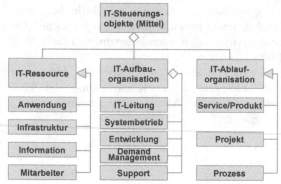

Abb. 2-15: IT-Steuerungsobjekte (Ausschnitt des Referenzmodells zum Wertbeitrag der IT)
(Quelle: eigene Darstellung)

2.5 Wertbeitrag der IT – eine erste Annäherung an den Begriff

Der Wertbeitrag der IT ist kein einheitlich verstandenes Konzept. Als erste Annäherung kann der Wertbeitrag im Kontext eines Wirtschaftssubjekts als die

---

206 Vgl. Laudon, Laudon, Schoder 2010, S. 47; Stickel 2001, S. 4. HEINRICH und LEHNER nehmen eine Unterteilung der Steuerungsobjekte in Organisation, Informationssysteme, Betriebsmittel, IT-Prozesse und IT-Projekte vor (vgl. Heinrich, Lehner 2005, S. 173).

durch den Einsatz von IT-Ressourcen herbeigeführte Zielerreichung eines Unternehmens verstanden werden. Diese Beschreibung soll zunächst jedoch nur eine grobe Idee der Thematik vermitteln. Der Begriff wird im weiteren Verlauf der Abhandlung präzisiert. Die genannte Sichtweise schließt das Vermeiden von Zielabweichungen mit ein, so dass sowohl das Wirken auf ein Unternehmensziel hin (Wertzuwachs) als auch die Vermeidung einer Abweichung von einem Unternehmensziel (Wertsicherung) als Wertbeitrag aufzufassen ist (siehe Abb. 2-16).[207]

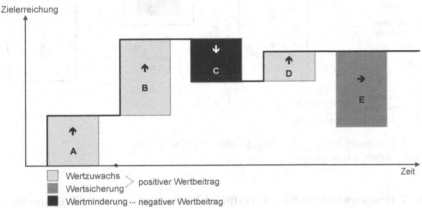

Abb. 2-16: Wertzuwachs und Wertsicherung als Bestandteile positiven Wertbeitrags (Quelle: eigene Darstellung)

Da sich Unternehmensziele in einem komplexen Zielsystem mit einer Vielzahl weiterer, zum Teil konfligierender Ziele befinden, stellt sich der Wertbeitrag als Saldo positiver und negativer Zielbeiträge einer oder mehrerer IT-Investitionen dar.[208] Dieser Saldo bildet den *Bruttonutzen* einer IT-Investition ab. Da die Umsetzung einer IT-Investition mit einem gewissen Ressourceneinsatz verbunden ist, steht dem Bruttonutzen ein Aufwand gegenüber. Dieser Aufwand kann selbst als negativer Zielbeitrag aufgefasst werden (siehe Abb. 2-17). Die Differenz aus Bruttonutzen und Aufwand wird als *Nettonutzen* bezeichnet.[209] Der Aufwand kann in der Regel durch den erwarteten oder tatsächlichen Ressourcenverbrauch quantitativ durch eine Stromgröße expliziert werden. Die Ermittlung des Bruttonutzens ist jedoch mit erheblichen Schwierigkeiten verbunden.[210]

---

207 Vgl. Brugger 2005, S. 27; Dietze 2004, S. 10.
208 Vgl. Krcmar 2005, S. 395; Strecker 2009, S. 29.
209 Vgl. Opp 1983, S. 42.
210 Siehe Kapitel 3.6.

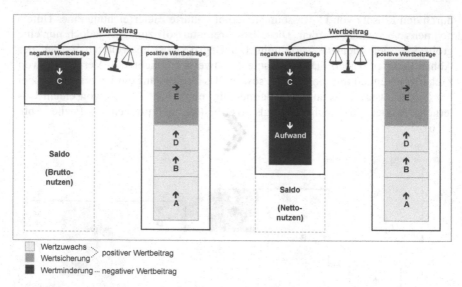

Abb. 2-17: Unterscheidung zwischen Brutto- und Nettonutzen
(Quelle: eigene Darstellung)

2.6 Zusammenhang von IT-Investition, IT-Wertbeitrag und IT Business Case

Eine *Investition*[211] ist die „Verwendung finanzieller Mittel zur Beschaffung von Vermögenswerten (Sachvermögen, immaterielles Vermögen, Finanzvermögen) bzw. Handlung, die einen mit einer Auszahlung beginnenden Zahlungsstrom auslöst".[212]

IT-Investitionen sind Investitionen, die sich auf Vermögenswerte und Dienstleistungen innerhalb der IT-Organisation beziehen bzw. die für den IT-Leistungserstellungsprozess initiiert werden.[213] Sie beziehen sich daher auf

---

211 Auch: „Investment" oder kurz „Invest".
212 Kußmaul 2006, S. 140. Ähnlich versteht KÄFER eine Investition als „Umwandlung der durch Finanzierung oder aus Umsätzen stammenden flüssigen Mittel des Unternehmens in Sachgüter, Dienstleistungen und Forderungen" (Käfer 1974, S. 5). Zum Investitionsbegriff siehe auch Götze 2008, S. 5 sowie Schmidt, Terberger 1997, S. 11.
213 Finanzinvestitionen werden nicht berücksichtigt, da sie den Aufgaben der IT-Organisation zugehörig sind.

Hardware, Software, Dienstleistungen oder Maßnahmen, welche die IT-Organisation an sich betreffen.[214]

Teilweise wird der Investitionsbegriff enger gefasst, so dass er sich ausschließlich auf Vermögenswerte bezieht, die bilanziell berücksichtigt werden.[215] Da IT-Vorhaben nur unter bestimmten Voraussetzungen bilanziell berücksichtigt werden, erscheint diese Einschränkung für die vorliegende Arbeit ungeeignet.[216] Der Investitionsbegriff wird daher weiter gefasst und bleibt von einer bilanziellen Erfassung unabhängig. Abzugrenzen von Investitionen sind Ausgaben, die durch Anschaffung kurzfristig genutzter Sachgüter und Dienstleistungen entstehen. Als Abgrenzungskriterium für eine langfristige Nutzung wird häufig eine über das laufende Geschäftsjahr hinausgehende Verwendung eines Produktionsmittels veranschlagt. Gegenstände von IT-Investitionen können Sachanlagen wie z.B. Hardware, jedoch auch immaterielle Gegenstände wie Lizenzen und Anwendungen sein. Während KEEN IT-Investitionen als Begriff auffasst, der sich auf Applikationen und technische Infrastruktur bezieht,[217] interpretieren WEILL und OLSON den Begriff weiter und subsumieren darunter auch Personalausgaben für das IT-Management.[218] SCHNIEDERJANS, HAMAKER und SCHNIEDERJANS folgend, umfassen IT-Investitionen sämtliche Ressourcen, die der IT zuzuordnen sind, und schließen Hardwareinfrastruktur, Anwendungen und Personal mit ein.[219]

Die Ausgangsbasis für die Durchführung einer Investition ist ein identifizierter Bedarf an IT, der aus den Geschäftsbereichen oder der IT selbst resultiert. Die Befriedigung eines solchen Bedarfs kann in aller Regel durch verschiedene Alternativen erfolgen (z.B. unterschiedliche Technologien, Anwendungen, Entwicklungsmethoden, organisatorische Komponenten, Anbieter, Services in verschiedenen Qualitätsabstufungen sowie nicht IT-bezogene Maßnahmen bzw. Substitute, die außerhalb der IT-Organisation liegen). Entsprechend stellt sich eine IT-Investition als Entscheidungsproblem dar.[220]

---

214 Vgl. Dedrick, Gurbaxani, Kraemer 2003, S. 4.
215 Vgl. Thommen, Achleitner 2006, S. 601.
216 Zur bilanziellen Berücksichtigung von IT-Investitionen siehe Kapitel 5.2.3.2.
217 Vgl. Keen 1995, S. 107.
218 Vgl. Weill, Olson 1989, S. 10.
219 Vgl. Schniederjans, Hamaker, Schniederjans 2005, S. 9.
220 Vgl. Krcmar 2005, S. 395.

Tab. 2-2: Investitionsarten
(Quelle: In Anlehnung an Thommen, Achleitner 2006, S. 602-603)

Investitionsart	Beschreibung
Neuinvestition	Es wird in neue IT-Produkte oder -Dienstleistungen investiert, die auf einen identifizierten Bedarf zurückzuführen sind. Diese sind z.B. motiviert durch Veränderungen im Markt, neuartige Bedürfnisse aus dem Unternehmen heraus, Entscheidungen zur Produktion neuer Produkte, Umsetzung neuer Geschäftsprozesse, die durch IT gestützt werden sollen, neue gesetzliche Vorschriften sowie neuartige Technologien, die einen Bedarf erstmalig abdecken.
Ersatzinvestition	Aufgrund alter, bilanziell abgeschriebener oder nicht mehr reibungsfrei funktionierender Hard- oder Software wird diese durch neue, jedoch *gleiche* oder *ähnliche* Produkte *ersetzt*.
Rationalisierungs-investition	Noch reibungsfrei funktionierende Hard-, Software oder weitere IT-Ressourcen werden mit dem Zweck ersetzt:
	a) die Kosten zu senken
	b) qualitativ bessere Produkte und Dienstleistungen zur Verfügung zu stellen
	c) die Kostenstruktur (z.B. durch Aktivierung von IT-Vermögensgegenständen oder effizienter arbeitende Hard- oder Software) zu verändern
	Reorganisationen der IT z.B. zur Erzielung von Skaleneffekten sind den Rationalisierungsinvestitionen ebenfalls zuzuordnen.
Erweiterungs-investition	Erwerb von zusätzlichen Ressourcen zur Erweiterung der Kapazität (z.B. zusätzlicher CPU Stack, Software Upgrades). Hierbei werden die gleichen Produkte und Dienstleistungen von der IT erstellt.
Umstellungs-investition	Ersatz von Ressourcen, durch neue, andere Ressourcen, zur Erstellung neuer, andersartiger IT-Produkte und -Dienstleistungen.
Diversifikations-investition	Zusätzlich zu den Bestehenden werden neue Produkte oder Dienstleistungen erstellt. Die Produktpalette der IT wird erweitert.

Um den Prozess einer IT-Investition zu veranschaulichen und eine Einordnung zum Wertbeitrag der IT zu schaffen, sind die einzelnen Schritte in Abb. 2-18 dargestellt. Zu Beginn steht die angesprochene Identifikation eines Bedarfs (1), da der IT-Einsatz bekanntermaßen nicht als Selbstzweck fungieren sollte. Im nächsten Schritt werden zunächst Bedarfe gefiltert[221], genauer spezifiziert und in Zielen konkretisiert (2). Es können verschieden Arten von Investitionen identifiziert werden (siehe Tab. 2-2).

---

221 Manche zunächst als Bedarfe betrachtete Anforderungen erweisen sich bei einer rudimentären Prüfung bereits als obsolet. Dies ist z.B. dann der Fall, wenn eine bestimmte Funktionalität in einem IT-System bereits besteht, jedoch unbekannt ist, ein Bedarf grundsätzlich nicht erfüllbar oder nicht durch IT-Organisation erfüllbar ist.

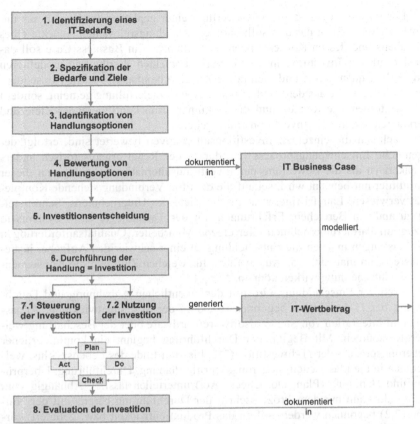

Abb. 2-18: Prozess einer IT-Investition und der Zusammenhang zum Business Case und Wertbeitrag
(Quelle: eigene Darstellung)

Es ist anzumerken, dass sich die verschiedenen Arten von Investitionen in der betrieblichen Praxis nicht immer genau abgrenzen lassen, da zum Teil auch mehrere Motive durch eine IT-Investition gleichzeitig verfolgt werden. Grundsätzlich sollten die Motive für eine Investition jedoch ersichtlich sein und dokumentiert werden. Nach der Spezifikation der Bedarfe und Ziele werden in enger Absprache mit dem Business (oder dem jeweiligen Initiator) die als am sinnvollsten erachteten Alternativen zur Bedarfsdeckung identifiziert (3). Darauf folgend werden diese Alternativen auf ihre Eignung zur Befriedigung des Bedarfs mit sämtlichen Auswirkungen bewertet (4). Die Bewertung wird in einem IT Business Case dokumentiert.

Ein *Business Case* stellt die Bewertung einer geplanten Investition aus unternehmerischer Sicht dar und sollte alle entscheidungsrelevanten Aspekte eines Vorhabens und dessen Konsequenzen beinhalten.[222] Ein Business Case soll damit den mit der Investition in Verbindung gebrachten Wertbeitrag modellieren und explizit quantitative und qualitative Aspekte beinhalten.[223] Mit Konsequenzen ist nicht nur die aus dem Bedarf resultierende Zielerfüllung gemeint, sondern auch weitergehende Risiken und die Dokumentation konfligierender Ziele und Wirkungen, die mit der Investition einhergehen.

Nachdem die einzelnen Investitionsalternativen bewertet sind, erfolgt der eigentliche Entscheidungsprozess (5), der in der Regel organisatorisch anders verankert ist als die Bewertung der Investitionsalternativen. Auch wenn dieser Schritt hier nur benannt wird, sei auf die damit in Verbindung stehende Komplexität verwiesen. Langfristige, strategische Ziele des Unternehmens, Schnittstellen zu anderen Bereichen, Erfahrungen mit der Technologie eines Systems in Bezug auf Partnerunternehmen oder eigene Mitarbeiter, Qualitätsanforderungen und Leistungen machen die Entscheidung zu einer schwierigen Aufgabe, insbesondere wenn man sich vor Augen führt, für welchen Zeitraum die Konsequenzen der Entscheidung wirken können.[224]

Nach der Entscheidung wird mit der eigentlichen Anbahnung und Durchführung der IT-Investition begonnen (6), d.h., der Systementwicklung, Anpassung und Integration von Standardsoftware/Hardware oder der Beschaffung weiterer Ressourcen. Mit Beginn der Durchführung beginnt ein kontinuierlicher Steuerungsprozess der IT-Investition (7.1) bis zum Ende des Lebenszyklus, welcher sich in die klassischen Steuerungsschritte Planung, Durchführung, Überprüfung und Handlung (Plan, Do, Check, Act) unterteilen lässt.[225] Abhängig vom IT-Produkt kann mit dem Prozessschritt der Durchführung bereits mit der Nutzung (7.2) begonnen werden, sofern das Produkt entwickelt bzw. geliefert worden ist. Mit der Nutzung der IT-Investition wird der angestrebte Wertbeitrag generiert, d.h., es wird ein Teil der Zielerreichung im Zielsystem vollzogen.

Der beschriebene Prozess bildet den Lebenszyklus einer IT-Investition ab. Die Hauptprobleme bei Investitionen lassen sich mit deren Komplexität und dem langfristigen Zeithorizont begründen, die mit einer langanhaltenden technologischen Richtung und einer entsprechenden Kapitalbindung einhergehen. Das Risiko steigt hierbei mit der Lebensdauer, da die Auswirkungen hier weniger gut abgewogen werden können.

---

222 Vgl. Brugger 2005, S. 13; Taschner 2008, S. 5-7; Office of Government Commerce 2005, S. 12.
223 Vgl. Veith, Leimeister, Krcmar 2007, S. 1196.
224 Die durchschnittliche Lebensdauer von Software beträgt nach LEHNER 8,8 Jahre (vgl. Lehner 1989). PIGOSKI attestiert Dauern von 15 bis 20 Jahren (vgl. Pigoski 1997, S. 13).
225 Auch bekannt als Deming Cycle (vgl. Deming 2000).

3 Ursachen für die Unbestimmtheit des Themenkomplexes

Der mit dem Einsatz von Informations- und Kommunikationssystemen zusammenhängende Wertbeitrag wird bereits seit geraumer Zeit kontrovers diskutiert.[226] Bemerkenswert ist jedoch, dass der Erkenntnisstand zum Wertbeitrag der IT trotz der langjährigen wissenschaftlichen Auseinandersetzung als gering eingestuft wird und sich bisher kein allgemein akzeptiertes Verständnis durchgesetzt hat.[227] Vielmehr existieren unterschiedliche Vorstellungen und Konzepte, die unter dem Sammelbegriff des IT-Wertbeitrags subsumiert werden. Entsprechend der Forschungsfrage 1 (siehe Kapitel 1.2) werden im Folgenden die Problemfelder erläutert, die zu einer Unbestimmtheit des Begriffs geführt haben.

3.1 Der unklare Wertbegriff an sich

Obwohl der Begriff *Wert* sowohl in der Praxis als auch in vielen wissenschaftlichen Disziplinen zur Anwendung kommt, ist dessen Bedeutung nicht eindeutig.[228] Vielmehr ist der Wertbegriff in sich vielschichtig und umfasst eine Vielzahl von Bedeutungsbereichen.[229] In der Anwendungsdomäne der IT ist diese Unschärfe ebenfalls zu erkennen.[230] Ein allgemeiner, von der IT unabhängiger Wertbegriff bildet die Basis für den Begriff des Wertbeitrags. Auf Individualebene repräsentieren Werte subjektive Bedürfnisse.[231] Unternehmen stellen sich als soziale Gebilde dar, deren Zielsetzung aus subjektiven und anspruchsgruppenspezifischen Bedürfnissen resultiert.[232] Diese können sowohl materielle als auch immaterielle Bedürfnisse wie z.B. Selbstverwirklichung umfassen. Konkre-

---

226 Vgl. Johannsen, Goeken 2006, S. 8; Pfeifer 2003, S. 45.
227 Vgl. Kleinschmidt, Pfeifer 2004, S. 1; Krcmar 2005, S. 395.
228 Vgl. Heyde 1926, S. 7. STRECKER attestiert dem Wertbeitrag der IT eine „erhebliche Varianz in der Interpretation des zugrunde liegenden Wertbegriffs" (Strecker 2009, S. 27).
229 Wie z.B. substanzielle Werte, attributive Werte, Wert als Ziel oder die Gliederung in Nutz- und Tauschwert (siehe Kapitel 4).
230 Vgl. Krcmar 2005, S. 395.
231 Vgl. Wildfeuer 2002, S. 684.
232 Vgl. Freeman 1984, S. 46.

tisieren sich Bedürfnisse auf materielle oder immaterielle Güter, deren Verwendung zur Bedürfnisbefriedigung beiträgt, wird im Kontext von Wirtschaftssubjekten eher der Begriff Bedarf statt Bedürfnis verwendet.[233] Dabei ist eine erhebliche Vielschichtigkeit an Bedürfnissen bzw. Bedarfen festzustellen, die einen Einfluss auf die geringe Präzision des Wertbegriffs hat.[234] Diese Mehrdeutigkeit des Wertbegriffs ist ein Teilaspekt, der zur Unbestimmtheit des Themenkomplexes beiträgt.[235]

3.2 Die mangelnde Präzision des Begriffs IT-Wertbeitrag

Die mangelnde Präzision setzt sich beim Begriff des IT-Wertbeitrags fort. Bei wissenschaftlichen Untersuchungen dominieren Methoden zur Messung der IT-Wirkung, ohne dass eine klare Definition vorliegt oder eine intensive Auseinandersetzung hinsichtlich des eigentlichen Gegenstands des Wertbeitrags der IT geführt wird.[236] Die Sichtweise, was als Gegenstand des Wertbeitrags der IT anzusehen ist, ist jedoch sehr heterogen. In Bezug auf den Themenkomplex IT-Wertbeitrag kann keine einheitliche Terminologie – im Sinne widerspruchsfreier und eindeutiger Paare aus Bezeichnung und Begriff zur Repräsentation des Gegenstands – festgestellt werden. Neben dem angemerkten unklaren Wertbegriff an sich trägt auch eine unterschiedliche Interpretation von IT zu diesem Umstand bei.[237]

Des Weiteren ist der Gegenstandsbereich des Wertbeitrags der IT durch eine Vielzahl von weiteren Begriffen beschrieben, die sich zum Teil überlappen und unscharf voneinander abzugrenzen sind. Zum einen werden verschiedene Bezeichnungen verwendet, welche dieselben oder ähnliche Sachverhalte beschreiben (z.B. Nutzen, Leistung, Value, Performance, Business Value, Benefit, Produktivität, Profitabilität, Effektivität etc.), eine offensichtliche inhaltliche

---

233 Vgl. König 2000, S. 132. Die Begriffe *Bedürfnis* und *Bedarf* werden zum Teil synonym verwendet (vgl. Schweitzer, Bea 2004, S. 29-30). Für eine Abgrenzung siehe May 2008, S. 5-9; Freiling, Reckenfelderbäumer 2004, S. 84-86. Der Begriff Bedarfe wird eher im Zusammenhang von Wirtschaftssubjekten verwendet und betont ein damit verbundenes Streben, diese Bedarfe durch Produkte und Dienstleistungen zu decken. Der Begriff der Bedürfnisse wird eher im psychologischen Zusammenhang auf Individualebene angewandt. Eine strikte Trennung der Begriffe wird im weiteren Verlauf der Arbeit nicht vorgenommen.

234 Vgl. May 2008, S. 5.

235 Die unterschiedlichen Aspekte des Wertbegriffs werden in Kapitel 4.1 dargestellt.

236 Vgl. Bannister, Remenyi 2000, S. 232; Krcmar 2005, S. 395 und Cronk, Fitzgerald 1997, S. 408. „The primary focus of research on IT value has been measuring IT impact" (Davamanirajan et al. 2006, S. 67).

237 Für die Heterogenität des IT-Begriffs siehe Kapitel 2.4.1.

Abgrenzung jedoch nicht erkennen lassen.[238] Darüber hinaus existieren zahlreiche Stichwörter, Methoden und Frameworks wie IT Performance Management, Val-IT, COBIT, IT-Alignment, Information Economics[239], Information Orientation[240] und Balanced Scorecard[241], die den Gegenstand in einer unklaren Form betreffen.

Die Vielfalt der in diesem Kontext verwendeten Bezeichnungen ist zum Teil dadurch begründet, dass sich der Gegenstand historisch aus verschiedenen Teilbereichen (z.B. der Effektivität von Anwendungssystemen) entwickelt hat.[242] Es ist festzustellen, dass die Diskussion um den Wertbeitrag der IT aus einer Weiterführung einzelner, ursprünglich separierter Themen resultiert. Hierbei ist ungewiss, ob die angrenzenden Bezeichnungen denselben Gegenstand oder lediglich den Teilaspekt umfassen, mit dem die Ursprungsdiskussion assoziiert wird.

Darüber hinaus ist zu beobachten, dass IT-bezogene Bezeichnungen zum Teil marketinggetriebenen Moden unterliegen und gleiche oder ähnliche Sachverhalte im Laufe der Zeit mit unterschiedlichen Bezeichnungen belegt werden.[243] STEININGER, RIEDL und ROITHMAYR merken an, dass dies ein generelles Problem in der IT ist und sich in der deutschsprachigen Wirtschaftsinformatik noch keine einheitliche Begriffssystematik etabliert hat.[244] Dies kann darauf zurückgeführt werden, dass es sich um eine noch recht junge und aufgrund ihres durch technologische Innovationen geprägten Charakters ständig wandelnde Disziplin handelt.[245]

Ein weiterer Aspekt ist der interdisziplinäre Charakter des Gegenstandsbereichs. Zwar kann dieser im deutschsprachigen Raum primär der Wirtschaftsinformatik zugeordnet werden, weitere Disziplinen wie die Betriebswirtschaftslehre, Sozialwissenschaften und Philosophie sind aufgrund der Breite des Gegenstandsbereichs jedoch ebenfalls involviert. Dies impliziert eine Varianz an Sprachgemeinschaften, so dass der Begriff im Sinne einer widerspruchsfreien Kommunikation nicht als Teil einer einem Fachgebiet zuzuordnenden Terminologie angesehen werden kann.[246]

Im englischsprachigen Raum wird der Gegenstandsbereich primär der Schwesterdisziplin der Wirtschaftsinformatik Information Systems zugeord-

---

238 Vgl. Cronk, Fitzgerald 1997, S. 409.
239 Vgl. Parker, Benson, Trainor 1988.
240 Vgl. Marchand, Kettinger, Rollins 2004.
241 Vgl. Kaplan, Norton 1996.
242 Vgl. Pfeifer 2003, S. 17, siehe auch Kapitel 3.3.
243 Vgl. Mertens 2006, S. 113-118.
244 Vgl. Steininger, Riedl, Roithmayr 2008, S. 1540.
245 Vgl. Lange 2005.
246 Siehe Kapitel 2.1.

net.[247] Es ist anzumerken, dass die Diskussion zum Wertbeitrag der IT zwar auch im deutschsprachigen Raum stattfindet, der Schwerpunkt jedoch dem angloamerikanischen Raum zuzuordnen ist, indem das Thema überwiegend unter dem Stichwort *Business Value of IT* bzw. *IT Business Value* diskutiert wird.[248] Mittlerweile hat sich unter dem Begriff Business Value of IT eine eigenständige Forschungsdisziplin etabliert, die MELVILLE als „research measuring the value to business organizations resulting from investing in a type of IS application or all IT within the organization" definiert.[249] Es kann festgestellt werden, dass das Thema in den Regionen Asien und Europa unterrepräsentiert ist.[250]

KLEINSCHMIDT und PFEIFER stellen die Übertragbarkeit der Erkenntnisse des angloamerikanischen auf den deutschsprachigen Raum in Frage.[251] Die Gründe ihrer Einschätzung sind jedoch nicht klar ersichtlich. Zwar wirken sich anderssprachliche Bezeichnungen eher negativ auf ein klares Begriffsverständnis aus,[252] der grundsätzliche Mangel eines präzisen und einheitlichen Verständnisses über die Wirkungsweise und den Nutzen von IT kann jedoch als überregionales Problem verstanden werden.[253]

Eine Abgrenzung zu angrenzenden Begriffen und eine Präzisierung des Gegenstands sind auch deshalb schwierig, weil angrenzende Begriffe in sich häufig mehrdeutig sind. So sind z.B. die Bezeichnungen Performance und Leistung nicht eindeutig definiert.[254] Ihre Bedeutungen variieren mit dem verwendeten Kontext und können sowohl unterschiedliche Gegenstände betreffen als auch

---

247 Vgl. Österle et al. 2010, S. 1; Becker, Pfeiffer 2006, S. 2; Wilde, Hess 2007, S. 280. Es sei darauf hingewiesen, dass Wirtschaftsinformatik und Information Systems nicht vollständig deckungsgleich sind und insbesondere im Hinblick auf ihre Forschungsansätze (Gestaltung vs. Behaviorismus) Unterschiede aufweisen (Bucher, Riege, Saat 2008, S. 70; Mertens 2006, S. 23).

248 Vgl. Conway, Davenport 2003; Melville, Kraemer, Gurbaxani 2004, S. 283; Tallon 2007, S. 278; Cronk, Fitzgerald 1997, S. 405; Pfeifer 2003, S. 46; Johannsen et al. 2007, S. 7.

249 Pfeifer 2003, S. 17 mit Verweis auf Melville 2001, S. 10.

250 Vgl. Chau, Kuan, Ting-Peng 2007, S. 196.

251 Vgl. Kleinschmidt, Pfeifer 2004, S. 1 und S. 13.

252 Im deutschsprachigen Raum werden zum Teil auch die englischsprachigen Bezeichnungen verwendet, wobei es zu Abweichungen bei der Interpretation kommen kann und nicht immer klar ist, ob das jeweilige deutsche Bezeichnungspendant denselben Gegenstand referenziert. Ein häufig zitiertes Beispiel ist die Bezeichnung *Controlling*. Diese wird häufig mit *Kontrolle* gleichgesetzt, obwohl der englischsprachige Begriff von seiner Bedeutung her deutlich umfassender ist und eher dem Begriff der *Steuerung* entspricht.

253 Trotz der Dominanz des angloamerikanischen Raums hat sich dort im Hinblick auf den IT Business Value bisher auch kein einheitliches Verständnis durchgesetzt (vgl. Melville, Kraemer, Gurbaxani 2004, S. 322).

254 Zum mehrdeutigen Leistungsbegriff siehe Schedler 2005, S. 10. Eine umfassende Diskussion des Leistungsbegriffs führt Becker 1992. Zum mehrdeutigen Performancebegriff: „There is a massive disagreement as to what performance is and the proliferation of performance measures has led to the paradox of performance", i.e. that organizational control is maintained by not knowing exactly what performance is" (O'Donnell, Duffy 2001).

verschiedene Intentionen des Verwenders implizieren.[255] KARRER merkt an, dass die Begriffe Effizienz und Effektivität als Teilaspekte eines übergeordneten Performancebegriffs verstanden werden können.[256] SCHEDLER unterteilt den Leistungsbegriff in mehrere Dimensionen und nennt die Umsetzung von Unternehmenszielen als wesentliches Merkmal des Begriffs.[257] Ähnlich interpretieren KRAUSE und MERTINS den Performancebegriff und präzisiert diesen als Grad der Zielerreichung der relevanten Merkmale einer Organisation.[258] DRUCKER hingegen versteht den Grad der Zielerreichung der Unternehmensziele als Effektivität.[259] Hierbei wird deutlich, dass diese Eigenschaften auch auf den Begriff des Wertbeitrags zutreffen und dies eine Abgrenzung erschwert.[260]

Neben ähnlichen Bezeichnungen lässt sich eine erhebliche Varianz an Definitionen für den Wertbeitrag der IT ausmachen, bei denen unterschiedliche Objekte durch die Bezeichnung referenziert werden.[261] Der in Tab. 3-1 dargestellte Auszug verdeutlicht die Breite des Verständnisses.

Während BRYNJOLFSSON Produktivität als den essentiellen Gegenstand des Wertbeitrags ansieht,[262] gehen andere Autoren vom wahrnehmbaren Kundennutzen,[263] der Steigerung des Unternehmenswertes[264] oder anderen (multidimensionalen) Sichtweisen[265] aus. TALLON sowie MUKHOPADHYAY et al. legen ein allgemeines Verständnis zugrunde und fassen den Wertbeitrag der IT als den Beitrag der IT zur Leistudefinitionsngsfähigkeit von Unternehmen auf.[266] Ähnlich verstehen MELVILLE, KRAEMER und GURBAXANI den Wertbeitrag der IT als übergeordnetes Konzept, welches sich auf die – durch IT verursachte – Unter-

---

255 Vgl. Hoffmann 2002, S. 7; Krause, Mertins 2006, S. 17-20. Ähnlich attestiert STEPHAN für den Begriff der IT-Transparenz: „Eine pauschale Bewertung, welche Objekte unter welchen Aspekten für die IT-Transparenz wichtig oder weniger relevant sind, steht derzeit nicht auf gesichertem Boden. In der Praxis wird dies durch den beabsichtigten Verwendungszweck [...] bestimmt" (Stephan 2005, S. 11).

256 Vgl. Karrer 2006, S. 125.

257 Vgl. Schedler 2005, S. 56-57.

258 „Grad der Zielerreichung oder der potenziell möglichen Leistung bezüglich der für die relevanten Stakeholder wichtigen Merkmale einer Organisation" (Krause, Mertins 2006, S. 20).

259 Vgl. Drucker 1974, S. 45, ähnlich Gladen 2003, S. 132; Otto 2002, S. 279; Reichwald, Höfer, Weichselbaumer 1996, S. 5.

260 Siehe dazu die in Kapitel 2 diskutierte Annäherung an den Begriff Wertbeitrag der IT.

261 Vgl. Wolters, Dünnebacke 2011, S. 12; Cronk, Fitzgerald 1997, S. 409 sowie Baumöl, Ickler 2008, S. 977-978. „The absence of an adequate definition of IT Business Value is a major omission in the literature. When an attempt is made to define the concept, the definitions varies widely among researchers" (Stewart 2003, S. 5-16). Definition wird hier verstanden als die Zuordnung einer Bezeichnung zu einem Begriff.

262 Vgl. Brynjolfsson 1993, S. 67.

263 Vgl. De Rose 1991, S. 88.

264 Vgl. Baumöl, Ickler 2008, S. 977; Zimmermann 2008, S. 461.

265 Vgl. Marchand 2000.

266 Vgl. Tallon 2000, S. 1; Mukhopadhyay et al. 1995, S. 138.

nehmensperformance bezieht und Produktivitätssteigerungen, Profitabilität, Kostenreduktion, Wettbewerbsvorteile, Bestandsoptimierung sowie weitere Performanceindikatoren einschließt.[267] Zum Teil wird der Begriff auch auf bestimmte Ressourcentypen wie IT-Infrastruktur[268], einen bestimmten Informationssystemtyp[269] oder IT-Produktportfolios[270] beschränkt. Ebenfalls sind Diskussionen zu finden, die sich auf einen konkreten Aufgabenbereich fokussieren (z.b. Wertbeitrag im Rahmen des Projekt- oder Portfoliomanagements).[271] Dies erschwert ein eindeutiges Verständnis, da nicht eindeutig ist, ob dem Begriff im Kontext seiner spezifischen Anwendung eine gesonderte Bedeutung zukommt oder ob diese auf die IT als Ganzes übertragbar ist. Des Weiteren ist zu bedenken, dass der Erkenntnisprozess dadurch erschwert wird, dass die verschiedenen Themenkomplexe der IT mit unterschiedlichen Abstraktionsniveaus betrachtet werden.[272] Ferner unterscheidet sich der Gegenstand auch im Hinblick auf die betrachtete mikro-/makroökonomische Perspektive. Dazu zählen:

- Volkswirtschaften[273]
- Branchen
- ein Unternehmen als Ganzes[274]
- einzelne Geschäftsprozesse eines Unternehmens
- einzelne Organisationseinheiten (z.B. die Effizienz der IT-Organisation) im Unternehmensvergleich[275]
- einzelne IT-Stellen (z.B. die des CIO)

In ihrer Gänze führen diese Umstände zu einem mehrdeutigen Gegenstandsbereich mit geringer Präzision. Auch wenn keine einheitliche und widerspruchsfreie Terminologie in Bezug auf den Gegenstand etabliert werden kann, ist es sinnvoll das jeweilige Verständnis der verwendeten Bezeichnungen darzulegen und von möglichen alternativen Verständnisweisen abzugrenzen.

---

267 Vgl. Melville, Kraemer, Gurbaxani 2004, S. 287.
268 Vgl. Mitra 2005.
269 Vgl. Shang, Seddon 2002; Ranganathan, Brown 2006.
270 Vgl. Zimmermann 2008.
271 Vgl. Wehrmann, Heinrich, Seifert 2006; Jäger-Goy 2002, S. 95.
272 Vgl. Steininger, Riedl, Roithmayr 2008, S. 1539.
273 Vgl. Brynjolfsson, Hitt 1998.
274 „Moreover, researchers have used the term performance to denote both inter-mediate process-level measures as well as organizational measures" (Melville, Kraemer, Gurbaxani 2004, S. 287).
275 Vgl. Alpar, Porembski 1998 sowie Wolters, Dünnebacke 2011, S. 12.

Tab. 3-1: Definitionsvielfalt des Wertbeitrags der IT

Definition / Konzept des Wertbeitrags	Autor (Jahr)
Service to the business	Konsynski (1993)
Value IT adds to business	Kauffman (1993)
Economic contribution that technology can make to the management's goal of profit maximisation	Banker, Kauffman (1991)
Human, organisational and infrastructural benefits	Earl (1993)
Strategic value	Katz (1993)
Beitrag zur Steigerung des Unternehmenswertes	Zimmermann (2008)
Productivity	Brynjolfsson (1993)
Impact of IT on firm performance	Mukhopadhyay et al. (1995); Tallon (2000)
Competitive Advantage	Brown et al. (1995)
Perceived Usefulness	Davis (1989)
Wahrnehmbarer Kundennutzen	De Rose (1991); Brelage, Mayer, Terzidis (2006)
Business Process Performance	Wigand et al. (1997)
Ability of IT to enhance the business performance of the enterprise	Parker, Benson, Trainor (1988)
Realisation of management objectives (transactional, informational, strategic, infrastructure)	Weill, Aral (2004)
Realisation of alignment between the business and IT strategy	Henderson, Venkatraman (1993)

3.3 Historische Ursprünge des Gegenstandsbereichs

Da der Einsatz von IT im Anwendungskontext von Wirtschaftsunternehmen per se keinen Selbstzweck darstellt, wurde der Zusammenhang von IT-Einsatz zur Erreichung bestimmter unternehmerischer Ziele bereits in frühen Jahren untersucht. Es ist festzustellen, dass sowohl die Art des Einsatzes von IT als auch die verfolgten Ziele im Zeitverlauf deutlich komplexer und umfangreicher geworden sind.

Es bestehen unterschiedliche Angaben, die auf den Ursprung der wissenschaftlichen Auseinandersetzung mit dem Thema Wertbeitrag der IT hinweisen. Hierbei ist zwischen der Diskussion um den Gegenstand des Wertbeitrags der IT und dem Aufkommen der Bezeichnungen „Wertbeitrag der IT" bzw. „IT Business Value" zu unterscheiden.

Bereits Ende der sechziger Jahre begann mit der Data Processing Era[276] ein Zeitalter, in dem Informationstechnologie verbreitet in Unternehmen eingesetzt wurde. Diese Zeit war insbesondere durch den Einsatz von Mainframes und zentralen Anwendungen gekennzeichnet, primär um Verwaltungsaufgaben im Bereich des Finanz- und Rechnungswesens computergestützt zu automatisieren und zu rationalisieren.[277] In der Folge konnte Personal eingespart und die Effizienz von Geschäftsprozessen gesteigert werden. Zu dieser Zeit war der IT-Einsatz überwiegend auf einzelne, autonom agierende Anwendungssysteme beschränkt. Daher waren die Ziele in der Computerära relativ gut formulierbar und ihre Erreichung gut messbar. Allerdings wurden die Zwecke nicht unter der Bezeichnung des Wertbeitrags der IT oder des englischen Pendants diskutiert. Es ist anzumerken, dass während der Data Processing Era der IT-Einsatz auch weniger aus einer ganzheitlichen und mit den Geschäftszielen integrierten Unternehmenssicht betrachtet wurde.

Mitte der achtziger Jahre wurde durch die Einführung des PCs in die Unternehmenswelt ein Wandel der Data Processing Era in das PC-Zeitalter eingeleitet.[278] In dieser Zeit wurde dem Themenkomplex vermehrt Aufmerksamkeit gewidmet. PFEIFER führt die akademische Diskussion zum Gegenstand des Wertbeitrags der IT auf den von CRON und SOBOL im Jahre 1983 veröffentlichten Artikel „The Relationship between Computerization and Performance" zurück.[279] Allerdings können auch frühere Beiträge identifiziert werden, die sich mit dem Gegenstand oder Teilen davon befassen.[280] CRONK und FITZGERALD führen den Ursprung der Diskussion auf die Auseinandersetzung mit der Leistungsfähigkeit von Informationssystemen zu Beginn der achtziger Jahre zurück.[281] Durch den Einzug des PCs fand eine Dezentralisierung der IT statt. Neuartige Anwendungen wie Tabellenkalkulations-, Textverarbeitungs- und Präsentationsprogramme sowie Decision-Support-Systeme, die den Endbenutzer in den Mittelpunkt stellten und ihm zunehmend technische Kompetenzen abverlangten, erhielten Einzug

---

276 Vgl. Applegate, Elam 1992, S. 469.
277 Vgl. Synnott 1987, S. 4-8; Krcmar 2005, S. 301.
278 Vgl. Pfeifer 2003, S. 36.
279 Pfeifer 2003, S. 45 mit Verweis auf Cron, Sobol 1983, S. 171-181.
280 KING und SCHREMS betrachten in einem 1978 erschienenen Artikel Informationssysteme unter Kosten-Nutzen-Gesichtspunkten (vgl. King, Schrems 1978).
281 „[...] has its roots in the IT effectiveness literature" (Cronk, Fitzgerald 1997, S. 405). Allerdings ist die Bezeichnung „effectiveness" hier irreführend. Wie angemerkt stand zu Beginn der Data-Processing-Ära die Effizienzsteigerung durch Automatisierung im Vordergrund. Es sei darauf hingewiesen, dass im Englischen nicht immer strikt zwischen Effektivität und Effizienz unterschieden wird. Weitere Indikatoren, die für ein Aufkommen in diesem Zeitraum sprechen, liefern z.B. HAMILTON und CHERVANY zur Evaluation der Effektivität von Informationssystemen (vgl. Hamilton, Chervany 1981) oder KING und SCHREMS zur Kosten-Nutzen-Analyse von Systembetrieb und Entwicklung (vgl. King, Schrems 1978).

in die Unternehmen. Die spätere Verbreitung der Client-Server-Struktur in den neunziger Jahren verstärkte den Effekt der Dezentralisierung. Diese technologische Entwicklung förderte die Durchdringung der IT in sämtliche Unternehmensbereiche, die eine integrierte Zusammenarbeit von IT und Business erforderlich machte.[282] Da der Koordinationsbedarf mit zunehmender Dezentralisation steigt, wuchs auch der Bedarf für eine unternehmensweite Planung der IT. In Anbetracht der steigenden IT-Ausgaben nahm der Bedarf zu, die Ursachen und Zwecke der IT-Ausgaben transparent darzustellen.

Eine konkrete Diskussion um den Wertbeitrag der IT und eine gestiegene Beachtung im Management finden seit Mitte der neunziger Jahre verstärkt statt.[283] Das erstmalige Auftreten der englischsprachigen Bezeichnung IT Business Value wird den frühen neunziger Jahren zugesprochen.[284] Zu dieser Zeit wurde der Frage einer nachweisbaren Steigerung der Produktivität durch IT verstärkt nachgegangen. Dieser Aspekt wird unter der Bezeichnung des *Produktivitätsparadoxons* diskutiert und bildet den zweiten großen historischen Ursprung der Diskussion um den Wertbeitrag der IT. Eine breite Aufmerksamkeit wurde durch den Artikel „The Productivity Paradox of Information Technology" von BRYNJOLFSSON im Jahre 1993 erzeugt, auf den zahlreiche Publikationen zum Thema des Produktivitätsparadoxons folgten.[285]

Ursprünglich wurde dabei der Zusammenhang von IT-Investitionen und Produktivität auf volkswirtschaftlicher Ebene betrachtet.[286] Im Nachgang wurde der Untersuchungsgegenstand auf Branchen und Unternehmensebene erweitert.[287] Zunächst gab es widersprüchliche Ergebnisse, so dass kein eindeutig positiver oder negativer Beitrag der IT auf die Produktivität nachgewiesen werden konnte.[288] Mittlerweile gilt das Produktivitätsparadoxon als weitestgehend gelöst. Zahlreiche Studien weisen einen positiven Zusammenhang von IT-

---

282 Vgl. Ross, Feeny 1999, S. 391.
283 Vgl. Pfeifer 2003, S. 34-44.
284 Vgl. Cronk, Fitzgerald 1997, S. 409.
285 Vgl. Brynjolfsson 1993. Siehe auch Chan 2000. Die Diskussion um das Produktivitätsparadoxon geht ursprünglich auf den Nobelpreisträger SOLOW zurück, der durch seine Anmerkung „You can see computing everywhere but in the productivity statistics" einen mangelnden Zusammenhang zwischen der Höhe von IT-Investitionen und Produktivitätssteigerungen feststellte (Solow 1987, S. 36). Allerdings sorgte erst BRYNJOLFSSON für eine gesteigerte Aufmerksamkeit.
286 Aufgrund des Untersuchungsgegenstands Unternehmen wird auf den volkswirtschaftlichen Aspekt in der Arbeit nicht näher eingegangen.
287 Vgl. Chan 2000, S. 226; Thatcher, Pingry 2004, S. 269-270.
288 Vgl. Teubner 2006, S. 368. Zur Diskussion des Produktivitätsparadoxons siehe Bharadwaj, Bharadwaj, Konsynski 1999; Brynjolfsson, Hitt 1996; Dewan, Min 1997; Kudyba, Diwan 2002; Lichtenberg 1995.

Investitionen und Produktivität auf Unternehmensebene nach.[289] Produktivitäts-steigerungen sind nach wie vor wesentliche Gegenstände, die unter Wertbei-tragsbetrachtungen aufgefasst werden. Allerdings muss der Umstand berücksich-tigt werden, dass IT nur mittelbar und mit einer Vielfalt von komplementären Kräften auf die gesamte Unternehmensperformance wirkt und der Zeitpunkt von Investition und Wirkung mit erheblicher Zeitverzögerung eintritt.[290]

Mit dem Aufkommen des Internets wurde der IT-Einsatz nochmals deutlich diversifizierter.[291] Die weitere Verbreitung von Informations- und Kommunika-tionstechnologien sorgte für einen Wandel, der tiefgreifende Veränderungen der Wettbewerbsbedingungen in den Märkten und der Arbeitswelt mit sich brach-te.[292] Es zeigte sich, dass durch den Einsatz von IT nicht nur Kosten gesenkt, sondern auch neue Märkte erschlossen sowie zusätzliche Umsätze generiert wer-den können.[293] Damit konzentrierte sich die IT nicht nur ausschließlich auf un-ternehmensinterne Rationalisierungsmaßnahmen und die Steigerung der Effizi-enz, sondern wurde auch auf strategische Nutzeneffekte und unternehmensexter-ne Zielgrößen des Marktes ausgedehnt.[294] Eine Systematisierung der Ebenen fi-nanzieller Wertgenerierung ist in Abb. 3-1 dargestellt.[295] Die Rolle der IT änder-te sich von einer reinen Unterstützungsfunktion in die Rolle eines Business Enablers, welcher neue Geschäftspotentiale ermöglicht und als strategischer Er-folgsfaktor eingestuft wurde.[296] Dieser Aspekt bekam ursprünglich durch die Strategic Information Systems (SIS) Gewicht.[297] Diese Rolle erfuhr erneute

---

289 Vgl. Brynjolfsson, Hitt 1996; Lichtenberg 1995. Weitere Studien, die einen positiven Zusammenhang sowohl auf Unternehmensebene als auch volkswirtschaftlich nachweisen, fassen DEDRICK und KRAEMER zusammen (Dedrick, Kraemer 2001, S. 3-4). Die Ursachen einer ursprünglich nicht nachgewiesenen Produktivitätssteigerung durch IT stellen sich als eine Kombination aus (i) Messfehlern bezüglich des Inputs und des Outputs der IT, (ii) einer Nichtbeachtung zeitlicher Verzögerung zwischen Investment und Produktivitätssteigerung, (iii) Missmanagement der IT-Ressourcen, die eine suboptimale Nutzung der IT-Ressourcen forcierten, und (iv) Nichtberücksichtigung von externen Einflussfaktoren innerhalb einer Branche oder der betrachteten Ebene dar, welche sich negativ auf die Produktivität auswirken.
290 Vgl. Brynjolfsson 1993; Wigand, Picot, Reichwald 1997; Melville, Kraemer, Gurbaxani 2004.
291 Vgl. Mattern 2005.
292 Vgl. Pribilla, Reichwald, Goecke 1996, S. 1.
293 Vgl. Synnott 1987, S. 8, S. 21.
294 Vgl. Heinrich, Lehner 2005, S. 21; Nagel 1990, S. 27-29.
295 Vgl. Kesten, Müller, Schröder 2007, S. 11 mit Verweis auf Buchta, Eul, Schulte-Croonenberg 2005, S. 11.
296 Vgl. Duffy, Jeffery 1987, S. 59; Synnott 1987, S. 11; Krcmar 2005, S. 316.
297 Vgl. Earl 1993; Ward, Peppard 2003, S. 22-27.

Aufmerksamkeit durch die von CARR initiierte Debatte um den strategischen Nutzen von IT („IT Doesn't matter?").[298]

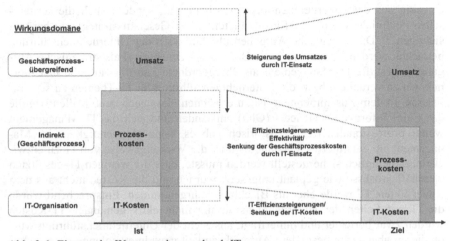

Abb. 3-1: Ebenen der Wertgenerierung durch IT
(Quelle: in Anlehnung an Kesten, Müller, Schröder 2007, S. 11)

Zwar sind nur wenige empirische Analysen zum Wandel von IT-Zielen verfügbar,[299] es lässt sich jedoch erkennen, dass sich der historische Fokus von Rationalisierungsmaßnahmen reduziert hat und durch strategische Komponenten ergänzt wurde.[300] Wurde den strategischen Aufgaben vor dem Jahre 2000 in der

---

298 Vgl. Carr 2003. Basierend auf seinem Artikel wurde genauer diskutiert, ob durch den Einsatz von IT grundsätzlich strategische Wettbewerbsvorteile erlangt werden oder ob IT zunehmend zu einer „Commodity" wird. „Commodity" wird als ein Konsumgut verstanden, das leicht zu substituieren ist und nicht als strategischer Erfolgsfaktor angesehen wird. Dazu zählen Waren, die dadurch gekennzeichnet sind, dass sie allgemein zugänglich sind und kaum Qualitätsdifferenzierungsmerkmale aufweisen, so dass durch diese keine nachhaltigen Wettbewerbsvorteile erlangt werden können. Einfache Beispiele hierfür sind Elektrizität, Salz oder Reis. Mittlerweile hat sich die Erkenntnis durchgesetzt, dass die strategische Bedeutung der IT für Unternehmen nicht pauschal bewertet werden kann und das Thema differenzierter betrachtet werden muss.

299 Vgl. Heinrich, Lehner 2005, S. 89.

300 Vgl. Deloitte 2009, S. 5. Dabei steigt die Stärke der strategischen Ausrichtung der IT umso mehr, je stärker die Rationalisierungsmaßnahmen durch IT ausgeschöpft sind (vgl. Heinrich, Lehner 2005, S. 21, S. 89).

Praxis noch eine geringe Bedeutung beigemessen,[301] kommt diesen mittlerweile ein deutlich höherer Stellenwert zu.[302]

Durch die neuartige Rolle wurde es notwendig die Ziele der IT nicht nur einseitig aus der Unternehmensstrategie abzuleiten, sondern auch die strategischen Potentiale, die der IT-Einsatz bietet, in der Geschäftsstrategie zu berücksichtigen.[303] Da strategische Aufgaben als Aufgaben der Unternehmensführung betrachtet werden,[304] stieg auch der Bedarf, das zunehmend als strategische Aufgabe eingestufte IT-Management als übergeordnete Führungsaufgabe in Unternehmen zu verankern bzw. die Unternehmensführung für IT-Themen zu sensibilisieren. In dem Zusammenhang ist zu erwähnen, dass auch neue Rollen wie die des Chief Information Officers (CIO) entstanden und sich das IT-Management weiter professionalisierte.[305] Historisch gab es keine Notwendigkeit, im Management ein detailliertes Verständnis über die Wirkungsweise von IT zu entwickeln, da lediglich sichergestellt werden musste, dass die wenigen IT-gestützten Geschäftsprozesse wie geplant umgesetzt wurden und die Kosten nicht aus dem Ruder liefen. IT wurde eher als Blackbox wahrgenommen. Entsprechend wurde die IT auf Seiten der Unternehmensführung nicht aktiv gemanagt. IT-Kosten wurden zwar berichtet und hinterfragt, aus Sicht der Unternehmensführung wurde diesen aber keine besondere Aufmerksamkeit gewidmet, solange sie eine gewisse „Schmerzgrenze" nicht überschritten. Die im Zeitverlauf gestiegenen Kosten führten in Kombination mit einer Intransparenz der IT-Leistung jedoch dazu, dass der mit dem Einsatz von IT in Verbindung stehende Wertbeitrag im Management stärker hinterfragt wurde.[306] Es bestand zunehmend die Notwendigkeit, den Nutzen von IT-Investitionen auch aus Sicht der Unternehmensführung angemessen quantifizieren und steuern zu können.[307]

Es galt daher die zunächst getrennten Welten IT und Management näher zusammenzuführen und die gestiegenen Kosten zu begründen: „Many Business Managers don't understand IT costs, but explaining them can help forge a true partnership between IT and business."[308] Dabei ist anzumerken, dass die kulturellen Unterschiede zwischen IT und Business nur ein allmähliches Zusammen-

---

301 Vgl. Bubik, Quenter, Ruppelt 2000, S. 104 und ähnlich Berger, Kobielus, Sutherland 1988, S. 5.
302 Vgl. ITGI 2008, S. 19. Allerdings gibt es diesbezüglich auch andere Einschätzungen: „Aus der Sicht vieler Vorstände und Fachabteilungen ist IT eine Technologie, die – provokativ gesprochen – selten funktioniert und obendrein viel zu teuer ist. Nach dem Abebben der Internet-Euphorie ist der Kostengesichtspunkt in den Führungsetagen der Unternehmen wieder von überragender Bedeutung" (Eul, Hanssen, Herzwurm 2006, S. 25).
303 Vgl. Krcmar 2005, S. 316.
304 Vgl. Frese 2000, S. 535-536; Kratz 1987, S. 7.
305 Vgl. Synnott 1987, S. 11.
306 Vgl. Egle, Weibel, Myrach 2008.
307 Vgl. Pfeifer 2003, S. 17.
308 Appel, Arora, Zenkich 2005.

wachsen ermöglichten.[309] Zum einen wurde die Relevanz von IT-Themen im Management unterschätzt,[310] umgekehrt fiel es der IT bisher schwer eine angemessene Sprache zu etablieren und den Nutzen der IT in verständlicher Form darzulegen.[311]

3.4 Subjektivität des IT-Wertbeitrags

Ein weiterer Aspekt, der zur Unbestimmtheit des Themenkomplexes beiträgt, ist die Subjektivität des IT-Wertbeitrags. „One possible explanation is that IT value is such a broad term or concept that can encompass different things to different people."[312] Subjektivität meint hier eine unterschiedliche Einschätzung zwischen Unternehmen oder innerhalb eines Unternehmens zwischen verschiedenen Individuen oder Gruppen (siehe Abb. 3-2).[313] Subjektivität zwischen Unternehmen resultiert aus den spezifischen Werten und Präferenzen eines Unternehmens, so dass andere Ziele gegenständlich sind oder den gleichen Zielen eine andere Bedeutung beigemessen wird.[314]

---

309 Vgl. Hirschheim, Porra, Parks 2003, S. 10; Herr 2001, S. 30 sowie Ward, Peppard 1996.
310 Vgl. Penzel 2001, S. 409.
311 Auch bestanden in der Vergangenheit grundsätzliche Probleme im Verständnis der IT-Produkte. Hier wurde auf Seiten der IT versäumt, klare, businessbezogene Produkte zu definieren und von technisch orientierten Produktdefinitionen Abstand zu nehmen.
312 Chau, Kuan, Ting-Peng 2007, S. 196. Ähnlich auch Weill, Broadbent 1998, S. 49 und Seppelfricke 2005.
313 Vgl. Seppelfricke 2005, S. 1. Eine gruppenspezifische Werteinschätzung wird in Kapitel 4.2.6 diskutiert.
314 Vgl. Smart 1923, S. 4-5. „Streng genommen resultiert also der Nutzen einer IT-Investition erst aus einer subjektiven Bewertung der Attribute und deren Wirkungen im Hinblick auf die Zielvorstellung des Wirtschaftssubjektes" (Kremar 2005, S. 395). Ein Versandhändler würde ein gut gelegenes Logistikzentrum beispielsweise höher bewerten als ein Softwareunternehmen, welches seine Produkte ausschließlich digital vertreibt. „Zudem kann der von einem Wirtschaftssubjekt wahrgenommene ‚Wert' zeitlichen Schwankungen unterliegen; er ist also kontext- und einzelfallabhängig und muss nicht über verschiedene Entscheidungssituationen hinweg stabil sein" (Strecker 2009, S. 29). Vgl. auch Kapitel 4.1 zum allgemeinen Wertbegriff.

Abb. 3-2: Ebenen subjektiver Wertvorstellungen
(Quelle: eigene Darstellung)

Wie in Kapitel 4.1 diskutiert wird, liegt bereits dem allgemeinen Wertbegriff ein subjektives Wesen zugrunde. Problematisch ist hierbei, dass sich Personen dieser Subjektivität in der Regel nicht bewusst sind und ein Austausch über den Gegenstand des Wertbeitrags der IT unterbleibt. Um eine Sache effektiv steuern zu können, ist es jedoch zwingend erforderlich die zugrundeliegenden Gegenstände klar festzulegen.[315] Das subjektive Verständnis des Wertbeitrags der IT beruht im Wesentlichen auf dem persönlichen Erfahrungshintergrund einer Person und ist implizit an die Denkweise und Erwartungen aus dem unmittelbaren beruflichen Umfeld einer Person gebunden.[316] GAMMELGARD, EKSTEDT und GUSTAFSSON stellen fest, dass die Priorisierung von IT-Zielen mit dem unmittelbaren Verantwortungsbereich einer Person einhergeht.[317] So stufen Customer-Relation-Manager Ziele in Bezug auf Customer Relations, Qualität der Produkte und Services deutlich bedeutsamer ein als Ziele in Hinsicht auf Change-Management, Lieferanten oder Beschaffung. Eine heterogene Sichtweise zeigt sich insbesondere zwischen Anwendern und Entwicklern (bzw. Leistungsabnehmern und Leistungserbringern) sowie zwischen Business- und IT-Verantwortlichen.[318] Diese haben aufgrund ihrer unterschiedlichen Rollen eine

---

315 Vgl. Cronk, Fitzgerald 1997, S. 405, S. 408.
316 Vgl. Peppard, Ward 1999, S. 36; Tallon, Kraemer 2007, S. 16 sowie Tallon, Kraemer, Gurbaxani 2000. In einer bereits im Jahre 1958 durchgeführten Studie stellen DEARBORN und SIMON fest, dass der organisatorische Hintergrund einer Person die beigemessene Bedeutung unternehmerischer Aktivitäten maßgeblich bestimmt (Dearborn, Simon 1958).
317 Vgl. Gammelgård, Ekstedt, Gustafsson 2006, S. 8.
318 Vgl. Mirani, Lederer 1998, S. 804; Ward, Peppard 1996.

unterschiedliche Vorstellung vom Gegenstand der IT. Daher kommt es insbesondere zwischen den genannten Parteien zu Missverständnissen und Konflikten im Hinblick auf den Wertbeitrag der IT. Es sei erwähnt, dass auch innerhalb einer Gruppe unterschiedliche Erwartungshaltungen an die Ziele der IT bestehen.[319] RAGOWSKY, STERN und ADAMS beschreiben, dass die Wahrnehmung des Wertbeitrags der IT im Management wesentlich von der spezifischen Art der Nutzung abhängt (siehe Abb. 3-3). Die Art der Nutzung beeinflusst die Wahrnehmung der IT im Management sowohl direkt als auch indirekt über die Unterstützung der wesentlichen Geschäftsaktivitäten und deren Leistung.

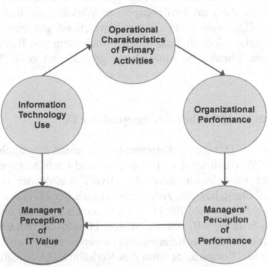

Abb. 3-3: Wahrnehmung des Wertbeitrags der IT im Management
(Quelle: Ragowsky, Stern, Adams 2000, S. 180)

Ein Aspekt, der die Rolle der IT im Unternehmen maßgeblich mitbeeinflusst, ist die Informationsintensität des Unternehmens bzw. der Branche.[320] Eine hohe Informationsintensität führt zu einer steigenden Bedeutung der IT in einem Unter-

---

319 Vgl. Tallon, Kraemer, Gurbaxani 2000, S. 166.
320 Die *Informationsintensität* bestimmt den Anteil der Informationen im Leistungserstellungsprozess und in den erstellten Produkten und Dienstleistungen (vgl. Porter, Millar 1985). „Executives in operations-focus firms perceive their most significant payoffs from IT in production and operations-activities that are central to using IT for operational effectiveness. Similarly, executives in market-focus firms perceive their highest IT payoffs in customer relations, which is again consistent with their goal of using IT to enhance strategic positioning" (Tallon, Kraemer, Gurbaxani 2000, S. 166).

nehmen. Eine unterschiedliche Wahrnehmung des Wertbeitrags der IT ist darüber hinaus auf verschiedenen Managementebenen zu erkennen.[321] TALLON und KRAEMER stellen fest, dass Führungskräfte ihren eigenen Verantwortungsbereich nach außen geschönt darstellen, um mit ihrer Leistung und ihrem Erfolg zu überzeugen.[322] Durch diese mangelnde Neutralität könnte gemutmaßt werden, dass IT-Verantwortliche den Wertbeitrag der IT tendenziell höher einschätzen als Führungskräfte, die keinen IT-Bereich verantworten. Eine Studie des ITGI kommt jedoch zu einem gegenteiligen Ergebnis und stellt fest, dass nicht-IT-bezogene Führungskräfte den Wertbeitrag der IT deutlich höher einschätzen als IT-Führungskräfte.[323] Zwar kann in Frage gestellt werden, ob Business Executives auf Detailebene die zum Teil komplexen Wirkungsmechanismen oder prozessspezifischen Ziele von IT-Projekten hinreichend gut einschätzen können, Untersuchungen zeigen jedoch, dass die Wahrnehmung von Business Executives auf übergeordneter Ebene eine hinreichend genaue und zuverlässige Einschätzung bietet.[324]

3.5 Komplexität und Durchdringungsgrad der IT

Die Komplexität der IT eines Unternehmens hat einen erheblichen Einfluss darauf, wie gut der Wertbeitrag der IT expliziert und nachvollzogen werden kann. Mit zunehmender Komplexität steigt die Diversifikation der Gegenstände, auf die sich der Wertbeitrag bezieht. Je komplexer sich der IT-Einsatz gestaltet, desto schwieriger wird es sowohl für IT-Mitarbeiter als auch für andere Fachbereiche die Ursache-Wirkungs-Beziehungen von IT und den daraus resultierenden Wertbeitrag umfassend nachvollziehen und bewerten zu können

Als *strukturelle Komplexität* kann das Verhältnis der Anzahl zu betrachtender Elemente in einem System und deren Beziehungen untereinander angesehen werden:[325]

---

321 Vgl. Tallon, Kraemer, Gurbaxani 2000. SHANG und SEDDON diagnostizieren, dass Senior Business Executives einen höheren Fokus auf finanzielle Wertbeitragsaspekte legen, während Manager aus dem operativen Bereich dazu neigen, die Umsetzung von Qualitätsanforderungen an das Informationssystem in den Vordergrund zu stellen (vgl. Shang, Seddon 2002, S. 274). Ein Grund für diese Subjektivität ist der unterschiedliche Filterungsprozess bei der Aufnahme von Fakten, deren Gewichtung und Interpretation. Auch wenn alle Aspekte eines zu bewertenden Gegenstands vollständig vorliegen, werden durch die unterschiedliche Aufmerksamkeit von Menschen und deren verschiedene kognitive Fähigkeiten nicht alle Aspekte objektiv in den Entscheidungsprozess mit einbezogen (vgl. Tallon, Kraemer 2007, S. 16).
322 Vgl. Tallon, Kraemer 2007, S. 16.
323 Vgl. ITGI 2008, S. 17.
324 Vgl. Tallon, Kraemer 2007.
325 Vgl. Krallmann 2007, S. 28.

$$\text{Strukturelle Komplexität} = \frac{\text{Anzahl der Beziehungen}}{\text{Anzahl der Elemente}}$$

PATZAK versteht unter Komplexität allgemein eine Kombination aus Konnektivität und Varietät.[326] Nach ULRICH und FLURI beschreibt Komplexität schlecht strukturierbare Entscheidungsprozesse, die sich durch eine Vielfalt an Einflussfaktoren und das Ausmaß ihrer gegenseitigen Interdependenzen auszeichnen.[327] Darüber hinaus wird zwischen interner und externer Komplexität unterschieden. *Externe Komplexität* wird als die Anzahl und Verschiedenartigkeit äußerer Einflussfaktoren auf ein System verstanden, die bei der Steuerung einer Organisationseinheit berücksichtigt werden müssen.[328] Als *interne Komplexität* wird die Vielschichtigkeit und Veränderlichkeit der Abläufe und Produktionsfaktoren innerhalb eines Leistungserstellungsprozesses betrachtet. HÄRTL sieht Komplexität als eine „Eigenschaft eines Systems, welche die Berechnung seines Gesamtverhaltens erschwert, selbst wenn man vollständige Informationen über seine Einzelkomponenten" besitzt.[329] Dieser Umstand besagt, dass ein komplexes System nur bedingt deterministisch ist und der Ursache-Wirkungs-Zusammenhang nicht eindeutig ist.[330] Die unterschiedlichen Merkmale, welche die Komplexität auszeichnen, sind in Abb. 3-4 zusammengefasst.

Die Komplexitätsmerkmale finden sich bei der Bewertung von IT wieder. Der IT-Einsatz ist durch dynamische Veränderungen der Anforderungen, Umweltbedingungen sowie komplementären Ressourcen geprägt.[331] Diese Umstände lassen eine Einstufung einer hohen externen Komplexität zu. Aufgrund einer gestiegenen Dynamik der Produktionsprozesse, der Umsetzung von Just-in-time-Paradigmen, kürzerer Innovationszyklen bei I&K-Technik und einer Vielschichtigkeit der IT-Ressourcen kann auch eine hohe interne Komplexität attestiert werden.[332] Für die Erstellung eines IT-Produkts stehen vielfältige Alternativen in Bezug auf Technologien, Anbieter und Konfigurationsmöglichkeiten zur Verfü-

---

326 Vgl. Patzak 1982.
327 Vgl. Ulrich, Fluri 1992, S. 46.
328 Vgl. Piller, Waringer 1999, S. 5; Langner 2008, S. 27 und ähnlich Schreyögg 1999, S. 305, der unter Komplexität das „Ausmaß der Vielgestaltigkeit und der Unübersichtlichkeit der organisatorischen Umwelt" versteht.
329 Härtl 2008, S. 29.
330 In diesem Zusammenhang sei auf das Gesetz von ASHBY verwiesen. Dieses besagt, dass ein zu steuerndes System nur mit einem System mindestens gleicher Komplexität unter Kontrolle gebracht werden kann. Je komplexer sich die äußeren Einflussfaktoren auf ein System darstellen, desto komplexer sind auch die Maßnahmen, welche die Kontrolle des Systems gewährleisten (vgl. Ashby 1957, S. 151).
331 Vgl. Zhu 2004, S. 194.
332 Vgl. Langner 2008, S. 13; Lange 2005, S. 1.

gung. Ebenso bietet die Festlegung von Prozessen und Verantwortlichkeiten einen großen Gestaltungsspielraum. Des Weiteren indizieren die bekanntermaßen unsicheren Ursache-Wirkungs-Zusammenhänge des IT-Einsatzes ein nichtdeterministisches Verhalten und stellen somit ein weiteres Merkmal an Komplexität dar. Auch wenn die Höhe der Komplexität der IT sowohl branchen- als auch unternehmensspezifisch variiert,[333] lässt sich der Entscheidungs- und Bewertungsprozess in der IT grundsätzlich als komplex charakterisieren.[334]

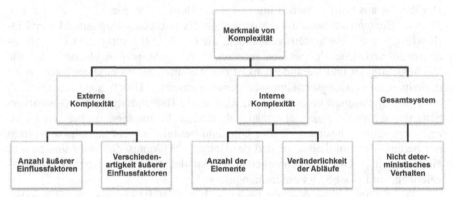

Abb. 3-4: Merkmale von Komplexität
(Quelle: eigene Darstellung)

Diese hohe Komplexität befindet sich im Widerspruch zu einer möglichst einfachen und leicht nachvollziehbaren Bewertung von Investitionsalternativen, insbesondere dann, wenn die Entscheidung auf einer hohen Managementebene getroffen wird. Hier zeigt sich folgendes Dilemma: Setzt man die Notwendigkeit eines Dialogs über den Wertbeitrags der IT voraus, so kann dieser nur stattfinden, wenn die komplexen Wirkungszusammenhänge von jedem Beteiligten nachvollzogen werden. Aufgrund unterschiedlicher Spezialisierung und der interdisziplinären Einsatzbereiche kann jedoch davon ausgegangen werden, dass

---

333 Vgl. Heinrich, Stelzer 2011, S. 92.
334 Da es sich bei betrieblichen Informationssystemen um vielschichtige, untereinander in Wechsel-
beziehungen stehende Mensch-Maschine-Systeme handelt, die in einen betriebsindividuellen
Organisations-, Personal- und Technikkontext eingebunden sind, sind die Wirkungen des Einsatzes von Informationssystemen betriebsindividuell, vielschichtig, nur begrenzt determiniert und
damit als komplex zu charakterisieren (vgl. Bannister, Remenyi 2000). Der Anteil gescheiterter
IT-Projekte stellt ebenfalls einen Indikator für die Komplexität von IT dar (vgl. Wieczorrek,
Mertens 2007, S. 297-298). Auch die Forschung zum Gegenstand des Wertbeitrags der IT wird
einstweilen als komplex beschrieben (vgl. Kleinschmidt, Pfeifer 2004, S. 15). Für eine Abgrenzung des Bewertungs- und Entscheidungsprozesses siehe Kapitel 2.6.

nicht alle involvierten Personen die jeweilig notwendigen Kenntnisse für eine detaillierte Betrachtung mitbringen. Daher besteht ein Bestreben, die Komplexität zu reduzieren. HÄRTL folgend, lassen sich komplexe IT-Investitionen jedoch nur bedingt auf ein verkürztes Merkmal reduzieren, da sie nur im Gesamtzusammenhang ihrer Wirkungen zu betrachten sind.[335]

Während sich Komplexität auf die Vorhersehbarkeit und die untereinander in Beziehungen stehenden Elemente eines Gegenstandsbereichs bezieht, beschreibt der *Durchdringungsgrad* den Anteil der Informations- und Kommunikationsaufgaben.an den Aufgaben des Unternehmens insgesamt und ist damit ein wesentliches Merkmal für die Bedeutung der IT für ein Unternehmen.[336] Zwar ist der Durchdringungsgrad unternehmensindividuell, es ist aber festzustellen, dass dieser übergreifend im Zeitverlauf in mehreren Phasen angestiegen ist.[337] Die in Kapitel 3.3 genannten technologischen Entwicklungen wie das Aufkommen des PC, die Client-Server-Struktur, die Verbreitung von ERP-Systemen und das Aufkommen der Internettechnologie forcierten eine Durchdringung der IT in sämtliche Unternehmensbereiche und eine integrierte Zusammenarbeit unterschiedlicher Abteilungen.[338] Ursprünglich nicht mit IT in Verbindung stehende Geschäftsprozesse wurden durch IT-Services ergänzt, so dass sich der Durchdringungsgrad der IT erhöhte.[339] Losgelöst davon ist die Frage, wie kritisch der Anteil von IT für den Geschäftserfolg ist. Aufgrund des zunehmenden Durchdringungsgrades der IT stiegen auch die Höhe der IT-Budgets und die strategische Bedeutung der IT. Entsprechend bestand eine Notwendigkeit, auch über die Grenzen der IT-Organisation hinaus ein Verständnis für den Wertbeitrag der IT zu etablieren. Es ist anzumerken, dass auch in Branchen mit einem traditionell eher geringen IT-Durchdringungsgrad ein steigender IT-Anteil am Leistungserstellungsprozess auszumachen ist.[340] Ein weiterer Punkt der Durchdringung betrifft neuere Formen der Zusammenarbeit. Kooperationen mit anderen Unternehmen oder das Einbeziehen von Konsumenten sprengen die Grenzen des bisherigen Verständnisses einer gekapselten IT-Organisation, die als autonomer interner Dienstleister fungiert.[341] Die zunehmende Integration mit anderen Bereichen führte dazu, dass zum einen fachfremde Begriffe in die IT Einzug hielten

---

335 Vgl. Härtl 2008, S. 29. Ähnlich sind auch ASHBYS Gesetz folgend komplexe Sachverhalte nur bedingt trivial darstellbar (vgl. Ashby 1957).
336 Vgl. Heinrich, Stelzer 2011, S. 92.
337 Vgl. Ward, Peppard 2003, S. 16-34; Kesten, Müller, Schröder 2007, S. 18.
338 Vgl. Ross, Feeny 1999.
339 Vgl. HAUSLADEN 2010, S. 7; Bea, Schweitzer 1993, S. 417. BALZERT und EBERT merken an, dass im Durchschnitt mittlerweile 35% des Wertes eines PKW aus Software bestehen (vgl. Balzert, Ebert 2008, S. 191).
340 Vgl. Deloitte 2009, S. 27.
341 Vgl. Howe 2009; Prahalad, Ramaswamy 2004.

und sich umgekehrt fachspezifische IT-Begriffe in anderen Bereichen etablierten. Dies verstärkte den Effekt der mangelnden begrifflichen Präzision in der Anwendungsdomäne.

Darüber hinaus macht ein hoher Durchdringungsgrad eine Differenzierung zwischen dem, was IT ist, und dem, was IT nicht ist, schwieriger. In der Praxis kommen indes unterschiedliche Kriterien zur Bestimmung des Gegenstands von IT zur Anwendung. Als Kriterium, was IT ist, gelangen beispielsweise die Zuordnung der Kostenstelle (IT- oder Business-Kostenstelle), die organisatorische Einbindung der zugrundeliegenden Ressourcen zur Anwendung oder Guidelines, die die Gegenstände der IT spezifizieren.

Kostenstellen dienen dazu, die aufbauorganisatorischen Verantwortungsbereiche, durch die Kosten verursacht werden, abzubilden.[342] Entsprechend der individuellen Aufbauorganisation ist die Kostenstellenstruktur grundsätzlich unternehmensindividuell. Einige Gegenstände, die von manchen Unternehmen selbstverständlich als IT-Aufgaben wahrgenommen werden, werden in anderen Unternehmen nicht der IT zugeordnet. Ein Beispiel hierfür ist das End-User-Equipment (z.B. Desktop-PCs), welches in einigen Unternehmen nicht als Gegenstand der IT angesehen wird und dort auch nicht bei den IT-Kosten aufschlägt, sondern autonom vom Business verwaltet wird. Betrachtet man den Gegenstand der IT als Ganzes, bleiben diese Gegenstände außen vor, auch wenn sie nach dem jeweiligen Verständnis zum Gegenstand der IT zu zählen wären. Schätzungen zufolge ist nur ein geringer Anteil der IT-bezogenen Aufgaben innerhalb des IT-Budgets verankert.[343] Bei unternehmensübergreifenden Betrachtungen (z.B. Benchmarks) sollte daher sorgfältig geprüft werden, wie die zugrundeliegenden Indikatoren zu Stande gekommen sind und ob hierbei die gleiche Ausgangsbasis verwendet wurde.

Die genannten Beispiele verdeutlichen, dass es „die IT" per se nicht gibt und eine Abgrenzung zwischen IT und Non-IT nicht eindeutig ist. Diese unscharfe Trennung von IT und Non-IT ist ein weiterer Aspekt, der zur Unbestimmtheit des Themenkomplexes beiträgt.

---

342 Vgl. Horsch 2010, S. 85.
343 KEEN schätzt den Anteil der IT-Kosten, die innerhalb des IT-Budgets verankert sind, auf 20% (vgl. Devaraj, Kohli 2002, S. XIV, Vorwort von Peter G. W. Keen). BERGER gibt an, dass der Anteil der IT-Ausgaben außerhalb des IT-Budgets zwischen 36 und 60% variiert (vgl. Berger 1988, S. 61). MURNLEITNER und SCHÜLEIN ermitteln eine Größenordnung von 50% (vgl. Murnleitner, Schülein 2006, S. 171).

3.6 Quantifizierung des IT-Wertbeitrags

Das Problem den Wertbeitrag angemessen quantifizieren zu können, ist einer weiterer Aspekt, welcher zur Unbestimmtheit des Themenkomplexes beiträgt. Es ist festzustellen, dass es nach wie vor an angemessenen und allgemein akzeptierten Größen zur Bestimmung des Wertbeitrags der IT fehlt.[344] Sowohl in der Praxis als auch der Literatur finden sich unterschiedlichen Messinstrumente, die für eine Ermittlung des Wertbeitrags der IT zur Anwendung kommen. Einen Überblick unterschiedlicher Messinstrumente stellen CRONK und FITZGERALD (siehe Tab. 3-2) vor.[345]

Tab. 3-2: Unterschiedliche Ansätze zur Quantifizierung des Wertbeitrags der IT (Quelle: Cronk, Fitzgerald 1997, S. 406-407)

Measurement Approach	Researcher
Quantitative, Organisational Level Measure	
Some IT factor (e.g. annual IT expenditure) vs. some organizational performance measure (e.g. pre-tax profit)	Brynjolfsson (1993) Cron, Sobol (1983) Floyd, Wooldridge (1990) Bender (1986) Turner (1985) Weill (1989,1990) Katz (1993) Strassmann (1990) Hitt (1993) Harris, Katz (1988)
Data Envelope Analysis	
Converts multiple input measures and multiple output measures into a single measures of relative efficiency	Mahmood (1994)
Information Economics	
Enhanced ROI, business domain assessment, technology domain assessment	Parker et al. (1988)
Information Value Approach	
The value of the IS is based on the value of the information being processed	Ahituv (1989); Taylor (1986); West, Courtney (1993)
Perceived Values	
Fulfilment of objectives	Davis (1989)
System quality, information quality, use, user satisfaction, individual and organisational impact	DeLone (1992)
User information satisfaction	Iivani (1994); Miller (1989)
Critical Success Factor (CSF) fulfilment	Slevin (1991)
User Information Satisfacton (UIS) & use	Srinivasan (1985)
Quality, flexibility, responsiveness, functional integrity	Fink, Tjkarta (1994)

---

344 „The lack of accurate quantitative measures for the output and value created by information technology has made the MIS manager's job of evaluating investments particularly difficult" (Brynjolfsson, Yang, Marvin 1996, S. 6). Ähnlich auch Tallon, Kraemer 2007.

345 Vgl. Cronk, Fitzgerald 1997. Es ist anzumerken, dass die Autoren nicht explizit zwischen eigentlichem Maß und Evaluierungsmethode unterscheiden. Die unterschiedlichen Sichtweisen des IT-Wertbeitrags und dessen Ansätze zur Messung werden in ihrer Arbeit jedoch deutlich. Die einzelnen Quellenangaben der Tabelle sind der Primärquelle zu entnehmen. Eine ähnliche Übersicht erarbeiten Pavlou et al. 2005.

Value is Benefit of System and System Goals	
Nature of system benefits	Ahituv (1989)
Support of system objectives	Hamilton, Chervany (1981)
Value analysis	Keen (1981)
Achieving system goals	Symons (1991)
Benefits	Udo, Guimaraes (1994)
Perceived fulfilment of system objectives	Davis (1989)
Value Related to Utility or Usefulness	
Utility	Ahituv (1989)
Usefulness	Seddon, Fraser (1995)
Resource View	
Labour and IT considered jointly and treated as a resource deployment issue	McKeen, Smith (1991)
Service Quality	
Improved client services	Broadbent et al. (1995)
SERVQUAL a marketing instrument - as a measure of IS service	Pitt (1995)
Alignment with Business Strategy	
	Broadbent (1989)
	Thuriby (1993)
Process Improvement	
Value demonstrated through process improvement or answers the question of how value is added to the business	Davenport (1994); Mooney, Kreamer (1995); Taylor (1986)
Multi-Dimensional / Business Perspective Measures	
Balanced scoreboard	Kaplan, Norton (1992)
IT value as a measure of business contributions	Rubin (1991)
Enterprise level measurement, IT impact on contact with customers	Berger (1988)
Information economics	Willcocks (1992)
Business value linkage	Banker, Kauffman (1991)
Context, content and process	Symons (1992)

Berücksichtigt man ein umfassendes Verständnis des Wertbeitrags der IT, ist festzustellen, dass eine oftmals wiederzufindende verkürzte Fokussierung auf finanzielle Metriken den Gegenstand nicht hinreichend repräsentiert. Schließlich sind die Zielbeiträge des IT-Einsatzes nicht auf monetäre Größen reduzierbar.[346] TALLON und KRAEMER beschreiben diesen Aspekt wie folgt: „[...] financial measures such as sales, value added, financial accounting ratios such as return on assets, or costs does not adequately convey the broad diversity of effects, nor do such measures necessarily align with firms' goals for IT".[347]

Wertbeitrag lässt sich übergreifend als Saldo positiver und negativer Zielbeiträge auffassen, wobei zwischen dem aus einer Investition resultierendem Netto- und Bruttonutzen zu unterscheiden ist.[348]

---

346 Dies trifft insbesondere für den Bruttonutzen zu.
347 Tallon, Kraemer 2007, S. 14.
348 Siehe Kapitel 2.5.

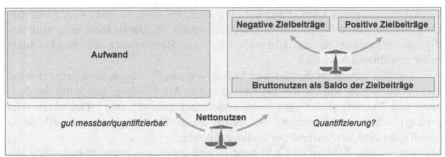

Abb. 3-5: Quantifizierung des Wertbeitrags als Saldo positiver und negativer Zielbeiträge (Quelle: eigene Darstellung)

Der mit der Umsetzung einer IT-Investition in Verbindung stehende Aufwand lässt sich quantitativ sowohl a priori als auch a posteriori in der Regel gut durch den erwarteten oder tatsächlichen Ressourcenverbrauch als Stromgröße (z.B. durch Kosten) explizieren.[349] Eine Quantifizierung des (Brutto-)Nutzens erweist sich jedoch als ungleich problematischer.[350]

Eine wesentliche Schwierigkeit ergibt sich aus der Forderung, die unterschiedlichen Zielbeiträge einer IT-Investition vollständig zu ermitteln. Aus der Komplexität und dem hohen Durchdringungsgrad von IT folgt die Konsequenz einer enormen Vielfalt an Zielbeiträgen und entsprechenden Maßen, um diese Zielbeiträge abzubilden. Insbesondere bei Investitionen, die mehrere Unternehmensbereiche betreffen (z.B. die Einführung eines ERP-Systems) ist die Berücksichtigung der jeweiligen positiven und negativen Zielbeiträge ein komplexes Problem, da eine Vielzahl von Geschäftsprozessen involviert ist. Zwar sollten sich die vorrangigen Ziele einer IT-Investition aus den Anforderungen ergeben, häufig gehen mit der Inbetriebnahme aber noch weitreichendere positive oder negative Zielbeiträge einher, die zunächst nicht offensichtlich sind. Dieser Umstand wird durch sich gegenläufige Zielbeiträge verstärkt. Unter dem TCO-Ansatz (Total Cost of Ownership) werden zwar Anstrengungen unternommen, die Kosten einer Investition vollständig und über die gesamte Lebensdauer in die Bewertung von Investitionen einzukalkulieren, allerdings werden hierbei keine weiteren Nutzenaspekte mit einbezogen.[351] Diese gilt es jedoch zu berücksichtigen, wenn man den Bruttonutzen vollständig ermitteln möchte. Das Zielsystem

---

349 Aufwand wird hier allgemein als Einsatz von Ressourcen und nicht als betriebswirtschaftliche Stromgröße aufgefasst (siehe Kapitel 5.2.3.1). Dazu zählen nicht nur einmalige Aufwände, die bei der Entwicklung anfallen („develop the business"), sondern auch Aufwände, die im laufenden Betrieb („run the business") entstehen.

350 Vgl. Weihs 2008, S. 54.

351 Vgl. Gadatsch, Mayer 2006, S. 91-94; Jäger-Goy 2002, S. 92-94; Tiemeyer 2005, S. 24-25.

eines Unternehmens kann dabei beliebig komplex sein, so dass eine Fokussierung auf die wesentlichen Zielbeiträge notwendig ist. Damit kann eine vollständige Berücksichtigung der Nutzenbeiträge zur Bestimmung des Saldos nicht mehr gewährleistet werden.

Darüber hinaus ist die Art und Weise, wie ein IT-Gegenstand genutzt wird, sehr facettenreich und schwer prognostizierbar. Art, Umfang, Intensität der Nutzung und Nutzungsdauer sind insbesondere bei innovativen IT-Produkten oder prototypischen Entwicklungen, bei denen die Anforderungen nicht vollständig spezifiziert sind, im Vorfeld nur bedingt absehbar.

Die wesentliche Schwierigkeit besteht jedoch darin, geeignete Metriken zu finden, welche die Zielbeiträge angemessen quantifizieren und diese in einem Saldo miteinander zu verknüpfen.[352] Ein Saldo wird angestrebt, weil man die absolute Differenz aus positiven und negativen Zielbeiträgen zur Beurteilung der Vorteilhaftigkeit einer einzelnen Investition heranziehen möchte und um verschiedene Investitionen direkt, anhand einer einzelnen Kennzahl miteinander vergleichen zu können. Da die Zielbeiträge sehr unterschiedlicher Natur sind, kann jedoch kein Saldo im arithmetischen Sinne bestimmt werden.[353] IT-Investitionen können daher nur auf ihren Beitrag zu den einzelnen Nutzenaspekten im Unternehmen sinnvoll bewertet werden. Ein Gesamtvergleich kann beispielsweise über einen gewichteten Index der Nutzenkategorien erfolgen. Da der Nutzen als solches dimensionslos und nicht direkt messbar ist,[354] erfolgt eine quantitative oder qualitative Messung über geeignete Indikatoren oder Proxy-Variablen.[355] Ein Indikator ist ein Maß, welches im Zusammenhang mit einem oder mehreren (Teil–) Indikatoren einen Sachverhalt darstellt.[356] Durch Indikatoren wird nicht ein alleiniger Maßstab, sondern ein Verbund genutzt, um einen Sachverhalt aus verschie-

---

352 In der Messtheorie bezeichnet ein *Maß* die qualifizierende Einheit, die bei der Messung einer Entität auf ein bestimmtes Merkmal hin verwendet wird. In der Wirtschaftsinformatik hat sich jedoch die Bezeichnung Metrik etabliert, die synonym verwendet wird, obwohl der Begriff Maß fachlich eigentlich korrekt ist (vgl. Bennicke, Rust 2003, S. 12). „Eine Messung ist das Ausführen von geplanten Tätigkeiten zu einer quantitativen Aussage über eine Messgröße durch Vergleich mit einer Einheit" (DIN 1319-1:1995; Nr. 2.1).

353 Insofern ist der Wertbeitrag vom Begriff der Wirtschaftlichkeit abzugrenzen (siehe Kapitel 4.2.3.2). Zwar lassen sich die negativen Zielbeiträge, die mit dem Einsatz von Ressourcen in Verbindung stehen, monetär gut explizieren. Diese stellen jedoch nur einen Teil der negativen Zielbeiträge dar und lassen sich nicht mit dem Bruttonutzen verrechnen.

354 Vgl. Krcmar 2005, S. 395-396.

355 Beispiele, bei denen Indikatorvariablen zur Anwendung kommen, sind Autorität, Angst, Intelligenz, Loyalität, Vertrauen oder Zufriedenheit (vgl. Backhaus et al. 2008, S. 519; Greene 2003, S. 87).

356 Vgl. Hair et al. 2006, S. 2, S. 9.

denen Blickwinkeln zu messen.[357] Durch dieses Zusammenspiel ist der Informationsgehalt größer, so dass die Messdaten einen besseren Ansatzpunkt bei der Interpretation liefern sollen. Proxy-Variablen substituieren einen bestimmten Sachverhalt und stehen stellvertretend für diesen.[358] Sie können daher weitere Messfehler beinhalten. In Bezug auf den Wertbeitrag gilt es, geeignete Variablen zu finden, die den Gegenstand möglichst gut abbilden. Bei der Auswahl von Metriken können drei grundlegende Gütekriterien identifiziert werden:[359]

- Objektivität: Objektivität beschreibt einen von einem Beobachter unabhängigen Sachverhalt.[360] Da sich der Gegenstand des Wertbeitrags der IT jedoch als subjektiv darstellt, ist dieses Merkmal nur bedingt gegeben.

- Validität (auch Gültigkeit): Beschreibt den Grad, in dem ein Maß einen Sachverhalt wie beabsichtigt repräsentiert.[361] Die Validität sagt aus, inwieweit ein Maß auch tatsächlich das misst, was es messen soll. Eine mangelnde Validität wird in Bezug auf den Gegenstandsbereich des Wertbeitrags der IT häufig bemängelt, da der eigentliche Sachverhalt nur unzureichend definiert ist und eine entsprechende Repräsentation nicht hinreichend überprüft werden kann.[362]

- Reliabilität (auch Zuverlässigkeit): Ist der Grad, in dem ein Maß einen beobachteten Sachverhalt genau und fehlerfrei misst.[363] Reliable Metriken liefern unter gleichen Bedingungen gleiche Messergebnisse. Unterschiedliche Messergebnisse sind nicht auf Messfehler, sondern auf tatsächliche Unterschiede des zu messenden Sachverhaltes zurückzuführen. Umgekehrt reagieren reliable Metriken auch sensitiv auf eine Änderung des zu messenden Sachverhaltes. Gerade hier tritt ein wesentli-

---

357 Anstatt Zufriedenheit direkt durch die Frage „Wie zufrieden sind Sie?" auf einer Skala abzubilden, würde man bei Indikatoren beispielsweise nach der gesamtheitlichen Zufriedenheit, der Zufriedenheit mit der Funktionalität eines Produkts, der Einschätzung des Designs oder der Wahrscheinlichkeit, dass ein Produkt wieder gekauft werden würde, fragen.

358 Vgl. Pedhazur, Pedhazur Schmelkin 1991, S. 287. Ein Beispiel hierfür ist das Wetter, welches sich nicht direkt messen lässt, sondern stellvertretend über den Niederschlag gemessen werden kann. In Bezug auf die Kundenzufriedenheit könnte man auch die Reklamationsquote als Proxy-Variable operationalisieren.

359 Sowohl SEKARAN und BOUGIE als auch LIGGESMEYER diskutieren weitere Anforderungen, die an Metriken gestellt werden (vgl. Sekaran, Bougie 2010, S. 19-23; Liggesmeyer 2002, S. 214-215). Objektivität, Validität und Reliabilität stellen jedoch übergeordnete Gütekriterien dar, die grundsätzlich berücksichtigt werden sollten.

360 Vgl. Mulder 2004.

361 Vgl. Hair et al. 2006, S. 3.

362 Vgl. Cronk, Fitzgerald 1997, S. 408.

363 Vgl. Hair et al. 2006, S. 8.

ches Problem der Messung auf. Die Wirkung von IT kann selten unabhängig ermittelt werden und ist durch weitere Einflussfaktoren bestimmt.[364] So wird häufig die Meinung vertreten, dass gerade durch die Wechselwirkungen mit komplementären (nicht der IT zuordenbare) Ressourcen, z.B. durch Synergieeffekte, ein enormer Mehrwert für Unternehmen entsteht.[365] Reliabilität kann aber nur gewährleistet werden, wenn weitere Einflussfaktoren auf die zu messende Größe bekannt sind und separiert werden können.

Darüber hinaus sind IT-Investitionen durch lange Amortisationsdauern, Unsicherheit und wandelnde Geschäftsanforderungen geprägt, was eine Quantifizierung ebenfalls erschwert.[366]

3.7 Zusammenfassung der Einflussfaktoren

In Kapitel 3 wurden die Ursachen erläutert, die zur Unbestimmtheit des Themenkomplexes führen. Es zeigt sich, dass ein unklarer Wertbegriff an sich sowie eine mangelnde Präzision des Begriffs IT-Wertbeitrags zu dieser Unschärfe beitragen. Das Fehlen einer allgemein akzeptierten Definition, eine Varianz an Gegenständen und die Vielfalt angrenzender Begriffe führen zu einem uneindeutigen Begriffsverständnis, welches durch verschiedene historische Ursprünge verstärkt wird. Einen weiteren Faktor stellt die Subjektivität des Wertbegriffs dar. Dieser Aspekt impliziert eine individuelle Ausgestaltung des Gegenstands von Wertbeitrag, so dass bei einer unternehmensspezifischen Betrachtung die jeweiligen Zielbeiträge eines Unternehmens offengelegt werden sollten. Die Komplexität und der Durchdringungsgrad der IT wurden als weitere Einflussfaktoren identifiziert, die einer einfachen und auf andere Unternehmen übertragbaren Handhabung des Gegenstands widersprechen. Zuletzt wurde auf das Problem eingegangen, adäquate Metriken zu bestimmen, die den Gegenstand hinreichend repräsentieren. Die einzelnen Aspekte, die zur Unbestimmtheit des Themenkomplexes beitragen, sind zusammenfassend in Abb. 3-6 dargestellt.

---

364 „The interactive nature of SIS with other aspects of a company's business is such that it is difficult to isolate an individual SIS effect" (Brown, Gatian, Hicks Jr. 1995, S. 219).
365 Vgl. Zhu 2004. „The sustainable business value of IT emerges primarily through its complementarity and integration with business strategies, organizational designs, structures and competencies" (Sambamurthy, Bharadwaj, Grover 2003, S. 243).
366 Vgl. Bardhan, Bagchi, Sougstad 2004, S. 34.

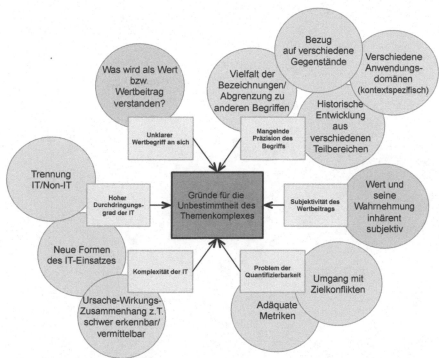

Abb. 3-6: Gründe für die Unbestimmtheit des Themenkomplexes IT-Wertbeitrag
(Quelle: eigene Darstellung)

4 Der allgemeine und ökonomische Gegenstand des Wertbeitrags

Dieses Kapitel zielt darauf ab, den Begriff des Wertbeitrags zunächst unabhängig von der IT deduktiv herzuleiten und übergreifende Dimensionen von Wertbeitrag zu identifizieren. Der Prozess der Referenzmodellentwicklung beinhaltet idealerweise eine angemessene theoretische Basis, auf der das Modell beruht. Als Basis für das Begriffsverständnis des Wertbeitrags dient ein allgemeiner Wertbegriff. Daher wird im Folgenden zunächst ein allgemeiner Wertbegriff erarbeitet, indem grundsätzliche, den Wert betreffende Charakteristika aufgezeigt werden. Ausgehend von diesem allgemeinen Wertbegriff, wird ein ökonomischer Wertbegriff diskutiert und ein Verständnis von Wertbeitrag im ökonomischen Kontext erarbeitet.[367] Der ökonomische Wertbegriff bildet die Grundlage für den Wertbeitrag der IT. Die übergreifenden Aspekte von Wertbeitrag werden als Klassen modelliert und zu einem späteren Zeitpunkt im Referenzmodell integriert.

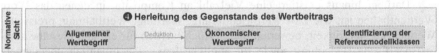

Abb. 4-1: Deduktive Herleitung des Gegenstands des Wertbeitrags
(Quelle: eigene Darstellung)

4.1 Der allgemeine Wertbegriff

Wie in Kapitel 3.1 angemerkt wurde, ist der Wertbegriff an sich unpräzise. Dieser zeichnet sich auch losgelöst vom Anwendungsbereich der IT durch eine breite, interdisziplinäre Verwendung aus.[368] Es ist festzustellen, dass dem Wertbegriff in verschiedenen Kontexten eine unterschiedliche Bedeutung zukommt. So ist z.B. der soziologisch geprägte Wertbegriff, der gesellschaftliches Handeln begründet, vom mathematischen Wert als rein numerische Ausprägung in seiner

---

367 Zur Vorgehensweise siehe auch Kapitel 1.
368 Vgl. Heyde 1926, S. 7.

Bedeutung zu unterscheiden. Im OXFORD DICTIONARY finden sich die folgenden vier verschiedenen Bedeutungen wieder:[369]

- worth of sth. in terms of money or goods for which it can be exchanged
- worth of sth. compared with the price paid for it
- quality of being useful or worthwhile or important
- moral or professional standards of behaviour; principles
- a mathematic number or quantity represented by a letter

Die Entstehung des Wertbegriffs wird in der Literatur kontrovers diskutiert. Eine inhaltliche Auseinandersetzung mit dem, was als Wert zu erachten ist, kann bereits auf ARISTOTELES und PLATON zurückgeführt werden.[370] Diese stellen menschliches Handeln in den Vordergrund ihrer Betrachtungen und attestieren, dass Wert durch das Bestreben nach Eudämonie geprägt ist. WILDFEUER führt die Entstehung des Wertbegriffs auf die im 17. und 18. Jahrhundert aufkommende Debatte zur objektiven Beurteilung von Gütern zurück, die im Kontext eines zunehmenden Handels dem Bereich der Ökonomie zuordnen ist.[371] Dieses Verständnis wird von MARX aufgegriffen und als monetäre Ausprägung der verwendeten Arbeitszeit zur Erstellung eines Guts konkretisiert.[372] PRECHTL und BURKARD merken an, dass der Terminus Wert „seit jeher zwischen seiner Auffassung in wirtschaftlichem (merkantilem) und philosophischem (axiologischem, moralischem und ethischem) Sinn" oszilliert.[373]

Darüber hinaus existiert eine Vielzahl an Komposita, in denen das Wort Wert enthalten ist, wie z.B. Wertorientierung, Wertung, Werthaltung, preiswert, Wertbeitrag, Wertigkeit, bewerten etc.[374] Auch werden für ein und dieselbe kontextspezifische Bedeutung sowie für ähnliche bzw. sich inhaltlich überschneidende Sachverhalte abweichende Bezeichnungen verwendet. Dies trifft insbesondere auf die Begriffe *Nutzen* und *Ziel* zu, welche ebenfalls vieldeutig und gegenüber dem Wertbegriff nicht scharf abgrenzbar sind. Es gibt jedoch spezifische Charakteristika, die den Zusammenhang der Begriffe verdeutlichen und im Folgenden näher erläutert werden.

---

369 Vgl. Cowie, Hornby 1990, S. 1410-1411.
370 Vgl. Veit 2007, S. 309.
371 Vgl. Wildfeuer 2002, S. 4.
372 Vgl. Marx, Kautsky 1957, S. 67-68.
373 Prechtl, Burkard 2008, S. 677.
374 Um zum Ausdruck zu bringen, dass es sich um einen Komplex von Begriffen handelt, wird zum Teil auch vom Wertekonzept gesprochen (vgl. Scholl-Schaaf 1975, S. 47-48). Die Werttheorie befasst sich unter wissenschaftlichen Gesichtspunkten mit dem, was als Wert zu erachten ist (vgl. Prechtl, Burkard 2008, S. 677).

4.1.1 Wert, Bewertung und Wertbeitrag

Abstrakt lässt sich ein Wert als eine Sache beschreiben, die zur Bedürfnisbefriedigung oder Existenzerhaltung eines Subjekts beiträgt.[375] Etwas breiter definiert KLUCKHOHN Wert als „eine explizite oder implizite, für ein Individuum oder eine Gruppe charakteristische Konzeption des Wünschenswerten, welche die Auswahl unter verfügbaren Handlungsarten, -mitteln und -zielen beeinflusst".[376] Ähnlich definiert FRIEDRICHS Wert als „bewusste oder unbewusste Vorstellungen des Gewünschten, die sich in ihrer Präferenz bei der Wahl zwischen Handlungsalternativen niederschlagen".[377] Demzufolge sind Werte inhärent subjektiv. Dennoch sind sie nicht beliebig und zum Teil verallgemeinerbar, da angenommen werden kann, dass bestimmte Individuen oder Gruppen gleiche Bedürfnisse haben. Sowohl Nahrung im funktionalen Sinne, Genuss, Vermögen als auch ein Glück können demnach als Wert aufgefasst werden. Werte sind im Gegensatz zu Bedürfnissen jedoch nicht einzeln, isoliert zu betrachten, sondern grundsätzlicher Natur und gehören zu einem Wertesystem oder einer Wertewelt, welche dauerhafte Kriterien für Entscheidungsprozesse darstellen.[378]

Der Wertbegriff kann in die folgenden drei Bedeutungsbereiche eingeteilt werden, wobei diese nicht als sich auszuschließende Gegensätze zu verstehen sind, sondern im Zusammenhang zu betrachten sind:[379]

- substanzielle Werte bzw. Wert als Gut
- attributive Werte bzw. Wert als Maßstab
- Wert als Ziel

Zunächst wird unterschieden ob etwas (Materielles oder Immaterielles) an sich von Wert *ist* (substanzieller Wert) oder ob etwas einen Wert einer bestimmten Größe *hat* (attributiver Wert). *Substanzielle Werte* repräsentieren den Inhalt und die sachliche Festlegung dessen, was angestrebt wird.[380] Ein substanzieller Wert liegt vor, wenn einer Sache die Fähigkeit zugesprochen wird, in einer bestimmten Weise zur Bedürfnisbefriedigung beizutragen. In diesem Sinne stellen substanzielle Werte dar, dass etwas an sich von Wert ist. Ein substanzieller Wert ist in dem Sinne binär, dass ein Subjekt zu einem bestimmten Zeitpunkt einer Sache entweder die Eigenschaft der Bedürfnisbefriedigung zuspricht oder nicht zu-

---

375 Vgl. Wildfeuer 2002, S. 684; Kirchner, Regenbogen 2005, S. 727.
376 Kluckhohn 1962, S. 395.
377 Friedrichs 1968, S. 113.
378 Vgl. Barnes Städler, Bircher, Streiff 2000, S. 10, S. 14.
379 Vgl. Scholl-Schaaf 1975, S. 49-57.
380 Vgl. Macharzina 1999, S. 155.

spricht. Eine Aussage über die Höhe des Beitrags zur Bedürfnisbefriedigung wird damit nicht getroffen. Substanzielle Werte lassen sich in Terminalwerte[381] und Nutzwerte[382] unterteilen. Während Terminalwerte zur äußeren oder inneren Existenzerhaltung beitragen und damit die letzte begründbare Ebene eines Wertes darstellen, sind Nutzwerte Instrumente, die als Teil in einer Wirkungskette zur Erreichung eines übergeordneten bzw. substanziellen Wertes dienen.

Attributive Werte sind als Eigenschaften aufzufassen, welche das Ausmaß der Eignung zur Bedürfnisbefriedigung repräsentieren. Dabei wird das verfolgte Anspruchsniveau durch eine quantitative oder qualitative Skalengröße festgelegt. Die Zuordnung eines attributiven Wertes setzt die Eigenschaft eines substanziellen Wertes voraus, da etwas, das von der Substanz her nicht zur Bedürfnisbefriedigung beiträgt, nicht hinsichtlich des Ausmaßes der Bedürfnisbefriedigung beurteilt werden kann. Ein attributiver Wert ist das Ergebnis einer subjektiven Zuordnung eines substanziellen Wertes zu einer Skalengröße, welche die Höhe des Beitrags zur Bedürfnisbefriedigung darstellt. Damit bilden attributive Werte subjektive Präferenzen ab.[383] Die Ermittlung eines attributiven Wertes geht dabei stets mit der Festlegung einer entsprechenden Skala einher. Ein höherer Skalenwert drückt in der Regel einen größeren Beitrag zur Bedürfnisbefriedigung aus. Der Prozess der Zuordnung eines attributiven Wertes im Hinblick auf einen substanziellen Wert stellt die eigentliche Bewertung bzw. Wertung dar.

Es sei darauf hingewiesen, dass die Bewertung sowohl subjektiv als auch situationsabhängig (von Raum und Zeit) ist.[384] Die Subjektivität ergibt sich aus dem Umstand, dass sowohl die Eigenschaft als substanzieller Wert als auch die beigemessene Höhe zur Bedürfnisbefriedigung von verschiedenen Individuen unterschiedlich beurteilt werden kann. Die Situationsabhängigkeit beschreibt den Umstand, dass ein substanzieller Wert von ein und demselben Individuum oder derselben Gruppe in verschiedenen Situationen attributiv unterschiedlich bewertet werden kann.[385] Allerdings zeichnen sich Werte insbesondere dadurch aus, dass sie einer gewissen Kontinuität folgen und keinem drastischen und dynamischen Wandel unterliegen.[386] Werte sind vielmehr Präferenzen im Sinne von Überzeugungen, welche langsamen Anpassungsprozessen unterliegen. Sie die-

---

381 Synonym: Zielwerte.
382 Synonym: Dienstwerte.
383 Vgl. Scholl-Schaaf 1975, S. 62.
384 Vgl. Seppelfricke 2005, S. 1 und Scholl-Schaaf 1975, S. 51.
385 Die Situationsabhängigkeit wird insbesondere bei der Knappheit eines Guts deutlich. So wird ein Individuum einem Liter Wasser in einer Region mit Wassermangel (z.B. einer Wüste) einen anderen Wert beimessen als in einer Region mit großen Trinkwasservorräten.
386 Vgl. Scholl-Schaaf 1975, S. 61.

nen als Filter, um in einer komplexen, ungewissen Umwelt durch ein vereinfachtes Weltbild Entscheidungen zu erleichtern.[387]

In der Regel wird bei der Verwendung des Wertbegriffs nicht genau zwischen substanziellen und attributiven Werten differenziert. Da Werte jedoch abstrakte Konstruktionen sind, bedürfen sie einer Spezifikation.[388] Gerade im Anwendungskontext von Unternehmen und der Vielzahl an Beteiligten existieren sehr heterogene Ansichten über das, was als Wert bzw. Wertbeitrag zu erachten ist. Daher ist es notwendig ein gemeinsames Verständnis von Wert zu entwickeln und die Gegenstände, die als Wert gegenständlich sind, zu dokumentieren. Um das Konzept der Bewertung explizieren und die subjektiven Beweggründe nachvollziehen zu können, dienen die folgenden Schritte:

• Beschreibung der wertenden Instanz sowie deren Kontext
• Begründung der Eigenschaft des substanziellen Wertes
• Reflexion der Realisierungssituation
• Wahl einer geeigneten Skala
• Festlegung des attributiven Wertes (Zuordnung des Skalenwertes)

Die Dokumentation sollte eine Beschreibung der wertenden Instanz umfassen, damit die subjektiven Beweggründe verdeutlicht werden und von anderen Personen nachvollzogen werden können. Aus der Dokumentation sollte hervorgehen, warum ein Wertbeitrag als solcher erachtet wird. Eine Reflexion der Realisierungssituation legt dar, in welcher Weise eine Sache bei Inanspruchnahme tatsächlich zur Bedürfnisbefriedigung beiträgt. Die Beschreibung des Kontextes verdeutlicht die Motivation der wertenden Instanz. Die Festlegung des attributiven Wertes dokumentiert die beigemessene Höhe des Beitrags zur Bedürfnisbefriedigung, die Bedeutung, die Wichtigkeit oder Höhe des Nutzens.

Wertbeitrag kann sowohl a priori, im Sinne des zu erwarteten Beitrags zur Bedürfnisbefriedigung, als auch a posteriori, zur Beurteilung des tatsächlich erreichten Beitrags zur Bedürfnisbefriedigung aufgefasst werden. A posteriori spiegelt der Wertbeitrag den erreichten Nutzen wider und kann analog zu dem Prozess einer Messung bei physikalischen Größen verstanden werden.[389] In dem Fall stellt sich Wertbeitrag als eine Erhöhung des Wertvorrats oder Verminderung des Wertverlustes dar. A priori motivieren Werte das Festlegen von Zielen. Da ein enger Zusammenhang von Werten und Zielen besteht, wird im Folgenden genauer auf die Begriffe eingegangen.

---

387 Vgl. Barnes Städler, Bircher, Streiff 2000, S. 14.
388 Vgl. Barnes Städler, Bircher, Streiff 2000, S. 10.
389 Vgl. Liggesmeyer 2002, S. 212.

4.1.2   Wert als Ziel

Werte sind zunächst abstrakt und von einer konkreten Realisierung der Bedürfnisbefriedigung losgelöst. Sie beruhen auf der Basis eines subjektiven Bedürfnisses und motivieren Ziele. *Ziele* sind zukünftige, als erstrebenswert angesehene
Zustände, die durch Handlungen herbeigeführt werden sollen.[390] Ziele sind demnach konkrete und bewusste Absichtserklärungen, die auf Werten basieren. Daher können Ziele auch als Repräsentationen von Werten aufgefasst werden. Den
Prozess der Zielbildung beschreibt WEICHHART als einen im Sozialsystem verankerten und auf Werten basierenden Vorgang eines Handlungsentwurfes (siehe
Abb. 4-2).[391]

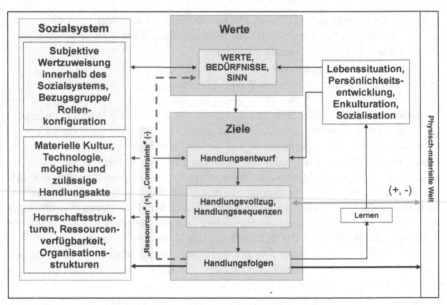

Abb. 4-2: Prozess der wertbasierten Zielbildung
(Quelle: in Anlehnung an Weichhart 1986, S. 84)

Die Begriffe Wert und Ziel sind nur schwer gegeneinander abgrenzbar. Es lassen
sich zahlreiche Gemeinsamkeiten und einige wenige unterschiedliche Charakteristika identifizieren. Aufgrund der eigenen Vieldeutigkeit sollte der Zielbegriff

---

390 Vgl. Macharzina 1999, S. 155.
391 Vgl. Weichhart 1986.

jedoch nicht mit dem Wertbegriff gleichgesetzt werden.[392] Philosophisch betrachtet enthält der Wertbegriff etwas Grundlegendes, was um seiner selbst willen angestrebt wird, während Ziele als Mittel zur Bevorratung von Werten verstanden werden. Bei einer Repräsentation von Werten durch Ziele stellt sich Wertbeitrag als ein Wirken zu einem Ziel hin oder die Vermeidung eines Abweichens von einem Ziel dar. Für eine hinreichende Beschreibung des Zielinhalts ist es notwendig sowohl die sachliche Festlegung des angestrebten Zustands als auch die Mittel und Handlungen zu benennen, durch die der Zustand herbeigeführt werden soll. In Abgrenzung zu Werten sind Ziele jedoch nicht notwendigerweise an eine Bedürfnisbefriedigung gebunden. Darüber hinaus sind Ziele im Gegensatz zu Werten stets handlungsbezogen.

Die Einteilung des Wertbegriffs in substanzielle und attributive Werte findet sich im Zielbegriff in Form von Zielinhalt und Zielausmaß wieder. Da der Zielbegriff zukünftiges Handeln betrifft, umfasst die Beschreibung eines Ziels einen zeitlichen Bezug, der den Zeitpunkt oder den Zeitraum beschreibt, zu dem das anvisierte Ziel erreicht werden soll.[393] Sofern die drei Dimensionen Zielinhalt, Zielausmaß und zeitlicher Bezug hinreichend beschrieben sind, ist ein Ziel vollständig und operational fixiert.[394]

Der *Zielinhalt* ist eine sachliche Festlegung über das, was angestrebt wird. Der Zielinhalt ist eine präzise Festlegung des Zielobjekts bzw. des Gegenstands des Ziels. Das *Zielausmaß* ist das im Hinblick auf den Zielinhalt angestrebte Anspruchsniveau in relativer oder absoluter Form. Die Festlegung eines geeigneten Zielausmaßes ist eine schwierige Aufgabe, da hier messbare und überprüfbare Zielwerte festgelegt werden, anhand deren die geplante und tatsächliche Zielerreichung festgestellt werden können soll.[395]

Der Zielinhalt wird nach Sach- und Formalzielen differenziert, welche sich in der Beschreibung des angestrebten Zustands und der Interdependenz zu anderen Zielen unterscheiden. *Formalziele* (Synonym: Fundamentalziele, Primärziele, Oberziele) sind Ziele, die um ihrer selbst willen angestrebt werden und keiner weiteren Begründung mehr bedürfen, da sie sich aus einem konkreten Kontext ergeben.[396] Dazu gehören Ziele, die der Existenzsicherung dienen. Für ein Un-

---

392 Vgl. Scholl-Schaaf 1975, S. 49, S. 55-57.

393 Für eine Diskussion der Zieldimensionen vgl. Macharzina 1999, S. 155-156; Heinrich, Stelzer 2011, S. 110.

394 Vgl. Ahlemann 2006, S. 39. Es gibt auch Ziele, deren Ausmaß nicht hinreichend konkretisiert ist. Diesen fehlt jedoch eine Form der Überprüfbarkeit. Ziele ohne Zielausmaß kommen z.B. in der Form von Leitbildern oder Visionen zum Ausdruck.

395 Vgl. Büschgen 1998, S. 506.

396 Vgl. Eisenführ, Weber 1999, S. 56; Gladen 2011; Wirtschaftslexikon24 2010. WUNDERLIN unterscheidet zwischen Primärzielen und Sekundärzielen (vgl. Wunderlin 1999, S. 48). Siehe auch Kapitel 4.2.3.

ternehmen stellt Gewinn z.B. ein Formalziel dar, da dieser als zwingende Voraussetzung für den Fortbestand eines Wirtschaftsunternehmens angesehen werden kann. Aus Sich einer Non-Profit-Organisation stellt Gewinn jedoch kein Formalziel dar. Daher sind Formalziele immer in einem gewissen Kontext formal. Formalziele beziehen sich nicht auf konkrete Mengenangaben bezüglich der Qualität der Produkte, sondern beschreiben übergeordnet, unter welchen Bedingungen die Leistungserstellung erfolgen soll.[397] Bei Formalzielen wird der angestrebte Zustand in der Regel nicht explizit beschrieben, sondern durch eine Maximierung des Wertvorrats oder eine Minimierung des Wertverlustes (z.B. Maximierung des Gewinns oder Minimierung der Kosten) charakterisiert.[398] Im wirtschaftlichen Zusammenhang stellen Produktivität, Wirtschaftlichkeit sowie Rentabilität und Gewinn Formalziele dar.[399]

Sachziele (Synonym: Instrumentalziele, Sekundärziele, Unterziele) sind den Formalzielen untergeordnet und beschreiben konkrete Zustände, die zur Erreichung der Formalziele beitragen.[400] Sie beschreiben daher eine Ursache-Wirkungs-Beziehung. Sachziele sind auf das konkrete Handeln ausgerichtet und bilden Aufgaben ab. Häufig wird nicht genau zwischen Formal- und Sachzielen differenziert.[401] Wie Abb. 4-3 zeigt, sind Formalziele in einem gewissen Kontext formal und können in einem anderen Kontext als Sachziel aufgefasst werden. Die Strukturierung in Sach- und Formalziele ist zweckmäßig, wenn die implizierten Ursache-Wirkungs-Zusammenhänge transparent gemacht werden sollen oder eine Aufgabe in weitere Teilaufgaben zerlegt und delegiert werden soll. Durch eine Spezifizierung von Sachzielen wird deutlich, mit welchen Instrumenten die Zielerreichung vollzogen werden soll.

---

397 Vgl. Gladen 2011, S. 51-54.
398 Vgl. Laux, Liermann, Laux 2005, S. 35.
399 Vgl. Macharzina 1999, S. 113.
400 Vgl. Macharzina 1999, S. 106 und Eisenführ, Weber 1999, S. 56. Siehe auch Kapitel 4.2.4.
401 Vgl. Eisenführ, Weber 1999, S. 56.

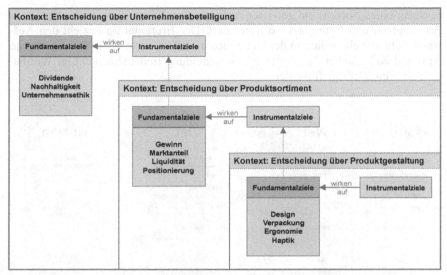

Abb. 4-3: Kontextspezifische Einordnung in Fundamental- und Sachziel
(Quelle: in Anlehnung an Eisenführ, Weber 1999, S. 59)

4.1.3 Der Zusammenhang von Wert, Ziel und Nutzen

Vergleicht man die verschiedenen Dimensionen des Zielbegriffs mit dem Wertbegriff, wird eine Analogie deutlich, die auch im Nutzenbegriff wiederzufinden
ist. In Bezug auf den Wertbegriff lässt sich der Zielinhalt als Pendant eines substanziellen Wertes auffassen. Was das Zielausmaß im Zielbegriff ist, kann beim
Wertbegriff als attributiver Wert verstanden werden. Formalziele können als Repräsentationen von Terminalwerten und Sachziele als Repräsentationen von
Nutzwerten aufgefasst werden.

Ist ein Ziel durch einen Wert motiviert, entspricht die Erreichung dieses
Ziels dem Zustandsübergang von einem bestehenden Bedürfnis in den Zustand
der Bedürfnisbefriedigung.[402] In dem Zustand der Bedürfnisbefriedigung wird
der eigentliche Nutzen realisiert. Nutzen bezieht sich daher zeitlich auf den Rea-
lisierungszeitpunkt der Bedürfnisbefriedigung.[403] Beim Nutzen wird nicht zwischen substanziellem Nutzen und attributivem Nutzen unterschieden. Da zur Er-

---

402 Es sei angemerkt, dass das Erreichen eines Ziels nicht zwangsweise mit einer Bedürfnisbefriedigung einhergeht. Dies ist dann der Fall, wenn Ziele erreicht werden, die keinen Wert repräsentieren (z.B. bei Fehlern bei der Zielsetzung oder falls ein Ziel anders motiviert ist).
403 Vgl. Scholl-Schaaf 1975, S. 32 mit Bezug auf Friedrichs 1968.

reichung eines Nutzens ein gewisser Aufwand von Nöten ist, wird der Nutzen in Bruttonutzen und Nettonutzen differenziert. Der Bruttonutzen bezieht den Aufwand nicht mit ein, während der Nettonutzen als Differenz aus Bruttonutzen und Aufwand zu verstehen ist.[404] Diese Unterscheidung findet sich nicht im Wertbegriff oder im Zielbegriff wieder.

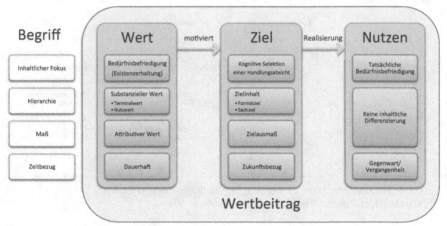

Abb. 4-4: Charakterisierung des Zusammenhangs von Ziel, Wert und Nutzen
(Quelle: eigene Darstellung)

Während Werte dauerhafte Bedürfnisse adressieren, beziehen sich Ziele auf eine Selektion bestimmter Bedürfnisse, die durch zukünftige Handlungen befriedigt werden sollen. Bei der Zielerreichung findet eine Bedürfnisbefriedigung statt, so dass Nutzen generiert wird. Daher ist der Nutzenbegriff als Folge von Handlungen eher auf die Vergangenheit oder die Gegenwart gerichtet.[405] Die verschiedenen Charakteristika und Gemeinsamkeiten der Begriffe Wert, Ziel und Nutzen sind in Abb. 4-4 dargestellt.

Wertbeitrag umfasst das gesamte Spektrum der Begriffe Wert, Ziel und Nutzen. Dies stützt die angemerkte Unschärfe des Wertbeitragsbegriffs. Die Generierung von Wertbeitrag kann als bewusster Steuerungsprozess aufgefasst werden, in dem abstrakte Werte durch Ziele operationalisiert werden und deren Erreichung mit einer Nutzengenerierung einhergeht. Dieser Steuerungsprozess kann als kontinuierlicher Verbesserungsprozess in einem hierarchischen Zielsystem verstanden und durch das Konzept des hierarchischen Regelkreises be-

---

404 Siehe Kapitel 2.5.
405 Ausgenommen hiervon ist der Erwartungsnutzen, der sich explizit auf die Zukunft bezieht.

schrieben werden.[406] Der Prozess der Steuerung ist dabei durch eine logische Abfolge von Planungs- (Plan), Durchführungs- (Do), Überprüfungs- (Check) und Handlungsschritten (Act) bestimmt.[407] Abb. 4-5 verdeutlicht den Prozess der Transformation von Werten in einen hierarchischen Regelkreis von Fundamental- und Instrumentalzielen. Versteht man Ziele als Repräsentationen von Werten, so ist die Regelstrecke als Prozess der Wertgenerierung aufzufassen.

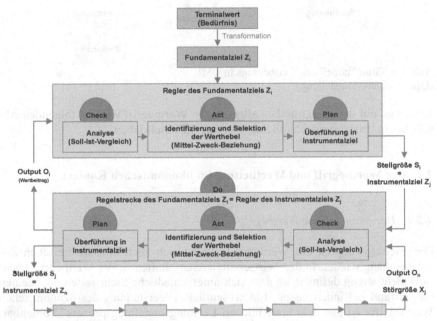

Abb. 4-5: Steuerung des Wertbeitrags als hierarchischer Regelkreis im Zielsystem (Quelle: eigene Darstellung)

Gemäß dem diskutierten Zusammenhang von Wert und Ziel lässt sich Wertbeitrag wie in Abb. 4-6 dargestellt als Zielerreichung in UML modellieren. Dieser Ausschnitt ist ein Teil des Referenzmodells des Wertbeitrags der IT, welcher sukzessive aufgebaut und in den folgenden Kapiteln erweitert wird. Wertbeitrag wird demnach durch eine Zielerreichung determiniert. Diese besteht aus den Komponenten Zielausmaß, Zielzeitbezug und Zielinhalt. Das Zielausmaß wird durch eine festgelegte Metrik gemessen und beschreibt die Höhe des Wertbei-

---

406 Vgl. Jamin 1976, S. 13-16.
407 Dieses Prinzip ist auch als Deming Cycle oder PDCA Cycle bekannt (vgl. Deming 2000).

trags. Der Zielinhalt beschreibt den eigentlichen Gegenstand, auf den sich der Wertbeitrag bezieht. Der Zielzeitbezug gibt an, zu welchen Zeitpunkten der Wertbeitrag erreicht werden soll.

Abb. 4-6: Grundmodell des Wertbeitrags in UML
(Quelle: eigene Darstellung)

Basierend auf dem vorgestellten allgemeinen Wertbegriff wird im folgenden Abschnitt ein betriebswirtschaftlicher Wertbegriff beschrieben.

4.2 Der Wertbegriff und Wertbeitrag im ökonomischen Kontext

4.2.1 Der ökonomische Wertbegriff

Die Vielschichtigkeit des Wertbegriffs findet sich auch im ökonomischen Zusammenhang wieder. In den Wirtschaftswissenschaften ist der Wertbegriff ebenfalls nicht streng definiert, so dass sich unterschiedliche Sichtweisen über seinen Gegenstand auffinden lassen. Ein wesentliches Verständnis des ökonomischen Wertbegriffs ist aus dem betrieblichen Leistungserstellungsprozess[408] ableitbar. Der Leistungserstellungsprozess zeichnet sich durch die Produktion von Gütern zur Befriedigung von Fremdbedarf aus.[409] Dieser Wertbegriff orientiert sich an dem allgemeinen Wertbegriff, welcher auf der Bedürfnisbefriedigung von Subjekten beruht.[410] Wert kann demzufolge als subjektiver Nutzen aufgefasst werden, der einem Unternehmen durch den Gebrauch eines Guts im Produktionspro-

---

408 Leistungserstellungsprozess ist hier im Sinne des Produktionsprozesses zu verstehen.
409 Vgl. Eisenführ 1996, S. 1; Kußmaul 2008, S. 7.
410 Im Kontext von Wirtschaftssubjekten werden Bedürfnisse als Bedarfe bezeichnet (vgl. May 2008, S. 5-9).

zess zugutekommt.[411] Dieses Wertverständnis wird auch als *Value in Use*, *Gebrauchswert* oder *Nutzwert* bezeichnet.[412]

Neben dem Nutzwert existiert in der Ökonomie noch die Sichtweise, Wert in einer rein finanziellen Dimension als *Value in Exchange* oder *Tauschwert* aufzufassen.[413] Dieses Wertverständnis stellt die Stärke der Fähigkeit dar, sich andere Nutzwerte aneignen zu können. Ein Tauschwert wird in der Regel durch eine monetäre Größe (Geldbetrag) repräsentiert und ermöglicht den Tausch dieses Wertes in einen anderen (Nutz-)Wert. Der Tauschwert hat an sich keinen oder nur einen geringen Nutzwert. Ihm kommt nur dann Nutzen zu, wenn der Tauschwert in einen Nutzwert eingetauscht wird. Dieses Wertverständnis wurde insbesondere durch PARETO geprägt, der Preise zur Messung von Werten zugrunde legte und die Zahlungsbereitschaft für einzelne Waren untersuchte.[414] Tauschwerte sind daher als quantitative, marktabhängige wirtschaftliche Vergleichsgröße zu verstehen, die sich aus der Relation von Gut und Käufer ergibt.

Durch die Operationalisierbarkeit und Transformationsmöglichkeit kommt monetären Tauschwerten eine besondere Rolle zu. Die Transformationsmöglichkeit beschreibt die Fähigkeit, einen subjektiven substanziellen Wert in einen intersubjektiven Wert überführen zu können.[415] Aufgrund der allgemeinen Transformationsmöglichkeit von Geldmitteln werden diese selbst wiederum zu einem nahezu universellen Nutzwert.[416] Durch diese Austauschbarkeit stellen Geldmittel einen intersubjektiven, substanziellen Wert dar und werden allgemein als universeller Tauschwert akzeptiert. Aus diesem Grund stellt ein finanziell explizierbarer Wertbeitrag auch für jeden einen substanziellen Wert dar und ist als solcher für jeden nachvollziehbar.[417]

Diese allgemeine Verständlichkeit ist insofern von besonderer Relevanz, als substanzielle Wertbeiträge in einem Unternehmen möglicherweise nicht von al-

---

411 Vgl. Smart 1923, S. 2. Ähnlich auch Seppelfricke 2005, S. 1.
412 Es sei darauf hingewiesen, dass es sich hierbei nicht nur um Konsumgüter für private Haushalte handelt, sondern auch um Produktionsgüter, die in den Leistungserstellungsprozess von anderen Unternehmen einfließen. SCHOLL-SCHAAF differenziert den Wertbegriff im ökonomischen Kontext in die Bereiche Wert als Gebrauchswert für eine Person und Wert als Bedürfnis, merkt aber zugleich an, dass diese Differenzierung künstlich sei (vgl. Scholl-Schaaf 1975, S. 31-32). ZINSCH bezieht den Begriff Gebrauchswert explizit auf eine menschliche Bedürfnisbefriedigung und grenzt den Ertragswert als Folge zukünftiger Erträge im Rahmen unternehmerischen Handelns ab (vgl. Zinsch 2008, S. 6). Da im ökonomischen Zusammenhang speziell die Bedürfnisse von Wirtschaftssubjekten im Vordergrund stehen, erscheint diese Differenzierung nicht notwendig.
413 Vgl. Marx, Kautsky 1957, S. 49, S. 67 sowie Smart 1923, S. 100.
414 Vgl. Scholl-Schaaf 1975, S. 32.
415 Die Höhe des Geldbetrags entspricht dabei dem attributiven Wert.
416 Allerdings bedarf es im Vergleich zu anderen Nutzwerten einer notwendigen Transformation, durch die ein Nutzen generiert werden kann.
417 Vgl. Bannister, Remenyi 2000, S. 234; Zinsch 2008, S. 6.

len Beteiligten als solche anerkannt werden. Die Allgemeingültigkeit von Geldmitteln als Tauschwert bietet einen Erklärungsansatz, warum Wertbeitrag mit dem Streben verbunden wird, Wert in finanziellen Kennzahlen auszudrücken.

Trotz dieser annähernden Universalität hat die Verwendung von Tauschwerten Grenzen. Zum einen umfasst das Konzept des Tauschwertes ausschließlich Werte, die von ihrem Grundsatz her tauschbar und leicht quantifizierbar sind.[418] Bei den angemerkten Eigenschaften der Intangibilität und Nichtsubstituierbarkeit, die insbesondere bei strategischen Ressourcen gegenständlich sind, wird jedoch deutlich, dass diese Transformationsmöglichkeit eingeschränkt ist. Wird von einem Unternehmen beispielsweise Kundenzufriedenheit als Wert angesehen, so kann dieser Wert aufgrund seiner mangelhaften Erwerbsfähigkeit nicht ohne weiteres durch einen monetären Tauschwert angeeignet werden, obgleich eine Repräsentation der Kundenzufriedenheit durch einen monetären Tauschwert denkbar ist. Für ein umfassendes Wertkonzept besteht also die Notwendigkeit, die bedarfsbezogene Sicht der Gebrauchswerte mit einzubeziehen. Darüber hinaus verschleiert die Fokussierung auf Tauschwerte, die als Mittel zum Zweck der Realisierung von Nutzwerten angesehen werden, den Zweck der Fremdbedarfsdeckung von Unternehmen.

ZINSCH erweitert das auf Nutzwerten basierende Wertverständnis allgemein auf Ressourcen und versteht Wert als den betriebswirtschaftlichen Aspekt des Nutzens, den eine Ressource einem Wirtschaftssubjekt im Leistungserstellungsprozess zuführt.[419]

Wie jeder Prozess ist auch der Leistungserstellungsprozess eines Unternehmens durch einen Input und einen Output gekennzeichnet.[420] Wertbeitrag kann daher als Input-Output-Transformationsprozess der Leistungserstellung verstanden werden, dessen Generierung durch die drei folgenden Komponenten beschrieben wird:

- Input (Ressourcen)
- Leistungserstellungsprozess
- Output (Nutzen bzw. Ziel)

Es ist zu betonen, dass der Wertbeitrag damit nicht nur durch seine Ergebnisse (Output) der Leistungserstellung beschrieben wird, sondern auch durch den Pro-

---

418 Vgl. Barnes Städler, Bircher, Streiff 2000, S. 17.
419 Vgl. Zinsch 2008, S. 5.
420 Vgl. Wilhelm 2007, S. 26-27.

zess der Leistungserstellung an sich sowie durch die Inputfaktoren.[421] Folglich dienen diese drei Komponenten auch der Beschreibung von IT-Wertbeitrag in Kapitel 5.

Abb. 4-7: Der ökonomische Wert als Input-Output-Transformationsprozess (Quelle: eigene Darstellung)

Da die Inputfaktoren bereits in Kapitel 2.4.5 systematisiert wurden, entfällt eine weitere Diskussion des Ressourcenbegriffs für den Wertbeitrag im ökonomischen Kontext. Während die Ressourcen und die Leistungserstellung den Prozess der Entstehung von Wertbeitrag beschreiben, bezieht sich der Output (Nutzen) auf daraus resultierende Ergebnisse, die sich – ausgehend von dem vorgestellten allgemeinen Wertbegriff – als Beitrag zur Bedürfnisbefriedigung im Kontext von Unternehmen ergeben. Diese Bedürfnisse werden durch Ziele operationalisiert und im nächsten Kapitel 4.2.2 gesondert erläutert. Daher wird im Folgenden der Leistungserstellungsprozess konkretisiert.

Der *Leistungserstellungsprozess* beschreibt den Transformationsprozess, den die Inputfaktoren (Ressourcen) auf dem Weg hin zu absatzfähigen Produkten oder Dienstleistungen durchlaufen.[422] Teile dieses Transformationsprozesses sind einzelne Geschäftsprozesse oder Aufgaben, die nach ähnlichen Merkmalen strukturiert werden.[423] Um den unternehmensindividuellen Leistungserstellungsprozess im Referenzmodell zu modellieren, wird die Struktur generische Wertschöpfungskette von PORTER verwendet.[424] Durch ihre allgemeine Anwendbar-

---

[421] Analog zum Leistungsbegriff ist der Wertbeitrag nicht ausschließlich durch das Ergebnis des Wertbeitrags beschrieben (ergebnisorientierte Sicht), sondern umfasst den Wirkmechanismus seiner Entstehung (verhaltensorientierte Sicht) (vgl. Schedler 2005, S. 11).

[422] Vgl. Finkeißen 1999, S. 45.

[423] Die Merkmale, nach denen der Leistungserstellungsprozess strukturiert werden kann, kommen auch bei der Strukturierung zur Aufbauorganisation zur Anwendung (siehe Kapitel 2.4.3).

[424] Vgl. im Folgenden Porter, Millar 1985, S. 151-174.

keit bietet die Wertschöpfungskette die Möglichkeit, auch unternehmensspezifische Abläufe in einen übergeordneten Rahmen einzuordnen.[425]

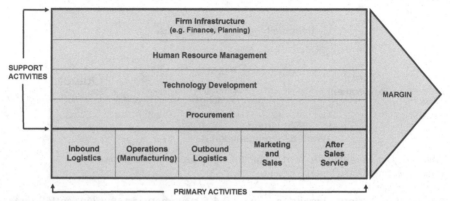

Abb. 4-8: Wertschöpfungskette zur Strukturierung des Leistungserstellungsprozesses (Quelle: Porter, Millar 1985, S. 151)

Die Wertschöpfungskette umfasst die primären, direkt wertschöpfenden Aktivitäten Eingangslogistik, Produktion, Ausgangslogistik, Marketing & Vertrieb sowie Kundenservice. Die sekundären (bzw. unterstützenden) Aktivitäten sind indirekt an der Wertschöpfung durch Unterstützung der primären Aktivitäten beteiligt und umfassen die Unternehmensinfrastruktur, Personal, Technologieentwicklung und Beschaffung.

Die primären Wertschöpfungsaktivitäten können als logische Abfolge im Produktionsprozess verstanden werden. Inbound Logistics (Eingangslogistik) umfasst diejenigen Aktivitäten, die sich mit der Beschaffung, dem Erhalt, der Lagerung und der Bereitstellung der Ressourcen in entsprechender Quantität und Qualität beschäftigen.[426] Operations (Produktion) bezeichnet alle Aktivitäten, die mit der Produktion der Produkte und Dienstleistungen in Verbindung stehen. Outbound Logistics (Ausgangslogistik) bezieht sich auf die Lagerung und Auslieferung der Absatzprodukte im jeweiligen Vertriebskanal.[427] Marketing and Sales (Marketing und Vertrieb) unterstützt den Absatz der Produkte durch die Wahl

---

425 Allerdings ist die Zuordnung zu einer Wertschöpfungsaktivität nicht immer eindeutig. So ist z.B. die Abgrenzung zwischen Beschaffung und Eingangslogistik nicht klar spezifiziert. Auch findet sich nicht jede Wertschöpfungsaktivität in jedem Unternehmen wieder. So existiert in einer Unternehmensberatung, bei der die Leistung vor Ort beim Kunden erbracht wird, beispielsweise keine Ausgangslogistik (vgl. Oehlrich, Dahmen 2010, S. 141).

426 Vgl. Ward, Peppard 2003, S. 264.

427 Vgl. Bühner 2004, S. 212.

geeigneter Vertriebskanäle und Verkaufsförderungsmaßnahmen. After Sales Service (Kundenservice) bezeichnet Aufgaben, die sich auf die Betreuung von Kunden nach dem Produkterwerb beziehen.

Die sekundären Aktivitäten sind Querschnittsfunktionen zur Unterstützung der primär wertschöpfenden Aktivitäten. Die Firm Infrastructure (Unternehmensinfrastruktur) umfasst übergreifende Aktivitäten, die sich auf die gesamte Wertschöpfungskette im Unternehmen beziehen. Dazu zählen Geschäftsführung, Planung, Controlling und Buchhaltung. Human Resource Management (Personal) bündelt alle Aufgaben zur Rekrutierung, Förderung und Motivation von Mitarbeitern, d.h. Aufgaben, die sich auf die Ressource Mensch beziehen. Technology Development (Technologieentwicklung) umfasst Tätigkeiten der Forschung und Entwicklung (F&E) zur Verbesserung von Produkten, Arbeitsabläufen und Verfahren. Procurement (Beschaffung) zentralisiert den Einkauf für (Vor-)Produkte, Dienstleistungen sowie Büro- und Geschäftsausstattung und beinhaltet darüber hinaus die Vertragsgestaltung mit Zulieferern.

Analog zum beschriebenen allgemeinen Wertbegriff bildet die Repräsentation von Zielen den wesentlichen Ausgangspunkt für den Wertbegriff im ökonomischen Sinne. Diese Ziele lassen sich in Zielsysteme klassifizieren und werden im folgenden Kapitel beschrieben.

4.2.2 Wertbeitrag als Ausmaß der Erreichung von Unternehmenszielen

Entsprechend der erläuterten Repräsentation von Werten durch Ziele lässt sich Wertbeitrag im ökonomischen Kontext als Umsetzung von Zielen auffassen, die zur Bedürfnisbefriedigung von Wirtschaftssubjekten beitragen.[428] Wie in Kapitel 3.1 erläutert werden Bedürfnisse im Kontext von Wirtschaftssubjekten als Bedarfe bezeichnet. Diese Bedarfe resultieren aus verschiedensten Ebenen eines Unternehmens und werden in Zielen formalisiert, um das unternehmerische Handeln auf diese Bedarfsdeckung auszurichten. Demzufolge wird der Wertbeitrag im ökonomischen Kontext als Leistung verstanden, welche zur Erreichung konkreter Unternehmensziele beiträgt. Die Höhe des Wertbeitrags ist dabei als Ausmaß der Zielerreichung der Unternehmensziele zu verstehen. Der Identifizierung von Bedarfen innerhalb eines Unternehmens und deren Operationalisierung in Zielen kommt damit eine entscheidende Rolle zu.

Die Bedarfe in einem Unternehmen erweisen sich als vielfältig, da sie von verschiedenen Stakeholdern motiviert sind und sich auf unterschiedlichste Ge-

---

428 Kriterium ist nicht das alleinige Potential zur Umsetzung eines Ziels. Ex ante kann zwar eine Einschätzung bezüglich einer Umsetzung eines Unternehmensziels vorliegen, tritt diese ex post nicht ein, so wird folglich auch kein Wertbeitrag generiert.

genstände beziehen. Entsprechend bedarf es einer Präzision des Unternehmens-
zielbegriffs. Offensichtlich greift eine einfache Betrachtung des Zielbegriffs, die
eine reine Gewinnmaximierung unterstellt, zu kurz, da diese Betrachtung weitere
Dimensionen wie soziale und ökologische Ziele sowie Aspekte der Nachhaltigkeit außer Acht lässt.[429] Im Folgenden werden zunächst Unternehmensziele
strukturiert. Analog zur allgemeinen Repräsentation von Werten durch Ziele bildet diese Struktur die Basis für eine spätere Ableitung der Wertbeitragsfelder der
IT. Grundsätzlich ergeben sich zwei Herangehensweisen zur Identifikation von
Unternehmenszielen. Zum einen können aus dem Sinn und Zweck von Unternehmen normative Unternehmensziele abgeleitet werden. Zum anderen können
auf Basis empirischer Untersuchungen Unternehmensziele identifiziert werden.[430] Es ist anzumerken, dass die Ermittlung von Unternehmenszielen als eine
der schwierigsten Aufgaben der Wirtschaftswissenschaften betrachtet wird.[431]
Insbesondere die empirische Zielforschung geht mit besonderen Herausforderungen einher.

Die Frage, ob ein Unternehmen ein Ziel verfolgt, lässt sich nicht durch einen binären Zustand beschreiben. Vielmehr stellt sich die Verfolgung eines Ziels
als Priorisierung von Zielalternativen dar, die in einem Zeithorizont für besonders relevant erachtet werden. Hierbei ist anzumerken, dass die in Mehrperso-
nenunternehmen getroffenen Entscheidungen zur Zielsetzung immer eine Auswahl von Zielen aus einer Menge von Zielalternativen sind, die mit besonderem
Nachdruck verfolgt werden sollen. So legte die HENKEL AG & CO. KGAA im
Jahre 2006 beispielsweise durch den Ausruf des „Year of Innovation" einen
Schwerpunkt auf Innovationen, um von ihren Mitarbeitern Ideen für neuartige
Produkte und Problemlösungen aufzufangen.[432] Parallel dazu existierte noch eine
Vielzahl weiterer formalisierter Ziele (z.B. Wachstums- oder Finanzziele), denen
im Vergleich zu früheren und späteren Jahren jedoch eine andere Gewichtung
zukam.[433] Daher sind aus empirischen Untersuchungen zu Unternehmenszielen
in der Regel lediglich Tendenzaussagen oder Veränderungen im Zielsystem ableitbar.[434] Überdies bieten Befragungen nur einen Überblick über nach außen
kommunizierte, nicht jedoch faktische Ziele. Des Weiteren stellt die Berücksichtigung der Ursache-Wirkungs-Zusammenhänge einzelner Ziele und Zielkonflikte
eine Schwierigkeit dar. Zielsysteme enthalten in der Regel komplementäre und

---

429 Vgl. Kosiol 1968, S. 264.
430 Einen Überblick über empirische Unternehmensziele diskutieren Günther 1991, S. 15 und
Korndörfer 1999, S. 39.
431 Vgl. Kubicek 1981, S. 461-466.
432 Vgl. Becker, Althaus 2008, S. 2.
433 Vgl. Henkel KGaA 2007, S. 30; Henkel AG & Co. KGaA 2011, S. 40-43.
434 Vgl. Macharzina 1999, S. 175.

konfliktäre Teilziele.[435] Ziele sind untereinander komplementär, wenn die Erreichung eines Ziels die Erreichung eines anderen Ziels begünstigt. Zielkonflikte entstehen dann, wenn die Erreichung eines Ziels die Erreichung eines anderen Ziels negativ beeinflusst oder verschiedene Ziele mit denselben zur Verfügung stehenden Ressourcen erreicht werden sollen.[436] Aufgrund der beschriebenen Schwierigkeiten im Zusammenhang mit der empirischen Zielforschung wird daher auf eine normative Zielklassifikation Bezug genommen.

Zur Strukturierung von Unternehmenszielen schlagen THOMMEN und ACHLEITNER die in Abb. 4-9 dargestellte Klassifikation vor, die als Grundlage für eine unternehmensspezifische Anpassung dient.[437]

Abb. 4-9: Klassifikation von Unternehmenszielen
(Quelle: Thommen, Achleitner 2006, S. 113)

Die im vorherigen Kapitel beschriebenen Sach- und Formalziele finden im wirtschaftlichen Zusammenhang eine konkretere Ausgestaltung.[438]

---

435 Vgl. Thommen, Achleitner 2006, S. 116-117. Konfliktäre Ziele werden auch als konkurrierende Ziele bezeichnet.
436 Vgl. Hopfenbeck 2000, S. 528-529; Zimmermann, Gutsche 1991, S. 21.
437 Vgl. Thommen, Achleitner 2006, S. 113, ähnlich Hopfenbeck 2000, S. 524. Weitere Strukturierungsformen von Unternehmenszielen sind denkbar. Häufig wird eine Einteilung in monetäre und nichtmonetäre Unternehmensziele vorgenommen (vgl. von Düsterlho 2003, S. 15; Korndörfer 1999, S. 38). Allerdings beinhaltet diese Strukturierungsform keine Priorisierung bzw. keine vertikale Zielordnung, so dass keinerlei Ursache-Wirkungs-Zusammenhänge transparent werden.
438 Vgl. Kosiol 1968, S. 261 und ähnlich Thommen, Achleitner 2006, S. 106-113.

4.2.3 Formalziele

Formalziele sind übergeordnete Ziele, die beschreiben, unter welchen Bedingungen die Leistungserstellung erfolgen soll. GLADEN schildert Formalziele als übergeordnete Prinzipien, an denen sich unternehmerisches Handeln (*wie*) orientieren soll, während Sachziele sich auf konkrete Handlungsfelder beziehen (*was*).[439] In Formalzielen kommt der Erfolg unternehmerischen Handelns zum Ausdruck. Daher wird auch die Bezeichnung Erfolgsziel oder Wertziel verwendet. Als Formalziele gelten Produktivität, Wirtschaftlichkeit sowie Rentabilität und Gewinn.[440]

4.2.3.1 Produktivität

Produktivität wird als mengenmäßiges Verhältnis von Input und Output verstanden.[441]

$$\text{Produktivität} = \frac{\text{Outputmenge}}{\text{Inputmenge}}$$

Produktivität ist ein Maß für die Effizienz des Ressourceneinsatzes, welches auf einzelne Geschäftsprozesse oder Produktionsfaktoren bezogen werden kann. Auf Gesamtunternehmensebene erweist sich die Bestimmung der Produktivität als problematisch. Zwar kommen auch unternehmensweite Produktivitätskennzahlen zur Anwendung, diese beziehen sich jedoch auf einzelne Teilaspekte oder Ressourcen, da sich übergreifende Output- und Inputmengen qualitativ unterscheiden und nicht ohne Weiteres addieren lassen oder sinnvoll miteinander in Verbindung gebracht werden können.[442] Daher werden Produktivitätskennzahlen überwiegend angewandt, um Teilproduktivitäten im Produktionsprozess zu ermitteln. Durch interne Vergleichsrechnungen (z.B. zwischen verschiedenen Standorten) oder externe Benchmarks können Verbesserungspotentiale im Unternehmen identifiziert werden. Häufig verwendete Produktivitätskennziffern sind z.B. die Arbeitsproduktivität, welche als Output ein mengenmäßiges Arbeitsergebnis (z.B. Anzahl gefertigter Produkte) in Relation zur eingesetzten An-

---

439 Vgl. Gladen 2011, S. 51.
440 Vgl. Jung 2006, S. 29-33.
441 Vgl. Thommen, Achleitner 2006, S. 111. Produktivität wird auch als *mengenmäßige* oder *technische Wirtschaftlichkeit* bezeichnet (vgl. Müller 2005, S. 41; Kredel 1988, S. 24).
442 Vgl. Korndörfer 2003, S. 47.

zahl an Arbeitsstunden betrachtet, oder die Materialproduktivität, welche die Menge der eingesetzten Produktionsfaktoren ins Verhältnis zur gefertigter Outputmenge setzt.[443]

4.2.3.2 Wirtschaftlichkeit

Wirtschaftlichkeit wird allgemein als ein unter monetären Gesichtspunkten bewertetes Verhältnis von Output (Nutzen) und Input (Kosten) verstanden.[444] Hierbei ist entweder das Verhältnis der Stromgrößen Ertrag und Aufwand oder Leistung und Kosten gegenständlich.[445]

$$\text{Wirtschaftlichkeit} = \frac{\text{Ertrag}}{\text{Aufwand}} \text{ oder } \frac{\text{Leistung}}{\text{Kosten}}$$

Wirtschaftlichkeit als Quotient ist dimensionslos und bei einer absoluten Größe von 1 neutral, d.h., dass das Vermögen weder ab- noch zunimmt. Im Hinblick auf einen einzelnen Untersuchungsgegenstand (z.B. eine Investition) spricht man von *absoluter Wirtschaftlichkeit*, beim Vergleich der Wirtschaftlichkeit verschiedener Alternativen von *relativer Wirtschaftlichkeit*.[446] Wirtschaftlichkeit ist ein Indikator für die finanzielle Effizienz und kann sowohl auf Gesamtunternehmensebene als auch im Hinblick einzelner Produktionsfaktoren oder Investitionsgüter betrachtet werden.[447] Der Begriff der *Kosteneffizienz* ist eine Form der Wirtschaftlichkeit, bei der eine vorgegebene Leistung durch einen möglichst ge-

---

443 Vgl. Rickards 2009, S. 18; Balzert, Ebert 2008, S. 199-201.

444 Ein unter monetären Gesichtspunkten betrachtetes Verhältnis ist bei dem Wirtschaftlichkeitsbegriff dominierend. Der Wirtschaftlichkeitsbegriff ist im Laufe seiner wissenschaftlichen Diskussion verschiedenen Strömungen unterlegen (vgl. Reichwald, Höfer, Weichselbaumer 1996, S. 1). Weitergehende und über monetäre Gesichtspunkte hinausgehende Wirtschaftlichkeitsbegriffe werden diskutiert in Kredel 1988, S. 44-48; Reichwald, Höfer, Weichselbaumer 1996, S. 5, S. 31-70 sowie Nagel 1990.

445 Das Verhältnis von Ertrag und Aufwand wird auch als *Marktwirtschaftlichkeit*, das Verhältnis von Leistung und Kosten als *Kostenwirtschaftlichkeit* bezeichnet (vgl. Korndörfer 2003, S. 46). Zur Abgrenzung der Begriffe Aufwand, Ertrag, Kosten und Leistung siehe Kapitel 5.2.3.1 sowie Thommen, Achleitner 2006, S. 413-416 und Szyszka 2011, S. 39-47.

446 Vgl. Weber 2010; Warnecke 2003, S. 14; Becker 2011, S. 56. Der Wirtschaftlichkeitsbegriff kann auf verschiedene Gegenstände angewandt werden. Dazu zählen Volkswirtschaften, Organisationen, Funktionsbereiche, Prozesse oder der Arbeitsplatz (vgl. Kredel 1988, S. 23-25, S. 61).

447 Vgl. Weber 2010. Für eine Diskussion über verschiedene Wirtschaftlichkeitsbegriffe siehe Holthoff 1988, S. 49-65. Der Begriff der Wirtschaftlichkeit ist auch auf die Stromgrößen Einzahlungen und Auszahlungen übertragbar (vgl. Wieczorrek, Mertens 2007, S. 225).

ringen und durch Kosten bewerteten Ressourceneinsatz angestrebt wird (Minimalprinzip).[448]

Abweichend von dem allgemeinen Verständnis wird der Begriff der (absoluten) Wirtschaftlichkeit im Zusammenhang von Investitionen in der Regel nicht durch einen Quotienten zum Ausdruck gebracht, sondern als die Differenz der Stromgrößen Ein- und Auszahlungen verstanden.[449] Bei Investitionen steht die Bewertung der Vorteilhaftigkeit über die gesamte Nutzungsdauer der Investition im Vordergrund. Eine Investition ist dann wirtschaftlich, wenn die Summe der diskontierten Auszahlungen größer ist als die Summe der diskontierten Einzahlungen, d.h. wenn der Kapitalwert einer Investition größer null ist.[450] Periodenbezogene Stromgrößen wie Ertrag und Aufwand oder Leistung und Kosten spielen bei Investitionen eine untergeordnete Rolle. Wird eine Investition periodenbezogen unter den Stromgrößen von Kosten und Leistungen oder Aufwand und Ertrag begutachtet, so wird deutlich, welchen Einfluss eine Investition auf das Vermögen und insbesondere den Gewinn hat.[451] Entsprechend ist bei der Verwendung des Wirtschaftlichkeitsbegriffs im Zusammenhang mit Investitionen auf die abweichende Bedeutung zu achten.

Relative Wirtschaftlichkeit bezieht sich bei einer Bewertung von Investitionen auf den Vergleich mehrerer Investitionsalternativen im Hinblick auf ihre Kapitalwerte. Eine Investitionsalternative ist relativ wirtschaftlich gegenüber einer Investitionsalternative, wenn ihr Kapitalwert größer als der Kapitalwert der alternativen Investition ist. Zur Beurteilungen von Investitionen kommen Wirtschaftlichkeitsrechnungen zur Anwendung, welche Verfahren wie die Kapitalwertmethode, die Annuitätenmethode oder den internen Zinsfuß umfassen.[452]

Produktivität steht in einem engen Zusammenhang mit Wirtschaftlichkeit, da die mengenmäßige Verbesserung einer Input-Output-Relation in der Regel mit einer wertmäßigen einhergeht. Grundsätzlich können diese aber auch unabhängig voneinander sein. So kann die Wirtschaftlichkeit auch trotz sinkender Produktivität steigen. Die ist z.B. dann der Fall, wenn ein Produktionsfaktor günstiger eingekauft wird, dieser aber zu einer höheren Ausschussquote führt (geringere Materialproduktivität). Darüber hinaus kann eine erhöhte Produktivität im Sinne einer größeren Outputmenge dazu führen, dass Lagerkapazitäten aufgebaut werden müssen und die Wirtschaftlichkeit insgesamt verringert wird.

---

448 Vgl. Hunold 2003, S. 89.
449 Vgl. Horváth 2009, S. 462; Brugger 2005, S. 117.
450 Vgl. Wieczorrek, Mertens 2007, S. 275; Schmidt, Terberger 1997, S. 114, S. 128-134.
451 Vgl. Brugger 2005, S. 120. Entsprechend wird von einigen Autoren auch die Gleichung
    Wirtschaftlichkeit = Umsatz – Kosten verwendet, obwohl sich diese Betrachtung auf den Gewinn bezieht (vgl. Becker 2011, S. 56-57).
452 Vgl. Korndörfer 2003, S. 290-292.

Tab. 4-1: Beispiel für die Unabhängigkeit von Produktivität und Wirtschaftlichkeit

	Variante 1	Variante 2
Herstellmenge B (Stück)	1000	1000
Produktpreis B (EUR/Stück)	300	300
Benötigte Menge A zur Produktion von Produkt B	10	10
Kosten Produktionsfaktor A (EUR/Stück)	20	15
Ausschussquote A (%)	10	15
Produktivität B (Menge A/Stück B)	**11**	**10,67**
Kosten	220.000 EUR	160.000 EUR
Leistung	300.000 EUR	300.000 EUR
Wirtschaftlichkeit	**1,36**	**1,88**

Sowohl Produktivität als auch Wirtschaftlichkeit haben einen Bezug zum *ökonomischen Prinzip*, welches sich als Handlungsmaxime auf den sparsamen Einsatz der nur begrenzt zur Verfügung stehenden Ressourcen bezieht. Das ökonomische Prinzip fordert in der Ausprägung des Minimalprinzips die Erreichung eines festgelegten Outputs durch den Einsatz eines möglichst geringen (minimalen) Inputs.[453] Das Maximalprinzip versteht sich als die Erreichung eines möglich hohen (maximalen) Outputs unter Einsatz eines gegebenen Inputs. Bei der Produktivität stellen Output und Input mengenmäßige Größen dar, bei der Wirtschaftlichkeit wertmäßige Größen.

4.2.3.3 Rentabilität und Gewinn

Im *Gewinn* kommt der Unternehmenserfolg zum Ausdruck, welcher handelsrechtlich als absolute Differenz aus Ertrag und Aufwand einer betrachteten Periode verstanden wird.[454]

---

453 Vgl. Thommen, Achleitner 2006, S. 110.
454 Übersteigt die Höhe der Aufwendungen die Höhe der Erträge, so wird der Unternehmenserfolg als Verlust bezeichnet. Bei Kapitalgesellschaften wird der Gewinn als Jahresüberschuss, der Verlust als Jahresfehlbetrag benannt (vgl. Eisenführ 1996, S. 172). Dieser Gewinnbegriff wird auch als *absolute Rentabilität* (vgl. Kosiol 1968, S. 262; Korndörfer 2003, S. 45) oder *Profit* (vgl. Duden 1986, S. 548) bzw. *Profitabilität* (vgl. Brugger 2005, S. 120) aufgefasst. Da der Begriff der Profitabilität zum Teil jedoch auch synonym zur relativen Erfolgsgröße Rentabilität verwendet wird (vgl. Schmeisser, Clausen, Schindler 2009, S. 116; Schedler 2005, S. 203), wird der Begriff Profitabilität im weiteren Verlauf vermieden.

$$\text{Gewinn} = \text{Ertrag} - \text{Aufwand}$$

Es ist anzumerken, dass verschiedene Gewinnbegriffe und Ermittlungsmethoden existieren.[455] Der Gewinn entspricht hier dem Jahresüberschuss als Ergebnis der Gewinn-und-Verlust-Rechnung.[456] Dieser setzt sich zusammen aus operativem Ergebnis, Finanzergebnis und außerordentlichem Ergebnis (Abb. 4-10).[457] Das operative Ergebnis oder Betriebsergebnis wird auch Earnings before interest and taxes (EBIT) bezeichnet und entspricht dem Gewinn aus der gewöhnlichen Geschäftstätigkeit vor Finanzergebnis, außerordentlichem Ergebnis und vor Steuern.

Streng genommen bezieht sich der Gewinnbegriff damit auf die Bestandsgröße des Reinvermögens (Nettovermögen), allerdings wird der Begriff in der betrieblichen Praxis nicht nur auf die Stromgrößen Aufwand und Ertrag beschränkt. Die in der internen Kostenrechnung verwendeten Stromgrößen Erlöse und Kosten werden hinsichtlich ihrer Differenz nicht als Gewinn, sondern als Betriebsergebnis[458] bezeichnet.[459] Im Rahmen einer wertorientierten Unternehmensführung ist auch der Begriff *Übergewinn* gegenständlich (siehe Kapitel 4.2.5). Dieser ist jedoch vom buchhalterischen Begriffsverständnis abzugrenzen. Der Gewinnbegriff wird im Zusammenhang mit Investitionen auch abweichend interpretiert sowie auf weitere Stromgrößen übertragen.[460] Bei der Betrachtung von Investitionen ist jedoch nicht der zu erzielende Gewinn im Sinne des Jahresüberschusses gegenständlich, sondern die aus einer Investition resultierenden erfolgswirksamen Zahlungsmittelüberschüsse, die sich im Gewinn niederschlagen.[461]

---

455 Für eine ausführliche Darstellung des Begriffs des Gewinns und dessen Ermittlungsmethoden siehe Moxter 1982 sowie Coenenberg 1997, S. 749-786.
456 Vgl. Coenenberg 1997, S. 213, S. 310; § 275 HGB.
457 Vgl. von Känel 2008, S. 201; § 275 HGB.
458 Synonym: operatives Ergebnis. Das Betriebsergebnis bildet zusammen mit dem Finanzergebnis und dem außerordentlichen Ergebnis den Jahresüberschuss bzw. Jahresfehlbetrag.
459 Vgl. Horsch 2010, S. 148; Horváth 2009, S. 441. Der Begriff Erlös wird synonym zum Leistungsbegriff verwendet: „Erlös als Gegenbegriff der Kosten: Diese Begriffsfassung setzt sich zunehmend durch mit der Folge, dass der Begriff der Leistung als früher dominierender Gegenbegriff (Kosten- und Leistungsrechnung) nunmehr das Mengengerüst der Erlöse kennzeichnet" (Piekenbrock 2010). Das Betriebsergebnis wird mittels Gesamtkostenverfahren oder Umsatzkostenverfahren ermittelt (vgl. Coenenberg 1997, S. 308-310).
460 Siehe hierzu die Gewinnvergleichsrechnung in Kapitel 0 sowie Wieczorrek, Mertens 2007, S. 289.
461 Vgl. Brugger 2005, S. 120-125.

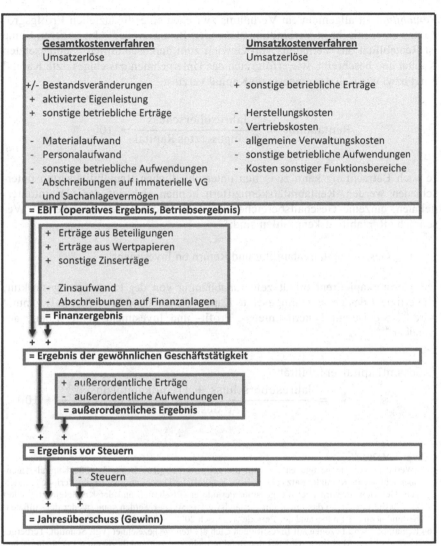

Abb. 4-10: Bestandteile des Jahresüberschusses (Gewinns)
(Quelle: eigene Darstellung)

Rentabilität ist allgemein ein Verhältnis zwischen einer finanziellen Erfolgsgröße und einer mit ihr in Verbindung stehenden Bezugsgröße.[462] Im engeren Sinne ist Rentabilität das Verhältnis von Gewinn zum durchschnittlich[463] eingesetzten Kapital und beschreibt, wie erfolgreich das Unternehmen das eingesetzte Kapital nutzt bzw. wie sich das eingesetzte Kapital verzinst.[464]

$$\text{Rentabilität} = \frac{\text{Jahresüberschuss}}{\emptyset \text{ eingesetztes Kapital}} * 100$$

Je nach Betrachtung kann zwischen unterschiedlichen Rentabilitätsarten unterschieden werden. Rentabilitätskennziffern können sich auf das Gesamtunternehmen, einzelne Geschäftsbereiche oder Investitionsobjekte beziehen.[465] Wesentliche Rentabilitätskennzahlen sind:[466]

- Gesamtkapitalrentabilität und Return on Investment

Die Gesamtkapitalrentabilität zeigt unabhängig von der Finanzierungsstruktur, wie effizient das gesamte eingesetzte Kapital (Eigen- und Fremdkapital) genutzt wird.[467] Sie ist auf Unternehmens-, Profit- und Investment-Center-Ebene anwendbar.[468]

Gesamtkapitalrentabilität

$$= \frac{\text{Jahresüberschuss} + \text{Fremdkapitalzinsen}^{469}}{\emptyset \text{ Gesamtkapital}} * 100$$

---

462 Vgl. o.V. 2010.
463 „Weil dem periodenbezogenen Gewinn die zeitpunktbezogene Bestandsgröße Kapital gegenübersteht, ist als Kapitaleinsatz (gebundenes Kapital) der Durchschnittswert der Periode anzusetzen. Der Gewinn wird über die gesamte Periode erwirtschaftet, und der Kapitaleinsatz ändert sich in dieser Zeit, so dass nicht ein Bestandswert verwendet werden kann, weder der Anfangsbestand noch der Endbestand der Periode" (Mensch 2008, S. 188).
464 Rentabilität wird bezogen auf Investitionen auch als *Rendite* bezeichnet (vgl. Schmidt, Terberger 1997, S. 147). Allerdings wird bei der Rendite nicht von zeitpunktbezogenen buchhalterischen Größen wie z.B. dem Eigenkapital ausgegangen, sondern von Ausgaben und Einnahmen, die während der gesamten Lebensdauer von Investitionen anfallen.
465 Vgl. Thommen, Achleitner 2006, S. 112.
466 HORVÁTH betrachtet die hier vorgestellten Rentabilitäten als wesentliche Rentabilitäten (vgl. Horváth 2009, S. 122).
467 Vgl. Preißler 2008, S. 98-99; Mensch 2008, S. 188.
468 Vgl. Gladen 2011, S. 74.

• Return on Investment (RoI)

Der Return on Investment (RoI) ist auf eine Entwicklung der US-amerikanischen Firma DuPont[470] zurückzuführen.[471] RoI und Gesamtkapitalrentabilität führen trotz unterschiedlicher Berechnungsmethoden zum gleichen Ergebnis.[472]

$$\text{Return on Investment (RoI)} = \text{Umsatzrendite} * \text{Kapitalumschlag}$$

$$= \frac{\text{Gewinn}}{\text{Nettoumsatz}} * \frac{\text{Nettoumsatz}}{\text{Gesamtkapital}} = \frac{\text{Gewinn}}{\text{Gesamtkapital}}$$

• Eigenkapitalrentabilität

Aus Sicht eines Gesellschafters, der Kapital zu Investitionszwecken in ein Unternehmen gibt, steht die Eigenkapitalrentabilität (Return on Equity, RoE) im Zentrum der Betrachtungen. Diese Kennzahl drückt aus, wie sich das eingesetzte Eigenkapital verzinst.

$$\text{Eigenkapitalrentabilität (RoE)} = \frac{\text{Jahresüberschuss}}{\varnothing \text{ Eigenkapital}} * 100$$

• Umsatzrentabilität

Die Umsatzrentabilität stellt eine absatzmarktorientierte Sichtweis dar und gibt an, wie hoch der Anteil des Gewinns je Umsatzeinheit ist.[473]

---

469 Die Gesamtkapitalrentabilität stellt eine von der Finanzierungsform unabhängige Betrachtungsweise dar. Daher werden die Fremdkapitalzinsen, die als Aufwand den Jahresüberschuss schmälern, dem Jahresüberschuss hinzugerechnet.

470 E.I. Du Pont de Nemours and Company.

471 Daher wird auch die synonyme Bezeichnung Du-Pont-Schema oder Du-Pont-Kennzahlensystem verwendet (vgl. Schedler 2005, S. 85). Zur Veranschaulichung des Du-Pont-Schemas siehe Horváth 2009, S. 508 sowie Preißler 2008, S. 102-103.

472 Vgl. Preißler 2008, S. 102. Alternativ erfolgt die Berechnung durch die Formel $\text{RoI} = \frac{\text{Gewinn} + \text{Zinsen} (1 - \text{Steuersatz})}{\varnothing \text{ Gesamtkapital}} * 100$ (vgl. Schedler 2005, S. 89).

473 Vgl. Mensch 2008, S. 189. Soziale und ökologische Ziele spielen eine gesonderte Rolle und dienen nicht zwangsweise als Mittel zum Zweck der Erreichung der Primärziele. Siehe dazu die Überlegungen zu den Stakeholderinteressen in Kapitel 4.2.6.

$$\text{Umsatzrentabilität} = \frac{\text{Jahresüberschuss}}{\text{Umsatzerlöse}} * 100$$

Darüber hinaus existiert eine Vielzahl weiterer Rentabilitätskennzahlen.[474]
Trotz der unterschiedlichen Charakteristika der Formalziele Produktivität, Wirtschaftlichkeit und Rentabilität besteht untereinander ein gewisser Zusammenhang. So ist Produktivität eine notwendige Bedingung für Wirtschaftlichkeit und Wirtschaftlichkeit eine notwendige Bedingung für Rentabilität. Allerdings gilt bei den Zielen nicht jeweils das Maximierungsprinzip. Steigt die Produktivität über ein Maß, in dem sie umsatzwirtschaftlich genutzt werden kann, sinkt die Wirtschaftlichkeit. Daher gilt es den optimalen Nutzungsgrad der Produktivität zu identifizieren. Ähnlich ist Wirtschaftlichkeit eine Voraussetzung für Rentabilität, allerdings geht auch hier eine höhere Wirtschaftlichkeit nicht zwangsweise mit einer höheren Rentabilität einher. So kann eine gesteigerte Wirtschaftlichkeit z.B. durch Preisverfälle zu einer geringeren Rentabilität führen. Insbesondere ist eine maximale Wirtschaftlichkeit nicht gleichbedeutend mit einer maximalen Rentabilität.[475] Zwar dominiert bei Unternehmen das Ziel der Rentabilität, dieses lässt sich langfristig aber nur durch eine konsequente Ausrichtung auf Produktivität und Wirtschaftlichkeit erreichen. Entsprechend besteht eine Notwendigkeit für Unternehmen, diese drei Formalziele im Verbund zu betrachten und ausgewogen zu verfolgen.

4.2.4 Sachziele

Sachziele beziehen sich auf das konkrete Handeln zur Erreichung eines angestrebten Zustands und beschreiben die Art der Leistungserbringung.[476] Sie richten sich nach den Formalzielen und können in Leistungsziele, Finanzziele, Führungs- und Organisationsziele sowie soziale und ökologische Ziele klassifiziert werden.[477] Auch wenn Formalziele übergeordnete Prinzipien darstellen, welche die Existenz eines Unternehmens sichern, können Sachziele im Einzelfall gegenüber Formalzielen dominieren. Dies trifft insbesondere auf soziale und ökologische Ziele zu, die überwiegend nicht zu positiven finanziellen Rückläufen füh-

---

474 Zum Beispiel Return on Capital Employed (RoCE), Return on Assets (RoA), Return on Equity (RoE) etc. Unglücklicherweise wird die Kennzahl Return on Common Equity teilweise auch als ROCE abgekürzt (vgl. Loth 2010). Für eine Diskussion weiterer Rentabilitätskennzahlen siehe Preißler 2008; Gladen 2011; Mensch 2008.
475 Vgl. Mertens 2006, S. 32; Korndörfer 2003, S. 47.
476 Vgl. Kubicek 1981.
477 Vgl. Thommen, Achleitner 2006, S. 107-113; Lelke 2005, S. 111; Jung 2006, S. 29.

ren, oder auf strategische Ziele, bei denen eine belastbare Anwendung des Wirtschaftlichkeitsprinzips ausbleibt (z.B. das Ziel der Technikführerschaft).

4.2.4.1 Leistungsziele

Leistungsziele beziehen sich auf den Zweck der Fremdbedarfsdeckung und umfassen die mit der Leistungserstellung (Produktziele) und dem Absatz von Produkten (Marktziele) in Verbindung stehenden Ziele. Leistungsziele beschreiben die „Art, Menge und den Zeitpunkt der im Markt abzusetzenden Produkte [...]" und legen den „quantitativen und qualitativen Beitrag der Unternehmung zur gesellschaftlichen Bedarfsdeckung zeitlich" fest.[478] Leistungsziele können sich sowohl auf alle primären und unterstützenden Aktivitäten der Wertschöpfungskette eines Unternehmens als auch auf bestimmte Veränderungen im Markt beziehen. Die Zielinhalte beziehen sich typischerweise auf:

*   anvisierte Märkte und Marktsegmente
*   die Erreichung einer Marktstellung in Form von absoluten oder relativen Marktanteilen
*   organisches Wachstum
*   die Festlegung des Absatzes und Umsatzes
*   die Festlegung der Art und der Qualität der zu produzierenden Produkte

4.2.4.2 Finanzziele

Finanzziele beziehen sich auf die Festlegung des benötigten Kapitals zur Umsetzung der leistungswirtschaftlichen Ziele im Unternehmen. In diesem Sinne sind Finanzziele als Finanzierungsziele zu verstehen. Darüber hinaus gilt es eine im Hinblick auf das Unternehmen optimale Kapital- und Vermögensstruktur zu erreichen und eine ausreichende Liquidität zu sichern, um künftigen Zahlungsverpflichtungen nachkommen zu können. Ferner ist der Aufbau einer optimalen Kapital- und Vermögensstruktur Gegenstand von Finanzzielen. Es sei darauf hingewiesen, dass der Begriff Finanzziel in der Praxis auch anderweitig verwendet wird. So werden auch Formalziele und Marktziele, die sich auf finanzielle Stromgrößen beziehen, als Finanzziele bezeichnet.[479] Die Frage, ob Finanzzielen

---

478 Kosiol 1968, S. 261.
479 Im Geschäftsbericht 2010 der HENKEL AG & CO. KGAA werden z.B. Umsatzziele und Renditeziele als Finanzziele aufgefasst (vgl. Henkel AG & Co. KGaA 2011, S. 42).

den Sach- oder Formalzielen zuzuordnen sind, wird zum Teil unterschiedlich
bewertet. Da eine ausreichende Liquidität für den Fortbestand einer Unternehmung essentiell ist, wird Liquidität von einigen Autoren auch als Formalziel betrachtet.[480] Allerdings gerät dieses Ziel in den Hintergrund, solange eine solide
Basis der Zahlungsfähigkeit gegeben ist.

4.2.4.3 Führungs- und Organisationsziele

Führungs- und Organisationsziele beziehen sich auf eine optimale Gestaltung der
Aufbau- und Ablauforganisation zur Umsetzung des unternehmerischen Leis-
tungsprozesses. Dazu zählen neben der Planung der Arbeitsteilung auch geeignete Anreizsysteme (z.B. in Form von Incentives) auf verschiedenen Ebenen, um
die Organisationsziele zu erreichen. Des Weiteren werden Ziele, welche die Cor-
porate Governance betreffen, unter den Führungs- und Organisationszielen subsumiert (z.B. Entscheidungsbefugnisse, Verhaltenskodizes innerhalb der Organisation, der Umgang mit Konflikten oder erwünschte Feedbackmechanismen).[481]

4.2.4.4 Soziale und ökologische Ziele

Soziale und ökologische Ziele beziehen sich auf eine Berücksichtigung von Interessen weiterer Anspruchsgruppen, ohne die das soziale Gebilde Unternehmen
nicht funktionieren könnte. Es wird zwischen *mitarbeiterbezogenen* und *gesell-
schaftsbezogenen* Zielen differenziert. Zu den mitarbeiterbezogenen Zielen zählen Erwartungen und Bedürfnisse im Hinblick auf Entlohnung, Gewinnbeteili-
gung, Arbeitsbedingungen, Arbeitsplatzsicherheit, Mitbestimmungsmöglichkei-
ten, Freizeitgestaltung, Weiterbildung und Sozialleistungen. Gesellschaftsbezo-
gene Ziele resultieren aus der Erkenntnis, dass ethische Grundsätze nicht nur bei
menschlichem Handeln, sondern auch im wirtschaftlichen Kontext zur Anwendung kommen. Diese Ziele beziehen sich insbesondere auf einen ökologisch ver-
antwortungsvollen Umgang mit Ressourcen zur Wahrung der Nachhaltigkeit.
Darüber hinaus können auch aus Solidarität und Verantwortung resultierende
Aktivitäten zur Lösung gesellschaftlicher Probleme als soziale und ökologische
Ziele von Unternehmen angesehen werden. Der Nachdruck, mit dem solche Ziele verfolgt werden, ist jedoch sehr heterogen. Es lässt sich selten klar erkennen,
ob soziale und ökologische Ziele verfolgt werden, um den Bedürfnissen der Gesellschaft gerecht zu werden, oder ob diese verfolgt werden, weil davon ausge-

---

480 Vgl. Pezoldt, Sattler 2009, S. 63; Karrer 2006, S. 127; Gladen 2011, S. 50.
481 Ein Beispiel von HEWLETT PACKARD ist zu finden in Oechsler 2000, S. 126-128.

gangen wird, dass eine bessere Reputation positive Auswirkungen auf die Erreichung der Formalziele hat.

Auch wenn die beschriebene Klassifikation von Formal- und Sachzielen in der Praxis nicht immer scharf anzuwenden ist, ist die Strukturierung für den Wertbeitrag sinnvoll. Die Orientierung des Wertbeitrags anhand der Zielklassifikation führt dazu, dass sich der Fokus der Unternehmensführung nicht auf rein finanzielle Aspekte beschränkt und um qualitative Gesichtspunkte erweitert wird, die nicht notwendigerweise in bisherigen Wertbeitragsbetrachtungen mit einbezogen wurden.

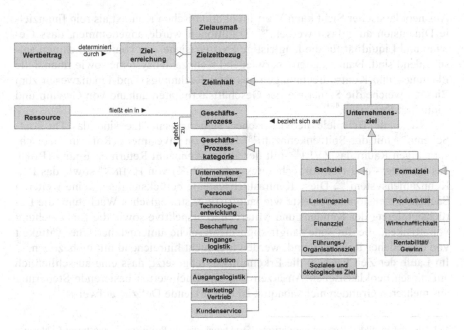

Abb. 4-11: Wertbeitrag auf Basis der Umsetzung von Unternehmenszielen in UML (Ausschnitt aus dem Referenzmodell zum Wertbeitrag der IT)
(Quelle: eigene Darstellung)

Fasst man die Klassifikation der Unternehmensziele in UML zusammen, ergibt sich das in Abb. 4-11 dargestellte Modell. In diesem Ausschnitt sind das Unternehmensziel sowie dessen Spezialisierung in Formal- und Sachziel abgebildet. Des Weiteren ist der Bezug von Geschäftsprozessen entsprechend der PORTER'schen Wertschöpfungskette verankert, um den Leistungserstellungsprozess des Business zu beschreiben. Ein Bezug zu Geschäftsprozesszielen ist bei allen Sachzielen sowie bei den Formalzielen Produktivität und Wirtschaftlichkeit denkbar. Bei Rentabilitäts- und Gewinnzielen ist dieser Bezug nicht gegenständlich, da sich die Größen auf die Gesamtunternehmensebene beziehen.[482] Eine vollständige Beschreibung des Wertbeitrags umfasst nicht nur das Ergebnis, sondern bietet auch die Möglichkeit, die verwendeten Ressourcen zu berücksichtigen. Diese fliesen als Inputfaktoren in einen Geschäftsprozess mit ein.

4.2.5   Wertbeitrag als Steigerung des Shareholder Values

Aus neoklassischer Sicht kann Wert im ökonomischen Kontext als rein finanzielle Dimension aufgefasst werden.[483] Traditionell wurde angenommen, dass Gewinn und Liquidität für die langfristige Existenzsicherung von Unternehmen entscheidend sind. Daher kamen überwiegend Kennzahlensysteme sowie finanzielle Planungs- und Kontrollrechnungen aus dem Rechnungs- und Finanzwesen zum Einsatz, welche die Steuerung der Geschäftsaktivitäten anhand von Gewinn und Liquidität forcierten.[484]

Bekannte Beispiele neoklassischer Steuerungsansätze sind das Du-Pont-Schema[485] mit der Spitzenkennzahl[486] Return on Investment (RoI), im deutschsprachigen Raum das ZVEI[487] mit der Spitzenkennzahl Return on Equity (RoE), das Planungs- und Kontrollrechnungssystem (PuK) von HAHN[488] sowie das RL-Kennzahlensystem[489]. Diese Kennzahlensysteme berücksichtigen keine weiteren Sachzieldimensionen. Aspekte wie langfristiges strategisches Wachstum, die Berücksichtigung der Kunden- und Mitarbeiterperspektive sowie die Einbeziehung von Risiken, die für eine langfristige erfolgreiche unternehmerische Tätigkeit von erheblicher Relevanz sind, werden hier nicht hinreichend mit einbezogen.[490] Im Laufe der Zeit hat sich die Erkenntnis durchgesetzt, dass eine ausschließlich auf diesen neoklassischen Ansätzen und auf Buchwerten basierende Steuerung aus mehreren Gründen nicht adäquat ist und folgende Defizite aufweist:[491]

---

482 Ausnahmen bilden hier organisatorische Strukturen, die als Profit- oder Investment-Center geführt werden.
483 Vgl. Krcmar 2005, S. 396.
484 Vgl. Murarotto 2003, S. 125-126.
485 Vgl. Weber 2004, S. 257-261; Schedler 2005, S. 85-91.
486 Als Spitzenkennzahl wird die betriebswirtschaftlich wichtigste und in der Regel verdichtete Größe eines Kennzahlensystems bezeichnet, die das Ergebnis einer Betrachtung in komprimierter Form widerspiegelt (vgl. Horváth 2009, S. 507).
487 Vgl. ZVEI 1989; Horváth 2009, S. 511-516; Lelke 2005, S. 35-37.
488 Vgl. Hahn, Hungenberg 2001.
489 Vgl. Horváth 2009, S. 516-518.
490 Vgl. Gleich 2001, S. 6.

Tab. 4-2: Defizite klassischer Steuerungskonzepte
(Quelle: Gleich 2001, S. 8-9)

Defizit	Beschreibung
Zeitbezug	Steuerungskonzepte auf Basis bilanzieller Kennzahlen vermitteln nur die monetären Ergebnisse historischer Entscheidungen. Sie fördern damit vergangenheitsbezogenes Denken und Entscheiden.
Ausrichtung	Die alleinige Fokussierung von Steuerungskonzepten auf interne Anspruchsgruppen fördert Suboptimierungseffekte im Unternehmen.
Aggregationsgrad	Traditionelle, bilanz- und rechnungswesenorientierte Steuerungskonzepte arbeiten mit hoch aggregierten Unternehmens- oder Geschäftsfeldkennzahlen. Alle weiteren leistungsrelevanten Leistungsebenen (z.B. Mitarbeiter, Prozesse) und dazugehörige Kennzahlen bleiben in den Konzepten i.d.R. unberücksichtigt.
Langfristiges Steuerungsziel	Steuerungskonzepte auf Basis bilanzieller Kennzahlen (beispielsweise mit den Spitzenkennzahlen RoI oder Eigenkapitalrendite) führen bei alleiniger Anwendung zu bereichsbezogenen kurzfristigen Suboptima und unterstützen dysfunktionale Verhaltensweisen.
Dimension	Die immer wichtiger werdenden kunden- und wettbewerbsorientierten Informationen sowie Informationen über die unternehmensinternen Abläufe finden in monetär geprägten, hoch aggregierten und vergangenheitsbezogenen Steuerungskonzepten keine Berücksichtigung.
Format	Traditionelle Steuerungskonzepte mit ausschließlich quantitativer Berichterstattung berücksichtigen keine Signale mit Frühwarncharakter. Sie ermöglichen damit nicht das Entdecken strategischer Fehlentwicklungen oder von geschäfts- oder bestandsgefährdenden Risiken.
Planungsbezug	Steuerungskonzepte auf Basis bilanzieller Kennzahlen fehlt der direkte inhaltliche Bezug zu den Unternehmens- und Geschäftsfeldstrategien.
Anreizbezug	Klassische Konzepte des Rechnungswesens (z.B. die Plankostenrechnung) halten Manager mehr zur Reduzierung von (z.B. Kosten-)Abweichungen an als zu kontinuierlichen Verbesserungsaktivitäten im Sinne eines Kaizen Costing.
Immaterielle Vermögenswerte	Traditionelle Steuerungskonzepte vernachlässigen immaterielle Unternehmenswerte und intellektuelles Kapital (z.B. wie implizites Wissen der Mitarbeiter, die Innovationskraft, die Beherrschung von Prozessen oder die Fähigkeit der Neukundengewinnung).

Die aufgezeigten Defizite klassischer Steuerungskonzepte führten zu einer Weiterentwicklung der überwiegend auf dem Rechnungswesen basierenden Steuerung hin zu einem sogenannten wertorientierten Ansatz.[492] Der in der Betriebswirtschaft verwendete Begriff der Wertorientierung bezieht sich dabei auf den *Shareholder Value* (Eigentümerwert), der als ökonomischer Wert des Eigenkapitals eines Unternehmens verstanden wird. Der ökonomische Wert des Eigenkapitals entspricht in der Regel nicht dem bilanziell ermittelten Wert des Eigenkapitals, sondern dem Marktwert des Eigenkapitals, wie er z.B. durch den Aktienkurs repräsentiert wird.[493]

---

491 Vgl. Gleich 2001, S. 6 und ähnlich Murarotto 2003, S. 134.
492 Vgl. Weber 2004, S. 248.
493 Buchwert und ökonomischer Wert des Eigenkapitals weichen in der Regel voneinander ab (vgl. Schedler 2005, S. 92).

Eigenkapitalgeber (Shareholder) haben ein Interesse und einen Anspruch an einer „risikoadäquaten Verzinsung ihres eingesetzten Kapitals".[494] Der Wert für die Eigenkapitalgeber wird hierbei nicht durch den Gewinn bzw. dessen Ausschüttung determiniert, sondern durch eine Rendite, die oberhalb der durchschnittlichen Eigenkapitalkosten liegt. Eigenkapitalkosten sind Opportunitätskosten, d.h. entgangene Gewinne alternativer Anlagemöglichkeiten gleichen Risikos am Kapitalmarkt.[495] Daher spiegeln die Eigenkapitalkosten Mindestrenditeerwartungen der Eigenkapitalgeber wider.

Wertbeitrag wird nach dem Shareholder-Value-Verständnis nur dann erzielt, wenn die Verzinsung des zur Verfügung gestellten Kapitals größer ist als die durchschnittliche Verzinsung einer Alternativanlage. Diese Betrachtung wird auch als *Übergewinn, Residualgewinn, Geschäftswertbeitrag* oder *Economic Profit* bezeichnet.[496] Zur Modellierung des Übergewinns wird in der vorliegenden Arbeit keine separate Primärzielklasse im Referenzmodell zum Wertbeitrag der IT eingeführt. Vielmehr wird das Konzept des Übergewinns als Erweiterung der Klasse Gewinn aufgefasst und unter der Klasse „Rentabilität und (Über-) Gewinn" subsumiert. Weiterhin kann der dem Konzept zugrundeliegende Fokus auf die Shareholder in der spezialisierten Klasse der Stakeholder expliziert werden (siehe Abb. 4-15).

Der Shareholder Value, der dem Marktwert des Eigenkapitals (EK) entspricht, ergibt sich aus dem Unternehmenswert abzüglich des Marktwertes des Fremdkapitals (FK).[497]

$$\text{Unternehmenswert} = \underbrace{\text{Marktwert des EK}}_{\text{definiert als Shareholder Value}} + \text{Marktwert des FK}$$

$$\text{Shareholder Value} = \text{Unternehmenswert} - \text{Marktwert des FK}$$

Der Shareholder Value entspricht dem Verkaufspreis eines Unternehmens zu einem bestimmten Zeitpunkt. Die Eigentümer sind bestrebt, diesen finanziell bewerteten Unternehmenswert und somit den Marktwert ihres eingelegten Kapitals zu maximieren.[498] Die Umsetzung der Wertorientierung wird als Management-

---

494 Horváth 2009, S. 450.
495 Vgl. Horváth 2009, S. 450.
496 Vgl. Bausch 2006, S. 196; Krause, Mertins 2006, S. 90.
497 Vgl. Lelke 2005, S. 27; Hahn, Hintze 2006, S. 84; von Düsterlho 2003, S. 5. Der Unternehmenswert wird hier als Wert des Unternehmens aus Shareholderperspektive verstanden, der aus den vom Eigenkapital abzuleitenden Rechten resultiert.
498 Vgl. Thommen, Achleitner 2006, S. 424; Weber 2004, S. 248.

konzept verstanden, welches sämtliche Aktivitäten auf die langfristige Steigerung des Unternehmenswertes ausrichtet.[499] Zur Ermittlung des Unternehmenswertes existieren unterschiedliche Methoden. Grundsätzlich lässt sich zwischen Brutto- und Nettoverfahren unterscheiden. Bei den Nettoverfahren (auch: Equity-Verfahren), wird der Shareholder Value bzw. der Marktwert des Eigenkapitals *direkt* ermittelt.[500] Bei den Bruttoverfahren (auch: Entity-Verfahren) wird der Residualgewinn für Eigen- und Fremdkapitalgeber ganzheitlich bestimmt, so dass der Marktwert des Gesamtkapitals subtrahiert werden muss, um den Shareholder Value zu ermitteln. Zu den in der Praxis am weitesten verbreiteten Methoden zählen:[501]

- die Discounted-Cashflow-Methode (DCF) von RAPPAPORT[502]
- der Economic Value Added (EVA) von STERN STEWART & CO.[503]

Die Methode des Cashflow Return on Investment (CFROI) der BOSTON CONSULTING GROUP bzw. des darauf basierenden Cash Value Added (CVA) ist ebenfalls weit verbreitet,[504] allerdings ist diese für die Bewertung von IT-Investitionen nur bedingt geeignet.[505]

Trotz unterschiedlicher Berechnungsmethoden ist bei den unterschiedlichen Ansätzen eine Ergebniskongruenz festzustellen.[506] Bei der DCF-Methode wird der Unternehmenswert auf Basis der zukünftigen freien Cashflows ermittelt. Der *freie Cashflow* (free cashflow) ist der nach Steuern und Investitionen den Eigen- und Fremdkapitalgebern frei zur Verfügung stehende Zahlungsüberschuss.[507] Dabei werden alle über die Lebensdauer einer Unternehmung zu erwartenden freien Cashflows mit den durchschnittlichen Kapitalkosten auf ihren Gegenwartswert diskontiert (Barwerte der freien Cashflows) und summiert.[508]

Da dieser Zahlungsüberschuss in der Regel sowohl mit Eigen- als auch Fremdkapital erwirtschaftet wird, müssen sowohl Eigen- als auch Fremdkapitalkosten berücksichtigt werden. Eigen- und Fremdkapitalkosten bilden zusammen

---

499 Vgl. Coenenberg, Salfeld 2007, S. 3; Zimmermann 2008, S. 461.
500 Vgl. Wassermann 2011, S. 85-86; Schacht, Fackler 2009, S. 211; Junginger 2005, S. 65.
501 Vgl. Schedler 2005, S. 93.
502 Vgl. Rappaport 1998; Coenenberg, Salfeld 2007, S. 72; Horváth 2009, S. 451.
503 Vgl. Stewart 1991; Horváth 2009, S. 457.
504 Für eine tiefergehende Diskussion siehe Lehmann 1994; Lewis, Lehmann 1992.
505 Vgl. Junginger 2005, S. 73.
506 Vgl. Labhart, Volkart 2001, S. 121; Coenenberg, Salfeld 2007, S. 72.
507 Der freie Cashflow kann sowohl direkt als auch indirekt über verschiedene Rechenwege bestimmt werden. Für eine detaillierte Darstellung siehe Junginger 2005, S. 64-65; Thommen, Achleitner 2006, S. 646-647; Wiehle et al. 2011, S. 54; Lelke 2005, S. 37-38; Hahn, Hintze 2006, S. 85.
508 Vgl. Schedler 2005, S. 95.

die Kapitalkosten und sind jeweils Zinssätze für das zur Verfügung gestellte Kapital. Analog zu der beschriebenen Mindestrenditeerwartung, die sich aus einer alternativen risikoadäquaten Rendite der Eigenkapitalgeber begründet, setzen Fremdkapitalgeber eine risikoadäquate Verzinsung auf ihr zur Verfügung gestelltes Fremdkapital voraus.

Um die Kapitalkosten zu bestimmen, wird in der Regel mit einem, nach dem unternehmensspezifischen Eigen- und Fremdkapitalverhältnis gewichteten, durchschnittlichen Kapitalkostensatz (Weighted Average Cost of Capital, WACC) kalkuliert. Mit diesem Kostensatz werden die durch das Gesamtkapital erwirtschafteten freien Cashflows diskontiert. Die Fremdkapitalkosten lassen sich relativ leicht z.B. anhand der Zinssätze am Kapitalmarkt für Kredite für ein Unternehmen derselben Risikoklasse bestimmen. Die Eigenkapitalkosten werden anhand eines quasisicheren Zinses (z.B. Bundesanleihen) und eines Aufschlags für das unternehmensspezifische Risiko berechnet.[509] Der Unternehmenswert nach DCF ergibt sich dann wie folgt:[510]

$$\text{Unternehmenswert nach DCF} = \sum_{t=1}^{T} \frac{\text{freier Cashflow}_t}{(1 + \text{WACC})^t} + \frac{\text{Restwert}_T}{(1 + \text{WACC})^T}$$

mit:

$$\text{WACC} = \text{EK-Quote} * \text{EK-Kosten} + \text{FK-Quote} * \text{FK-Kosten} * (1 - \text{Steuersatz})$$

Da der freie Cashflow als Zahlungsüberschuss nach Steuern definiert ist und etwaige Fremdkapitalzinsen die Ertragsteuerlast senken und somit den Überschuss nach Steuern relativ erhöhen (Tax Shield), müssen die Fremdkapitalzinsen bei der Steuerlast berücksichtigt werden. Die Berücksichtigung des Tax Shields erfolgt hier durch den Faktor (1 − Steuersatz) bei den WACC.[511] Da die Genauigkeit der geschätzten freien Cashflows für zukünftige Perioden begrenzt ist und

---

509 Vgl. Breuer 2010. Zur Berechnung der Eigenkapitalkosten kommt das *Capital Asset Pricing Model* (CAPM) oder die *Arbitrage Pricing Theory* zur Anwendung (vgl. Horváth 2009, S. 452).

510 Vgl. Wiehle et al. 2011, S. 132; Junginger 2005, S. 66-67. Die Berechnung der WACC erfolgt hier gemäß der Brutto-Cashflow-Methode.

511 Alternativ kann das Tax Shield auch bei den Cashflows mittels Total-Cashflow-Verfahren berücksichtigt werden (vgl. Schacht, Fackler 2009, S. 223-224).

mit ihrem Prognosehorizont sinkt, wird für spätere Perioden ein Restwert des Unternehmens angesetzt.[512]

STERN und STEWART ermitteln den als Economic Value Added bezeichneten Residualgewinn nicht anhand eines Zahlungsmittelüberschusses, sondern anhand einer buchhalterischen Erfolgsgröße abzüglich Kapitalkosten (Mindestrendite der Kapitalgeber).[513] Als Erfolgsgröße wird jedoch nicht der Jahresüberschuss, sondern der Net Operating Profit After Taxes (NOPAT) verwendet. Der NOPAT ist das operative Ergebnis (EBIT) abzüglich des auf den operativen Teil des Jahresüberschusses anfallenden Steueranteils. Bei den Kapitalkosten werden sowohl kalkulatorische Kosten der Eigenkapitalgeber als auch die Kosten der Fremdkapitalgeber berücksichtigt, um eine von der Finanzierung unabhängige Betrachtung zu gewährleisten.

$$EVA = NOPAT - Kapitalkosten$$

$$= NOPAT - (WACC * investiertes Kapital)$$

Da im späteren Verlauf der Arbeit Möglichkeiten der IT zur Steigerung des Wertbeitrags im Sinne des Shareholder-Value-Ansatzes diskutiert werden, werden die Wertsteigerungshebel zur Steigerung des Shareholder Values dargestellt. *Wertsteigerungshebel* stellen diejenigen Größen dar (positiv oder negativ), die einen Einfluss auf die Wertsteigerung haben und explizit beeinflusst werden können. Grundsätzlich lassen sich Wertsteigerungshebel zur Erhöhung des freien Cashflows und zur Senkung der Kapitalkosten unterscheiden. RAPPAPORT identifiziert die in Abb. 4-12 dargestellten Wertsteigerungshebel:[514]

* Dauer der Wertsteigerung (Prognosehorizont)
* Umsatzwachstum
* Rentabilität
* Ertragsteuersatz (Körperschaftsteuersatz)
* Investitionen ins Umlaufvermögen (Net Working Capital)
* Investitionen ins Anlagevermögen
* Kapitalkosten

---

512 In der Praxis ist ein belastbarer Planungshorizont der freien Cashflows von 5 Jahren üblich (vgl. Coenenberg, Salfeld 2007, S. 111; Junginger 2005, S. 66). Alternative Ansätze über diesen Planungshorizont gehen von konstanten Kapitalzuflüssen (ewige Rente) oder einer langfristigen Wachstumsrate aus (vgl. Coenenberg, Salfeld 2007, S. 40-41, S. 110-113).
513 Vgl. Coenenberg, Salfeld 2007, S. 263-264.
514 Vgl. Rappaport 1998, S. 56; Bauer, Stokburger, Hammerschmidt 2006, S. 86.

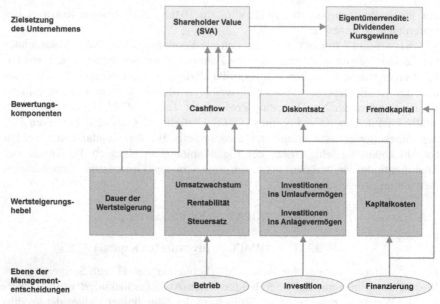

Abb. 4-12: Wertsteigerungshebel für den Shareholde Value
(Quelle: Rappaport 1998)

Einen ähnlichen Ansatz verfolgen COENENBERG und SALFELD, welche die Wertsteigerungshebel organisches Wachstum, operative Exzellenz, Finanz- und Vermögensstruktur sowie die Portfoliosteuerung der angebotenen Produkte als Handlungsfelder benennen.[515] Es ist darauf hinzuweisen, dass Wertsteigerung durch Umsatzwachstum nur dann erzielt wird, wenn gleichzeitig die Profitabilität gesteigert wird. Würde man aus strategischen Gründen eine Marktführerschaft anstreben und diese erreichen, ohne gleichzeitig die Profitabilität (und damit die freien Cashflows) zu erhöhen, wäre noch kein Wert im Sinne des Shareholder Values geschaffen. Grundsätzlich fördert eine steigende Profitabilität den Shareholder Value, der Unterschied zu einer historisch häufig kritisierten Profitmaximierung ist aber die im Shareholder-Value-Konzept integrierte langfristige Berücksichtigung der Profitabilität über die Lebensdauer einer Unternehmung.[516]

Auch wenn attestiert wird, dass sich das Konzept der Wertorientierung weitestgehend durchgesetzt hat, wird es nach wie vor kritisch bewertet.[517] Insbeson-

---

515 Vgl. Coenenberg, Salfeld 2007, S. 86-89.
516 Vgl. Krause, Mertins 2006, S. 89.
517 Vgl. Coenenberg, Salfeld 2007, S. 3; Horváth 2009, S. 450.

dere der Fokus auf die Bedürfnisse der Eigentümer und die fehlende explizite Berücksichtigung weiterer Stakeholder stellen häufige Kritikpunkte dar. Da der langfristige Fortbestand eines Unternehmens und auch die Wertsteigerung im Sinne des Eigentümerwertes von der Leistung sämtlicher Stakeholder abhängen, ist es sinnvoll, diese im Konzept des Wertbeitrags mit einzubeziehen. Zwar kann man dem Shareholder-Value-Ansatz unterstellen, dass weitere Stakeholderinteressen implizit mit berücksichtigt werden, da diese jedoch nicht expliziert werden, bleibt die Einbeziehung weiterer Stakeholderinteressen intransparent. Der Mangel dieser Explikation führt dazu, dass der Ansatz häufig so verstanden wird, dass die Interessen der Eigentümer vorrangig berücksichtigt werden.[518] Des Weiteren bleibt eine explizite Einbeziehung von Sachzieldimension aus. Neben finanziellen Bedürfnissen (Tauschwerten) bleiben nichtfinanzielle Ansprüche (Nutzwerte) der Eigentümer in diesem Ansatz unberücksichtigt. Insbesondere wenn es sich bei den Eigentümern um natürliche Personen handelt, stehen Bedürfnisse im Vordergrund, die nicht ausschließlich finanzieller Natur sind.[519] Die eher eindimensionale Betrachtungsweise eines finanziellen Wertbeitrags blendet die für die Steuerung eines Unternehmens relevante Nutzwertdimension aus und entspricht nicht der in der Realität vorzufindenden Heterogenität von Zielsystemen.[520]

Das heißt nicht, dass finanzielle Ziele keine besondere Rolle spielen, diese sind aufgrund ihrer Allgemeingültigkeit (Tauschwert) und für einen langfristigen Fortbestand eines Unternehmens existenziell und notwendig, allerdings bilden sie den Wertbeitrag nicht vollständig ab und berücksichtigen die Ansprüche weitere Stakeholder nur unzureichend.

Darüber hinaus vernachlässigt der Ansatz nichtfinanzielle Werttreiber, wie z.B. die Expertise der Mitarbeiter, die einen langfristigen Innovationsvorsprung und damit einen strategischen Wettbewerbsvorteil begründen können. Als systemimmanentes Problem stellt sich ebenfalls eine nur sehr eingeschränkt belastbare Prognose der Cashflows dar, deren Genauigkeit mit zunehmender Dauer und Umweltdynamik abnimmt.

Die Berücksichtigung von Handlungsfeldern zur Verringerung des unternehmerischen Risikos kommt in dem Ansatz ebenfalls nicht hinreichend zur Geltung. Zwar können Risiken mit Eintrittswahrscheinlichkeiten und Annahmen über die Auswirkungen auch finanziell bewertet werden, in der Praxis stell sich jedoch heraus, dass eine derartige Risikobewertung zu kurz greift.

---

518 Vgl. Murarotto 2003, S. 120.
519 Vgl. Wunderlin 1999, S. 47; Ulrich 1970, S. 189.
520 Vgl. Macharzina 1999, S. 153-154.

4.2.6 Subjektivität des Wertbeitrags im Kontext verschiedener Stakeholder

Die bereits im Kapitel des allgemeinen Wertbegriffs angemerkte Subjektivität des Wertbegriffs kommt auch im wirtschaftlichen Zusammenhang zum Tragen. In der objektiven Werttheorie wird einem Bewertungsgegenstand ein durch Angebot und Nachfrage zustande gekommener monetärer Marktpreis zugeordnet, der im Sinne eines äquivalenten gegenwärtigen Tauschwertes den Wert eines Gegenstands abbildet. Diese Art der Bewertung kommt beispielsweise im externen Rechnungswesen zur Anwendung, in dem die Vermögensgegenstände entsprechend den Grundsätzen ordnungsgemäßer Buchführung nach dem Niederstwertprinzip mit dem aktuellen Marktwert anzusetzen sind. Dieser Tauschwert wird losgelöst vom Wirtschaftssubjekt bemessen und ist in diesem Sinne objektiv. Er bestimmt jedoch lediglich den Wiederbeschaffungswert eines Guts. Wie nützlich der Gegenstand für ein konkretes Unternehmen ist, kommt dadurch nicht zur Geltung. Vielmehr kann die beigemessene Höhe (attributiver Wert) variieren. Ein Unternehmen mit Liquiditätsengpässen würde beispielsweise die Vermögensmehrung als wichtiger erachten als ein Unternehmen, das sich in einer wirtschaftlich guten Situation befindet und Spielraum für Investitionen hat. THOMMEN und ACHLEITNER argumentieren, dass es einen derartigen objektiven Wert nicht geben kann, da dieser immer auf den subjektiven Zielen und Präferenzen eines Bewertungssubjekts beruht.[521] Subjektivität innerhalb eines Unternehmens bezieht sich auf das soziale Gebilde Unternehmen, welches als Partizipation von Individuen aus verschiedenen Anspruchsgruppen zu verstehen ist, die jeweils unterschiedliche Wertvorstellungen haben und damit unterschiedliche Ziele verfolgen. Auch wenn der diskutierte Wertbegriff die Ziele eines Unternehmens repräsentiert, ist zu berücksichtigen, dass die Formulierung von Zielen durch seine Entscheidungsträger im Management vollzogen wird und es sich dabei immer um Ziele von Menschen und nicht originär um Ziele von Unternehmen handelt.[522]

Die Anspruchsgruppen in einem Unternehmen werden als *Stakeholder* bezeichnet.[523] Dabei ist zwischen unterschiedlichen Wertvorstellungen auf Stakeholderebene (Gruppenebene) und auf Individualebene zu unterscheiden.[524] Die Bedeutung einer bestimmten subjektiven Wahrnehmung auf Individualebene schwankt stark mit der Einflussmöglichkeit der jeweiligen Person. So fällt die

---

521 Vgl. Thommen, Achleitner 2006, S. 639.

522 Vgl. Macharzina 1999, S. 157.

523 Ein berechtigter Anspruch auf Mitgestaltung von Individuen oder Gruppen in einem Unternehmen ergibt sich aus dem Einsatz (engl.: stake) und der Anteilnahme am Leistungserstellungsprozess.

524 Für die unterschiedlichen Ebenen der Subjektivität siehe Kapitel 3.4.

Berücksichtigung individueller Interessen eines Großaktionärs zwangsweise deutlicher ins Gewicht als die eines einzelnen Mitarbeiters. Selbiges gilt für einzelne Entscheidungsträger, von denen erwartet wird, dass sie die Interessen von bestimmten Anspruchsgruppen vertreten. Einzelne Individualziele sind stark heterogen und häufig diffus, so dass sie weniger stark ins Gewicht fallen, sofern sie nicht kollektiv von der zugehörigen Stakeholdergruppe verfolgt werden. Eine Stakeholdergruppe zeichnet sich dadurch aus, dass in der Gruppe eine gewisse Homogenität in Bezug auf Interessen, Zielinhalte oder Zielausmaße vorzufinden ist.[525]

Tab. 4-3: Anspruchsgruppen des Unternehmens und ihre Ziele
(Quelle: in Anlehnung an Schmid 1997, Ulrich, Fluri 1992, S. 79)[526]

	Anspruchsgruppe	Input (Ressource)	Ziele
Interne	Eigentümer (Shareholder)	- Eigenkapital	- Einkommen/Gewinn - Erhaltung, Verzinsung, Wertsteigerung des investierten Kapitals - Mitgestaltung
Interne	Management	- Kompetenz - Engagement - Leistung	- Einkommen - Macht, Einfluss, Prestige - Entfaltung eigener Ideen und Fähigkeiten
Interne	Mitarbeiter	- Arbeitskraft - Fähigkeiten	- Einkommen - Soziale Sicherheit - Sinnvolle Betätigung, Entfaltung der eigenen Fähigkeiten - Status, Anerkennung, Prestige
Externe	Fremdkapitalgeber	- Fremdkapital	- Sicherheit der Kapitalanlage - Befriedigende Verzinsung - Termingerechte Rückführung
Externe	Kunden	- Erträge - Kundenbindung	- Qualitativ und quantitativ befriedigende Produkte zu befriedigendem Preis-Leistungs-Verhältnis - Kundenfreundlicher Service, objektive Beratung etc.
Externe	Lieferanten	- Produkte - Dienstleistungen	- Stabile und faire Lieferbeziehungen - Termintreue Zahlungsfähigkeit der Abnehmer
Externe	Konkurrenten	- Marktverhalten	- Einhaltung fairer Grundsätze und Spielregeln der Marktkonkurrenz - Kooperationen
Externe	Staat und Gesellschaft	- Infrastruktur - Legitimität - Öffentliche Sicherheit und Ordnung	- Steuerzahlungen - Sicherung der Arbeitsplätze - Sozialleistungen - Einhaltung von Rechtsvorschriften und Normen - Beiträge an Kultur, Wissenschaft und Bildung - Verantwortungsvoller Umgang mit der Umwelt

---

525 Vgl. Hauschildt 2001, S. 68.
526 Ähnlich auch Junginger 2005, S. 51.

Als Stakeholder können Eigenkapitalgeber (Shareholder), Manager, Mitarbeiter, Kunden, Lieferanten, Fremdkapitalgeber, Konkurrenten sowie Staat und Gesellschaft identifiziert werden.[527] Diese werden nach internen und externen Stakeholdern unterschieden. Zu den internen Stakeholdern gehören Eigenkapitalgeber, Manager und Mitarbeiter. Kunden, Lieferanten, Fremdkapitalgeber, Konkurrenten sowie der Staat und die Gesellschaft zählen zu den externen Stakeholdern. Die Grenze zwischen internen und externen Stakeholdern wird dort gezogen, wo der Einfluss eines Unternehmens auf das Verhalten einer Gruppe oder die Weisungsbefugnis von Handlungen endet und von einer unternehmensexternen Quelle dominiert wird.[528] Außer bei den Shareholdern sind die Bedürfnisse der Stakeholder häufig qualitativer Natur und durch Nutzwerte beschreibbar.

Die Entwicklung eines Wertesystems und die Frage, welche darauf basierenden Ziele verfolgt werden, stellt in einem Unternehmen mit seiner Vielzahl an Beteiligten ein komplexes Problem dar. Die gleichberechtigte Einbeziehung aller Parteien einschließlich aller individuellen Zielausprägungen scheint aufgrund der Vielzahl und der Existenz konfligierender Ziele weder möglich noch zweckdienlich. Vielmehr ist ein strukturierter Prozess zur Priorisierung von Zielen im Unternehmen sinnvoll, der – ausgehend von dem Wohl des Unternehmens – Ansprüche sämtlicher beteiligten Gruppen berücksichtigt, so dass ein Wertesystem beschrieben wird, welches von allen Parteien getragen und akzeptiert wird. Auch bei Berücksichtigung weiterer Stakeholderinteressen ist die besondere Rolle und Priorisierung der Ansprüche der Eigentümer zu betonen, die sich aus dem Eigentum und den damit verbundenen Herrschafts- und Verfügungsrechten ableiten lässt.[529]

Zwar existieren Vorschläge, die ein stakeholderumfassendes Verständnis des Wertbeitrags durch Operationalisierung der Zielsetzungen der einzelnen Anspruchsgruppen in einer Gesamtzielfunktion verankern,[530] der Nutzen einer derartigen Gesamtzielfunktion ist jedoch aus mehreren Gründen zweifelhaft. Zur Berücksichtigung aller Stakeholderinteressen müsste jedes Ziel auf die Präferenz jedes Stakeholders hin überprüft werden. In der Literatur bestehen Vorschläge, welche die subjektiven Zielpräferenzen der Stakeholder beispielsweise durch die

---

[527] Andere Abgrenzungen sind denkbar (vgl. Freeman, McVea 2001, S. 193). Die hier genannte Einteilung der Stakeholdergruppen ist jedoch am weitesten verbreitet (vgl. Gärtner 2009, S. 38-40). GÖRLITZ schlägt zur Identifizierung von relevanten Anspruchsgruppen die Methode des Stakeholderscannings vor, bei dem Interessengruppen beschrieben und nach Bindungs-, Retaliations-, Substitutions- und Koalitionsmacht klassifiziert werden (vgl. Görlitz 2007, S. 417-418).

[528] Schreyögg 1999, S. 301.

[529] Vgl. Wunderlin 1999, S. 45-48.

[530] Görlitz 2007, S. 417-420. Bestrebungen des unter dem Stichwort „Gemeinwohl-Ökonomie" diskutierten Wertesystems gehen ebenfalls in diese Richtung: http://www.gemeinwohl-oekonomie.org/wp-content/uploads/2011/01/Matrix_3-0_final.pdf.

Methode des Analytical Hierarchy Process (AHP) berücksichtigen.[531] Zunächst gälte es jedoch eine Auswahl der als relevant erachteten Stakeholder zu treffen und sich auf die wesentlichen Ansprüche zu beschränken, um die Anzahl der zu berücksichtigenden Ziele handhabbar zu gestalten.[532] Die Priorisierung bestimmter Anspruchsgruppen könnte grundsätzlich durch eine Gewichtung der Anspruchsgruppen vollzogen werden.[533] Im Anschluss wäre dann für jede als relevant erachtete Anspruchsgruppe ein Zielsystem zu entwickeln, welches unter Berücksichtigung der Anspruchsgruppengewichtung in eine Gesamtzielfunktion zu integrieren wäre.[534] Die Existenz konfligierender Ziele kann trotz Gewichtung der Stakeholder jedoch dazu führen, dass sich positive und negative Zielbeiträge verschiedener Stakeholder nivellieren, so dass eine übergreifende Zielfunktion des Wertbeitrags als Entscheidungskriterium unbrauchbar ist. Aufgrund der situationsabhängigen Bedeutung von Werten (raum- und zeitabhängig) kann überdies keine wechselseitige Präferenzunabhängigkeit[535] der Ziele unterstellt werden, was eine wesentliche Anforderung an Zielsysteme bzw. eine Grundannahme an die Methode des AHP ist.[536] Des Weiteren scheint es schwierig sämtliche qualitativen Interessen der Stakeholder (wie z.B. Macht, Einfluss, Prestige) in einer ganzheitlichen Zielfunktion zu berücksichtigen.

Ziel kann es daher nicht sein, auf Basis einer Gesamtnutzenfunktion (im Sinne einer Spitzenkennzahl), die allen Anspruchsgruppen genügt, Investitionsentscheidungen zu treffen. Es ist aber zweckmäßig, wesentliche Auswirkungen einer Zielerreichung auf andere Stakeholder im Entscheidungsprozess qualitativ mit zu berücksichtigen und diese Auswirkungen zu dokumentieren. Die explizite Berücksichtigung von Zielen weiterer Anspruchsgruppen findet sich auf Ebene der Sekundärziele wieder, die sich den Formalzielen unterordnen. Unter Gesichtspunkten der Nachhaltigkeit haben alle genannten Stakeholder implizit Interesse an der Wahrung der Formalziele, da diese den Fortbestand eines Unter-

---

531 Vgl. von Düsterlho 2003, S. 20. Grundsätzlich stellt sich die Berücksichtigung der Interessen der Stakeholder in einem gesamtheitlichen Zielsystem als Multi(ple)-Criteria-Decision-Making-Problem (MCDM) dar (vgl. Götze 2008, S. 173).

532 Vgl. Görlitz 2007, S. 417.

533 Vgl. Janisch 1993, S. 389.

534 Vgl. Görlitz 2007, S. 419.

535 Wechselseitige Präferenzunabhängigkeit sagt aus, dass das Erreichen eines Ziels stets und in der Höhe unabhängig von der Ausprägung anderer Ziele angestrebt wird (vgl. Eisenführ, Weber 1999, S. 121; Götze 2008, S. 206 sowie Zimmermann, Gutsche 1991, S. 64). Im vorliegenden Fall sind zwar Anspruchsgruppen an dem Existenzsicherungsziel eines Unternehmens und damit einer Mindestrendite interessiert, ab einer gewissen Größenordnung würden einige Anspruchsgruppen jedoch die Verfolgung anderer Ziele höher gewichten.

536 Dies gilt insbesondere für additive multiattributive Zielfunktionen (vgl. Eisenführ, Weber 1999, S. 115-123). Zu den Annahmen des AHP siehe Ossadnik 2003, S. 323 sowie Zimmermann, Gutsche 1991, S. 63-69.

nehmens sichern und alle Stakeholder auf unterschiedliche Weise von Formalzielen profitieren.[537] Prinzipiell kann die Erreichung der Formalziele als Voraussetzung für die Verfolgung nichtökonomischer Ziele betrachtet werden.[538] Sofern die Formalziele hinreichend oder mindestens existenzsichernd erfüllt bleiben, können Interessen weiterer Stakeholder explizit berücksichtigt werden und kann auf eine höhere Erreichung bzw. Übererfüllung der Formalziele verzichtet werden.[539] Dies schließt nicht aus, dass im Einzelfall ein Sachziel gegenüber einem Formalziel dominiert.[540] Die Dominanz eines Sekundärziels gegenüber einem Formalziel muss jedoch nicht zwingend bedeuten, dass die Zielerreichung des Formalziels reduziert wird.[541] Im Gegensatz zum Shareholder-Value-Ansatz, der die Berücksichtigung der Ansprüche der Stakeholder als Mittel zum Zweck der Befriedigung der Shareholderansprüche versteht, werden beim Stakeholderansatz sowohl Mittel als auch autonome Ziele von Stakeholdern einbezogen, die nebeneinander verfolgt werden.[542]

Die Frage, ob und in welchem Ausmaß weitere Stakeholderziele als Mittel zum Zweck der Befriedigung der Shareholder dienen, lässt sich normativ jedoch kaum befriedigend beantworten. Ob mitarbeiterbezogene Ziele z.B. überwiegend die Motivation fördern und Mitarbeiter an ein Unternehmen binden bzw. Anreize schaffen, neue Mitarbeiter zu akquirieren, um letztlich ein besseres Leistungsniveau der Formalziele zu erreichen, oder ob die Verfolgung mitarbeiterbezogener Ziele eine autonome Daseinsberechtigung hat, die ihnen als eigene Anspruchsgruppe zusteht, ist nicht zuletzt eine Frage der Unternehmensphilosophie.

In Bezug auf diese Arbeit stellt sich die Frage, ob das Erreichen von Stakeholderzielen generell als Wertbeitrag angesehen werden kann. Es wird die Meinung vertreten, dass unter dem Begriff des Wertbeitrags nur diejenigen Ziele der Stakeholder subsumiert werden, bei denen eine mittelbare Beziehung zu den Formalzielen unterstellt werden kann.

---

537 Vgl. Gladen 2011, S. 57.
538 Vgl. Wunderlin 1999, S. 48.
539 Entsprechend werden Formalziele auch nicht als reine Maximierungsziele verstanden. In Kapitel 4.1 wurde auf die Subjektivität von Werten eingegangen. Ein wichtiger Aspekt ist hierbei die Knappheit eines Guts. Wird das Existenzsicherungsziel des Unternehmens durch einen ausreichenden Gewinn gedeckt, verliert das Ziel in Abhängigkeit von anderen Zielen an Bedeutung.
540 Zum Beispiel wenn eine bessere Bedarfsdeckung als übergeordnetes strategisches Ziel angestrebt wird (vgl. Kosiol 1968, S. 262).
541 Bei einer angestrebten verbesserten Bedarfsdeckung kann beispielsweise gleichzeitig eine Kostendeckung angestrebt werden, so dass kein negativer Einfluss auf ein Formalziel entsteht. Im Fall eines sozialen Ziels wie z.B. der Errichtung einer Kindertagesstätte für die Kinder der Mitarbeiter wäre jedoch denkbar, dass das Ziel der Mitarbeiterzufriedenheit derart dominiert, dass auf einen Teil des Gewinns verzichtet wird.
542 Vgl. Freeman, McVea 2001, S. 194.

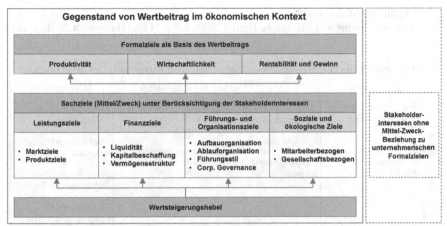

Abb. 4-13: Abgrenzung des Wertbeitrags im ökonomischen Kontext zu Stakeholderinteressen
(Quelle: eigene Darstellung)

Diese Abgrenzung ist bewusst nicht scharf und verlangt vom Entscheider, den jeweilig unterstellten Ursache-Wirkungs-Zusammenhang eines suggerierten Wertbeitrags darzulegen und zu dokumentieren. Ohne die Mittel-Zweck-Beziehung zu den Formalzielen wäre der Gegenstandsbereich des Wertbeitrags willkürlich, da die Durchsetzung eines beliebigen Stakeholderinteresses als Wertbeitrag aufgefasst werden könnte.

Bei dem Prozess der Zielsetzung fungiert die Anspruchsgruppe der Manager überwiegend als zielsetzende Instanz. Diese kommt damit ihrer Führungsrolle nach und filtert diejenigen übergeordneten (primären und sekundären) Ziele, die im Sinne einer ganzheitlichen Unternehmung als relevant erachtet werden.[543] Entsprechend muss die Unternehmensleitung die von weiteren Stakeholdern explizierten und mutmaßlich bestehenden Interessen berücksichtigen sowie etwaige Zielkonflikte identifizieren und gegebenenfalls auflösen. Im Konfliktfall verhandeln die beteiligten Gruppen unter der Berücksichtigung unterschiedlicher Einflussstärken so lange miteinander, bis ein Zielsystem erreicht ist, das von allen Parteien akzeptiert wird, auch wenn einzelne Ziele im Zielsystem von einigen Parteien nicht befürwortet werden bzw. keine Zufriedenheit mit dem Zielsystem besteht.[544]

---

543 Vgl. Korndörfer 2003, S. 428.
544 Vgl. Hauschildt 2001, S. 69; Hopfenbeck 2000, S. 526.

Tab. 4-4: Konflikt-Konsens-Matrix
(Quelle: in Anlehnung an Littkemann, Derfuß 2009, S. 71-74 und Hauschildt 2001, S. 16-21)

Interessenkonflikte und –konsens zwischen und innerhalb der Stakeholder				
	Shareholder	Fremdkapital-geber	Mitarbeiter	Management
Shareholder	- Mitgestaltung und Langfristigkeit des Erfolges - Gewinnverwendung (Großaktionär vs. Kleinaktionär)	- unterschiedliche Risikopräferenzen - Gewinnverwendung - Mitspracherecht der Banken	- Gewinnverwendung (Ausschüttung vs. stille Reserven) - Effizienzsteigerung durch Restrukturierung	- unterschiedliche Risikoprofile - Selbstverwirklichungs-anspruch - unterschiedlicher Zeithorizont für Erfolg - Selbstrestruk-turierungsansprüche
Fremdkapitalgeber	- Konsens bezüglich Rentabilität und Expansion - Kontrolle der Vorstandsautonomie, des Risikos und des Arbeitnehmereinflusses	- unterschiedliche Risikopräferenzen (kurzfristige vs. langfristige Kapitalgeber) (Banken vs. Nichtbanken)	- Liquidationsneigung vs. Arbeitsplatzsicherung im Verlustfalle	- Einflussnahme über Negativ-Klauseln - Autonomiekonflikt - unterschiedliche Risikoneigungen - Rekrutierung des Vorstandes
Mitarbeiter	- Konsens bezüglich Rentabilität und Expansion - Aufbau und Erhaltung gesunder, solider Arbeitsplätze	- Konsens über hohe Rücklagenbildung, - ähnliche Risikopräferenzen bei Investitionen	- unterschiedliche Präferenzen bezüglich leistungsbezogener Vergütung - Arbeitszeitmodelle (organisiert vs. nichtorganisiert) (versch. Zugehörigkeit zu Gewerkschaften)	- unterschiedliche Risikopräferenzen - Einstellung zur Arbeitsplatzerhaltung
Management	- Konsens über Rentabilität und Expansion	- Konsens bezüglich Verschuldungsgrad, - Rücklagenbildung bei konstanter Dividende	- Konsens bezüglich Rentabilität und Expansion - Interesse am Unternehmen an sich, bezüglich Liquidierung, Verkauf oder Ähnliches	- Ressortkonflikte - Alterskonflikte - Risikopräferenzen - Strategiebildung

   Konsens
   Intrastakeholderkonflikt
   Konflikt zwischen Stakeholdergruppen

Zielkonflikte beschreiben den Fall, dass bezüglich eines Gegenstands keine Zielausprägung existiert, die von allen Parteien angestrebt wird, daher bedarf es stets eines Abwägens der jeweiligen positiven und negativen Konsequenzen der Zielsetzung.[545]

Die Zielsetzung unter Einbeziehung der Bedürfnisse der Stakeholder erfordert eine strukturierte Vorgehensweise. Hierbei ist es wichtig Konfliktparteien zu benennen und gleichzeitig Ziele zu identifizieren, in denen Konsens besteht.[546] Zur Berücksichtigung der Interessenkonflikte und -kongruenzen können die Interessen in einer Konflikt-Konsens-Matrix dokumentiert werden (siehe Beispiel in Tab. 4-4). Dabei können konfligierende Ziele nicht nur zwischen Anspruchsgruppen, sondern auch innerhalb der Anspruchsgruppen auftreten. Das Beispiel verdeutlicht, welche potentiellen Interessen die Stakeholder grundsätzlich verfolgen und welche Konflikte und Kongruenzen dabei denkbar sind.[547]

Nachdem die Ziele festgelegt wurden, werden diese an die entsprechende Stelle im Unternehmen delegiert. Die ausführende Instanz übernimmt dann die Rolle des Reglers im Regelkreissystem zur Steuerung des Wertbeitrags.[548] Wird bei der Messung des Wertbeitrags (Check-Aktivität im Deming Cycle) festgestellt, dass eine Anpassung des Reglers notwendig ist, kann diese über die Wertsteigerungshebel vorgenommen werden. Eine Anpassung des Reglers ist vorzunehmen, wenn der Istwert vom Sollwert abweicht (Feedback) oder ein auf den Zielzeitpunkt projizierter Istwert vom Erwartungswert abweicht (Feedforward). Ferner steht die Möglichkeit zur Verfügung den Zielwert kritisch zu hinterfragen und gegebenenfalls anzupassen. Der Output stellt den erzeugten Wertbeitrag aus Sicht des Unternehmens dar. Davon abzugrenzen sind Zielerreichungen einzelner Stakeholder, die gegebenenfalls nicht im Zusammenhang des unternehmerischen Handelns stehen.

---

545 Vgl. Eisenführ, Weber 1999, S. 31.
546 Vgl. Littkemann, Derfuß 2009, S. 74.
547 Aus Gründen der Übersichtlichkeit wurde im Beispiel die externe Stakeholdergruppe auf die Fremdkapitalgeber beschränkt.
548 Vgl. Ferstl, Sinz 2006, S. 26.

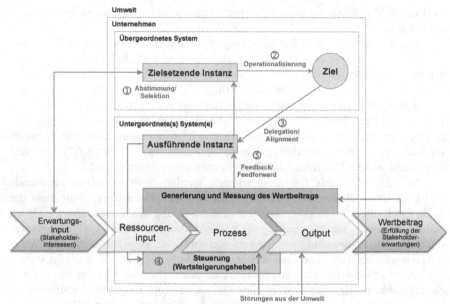

Abb. 4-14: Prozess der Generierung von Wertbeitrag auf Basis von Stakeholderinteressen (Quelle: in Anlehnung an Wunderlin 1999, S. 63)

Aufgrund der erläuterten Subjektivität ist es bei der Festlegung und Operationalisierung von Zielen besonders wichtig die Nachvollziehbarkeit zu gewährleisten und zu dokumentieren, warum ein bestimmtes Ziel angestrebt wird bzw. welche Ergebnisse man sich aus dessen Realisierung verspricht. Andernfalls kann die Nachvollziehbarkeit von Wertbeiträgen aufgrund der subjektiven Zielpräferenzen ausbleiben. Es kann unterstellt werden, dass bei der ausführenden Instanz die Zielerreichung auch mit größerem Nachdruck verfolgt wird, wenn der Nutzen von ihr selbst nachvollzogen werden kann. Eine Operationalisierung ist auch deshalb von Nöten, da Werte zunächst abstrakte Gebilde sind und mit Leben gefüllt werden müssen.[549] Zur Klassifizierung des Wertbeitrags im wirtschaftlichen Zusammenhang wird das Referenzmodell um die genannten Stakeholder erweitert.

---

549 Vgl. Barnes Städler, Bircher, Streiff 2000, S. 10.

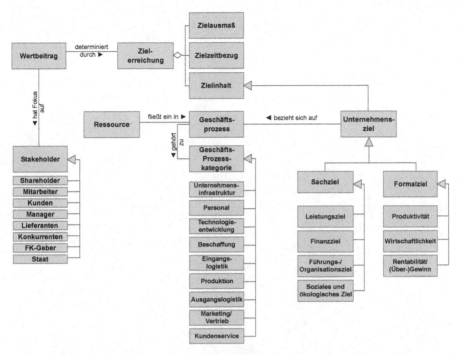

Abb. 4-15: Referenzmodell des Wertbeitrags im ökonomischen Kontext
(Quelle: eigene Darstellung)

Zusammenfassend lässt sich der betriebswirtschaftliche Wertbegriff als Beitrag zur Erreichung sowohl monetärer als auch qualitativer Unternehmensziele auffassen, welcher durch verschiedene Stakeholder motiviert sein kann und auf die Erreichung der Formalziele in einem Unternehmen hin ausgerichtet ist. Dieser Beitrag wird durch den Einsatz von Ressourcen im betrieblichen Leistungserstellungsprozess generiert. Ausgehend von diesem betriebswirtschaftlichen Wertverständnis, wird der Wertbegriff im Folgenden auf die IT übertragen.

5 Der Gegenstand des Wertbeitrags der IT

Im Hinblick auf eine zielgerichtete Steuerung des Wertbeitrags der IT sind ein klares Begriffsverständnis und eine eindeutige Festlegung der referenzierten Gegenstände unerlässlich. Der allgemeine und ökonomische Wertbegriff bilden die Grundlage für den Wertbeitrag der IT. In diesem Kapitel werden die Wirkungsweisen von IT erläutert und es wird eine Klassifikation von Wertbeitragsfeldern der IT ausgearbeitet, welche den Gegenstand des IT-Wertbeitrags beschreiben. In diesem konstruktionsorientierten Teil werden die erarbeiteten Sachverhalte sukzessive in einem normativen Referenzmodell zum Wertbeitrag der IT zusammengeführt. Ferner werden die bereits zuvor identifizierten Gegenstände und Dimensionen im Referenzmodell integriert.

Wie in Kapitel 3 angemerkt, mangelt es an einer adäquaten und allgemein anerkannten Definition des Wertbeitrags der IT. Überträgt man den diskutierten betriebswirtschaftlichen Wertbegriff auf die IT, so lässt sich Wertbeitrag als Ausmaß der Erreichung von Unternehmenszielen auffassen, welcher durch den Einsatz von IT-Ressourcen im IT-Leistungserstellungsprozess erreicht wird.[550] Ein derartiges Verständnis ist ähnlich wie die Definition von TALLON zwar allgemeingültig, jedoch wenig konkret.[551]

Um den Begriff des IT-Wertbeitrags greifbarer zu machen, bedarf es einer inhaltlichen Präzisierung. Zur Beschreibung des Gegenstands wird der Prozess der Wertgenerierung analog zum betriebswirtschaftlichen Wertbegriff als Input-Output-Transformationsprozess aufgefasst und durch die drei Komponenten:

- IT-Ressourcen,
- IT-Leistungserstellungsprozess,
- IT-Output bzw. Ziel

beschrieben. Demzufolge werden nicht nur die Ergebnisse des IT-Leistungserstellungsprozesses unter dem Begriff des IT-Wertbeitrags subsumiert, sondern auch die Mittel, die zu dessen Erzielung eingesetzt werden sowie

---

550 Vgl. Jäger-Goy 2002, S. 95.
551 TALLON definiert den Wertbeitrag der IT breit als „the contribution of IT to firm performance"
(Tallon 2000, S. 1).

der Leistungserstellungsprozess als solches. Eine differenzierte Betrachtung der einbezogenen Mittel dient dazu den Wertbeitrag der IT greifbar zu machen und eine subjektive Vorstellung zu konkretisieren. Der im betriebswirtschaftlichen Kontext angemerkte und auf die IT übertragene Leistungserstellungsprozess wird unter dem instrumentalen Organisationsverständnis von der IT-Organisation verantwortet.[552] Diese umfasst sowohl die ablauforganisatorischen IT-Prozesse als auch die IT-Aufbauorganisation.[553] Die Komponenten IT-Ressourcen, IT-Aufbauorganisation und IT-Ablauforganisation sind als Steuerungsobjekte aufzufassen, welche beeinflussbare Größen darstellen, um die Zielerreichung herbeizuführen. Die Aufbauorganisation dient als Beschreibungsmittel der in Bezug auf einen Wertbeitrag involvierten Stellen, Gruppen oder Abteilungen.

Die in Abb. 5-1 dargestellten Bereiche der IT-Ressourcen und der IT-Leistungserstellung sind Bestandteile des Referenzmodells zum Wertbeitrag der IT und wurden einschließlich der zugehörigen UML-Klassen bereits in Kapitel 2.4 als Steuerungsobjekte diskutiert. Diese Klassen stellen im Rahmen der IT-Steuerung Wertsteigerungshebel dar. Im Folgenden werden die noch nicht behandelten Bereiche Output und Outcome beschrieben.

Abb. 5-1: Der Wertbeitrag der IT als Input-Output-Transformationsprozess (Quelle: eigene Darstellung)

Da die IT-Wirkung in einen komplexen Ursache-Wirkungs-Zusammenhang eingebunden ist, wird das Ergebnis der IT-Leistungserstellung differenziert. KARRER sowie WUNDERLIN unterscheiden zwischen Output als Ergebnis der Leistungserstellung und Outcome als Wirkung bzw. Nutzen des Outputs auf Bu-

---

552 Zum instrumentalen Organisationsverständnis siehe Kapitel 2.4.1.
553 Eine Strukturierung und Beschreibung der Aufbau- und Ablauforganisation der IT wurde in Kapitel 2.4 vorgenommen.

sinessseite.[554] Ähnlich differenziert BERGER zwischen Organizational Performance im Sinne von in Zeit, Kosten und Qualität gemessener Bereitstellung von Produkten und Business Value[555] als absatzspezifischen Ergebnissen wie Profitabilität und Marktanteil. Den genannten Konzepten liegt jeweils zugrunde, dass die angestrebte Wirkung auf den Einsatz von IT ursächlich zurückzuführen ist, jedoch in einer unterschiedlichen Tiefe der Wertschöpfung zum Vorschein tritt.

Die *Output*-Ebene bezieht sich auf die Ziele der Produkte und Services, die von der IT hergestellt und zur Verfügung gestellt werden. Die *Outcome*-Ebene repräsentiert die Businessziele, die es durch den Einsatz der IT-Produkte und -Services zu erreichen gilt. Beide Zielbereiche bedürfen einer Operationalisierung. IT-Wertbeitrag wird folglich dann generiert, wenn ein an die IT gehegtes und auf das Unternehmen ausgerichtetes Ziel erreicht wird oder zu dessen Erreichung beigetragen wird. Entsprechend der in Kapitel 4.1.2 diskutierten kontextspezifischen Einordnung stellt der Output ein Instrumentalziel zur Erreichung des Outcomes als Fundamentalziel dar.[556]

HEINRICH und STELZER nutzen den Begriff des IT-Leistungspotentials, um den Beitrag der IT zur Erreichung der Unternehmensziele zu beschreiben.[557] Allerdings beziehen sie sich hierbei explizit auf strategische Unternehmensziele. Da im Konzept des Wertbeitrags der IT sowohl zukünftige als auch Ex-post-Perspektiven berücksichtigt werden sollen, scheint dieser Begriff jedoch weniger geeignet, da mit dem Begriff Potential eine eher zukünftige Ausrichtung in Verbindung gebracht wird.

Da die Erreichung der Unternehmensziele (Outcome) am Ende einer Ursache-Wirkungs-Kette von einer Vielzahl weiterer Faktoren abhängt und der Einflussbereich der IT zur Umsetzung dieser Ziele auf die Steuerungsobjekte begrenzt ist, kann der Wertbeitrag der IT nur mit Einschränkung durch die Messung des eigentlichen Unternehmensziels bestimmt werden. Im Referenzmodell

---

554 Vgl. Karrer 2006, S. 123; Wunderlin 1999, S. 34. Ähnlich auch Schedler 2005, S. 50; Krystek, Müller-Stewens 2006, S. 177-178; Krems 2011. BOUCKAERT und VAN DOOREN nehmen noch eine weitere Differenzierung in Wirkungen vor, die innerhalb einer Ursache-Wirkungs-Kette zwischen Output und „End-Outcome" liegen (vgl. Bouckaert, Van Dooren 2009, S. 152-154). Derartige intermediäre Wirkungen werden im Referenzmodell durch die Modellierung von Sekundärzielen berücksichtigt. Wirkungen auf Outcome-Ebene, die das Ende der Ursache-Wirkungs-Kette darstellen, werden durch die Modellierung eines Formalziels berücksichtigt.

555 Vgl. Berger 1988, S. 62-63, S. 80.

556 WIECZORREK und MERTENS legen ein abweichendes Verständnis von Sach- und Formalzielen in der IT zu Grunde: „Analog zu der in der Betriebswirtschaft gebräuchlichen Unterscheidung der Unternehmensziele in Sach- und Formalziele lassen sich auch die Projektziele aufteilen. Zu den Formalzielen gehören die Aufwands-/Kostenziele und die Terminziele. Zu den Sachzielen zählen die Sachfortschrittsziele, die Qualitätsziele und die Dokumentations- und Informationsziele" (Wieczorrek, Mertens 2007, S. 246).

557 Vgl. Heinrich, Stelzer 2011, S. 22.

zum Wertbeitrag der IT wurde die Klasse Risiko vorgesehen, mit der sich externe Risiken und Einflussfaktoren, die auf ein Businessziel wirken, modellieren
lassen.

Durch die allgemeine Orientierung des Wertbegriffs an Unternehmenszielen
ist das Konzept des Wertbeitrags der IT breiter zu fassen als die zum Teil eindi-
mensional wahrgenommene Einschränkung auf rein finanzielle Gesichtspunkte
(wie beispielsweise der Kostensenkung im Business durch IT-Einsatz).[558] KARGL
argumentiert, dass das häufig postulierte Verständnis des Wertbeitrags, als mo-
netäres Verhältnis von Leistungen und Kosten, in der Anwendungsdomäne der
IT grundsätzlich nur bedingt geeignet ist, weil die IT-Leistungen häufig durch
qualitative Wertaussagen bestimmt werden, welche auf subjektiven Einschätzungen beruhen.[559] Trotz dieses subjektiven Charakters des Wertbegriffs ist dieser nicht beliebig heterogen. Vielmehr lassen sich bestimmte Wertbeitragskategorien der IT identifizieren, die von einer Vielzahl von Unternehmen verfolgt
werden. Auch die Existenz und die Anwendung von Referenzmodellen zur Steuerung der IT wie z.B. COBIT oder ITIL liegen darin begründet, dass die IT-Ziele
begrenzt heterogen und zu einem gewissen Grad generalisierbar sind. Wären die
IT-Ziele beliebig heterogen, so wären derartige Referenzmodelle wenig brauch-
bar, da die Zielvorgaben vollumfänglich generisch und unternehmensspezifisch
ermittelt werden müssten.

Das erläuterte Verständnis des Wertbeitrags der IT impliziert, dass Wert nur
dann generiert wird, wenn ein an die IT gehegtes Ziel dazu dient, ein Geschäftsziel zu erreichen. Zwar sollte der Einsatz von IT keinen Selbstzweck darstellen,
sondern als Mittel zum Zweck der Umsetzung konkreter Ziele eines Unternehmens dienen, dennoch verfolgt die IT auch eigene Ziele, die zum Teil daraus resultieren, dass sie als eigenständige Organisationseinheit agiert und daher eigene
Interessen verfolgt. Überdies finden sich auch aufgrund einer unterstellten Tech-
nikaffinität Maßnahmen wieder, die nicht im konkreten Zusammenhang mit den
Unternehmenszielen stehen oder deren Aufwand sich betriebswirtschaftlich nicht
begründet. Die Umsetzung von IT-Zielen, die nicht im Zusammenhang mit den
Unternehmenszielen stehen und nicht als Unternehmensziel formalisiert sind,
stellt entsprechend dem vorgestellten Konzept keinen Wertbeitrag dar. Aus diesem Grund kommt der Abstimmung der IT-Ziele mit den Unternehmenszielen
eine zentrale Rolle zu. Da die Wirkung der IT auf die Unternehmensziele nur
mittelbar erfolgt, kommt der Dokumentation der zugrunde gelegten Ursache-
Wirkungs-Kette ebenfalls eine bedeutende Rolle zu. Schwierig abzugrenzen sind
Aufwendungen der IT, die nicht in einem direkt zuordenbaren Businessbezug
stehen, jedoch grundsätzlichen den zukünftigen Betrieb, die IT-interne Organisa-

---

558 Vgl. Buchta, Eul, Schulte-Croonenberg 2005, S. 140-144.
559 Vgl. Kargl 1999, S. 85.

tionsentwicklung oder die IT-Steuerung betreffen. Derartige Aufwendungen dienen dazu die Lieferfähigkeit der IT langfristig aufrechtzuerhalten oder zu verbessern, so dass diese über eine komplexe Ursache-Wirkungs-Kette auf Unternehmensziele wirken, der Zusammenhang sich jedoch nur schwer erkennen lässt. Bevor die Wirkungsweisen zur Generierung von Output und Outcome dargestellt werden, wird im nächsten Kapitel auf den Alignment-Prozess eingegangen, der die Basis für die Wertgenerierung bildet.

5.1 Alignment als Basis der Wertgenerierung

Der Prozess der Festlegung eines mit den Unternehmenszielen abgestimmten Zielsystems der IT wird als IT-Business-Alignment (kurz: Alignment) bezeichnet und bildet die Basis für den Gegenstand des Wertbeitrags der IT.[560] Ferner wird das Alignment als Voraussetzung für die Steuerung des Wertbeitrags der IT angesehen.[561] Aufgrund der zentralen Bedeutung wird der Aspekte hier genauer herausgestellt. Der Alignment-Prozess dient sowohl der Bestimmung output- als auch outcomebezogener Ziele.[562] WEILL und ROSS heben die Bedeutung des Alignment ebenfalls hervor und finden heraus, dass Unternehmen mittels eines durch IT-Governance definierten Alignment-Prozesses eine bis zu 20% höhere Gesamtkapitalrentabilität und eine bis zu 40% höhere Rendite aus ihren IT-Investitionen erwirtschaften als vergleichbare Unternehmen.[563] Zwar hat die Berücksichtigung des Alignments in den letzten Jahren an Bedeutung gewonnen, dennoch zeigen aktuelle Studien, dass das Ausmaß und die Integration von IT und Business noch nicht hinreichend ausgeprägt sind.[564]

Die Ausrichtung der IT auf die Primär- und Sekundärziele des Business umfasst sowohl den Aspekt einer Unterstützungsfunktion als auch den Aspekt eines Enablers zur Generierung strategischer Unternehmensziele. Das bedeutet, dass der Alignment-Prozess nicht einseitig zu verstehen ist und Unternehmensziele nicht ausschließlich top-down für die IT abgeleitet werden (align). Vielmehr müssen auch die durch den Einsatz von IT ermöglichten Potentiale für die ge-

---

560 Da der Prozess der Zielplanung als strategische Aufgabe eingestuft wird, wird diese auch als „strategisches Alignment" bezeichnet (vgl. Heinrich, Stelzer 2011, S. 25, S. 104-105). DUFFY beschreibt das strategische Alignment zwischen IT und Business als „the process and goal of achieving competitive advantage through developing and sustaining a symbiotic relationship between business and IT" (Duffy 2002).
561 Vgl. Teubner 2006, S. 370.
562 Siehe Abb. 5-1.
563 Vgl. Weill, Ross 2004, S. 2.
564 Vgl. Luftman, Kempaiah 2007; Beimborn, Franke, Gomber 2007, S. 76; Tallon 2007, S. 259; A.T. Kearney 2003, S. 3-4; ITGI 2008, S. 18.

samte Geschäftstätigkeit eines Unternehmens berücksichtigt und in die Unternehmensstrategie mit einbezogen werden (enable).[565]

Der Alignment-Prozess kann daher durch eine wechselseitige Abstimmung von Unternehmenszielen und den Potentialen durch IT charakterisiert werden (Abb. 5-2 verdeutlicht diesen Aspekt). Beispiele für die Rolle der IT als Enabler sind die Erweiterung des Produktportfolios um eigenständige IT-Produkte, durch Informationstechnologie angereicherte, intelligente Produkte, das Nutzen weiterer IT-basierter Vertriebsmöglichkeiten oder informationsgestützte vertikale Integration.

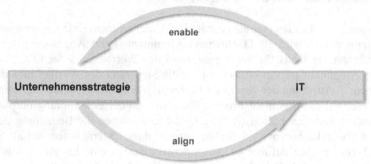

Abb. 5-2: Alignment als Prozess der wechselseitigen Abstimmung von Unternehmensstrategie und IT
(Quelle: Krcmar 2005, S. 316)

Um den Alignment-Prozess zu beschreiben, hat sich das Strategic Alignment Model (SAM) von HENDERSON und VENKATRAMAN bewährt.[566] Dieses zeigt anhand der Dimensionen „funktionale Integration" und „strategische Adaption" die wechselseitige Verknüpfung der Unternehmensleitung mit den darunter liegenden Organisationsstrukturen und Prozessen sowie der IT-Leitung mit allen aufbau- und ablauforganisatorischen Strukturelementen. Eine wechselseitige Verknüpfung ist gegeben, da jeder Teilbereich jeden anderen Bereich beeinflusst und selbst von jedem beeinflusst wird.

Es ist anzumerken, dass die Bedeutung der Rolle der IT als Enabler stark unternehmens- und branchenspezifisch ist. Der Aspekt beschränkt sich nicht nur auf offensichtlich IT-affine Branchen wie Banken oder die Automobilindustrie,

---

565 Der Frage der Rolle der IT als Enabler im Sinne einer strategischen Wettbewerbsvorteilhaftigkeit wird häufig als Carr-Debatte bezeichnet. CARR sorgte mit seinem Artikel „IT doesn't Matter" für große Aufmerksamkeit und initiierte eine Diskussion um die Fragestellung der strategischen Wettbewerbsvorteilhaftigkeit durch IT (vgl. Carr 2003, S. 41-49).
566 Vgl. Henderson, Venkatraman 1993.

sondern kommt auch in Branchen zur Geltung, in denen diese Wirkung weniger offensichtlich erscheint.[567]

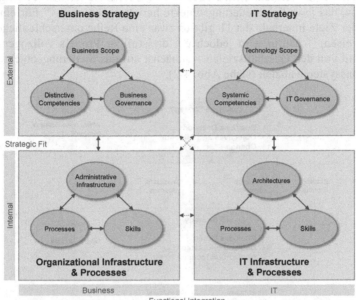

Abb. 5-3: Strategic Alignment Model
(Quelle: Henderson, Venkatraman 1993, S. 8)

Da der Durchdringungsgrad und die Verzahnung von IT- und Non-IT-Geschäftsprozessen stetig fortschreiten, kann es sinnvoll sein, die Trennung von Businessstrategie und IT-Strategie aufzuheben und den Strategiebildungsprozess ganzheitlich zu vollziehen. Dies ist z.B. dann sinnvoll, wenn der Geschäftsbereich so eng mit IT verbunden ist, dass eine klare Trennung zwischen IT und Non-IT nicht mehr vorgenommen werden kann. Um beurteilen zu können, welcher geschäftliche Nutzen sich aus dem Einsatz von IT ergeben kann, bedarf es eines ganzheitlichen Strategiebildungsprozesses und der Integration von IT-Kompetenzen auf höchster Unternehmensebene.

Die durch den Alignment-Prozess identifizierten Ziele der IT müssen für die Steuerungsobjekte der IT konkretisiert und in IT-spezifische Instrumentalziele transformiert werden. Dabei erfolgt der Zielbildungsprozess hierarchisch, so dass

---

567 Vgl. Buchta, Eul, Schulte-Croonenberg 2005, S. 23. Zur Bestimmung der Stärke des Alignments
   siehe Luftman 2000, Duffy 2002.

sich die Geschäftsziele aus Sicht der IT als Fundamentalziele darstellen. Unter Annahme zugrunde liegender Ursache-Wirkungs-Zusammenhänge werden diese dann analog zum hierarchischen Regelkreis in Unterziele für den jeweiligen Bereich bzw. das jeweilige Steuerungsobjekte heruntergebrochen.[568] Für eine Festlegung der Ziele innerhalb der IT gibt es zwar eine Reihe unterschiedlicher Vorgehensweisen,[569] häufig wird jedoch ein dreistufiger Prozess vollzogen, der – ausgehend von den Geschäftszielen – zunächst auf das Steuerungsobjekt der Informationssysteme abzielt (siehe Abb. 4-2).

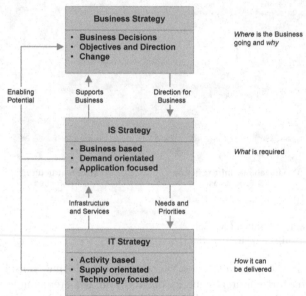

Abb. 5-4: Prozess zur Determinierung der IT-Ziele
(Quelle: in Anlehnung an Ward, Peppard 2003, S. 41)

Demnach bildet die Unternehmensstrategie, welche die Potentiale der IT (IT als Enabler) explizit mit berücksichtigt, den Ausgangspunkt der Zielsetzung und damit die Basis zum Wertbeitrag der IT. In ihr werden die geschäftlichen Ziele beschrieben, die zunächst unabhängig von einer informationstechnischen Lösung umgesetzt werden sollen. In einem zweiten Schritt werden in Abstimmung mit der Unternehmensstrategie Ziele für die Informationssysteme (IS) in einer sogenannten IS-Strategie festgehalten, die beschreibt, was benötigt wird, um die Un-

---

568 Vgl. Macharzina 1999, S. 159.
569 Vgl. Krcmar 2005, S. 30-34, S. 316-319.

ternehmensziele umzusetzen. Im Fokus stehen hierbei die betrieblichen Anwendungs- und Informationssysteme eines Unternehmens. In einem dritten Schritt wird innerhalb einer IT-Strategie festgelegt, wie die IS-Strategie technologisch und handlungsbezogen umgesetzt werden soll. IT-bezogene Möglichkeiten, aus denen sich ein direkter Businessbezug ergibt, können in der Unternehmensstrategie berücksichtigt werden. An diesem Prozess wird deutlich, dass für die Wertgenerierung zwischen den Steuerungsobjekten Anwendungssystem und Infrastruktur unterschieden wird.

Entsprechend dem Prozess zur Determinierung der IT-Ziele lassen sich Geschäftsziele als Formalziele der IT auffassen. Die Sekundärziele zur Umsetzung dieser Formalziele ergeben sich auf verschiedenen Ebenen innerhalb der IT-Organisation. In Bezug auf den ersten Alignment-Schritt bilden die Anforderungen an die Informationssysteme, die zur Erreichung der Geschäftsziele verfolgt werden, Sekundärziele ab, die der Umsetzung der Geschäftsziele und damit der Generierung von Wertbeitrag der IT dienen.

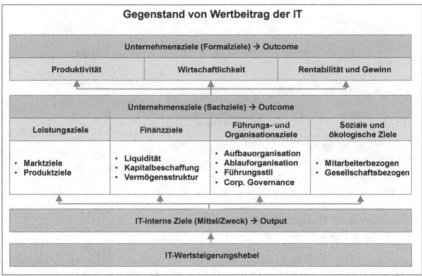

Abb. 5-5: IT-interne Ziele zur Unterstützung der Sach- und Formalziele im Unternehmen (Quelle: eigene Darstellung)

5.2 IT-Wertbeitrag auf Outcome-Ebene

Im folgenden Kapitel werden die Wirkungsmodelle für die Generierung von IT-Wertbeitrag auf Outcome-Ebene beschrieben.

5.2.1 Mittelbarer Wertbeitrag durch Geschäftsprozessunterstützung

Entsprechend dem vorgestellten Konzept einer Unterstützung von Unternehmenszielen wird Wertbeitrag durch IT generiert, sofern aus dem Einsatz von IT-Ressourcen ein Beitrag zur Erreichung von Unternehmenszielen hervorgeht. Bevor die Kategorien und Steuerungsobjekte des Wertbeitrags der IT im Referenzmodell integriert werden, ist es sinnvoll zunächst den Wirkungszusammenhang von IT und Unternehmenszielen zu erläutern. WIGAND, PICOT und REICH stellen das in Abb. 5-6 dargestellte Modell vor, welches den Prozess der Wertgenerierung durch IT veranschaulicht.

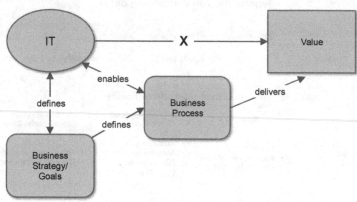

Abb. 5-6: Prozess der Wertgenerierung durch IT
(Quelle: Wigand, Picot, Reichwald 1997, S. 159)

Ausgangsbasis für den Wertgenerierungsprozess bilden hierbei die Geschäftsstrategie und die aus der Geschäftsstrategie abgeleiteten Geschäftsprozesse[570]. Sowohl Geschäftsstrategie als auch Geschäftsprozesse geben Ziele vor bzw. definieren Anforderungen an die IT, durch deren Erreichung Wertbeitrag erzeugt wird. Der Prozess dieser Zielvorgabe entspricht dem IT-Business-Alignment. Die in der Abbildung dargestellte reziproke Beziehung von IT und Unterneh-

---

570 Zur Definition von Geschäftsprozessen siehe Kapitel 2.4.1.

mensstrategie verdeutlicht die angesprochene Rolle der IT als Enabler, durch die neue Geschäftsstrategien ermöglicht werden.

Wesentlich an dem Modell ist jedoch die Annahme, dass Wertbeitrag durch IT ausschließlich durch die Unterstützung eines Geschäftsprozesses generiert wird. Das Modell geht davon aus, dass die IT nur mittelbar auf die Unternehmensziele wirkt und keine direkte Wertgenerierung durch die IT stattfindet. Die Autoren argumentieren, dass sich der primäre IT-Einsatz auf bereits existierende Geschäftsprozesse bezieht, die durch IT effizienter gestaltet werden, effektiver umgesetzt werden (z.B. durch qualitativ bessere Managementinformationssysteme, auf deren Basis bessere Entscheidungen getroffen werden) oder in der Hinsicht, dass sie Produktionsfaktoren auf eine neuartige, in Bezug auf Wettbewerber bessere Art und Weise kombinieren.[571]

Folgt man der Argumentation, dass die Wertgenerierung ausschließlich über die Geschäftsprozesse vollzogen wird, dann wird deutlich, dass bei einem Überprüfungspunkt auf Gesamtunternehmensebene eine Reihe weiterer Einflussfaktoren mit einwirken, so dass Rückschlüsse auf den isolierten Beitrag durch IT nur bedingt möglich sind.[572] Basierend auf einer umfangreichen Literaturanalyse zum Thema Wertbeitrag der IT identifizieren MELVILLE, KRAEMER und GURBAXANI, welche Einflussfaktoren auf den Geschäftserfolg wirken, und beschreiben den Prozess der Wertgenerierung in einer Ursache-Wirkungs-Kette (Abb. 5-7). Eine wesentliche Erkenntnis dieser Literaturanalyse ist, dass das Ausmaß des Wertbeitrags der IT bis zur Wirkung auf Gesamtunternehmensebene sowohl von internen (und damit beeinflussbaren) als auch von externen (und damit nur bedingt beeinflussbaren) Faktoren abhängt.

---

571 Vgl. Wigand, Picot, Reichwald 1997, S. 151, S. 158.
572 Vgl. Brown, Gatian, Hicks Jr. 1995, S. 219.

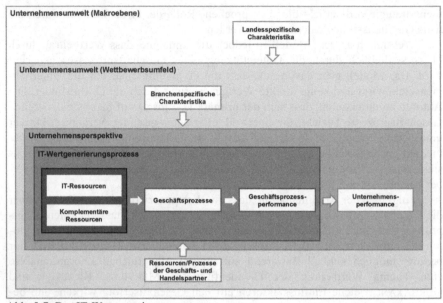

Abb. 5-7: Der IT-Wertgenerierungsprozess
(Quelle: Melville, Kraemer, Gurbaxani 2004, S. 293)

Demzufolge wirkt die IT zusammen mit weiteren komplementären Unternehmensbereichen auf die Geschäftsprozesse und deren Performanz ein. Zu den
komplementäre Ressourcen zählen weitere im Geschäftsprozess involvierte Organisationseinheiten, Management-Practices, Unternehmensrichtlinien sowie un-
ternehmenskulturelle Aspekte, welche die Art des Handelns prägen.[573] Die Geschäftsprozesse werden darüber hinaus von unternehmensexternen Geschäfts-
und Handelspartnern und deren vertikal in die eigene Wertschöpfungskette grei-
fenden Geschäftsprozesse beeinflusst. Weitere Einflussfaktoren stellen bran-
chenspezifische Gegebenheiten wie die grundsätzliche Informationsintensität[574]
dar, welche die potentielle Relevanz der IT zur Erreichung der Geschäftsprozess-
und Unternehmensziele determiniert. Darüber hinaus sind landesspezifische
Charakteristika zu nennen, welche die Gesamtleistung eines Unternehmens ebenfalls mit beeinträchtigen.

Da die Stärke der weiteren Einflussfaktoren nur bedingt bestimmbar ist,
können keine eindeutigen Rückschlüsse auf die tatsächliche Leistung der IT oder

---

573 Vgl. Dedrick, Gurbaxani, Kraemer 2003, S. 3.
574 PORTER und MILLAR verstehen unter Informationsintensität den Anteil der IT im Wertschöp-
fungsprozess (vgl. Porter, Millar 1985, S. 152-154).

deren Anteil an der Unternehmensperformanz gezogen werden.[575] Entsprechend ist es sinnvoll den Beitrag der IT nicht nur auf Gesamtunternehmensebene, sondern an einem möglichst frühen Kontrollpunkt innerhalb der Ursache-Wirkungs-Kette abzugreifen, um Rückschlüsse auf die tatsächliche Leistung der IT ziehen oder bei Fehlentwicklungen entsprechend gegensteuern zu können.

Diese Ebene der IT-Wirkung stellt, entsprechend dem Modell von WIGAND, PICOT und REICH sowie dem Wertgenerierungsprozess von MELVILLE, KRAEMER und GURBAXANI, ein durch die IT gestützter Geschäftsprozess dar. Auch wenn weitere komplementäre Faktoren auf die Leistung eines Geschäftsprozesses einwirken, so bildet dieser die erste überprüfbare Ebene innerhalb der Businessorganisation. Aus den Geschäftsprozessen ergeben sich konkrete Anforderungen an die IT, die als Ziele an die IT formuliert werden. Die Überprüfung des Beitrags der IT erfolgt dann nicht anhand des Erfüllungsgrades der Anforderungen, sondern mittels der postulierten Verbesserung des Geschäftsprozesses. Die Wichtigkeit eines gemeinsam abgestimmten Zielsystems wird auch hier nochmals deutlich. Es ist anzumerken, dass die Frage, was als Geschäftsprozess anzusehen ist, nicht ganz eindeutig ist, da es „den Geschäftsprozess" nicht gibt. Zwar gibt es ein übereinstimmendes Verständnis bezüglich (Haupt-)Geschäftsprozessen wie z.B. „Order to Cash"[576], die in jedem Unternehmen implementiert sind, die Ausgestaltung, die Tiefe der Gliederung in Teilgeschäftsprozesse und deren konkrete Abläufe sind aber bezogen auf die jeweilig involvierten Rollen und deren aufbauorganisatorischer Verankerung stets unternehmensindividuell.[577] Geschäftsprozesse können auch Schnitt- und Teilmengen anderer Geschäftsprozesse sein. So ist der Invoicing-Prozess mit allen fakturierungsbezogenen Aufgaben als Subprozess des Order-to-Cash-Prozesses anzusehen. Daher ist die zugehörige Abstraktionsebene des Geschäftsprozesses, auf die sich die IT bezieht, abhängig vom jeweilig betrachteten Businessbezug. Abhängig von der betrachteten Abstraktionsebene eines Geschäftsprozesses unterscheiden sich auch die Anforderungen an die IT und die Sichtweite des Gegenstands Wertbeitrags der IT. Auf hierarchisch aufeinander aufbauenden Geschäftsprozessen lässt sich der Wertbeitrag der IT als Summe der einzelnen Zielerreichungsgrade der Teilgeschäftsprozesse auffassen. Die im Referenzmodell integrierten Kategorien der PORTER'schen Wertschöpfungskette bieten die Möglichkeit, einen zugehörigen Geschäftsprozess zuzuordnen, lassen in der Art und Ausgestaltung des Geschäftsprozesses aber Freiheitsgrade.

---

575 Vgl. Berger 1988, S. 72.
576 Unter dem Order-to-Cash-Prozess werden alle zusammenhängenden Tätigkeiten von der Bestellung bis zum Zahlungseingang subsumiert (vgl. Hoover et al. 1996).
577 Vgl. Gleich 2001, S. 81.

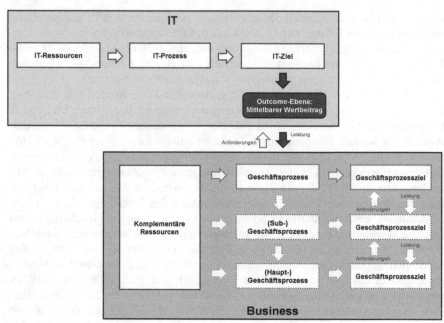

Abb. 5-8: Mittelbare Wirkung der IT auf verschiedene Geschäftsprozessebenen
(Quelle: eigene Darstellung)

Eine über einen Geschäftsprozess mittelbare Wertsteigerung durch IT kann sowohl die Realisierung von Formalzielen als auch die Erreichung von Sekundärzielen bewirken.[578] So zielen Effizienzsteigerungen im Geschäftsprozess darauf ab, die übergeordneten Formalziele Produktivität bzw. Wirtschaftlichkeit im Unternehmen zu erhöhen. Der Einsatz einer CAD-Anwendung[579] in einem Produktionsprozess wäre primär auf die Umsetzung von Produktzielen bedacht und damit einem Sachziel (in dem Fall der Kategorie Leistungsziel) zugehörig. Die Arten mittelbarer Wertbeiträge, die sich zunächst auf Geschäftsprozessebene auswirken, sind vielschichtig. In der Literatur werden besonders die Beitragsfelder Kosten, Zeit und Qualität erwähnt.[580] Darüber hinaus sind auch alle Formalziele (Produktivität, Wirtschaftlichkeit, Rentabilität und Gewinn) sowie Konzepte des Shareholder und Stakeholder Values und weitere spezifische Leistungsziele auf

---

578 Für eine Strukturierung von Unternehmenszielen siehe Kapitel 4.2.2.
579 Computer-aided Design (CAD) stellt eine Art von Anwendung dar, durch die Produkte oder Komponenten rechnergestützt entworfen werden.
580 Vgl. vom Brocke 2008, S. 195, mit Bezug auf Allweyer 2005, S. 223-244.

Geschäftsprozessebene gegenständlich. MENDE merkt ferner die Faktoren Innovation und Flexibilität an.[581]

Um den Leistungserstellungsprozess allgemein zu beschreiben, wurde bereits auf das Konzept der Wertschöpfungskette von PORTER eingegangen.[582] Die Struktur der PORTER'schen Wertschöpfungskette wird im Referenzmodell verwendet, um den zugehörigen Geschäftsprozess zu modellieren. Ursprünglich war dieses Konzept für Unternehmen gedacht, welche primär physische Güter herstellen. Durch das Modell können die wertschöpfenden Tätigkeiten beschrieben werden, so dass identifiziert werden kann, inwieweit sich ein Unternehmen innerhalb einer Branche von seinen Mittbewerbern abgrenzt.[583] Die Wertschöpfungskette ist damit ein Instrument zur Identifikation strategischer Wettbewerbsvorteile und zur Bewertung von wettbewerbs-spezifischen Stärken und Schwächen. Wie bereits erläutert, ist der Anteil an Informationen im Zeitverlauf auch bei klassischen, physischen Gütern stetig gewachsen. Obwohl PORTER die Bedeutung von Technologie explizit benennt,[584] ist die Art und Weise der Integration der IT in die Wertschöpfungskette nicht eindeutig. Zum einen kann die IT als Teil der sekundären Aktivität der Technology Development (Technologieentwicklung) betrachtet werden. Durch die Entwicklung neuer informationsbezogener Möglichkeiten können Produkte erweitert bzw. verbessert, Arbeitsabläufe unterstützt und Verfahren optimiert werden. Die Bedeutung von IT wäre bei dieser Einordung jedoch insbesondere bei informationsintensiven Produkten unterrepräsentiert. Daher kann die IT auch als alle (sowohl primär als auch sekundär) wertschöpfenden Aktivitäten betreffende Querschnittsfunktion begriffen und der Firm Infrastructure (Unternehmensinfrastruktur) zugeordnet werden. PORTER nennt die IT zwar nicht explizit als separaten Baustein in der Wertschöpfungskette, verdeutlicht die übergreifende Rolle der IT jedoch dadurch, dass er jede primäre und sekundäre Aktivität mit IT-Aufgaben in Verbindung setzt und ein Beispiel der Integration anhand von Web-Applikationen aufzeigt.[585]

---

581 Vgl. Mende 1995, S. 73.

582 Siehe Kapitel 4.2.1.

583 Vgl. Armistead, Clark 1993, S. 224.

584 „Information systems technology is particularly pervasive in the value chain, since every value activity creates and uses information" (Porter 1998, S. 168) und „A firm, as a collection of activities, is a collection of technologies. Technology is embodied in every value activity in a firm, and technological change can effect competition through its impact on virtually any activity [...] every value activity uses some technology to combine purchased inputs and human resources to produce some output" (Porter 1998, S. 166).

585 Die Durchdringung der IT in alle direkt und indirekt wertschöpfenden Aktivitäten skizziert PORTER anhand eines Beispiels in Porter 1998, S. 167.

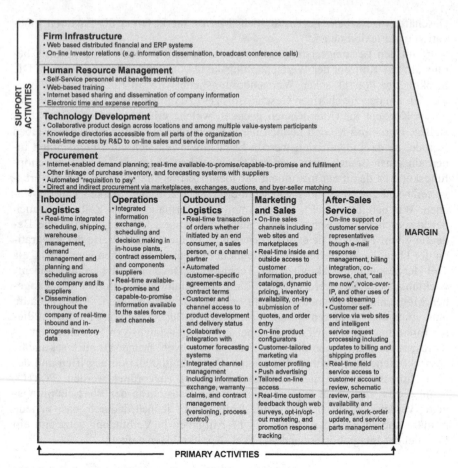

Abb. 5-9: Beispiel der IT-Integration in die Wertschöpfungskette
(Quelle: Porter 2001, S. 75)

Obwohl die Wertschöpfungskette generisch ist und alle wertgenerierenden Aktivitäten eines Unternehmens potentiell charakterisieren können soll, ist sie aufgrund des fehlenden expliziten IT-Bezugs und des daraus resultierenden Mangels an Gestaltungsvorschlägen zur Abbildung des Wertbeitrags der IT nur bedingt geeignet.[586] Insbesondere die Frage der Ursache-Wirkungs-Zusammenhänge von IT-organisationsinterner Aktivität und des daraus zu erwartenden Effekts auf Geschäftsprozessseite bleibt unberücksichtigt. Auch die Art des Wertes ist nicht hinreichend transparent, da ausschließlich das Fundamentalziel der Gewinnmarge (als Ergebnis aus Verkaufserlös abzüglich der Kosten) zur Anwendung kommt. Dennoch bietet der Aufbau der Wertschöpfungskette von PORTER eine gute und allgemein anerkannte Möglichkeit, um die zugehörigen Geschäftsprozesse zu strukturieren, auf die sich eine IT-Investition bezieht. Im Referenzmodell des Wertbeitrags der IT wird daher die Struktur der Wertschöpfungskette genutzt, um die Wirkung der IT auf Businessseite in Form eines zu unterstützenden (nicht-IT-basierten) Geschäftsprozess zu beschreiben.

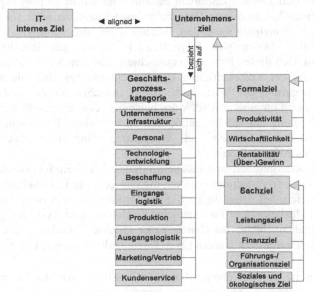

Abb. 5-10: Wertschöpfungskette zur Charakterisierung des IT-gestützten Geschäftsprozesses (Ausschnitt aus dem Referenzmodell zum Wertbeitrag der IT) (Quelle: eigene Darstellung)

---

586 STABELL und FJELDSTAD schlagen zwei alternative Wertschöpfungsmodelle vor, die das Problem der mangelnden IT-Integration beseitigen sollen (vgl. Stabell, Fjeldstad 1998). Sie beschreiben die ursprünglich auf THOMPSON zurückzuführenden Konzepte der *Value Shops* und *Value Networks*, die zwei unterschiedliche Arten der Wertgenerierung darstellen (vgl. Thompson 1967). Value Shops sind als Dienstleister zu verstehen, deren Wertgenerierung primär darin besteht, kundenspezifische Problemlösungen in enger Abstimmung mit dem Kunden zu entwickeln. Value Networks agieren als Mediatoren und bieten einen technischen Zugang zu einem Netzwerk an, in dem Kunden miteinander interagieren können.

5.2.2 Direkter Wertbeitrag durch geschäftsprozessübergreifende Wirkung

Abweichend von der von WIGAND, PICOT und REICH vertretenen Ansicht der ausschließlichen Wertgenerierung durch einen Geschäftsprozess wird in der vorliegenden Arbeit die Meinung vertreten, dass IT auch direkt Wert stiften kann. Eine *direkt* wertsteigernde Wirkung liegt dann vor, wenn der IT-Einsatz zur Erreichung eines Unternehmensziels unmittelbar beiträgt und eine mittelbare Wirkung über einen Geschäftsprozesses entfällt.[587] Werden durch den IT-Einsatz Unternehmensziele erreicht, die sich nicht auf einen Geschäftsprozess beziehen, sind diese folglich auch unabhängig von einem solchen. Dies ist dann der Fall, wenn sich ein Unternehmensziel ausschließlich auf sich innerhalb der IT-Organisation befindende Ressourcen bezieht oder auf diese übertragen wird, so dass ein Beitrag hin zu diesem Unternehmensziel geleistet wird. Da Formalziele übergeordnete Prinzipien darstellen, anhand derer unternehmerisches Handelns erfolgen soll,[588] lassen sich folglich auch Handlungen innerhalb der IT-Organisation nach diesen Prinzipien ausrichten. Ein vom Vorstand gesetztes Ziel zur Steigerung der Kosteneffizienz (Kostensenkung bei gleichbleibender Leistung zur Steigerung der Wirtschaftlichkeit), welches für die IT-Organisation konkretisiert und umgesetzt wird, wäre beispielsweise als geschäftsprozessübergreifende Wirkung auf ein Formalziel hin zu verstehen. Entsprechend lässt das Referenzmodell den Freiheitsgrad, Wertbeitrag ohne einen zugehörigen Geschäftsprozess zu modellieren.

Als direkte, geschäftsprozessübergreifende Wertbeiträge können auch IT-Services/-Produkte verstanden werden, die das gesamte Unternehmen oder Teile dessen betreffen, bei denen keine klare Zuordnung zu einem Geschäftsprozess gegeben ist. Insbesondere die Bereiche IT-Betrieb und IT-Leitung beinhalten häufig Aufgabengebiete, bei denen keine direkte Zuordnung zu einem Geschäftsprozess hergestellt werden kann. Dazu zählen folgende Beispiele:

- Geschäftsprozessübergreifende Infrastruktur wie Kollaborations- und Kommunikationswerkzeuge, digitale Communitys, E-Mail oder Messaging-Services, Blogs, Wikis, Video Conferencing.
- Infrastruktur, die eine Vielzahl verschiedener Anwendungssysteme unterstützt (Mainframe, Virtualisierungs-Cluster).

---

587 Diese *direkte* Wirkungsweise durch IT ist in Abb. 5-11 veranschaulicht. In der vorliegenden Abhandlung wird noch genauer zwischen geschäftsprozessübergreifender und IT-interner Wirkung (siehe Kapitel 5.3) unterschieden. KESTEN, MÜLLER und SCHRÖDER benutzen den Begriff der direkten Wirkung, welcher dem Verständnis der IT-internen Wirkung entspricht (vgl. Kesten, Müller, Schröder 2007, S. 134-135).
588 Vgl. Gladen 2011, S. 51-54.

- Vertragsverhandlungen mit einem Service-Provider, die zu einer Reduktion der Wartungskosten führen.
- Etablierung von Methoden für das Projektmanagement oder die Ressourceneinsatzplanung, durch welche die vorhandenen Kapazitäten besser genutzt werden.
- Intelligentes Lizenzmanagement zur Reduzierung der Anzahl der Lizenzen.
- Restrukturierungsmaßnahmen innerhalb der IT-Organisation, welche die vorhandenen Aufgaben effizienter auf die Ressourcen verteilen.[589]

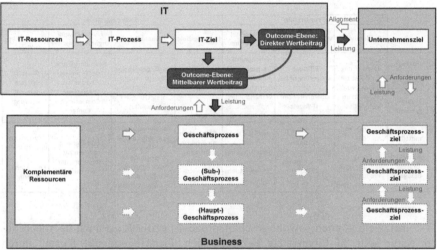

Abb. 5-11: Mittelbarer und direkter Wertbeitrag durch IT
(Quelle: eigene Darstellung)

Zwar können sämtliche IT-Leistungen analog einer verursachungsgerechten Prozesskostenrechnung über bestimmte Verteilungsschlüssel Geschäftsprozessen zugeordnet werden, diese Zuordnung ist aber nicht originär und insbesondere a priori und aus Investitionssicht ein eher künstliches, kalkulatorisches Konstrukt.[590]

Die Frage, ob ein durch IT initiierter Wertbeitrag über einen Geschäftsprozess wirkt und entsprechend modelliert wird oder als direkt wirkender Beitrag aufzufassen ist, lässt sich nur bedingt aus der Kategorie des Unternehmensziels

---

589 Unter der Annahme, dass die Ressourcen jeweils nicht einem Geschäftsprozess zuzuordnen sind.
590 Zur Prozesskostenrechnung vgl. Gadatsch, Mayer 2006, S. 411-440.

ableiten (siehe Tab. 5-1). Die Formalziele Produktivität, Wirtschaftlichkeit und Rentabilität/Gewinn können sowohl mittelbar durch einen IT-gestützten Geschäftsprozess generiert werden als auch direkt. Leistungsziele umfassen Produkt- und Marktziele. Die Umsetzung von Leistungszielen durch IT bezieht sich überwiegend auf primär wertschöpfende Aktivitäten in der Wertschöpfungskette. In der Regel kann diesen ein Geschäftsprozess klar zugeordnet werden, so dass sich die Umsetzung von Leistungszielen als mittelbarer Outcome darstellt (z.B. der Einsatz einer CAD-Anwendung zur Entwicklung neuer Produkte).

Tab. 5-1: Beispiele direkter und mittelbarer Wirkung der IT auf Primär- und Sekundärziele

		Primärziele			Sekundärziele			
		Produktivität	Wirtschaftlichkeit	Rentabilität und Gewinn	Leistungsziele	Finanzziele	Führungs- und Organisationsziele	Soziale und ökologische Ziele
Outcome	direkt (geschäfts-prozess-über-greifend)	Verringerung der Ø Zeit zur Lösung von Incidents im Service Desk	Effizienz-steigerungen bei GP-übergreifenden IT-Assets	Erhöhung der Kostenwirt-schaftlichkeit durch Vertrags-verhandlungen mit IT-Zuliefern	n/a	Verlängerung des Zahlungshorizontes bei IT-Zuliefern zur Steigerung der Liquidität	Restrukturierung der IT analog business-bezogener Competence Center	Green IT, private Internet-nutzung
	mittelbar (geschäfts-prozess-bezogen)	Verringerung der Durchlaufzeit durch intelligenteres Produktions-planungssystem	Effizienz-steigerungen bei GP-bezogenen IT-Assets	Vereinfachung des Bestellvorgangs im Onlinevertriebs-kanal	CAD-System zur Produkt-gestaltung, digitaler Vertriebs-kanal	Aktivierungswahl-recht selbsterstell-ter Vertriebs-anwendung zur Realisierung der angestrebten Vermögensstruktur	Time-Tracking-System zur Steuerung der Personalaufwände	System zur Reduktion der CO_2-Emissionen in der Fertigung

IT-Finanzziele können sowohl geschäftsprozessspezifisch als auch übergeordneter Natur sein. IT-Finanzziele beziehen sich überwiegend auf Kosten durch Drittanbieter (Primärkosten) oder Kosten, die durch Nutzung der eigenen Ressourcen entstehen (Sekundärkosten). Soziale und ökologische Ziele sind aufgrund ihres projektspezifischen und damit endlich terminierten Charakters eher geschäftsprozessunabhängig und daher direkt wertschöpfend.[591] Nicht verallgemeinerbar ist die Frage, ob sich der Beitrag zu Führungs- und Organisationszielen durch IT auf konkrete Geschäftsprozesse bezieht oder als übergreifend zu betrachten ist. Dies sollte unternehmensspezifisch und je nach Gegenstandsbereich des Unternehmensziels und der gegebenen Geschäftsprozessstrukturierung entschieden werden. Mitarbeiterbezogene soziale Unternehmensziele finden sich in der Regel in gleicher Form in der IT-Organisation wieder, da diese unterneh-

---

591 Geschäftsprozesse haben den Charakter von dauerhaft wiederkehrenden Tätigkeiten (siehe die Definition von Geschäftsprozessen in Kapitel 2.4.1).

mensweit gültig vom Personalbereich formuliert werden.[592] Ökologische Ziele werden für die IT zunehmend bedeutender und zum Teil als Differenzierungsmerkmal für die Kundengewinnung angestrebt.

5.2.3 Outcome als Erreichung von Formalzielen

Da Formalziele übergeordnete Ziele darstellen, unter denen unternehmerisches Handeln erfolgen soll, beziehen sich diese Ziele auf sämtliche Handlungsebenen im Unternehmen. Folglich werden diese Formalziele sowohl auf Unternehmens-, Geschäftsprozessebene als auch auf der Handlungsebene der IT-Organisation an sich angestrebt. Als Formalziele wurden Produktivität, Wirtschaftlichkeit sowie Gewinn und Rentabilität identifiziert. Produktivität bezieht sich auf die Verbesserung mengenmäßiger Input-Output-Verhältnisse der Produktionsfaktoren im Produktionsprozess.[593] Die Steigerung der Produktivität ist seit Anbeginn eines der wesentlichen Ziele des IT-Einsatzes. Nach wie vor wird der Stellenwert der IT zur Erhöhung der Produktivität höher eingeschätzt als ihr Potential zur Entwicklung von Innovationen.[594] Automatisierung, Rationalisierung, die Verringerung von Durchlaufzeiten und Ausschuss zur Erhöhung der Outputmengen oder eine Verringerung der Inputmengen sind klassische Einsatzgebiete der IT.[595] Entsprechend wurde der Beitrag der IT zur Steigerung der Produktivität in der Literatur bereits hinreichend diskutiert. Zu beachten ist, dass sich entsprechend dem Produktivitätsparadoxon eine Steigerung der Produktivität nicht notwendigerweise auf volkswirtschaftlicher Ebene auswirkt und auch weitere Formalziele nicht zwingend positiv beeinflusst werden.[596]

Formalziele werden in ihren unterschiedlichen Ausprägungen durch verschiedene finanzielle Stromgrößen abgebildet. Um den Einfluss der IT auf die Formalziele zu beschreiben, werden zunächst die verschiedenen Stromgrößen erläutert.

---

592 Vgl. Thommen, Achleitner 2006, S. 109.
593 Zum allgemeinen und von der IT losgelösten Begriff der Produktivität siehe Kapitel 4.2.3.1.
594 Vgl. ITGI 2009, S. 11.
595 Vgl. hierzu Kapitel 3.3.
596 Vgl. Hitt, Brynjolfsson 1996, S. 136-137.

5.2.3.1   Die Stromgrößen der Formalziele

Zur Bewertung der Formalziele werden je nach Betrachtungsweise und Anwendungsbereich unterschiedliche Stromgrößenpaare verwendet, welche sich auf verschiedene finanzielle Bestandsgrößen beziehen. Dazu zählen:[597]

- Einzahlung und Auszahlung
- Einnahme und Ausgabe
- Ertrag und Aufwand
- Erlös (bzw. Leistung) und Kosten

Abb. 5-12: Zusammenhang der Stromgrößen
(Quelle: eigene Darstellung)

Eine *Einzahlung* bezieht sich auf eine Zu-, eine *Auszahlung* auf eine Abnahme des Zahlungsmittelbestands einer Betrachtungsperiode. Der Zahlungsmittelbestand umfasst direkt liquidierbare Geldmittel in Form von Bar- und Buchbeständen.[598] Ein Beispiel hierfür ist eine erfolgte Überweisung auf das Girokonto des Unternehmens aufgrund der Veräußerung einer Softwarelizenz. Eine beispielhafte Auszahlung ist die Überweisung der Löhne und Gehälter der IT-Mitarbeiter.

Eine *Einnahme* bezieht sich auf eine Zu-, eine *Ausgabe* auf eine Abnahme des Geldvermögens einer Betrachtungsperiode. Der Geldvermögen umfasst den Zahlungsmittelbestand zuzüglich Forderungen (noch ausstehende Einzahlungen) abzüglich der Verbindlichkeiten (noch ausstehende Auszahlungen). Ein Beispiel für die Einnahme ist die Fakturierung einer Rechnung für eine Leistung, die einem Kunden erbracht wurde. Solange die Rechnung noch nicht beglichen wurde, besteht eine Forderung gegenüber dem Kunden, so dass der Einnahme keine

---

597 Für Definitionen und detailliertere Abgrenzungen der Stromgrößen siehe Thommen, Achleitner 2006, S. 413-416; Korndörfer 2003, S. 34-38; Horsch 2010, S. 3-14 sowie Brugger 2005, S. 115-117.
598 Vgl. Kußmaul 2008, S. 107.

Einzahlung gegenübersteht. Ein Beispiel für eine Ausgabe, der keine Auszahlung gegenübersteht, wäre der Kauf eines Servers auf Ziel. *Ertrag* bezieht sich auf eine Zu-, *Aufwand* auf eine Abnahme des Gesamtvermögens. Beide Stromgrößen sind Gegenstand des betrieblichen Rechnungswesens. Das Gesamtvermögen umfasst das Geldvermögen zuzüglich des Sachvermögens (Sachanlagen, immaterielle Vermögensgegenstände und Vorräte). Ertrag ist der bewertete Wertzuwachs einer Abrechnungsperiode. Dieser Wertzuwachs ergibt sich durch: [599]

*   am Absatzmarkt erzielte Umsatzerlöse
*   erstellte aktivierungsfähige und zu Herstellungskosten zu bewertende Vermögensgegenstände

Als Beispiel können die Umsatzerträge durch die Veräußerung eines Mainframes oder die Herstellungskosten eines selbsterstellten Anwendungssystems (inklusive Entwicklungskosten, Reisekosten etc.) genannt werden.[600] Erträge werden in Betriebsertrag und neutraler Ertrag unterteilt. Ein neutraler Ertrag ist ein Wertzuwachs, der nicht mit dem ordentlichen, regelmäßigen betrieblichen Leistungserstellungsprozess einhergeht.[601] Aufwand ist der in Geldeinheiten bewertete Verbrauch an Gütern und Dienstleistungen einer Abrechnungsperiode wie z.B. Abschreibungen auf ein aktiviertes selbsterstelltes Anwendungssystem, die Zahlung von Gehältern oder die Begleichung der Rechnung eines externen Dienstleisters für gemietete Infrastruktur. Auch hier findet eine Unterteilung in Betriebsaufwand und neutralen Aufwand statt. Ein neutraler Aufwand ist ein Werteverzehr, der nicht mit dem ordentlichen, regelmäßigen betrieblichen Leistungserstellungsprozess einhergeht.[602]

Erlöse (synonym: *Leistungen*) beziehen sich auf eine Zu-, *Kosten* auf eine Abnahme des betriebsnotwendigen Vermögens und sind Gegenstand der internen Kosten- und Erlösrechnung. Das betriebsnotwendige Vermögen entspricht

---

599 Vgl. Korndörfer 2003, S. 37.
600 Seit der 2009 in Kraft getretenen Modernisierung des Bilanzrechts (§ 248 (2) HGB) gilt ein Aktivierungswahlrecht von selbst geschaffenen immateriellen Vermögensgegenständen des Anlagevermögens (vgl. Bundesrepublik Deutschland 2009, S. 1103). Der Gegenstand der Aktivierung wird in Kapitel 5.2.3.2 behandelt.
601 Dazu zählen betriebsfremde Erträge (z.B. ein Verkauf eines nicht betrieblich genutzten Gebäudes), außerordentliche Erträge (z.B. Verkauf eines Servers über Buchwert) und periodenfremde Erträge (z.B. Auflösung von Rückstellungen). Die Einteilung ist für die Abgrenzung zu Erlösen/Leistungen relevant.
602 Dazu zählen betriebsfremder Aufwand (z.B. Spende von Hardware), außerordentlicher Aufwand (z.B. Schadensfall ohne Versicherungsschutz) und periodenfremder Aufwand (z.B. Mietvorauszahlungen).

dem Gesamtvermögen abzüglich des nicht betriebsnotwendigen Vermögens. Erlöse sind analog zu den Erträgen ein bewerteter Wertzuwachs einer Abrechnungsperiode. Allerdings stellen Erlöse nur diejenigen Wertzuwächse dar, die mit dem ordentlichen, regelmäßigen betrieblichen Leistungserstellungsprozess einhergehen. Erlöse umfassen darüber hinaus noch kalkulatorische Erlöse, denen keine Einnahmen gegenüberstehen.[603] Kosten sind analog zu den Aufwendungen ein bewerteter Güterverzehr einer Abrechnungsperiode. Indes stellen Kosten nur diejenigen Wertminderungen dar, die mit dem ordentlichen, regelmäßigen betrieblichen Leistungserstellungs-prozess einhergehen. Kosten umfassen darüber hinaus noch kalkulatorische Kosten, denen keine Auszahlung gegenübersteht.[604] Um in der Lage zu sein, beschreiben zu können, welche Kosten in der IT anfallen, werden diese nach Kostenarten unterschieden. Die Kostenarten werden unternehmensspezifisch nach verschiedenen Kriterien und Unterkategorien gegliedert. Eine übliche Klassifikation von IT-Kostenarten ist in Tab. 5-2 dargestellt.[605] Darüber hinaus ist eine Aufteilung in IT-Betrieb (Run) und IT-Projekte (Change) nicht unüblich.[606]

Tab. 5-2: Möglichkeit zur Strukturierung von IT-Kostenarten

Hardware	Externe Kosten
Hardware Infrastruktur	IT Beratung
End User Equimpment	Externe Dienstleistungen
Wartung	Gebäude und Infrastruktur
Abschreibungen auf Hardware	Raummiete
Software	Energiekosten
Lizenzen	Security
Softwareentwicklung	Kommunikationskosten
Wartung	Festnetz
Abschreibungen auf Software	Mobil
Personalkosten	Sonstige Kosten
Löhne und Gehälter	Büromaterialien
Incentives	Porto
Training, Aus- und Weiterbildung	Sonstiges
Reise- und Bewirtungskosten	

---

603 Hierzu zählen Andersleistungen (in Bezug auf Rechnungswesen andere Handhabung) und Zusatzleistungen (Wertzuwächse, die im Rechnungswesen nicht berücksichtigt werden dürfen).
604 Hierzu zählen Anderskosten (in Bezug auf Rechnungswesen andere Handhabung) und Zusatzkosten (Wertminderungen, die im Rechnungswesen nicht berücksichtigt werden dürfen).
605 Vgl. Tiemeyer 2005, S. 18-24; Wieczorrek, Mertens 2007, S. 150; Brugger 2005, S. 304.
606 Vgl. Gadatsch, Mayer 2006, S. 166-173; Pfeifer 2003, S. 42.

Bezogen auf den IT-Einsatz können IT-Kosten größtenteils mit IT-Aufwand gleichgesetzt werden, da sowohl neutrale Erträge und Aufwendungen als auch Zusatzleistungen und -kosten eine Ausnahme darstellen. Sind die Höhen der Auszahlung, Ausgabe, Aufwand und Kosten identisch, spricht man von pagatorischen (zahlungsgleichen) Bestandsgrößen.[607] Dazu zählt z.B. der Kauf einer Softwarelizenz, welche in der gleichen Rechnungsperiode bezahlt wird und als geringwertiges Wirtschaftsgut unmittelbaren Aufwand darstellt.

5.2.3.2 Rentabilität und Gewinn

Der Gewinnbegriff ist im engeren, bilanziellen Sinne auf die IT-Organisation nur anwendbar, sofern diese als Profit-Center organisiert ist oder das Unternehmen an sich ein IT-Unternehmen ist und IT-Produkte für den Absatzmarkt erstellt. In diesem Fall ist der Gewinn der durch Herstellung und Absatz von IT-Produkten und -Dienstleistungen erwirtschaftete Jahresüberschuss, der aus der Differenz von Ertrag und Aufwand resultiert. Es ist jedoch anzumerken, dass nur ein geringer Teil von IT-Organisationen als Profit-Center organisiert ist.[608]

In den überwiegenden Fällen orientiert sich der Gewinnbegriff in der IT an dem Wirtschaftlichkeitsbegriff bei Investitionen. Wirtschaftlichkeit bezieht sich hier analog auf eine Verbesserung monetär bewerteter Input-Output-Beziehungen. Da der Einsatz von IT ein Entscheidungsproblem zwischen verschiedenen Investitionsalternativen darstellt, gilt es die Vorteilhaftigkeit von Investitionen zu bewerten. Hierbei kommen die aus der Investitionsrechnung bekannten Wirtschaftlichkeitsrechnungen wie z.B. die Gewinnvergleichsrechnung zum Einsatz.[609] Im Gegensatz zum allgemeinen Wirtschaftlichkeitsbegriff stellt sich dieser jedoch nicht als Quotient, sondern als absolute Differenz der finanziellen Stromgrößenpaare Einnahmen und Ausgaben oder Erträge und Aufwände dar. Letzteres bildet die Basis für den erfolgswirksamen Teil von IT-Investitionen.

Bei Beurteilungen von IT-Investitionen wird die Erfolgsgröße Gewinn nicht im bilanziellen Sinne berechnet, sondern betrachtet, wie hoch der Einfluss auf den operativen Gewinn ist bzw. in welchem Ausmaß IT-Investitionen zum Gewinn beitragen. Dies hat zur Folge, dass auch für die Rentabilität eine andere Er-

---

607 Vgl. Zingel 2009, S. 1; Horsch 2010, S. 6.
608 In einer *PwC*-Studie wird der Anteil von IT-Organisationen, die als Profit-Center geführt sind, auf 9% beziffert (vgl. Messerschmidt, Schülein, Murnleitner 2008, S. 21). SON und GLADYSZEWSKI ermitteln einen Anteil von 16% (vgl. Son, Gladyszewski 2005, S. 16).
609 Vgl. Wieczorrek, Mertens 2007, S. 288-289; Horváth 2009, S. 462.

folgsgröße angesetzt wird. Des Weiteren wird in der Regel nicht auf zeitpunktbezogene buchhalterische Größen wie z.B. das Eigenkapital zurückgegriffen. Vielmehr wird bei IT-Investitionen anstatt des Rentabilitätsbegriffs eher der Begriff Rendite verwendet.[610] Darüber hinaus werden für eine gewinnorientierte Betrachtung die relevanten Zahlungsströme von IT-Investitionen nicht auf einen einzelnen „Gewinnzeitpunkt" diskontiert. IT-Investitionen beziehen sich in der Regel auf mehrere Perioden, so dass der Einfluss auf den Gewinn periodisch über die Nutzungsdauer betrachtet wird. Eine Diskontierung auf einen einzelnen Zeitpunkt stellt also nicht den Gewinn dar, sie kann jedoch als Kriterium für die Wirtschaftlichkeit von IT-Investitionen herangezogen werden.

In der Regel werden die Einflüsse einer IT-Investition auf den Gewinn und die Wirtschaftlichkeit sowie die Rendite samt der unterschiedlichen und als relevant erachteten Stromgrößen integriert in einem Business Case dargestellt. Im Business Case wird in der Regel keine Unterscheidung von Ausgabe und Auszahlung sowie Einnahme und Einzahlung vorgenommen, da die Unterscheidung der Bestandsgrößen Geldvermögen und Zahlungsmittelbestand nur eine untergeordnete Rolle spielt.[611] Ein besonderes Augenmerk bilden die folgenden Stromgrößen:

- Nicht kapitalisierungsfähige, erfolgswirksame Ausgaben (operational expenditures, kurz: Opex). Diese stellen direkten Aufwand in der Betrachtungsperiode dar. Entsprechend sind Opex pagatorische Zahlungen. Dazu zählen Ausgaben, die während des Betriebs und der Nutzung anfallen (z.B. Wartung, Schulung, Weiterentwicklung). Auch fallen Ausgaben darunter, die sich auf eine zu aktivierende Investition beziehen, aber vom Grundsatz her nicht den Herstellungs- bzw. Anschaffungskosten zuzurechnen sind (z.B. Forschungskosten und gegebenenfalls Reisekosten).

- Kapitalisierungsfähige Ausgaben für eine Investition in einen immateriellen Vermögensgegenstand oder eine Sachanlage im Anlagevermögen (capital expenditures, kurz: Capex). Capex sind Ausgaben einer Periode, die in der gleichen Periode keinen Aufwand darstellen. Diesen Ausgaben folgt erfolgswirksamer Aufwand durch Abschreibungen in späteren Betrachtungsperioden. Dazu zählen beispielsweise die Ausgaben für die Anschaffung eines Servers, eines ERP-Systems oder ein Projekt ab einem bestimmten Projektvolumen. Nach dem Übergang eines Projekts in den Betrieb fallen in der Regel nur noch nicht kapitalisierungsfähige

---

610 Vgl. Schmidt, Terberger 1997, S. 147.
611 Aus Vereinfachungsgründen wird davon ausgegangen, dass Forderungen und Verbindlichkeiten
     des Geldvermögens durch entsprechende Zahlungen in derselben Periode beglichen werden.

Ausgaben an.[612] Capex werden auch als Investitionsausgaben bezeichnet.

- Abschreibungen (engl.: depreciations) eines immateriellen Vermögensgegenstands oder einer Sachanlage im Anlagevermögen, z.B. Hardware oder ein Anwendungssystem. Die Abschreibungen stellen in der Betrachtungsperiode keine Ausgabe dar. Die Ausgaben (Capex) für den Vermögensgegenstand wurden bereits in früheren Perioden getätigt, so dass das Geldvermögen nicht verändert wird. Vielmehr stellen Abschreibungen den Werteverzehr eines Investitionsguts dar.

Die im Business Case verwendeten Zahlungsströme, die Strukturelemente sowie die unterschiedlichen Wirkungen auf die Primärziele werden im Folgenden genauer erläutert.

Da Ausgaben eine Abnahme des Geldvermögens darstellen, fallen darunter sowohl direkt erfolgswirksame Ausgaben (Opex) als auch kapitalisierungsfähige Ausgaben (Capex), die zu Aufwand durch Abnutzung in Folgeperioden führen.

$$\text{Ausgaben}_t \text{ (cash out)} = \sum \text{Capex}_t + \sum \text{Opex}_t$$

Werden finanzielle Ziele mit dem Einsatz von IT verfolgt, kann der Nutzen anhand von Umsatzerlösen oder Kosteneinsparungen (Kosteneffizienz) ermittelt werden. Obwohl Letzteren keine Einzahlungen oder Einnahmen im eigentlichen Sinne gegenüberstehen, werden sie als Einnahme aufgefasst. Diese Ansicht folgt der Logik, dass eine Unterlassung des Projekts zu einem geringeren Zahlungsmittelbestand bzw. Geldvermögen führen würde und die Durchführung der Investition dieser Verringerung entgegenwirkt, so dass relativ ein höherer Zahlungsmittelbestand zu verzeichnen ist. Im Gegensatz zu den Ausgaben werden Einnahmen immer als pagatorische Einnahmen verstanden, denen ein gleich hoher Ertrag in derselben Periode gegenübersteht.[613]

$$\text{Einnahmen}_t \text{ (cash in)} = \sum \text{Umsatzerlöse}_t + \sum \text{Kostenreduktion}_t$$

---

612 Ausnahmen stellen nachträgliche wesentliche Erweiterungen oder Verbesserungen eines Vermögensgegenstands dar. In dem Fall findet eine Zuschreibung des Vermögensgegenstands statt.
613 Zuschreibungen oder Lagererlöse werden im Business Case nicht berücksichtigt.

Zum Teil werden die Einnahmen und Ausgaben auch im Hinblick auf ihre Wirkung unterteilt, so dass transparent wird, ob sie innerhalb der IT oder innerhalb der Businessorganisation zu verzeichnen sind.

Tab. 5-3: Beispielhafte Strukturierung einer IT-Investition mit Einfluss auf Budget und EBIT

Projektbeispiel									Angaben in tsd. EUR
	Projektphase			Betriebsphase					
t	1	2	3	4	5	6	7	8	Σ
Input (manuelle Eingabe)									
Investitionsausgaben									
1 Capex	-500	-1500	-800						-2800
2 Opex									
Betriebsausgaben									
3 Opex				-100	-100	-100	-100	-100	-500
Output (manuelle Eingabe)									
4 Umsatzerlöse				+200	+400	+800	+1200	+1200	+3800
6 Kostenreduktion				+300	+300	+300	+300	+300	+1500
Wirtschaftlichkeit und Gewinn									
Budget									
7 Ausgaben (cash out)	-500	-1500	-800	-100	-100	-100	-100	-100	-3300
8 Einnahmen (cash in)	0	0	0	+500	+700	+1100	+1500	+1500	+5300
9 Cashflow	-500	-1500	-800	+400	+600	+1000	+1400	+1400	+2000
EBIT-Impact									
11 Abschreibungen (aus Capex)	0	-100	-400	-560	-560	-560	-460	-160	-2800
12 Restwert / Investiertes Kapital	0	+500	+1900	+2300	+1740	+1180	+620	+160	
13 Aufwand	0	-100	-400	-660	-660	-660	-560	-260	-3300
14 Ertrag	0	0	0	+500	+700	+1100	+1500	+1500	+5300
Ergebnis bei Eigenfinanzierung									
15 EBIT	0	-100	-400	-160	+40	+440	+940	+1240	+2000
16 Ertragsteuer auf EBIT	0	+30	+120	+48	-12	-132	-282	-372	-600
17 EBIT nach Steuern (NOPAT)	0	-70	-280	-112	+28	+308	+658	+868	+1400

Abschreibungszeitraum	5 Jahre
Projektdauer	3 Jahre
Lebensdauer T	8 Jahre
Steuersatz	30%

Der *Cashflow* stellt den Einnahmen-Ausgaben-Überschuss einer Periode dar.[614] Dazu werden die Ausgaben von den Einnahmen subtrahiert.

---

614 Zum Teil wird der Cashflow auch als Überschuss der Einzahlungen und Auszahlungen definiert (vgl. Groll 2004, S. 62). Der Cashflow aus einzelnen Investitionsgegenständen ist gegenüber dem Cashflow auf Gesamtunternehmensebene abzugrenzen (vgl. Thommen, Achleitner 2006, S. 622; Brugger 2005, S. 128-129). Die Berechnung des Cashflows erfolgt hier durch direkte Ermittlung (vgl. Junginger 2005, S. 65). Im Gegensatz dazu kann dieser auch indirekt über Erfolgsgrößen ermittelt werden. Bei Investitionen gilt:

$$Cashflow_t = \underbrace{\sum Einnahmen_t}_{Erträge_t} - \sum Opex_t - \sum Capex_t$$

$$\text{Cashflow}_t = \sum \text{Einnahmen}_t - \sum \text{Ausgaben}_t$$

$$= \sum \text{Einnahmen}_t - \sum \text{Opex}_t - \sum \text{Capex}_t$$

Die Summe aus nicht kapitalisierungsfähigen Ausgaben und Abschreibungen bildet den erfolgs- bzw. gewinnmindernden Teil einer Investition einer Periode ab.

$$\text{Aufwand}_t = \sum \text{Opex}_t + \sum \text{Abschreibungen}_t$$

Der Ertrag entspricht den Einnahmen, da bei IT-Investitionen wie geschildet keine Differenzierung bei diesen Stromgrößen vorgenommen wird.

$$\text{Ertrag}_t = \sum \text{Umsatzerlöse}_t + \sum \text{Kostenreduktion}_t$$

Die Differenz aus Ertrag und Aufwand bildet den erfolgswirksamen Teil der Investition vor Steuern auf den Gewinn ab. Dieser erfolgswirksame Anteil wird auch als EBIT bezeichnet. Das EBIT entspricht dem operativen Ergebnis und damit dem Ergebnis aus der gewöhnlichen Geschäftstätigkeit vor Finanzergebnis, außerordentlichem Ergebnis und vor Steuern.[615] Analog zum Gewinnbegriff wird im Kontext von Investitionen nicht das tatsächliche EBIT im bilanziellen Sinne berechnet, sondern nur der Einfluss einer Investition auf das EBIT (daher auch: EBIT-Impact). Bezogen auf eine Investition wird das EBIT durch die Differenz aus Ertrag und Aufwand berechnet.

$$\text{EBIT}_t = \sum \text{Erträge}_t - \sum \text{Aufwand}_t$$

Der Gewinn kann je nach Perspektive vor oder nach Steuern ausgewiesen werden. Um den Einfluss einer IT-Investition auf das EBIT nach Steuern zu ermitteln, sind entsprechende Steuerzahlungen abzuziehen. Das daraus resultierende Ergebnis ist das EBIT nach Steuern (Net Operating Profit After Taxes, kurz: NOPAT).[616]

$= \sum \text{Ertäge}_t - \sum \text{Opex}_t - \sum \text{Abschreibungen}_t + \sum \text{Abschreibungen}_t - \sum \text{Capex}_t$
$= \sum \text{EBIT}_t + \sum \text{Abschreibungen}_t - \sum \text{Capex}_t$.
615 Siehe Kapitel 4.2.3, insbesondere Abb. 4-10.
616 Vgl. Wiehle et al. 2011, S. 26.

Das EBIT verkörpert jedoch ebenso wenig das tatsächliche Pendant des Gewinns vor Steuern wie der NOPAT den Gewinn nach Steuern. Um den Gewinn zu berechnen, werden das Finanzergebnis und das außerordentliche Ergebnis zum operativen Ergebnis (EBIT) hinzugerechnet (siehe Abb. 5-13). Das außerordentliche Ergebnis wird durch eine IT-Investition idealtypisch nicht beeinflusst und kann vernachlässigt werden.[617] Das Finanzergebnis wird von IT-Investitionen nur dann beeinflusst, wenn die mit dem IT-Investment verbundenen Ausgaben teilweise oder vollständig fremdfinanziert werden. In diesem Fall fallen Fremdkapitalzinsen an, die das Ergebnis vor Steuern verringern und somit die Höhe der Steuerlast beeinflussen.[618]

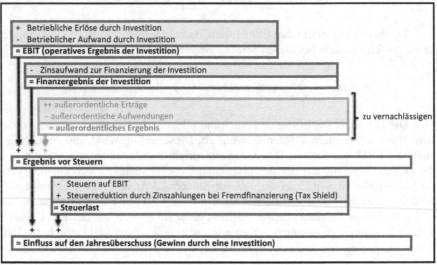

Abb. 5-13: Einfluss von Fremdkapitalzinsen auf den Gewinn bei Investitionen (Quelle: eigene Darstellung)

Die Fremdkapitalzinsen lassen sich wie folgt ermitteln:

$$\text{Fremdkapitalzinsen}_t = \sum (\text{Capex}_t * \text{FK}_{\text{Quote}}) * i_{FK}$$

---

617 Ein außerordentlicher Ertrag ist z.B. der Verkauf eines Servers über Buchwert oder periodenfremde Erträge durch Auflösung von Rückstellungen. Da diese aber außerordentlich anfallen und nicht geplant werden, sind sie nicht Bestandteil des Business Case.

618 Diese Reduktion der Steuerlast wird auch als Tax Shield bezeichnet.

Tab. 5-4: Erfolgsrechnung für eine IT-Investition bei Fremdfinanzierung

Projektbeispiel								Angaben in tsd. EUR	
	Projektphase			Betriebsphase					
t	1	2	3	4	5	6	7	8	Σ
Input (manuelle Eingabe)									
Investitionsausgaben									
1 Capex	-500	-1500	-800						-2800
2 Opex									
Betriebsausgaben									
3 Opex				-100	-100	-100	-100	-100	-500
Output (manuelle Eingabe)									
4 Umsatzerlöse				+200	+400	+800	+1200	+1200	+3800
6 Kostenreduktion				+300	+300	+300	+300	+300	+1500
Wirtschaftlichkeit und Gewinn									
Budget									
7 Ausgaben (cash out)	-500	-1500	-800	-100	-100	-100	-100	-100	-3300
8 Einnahmen (cash in)	0	0	0	+500	+700	+1100	+1500	+1500	+5300
9 Cashflow	-500	-1500	-800	+400	+600	+1000	+1400	+1400	+2000
EBIT-Impact									
11 Abschreibungen (aus Capex)	0	-100	-400	-560	-560	-560	-460	-160	-2800
12 Restwert / Investiertes Kapital	0	+500	+1900	+2300	+1740	+1180	+620	+160	
13 Aufwand	0	-100	-400	-660	-660	-660	-560	-260	-3300
14 Ertrag	0	0	0	+500	+700	+1100	+1500	+1500	+5300
Ergebnis bei Fremdfinanzierung									
18 FK-Aufnahme und -Tilgung	+100	+300	+160		-100	-300	-160		0
FK-Zinsen für capex aus t=1	-6	-6	-6	-6					-24
FK-Zinsen für capex aus t=2		-18	-18	-18	-18				-72
FK-Zinsen für capex aus t=3			-10	-10	-10	-10			-38
19 FK-Zinsen/-Kosten	-6	-24	-34	-34	-28	-10	0	0	-134
Gewinn (EBIT + Finanzergebnis)									
20 Gewinn vor Steuern	-6	-124	-434	-194	+12	+430	+940	+1240	+1866
21 Tax Shield	+2	+7	+10	+10	+8	+3	0	0	+40
22 Ertragsteuer auf Gewinn	+2	+37	+130	+58	-4	-129	-282	-372	-560
23 Gewinn nach Steuern	-4	-87	-304	-136	+9	+301	+658	+868	+1306

Abschreibungszeitraum	5 Jahre		Kalkulationszinssatz z	10%
Projektdauer	3 Jahre		EK-Quote	80%
Lebensdauer T	8 Jahre		FK-Quote	20%
Steuersatz	30%		FK-Zinssatz vor Steuern (iFK)	6,00%

Die Frage der Finanzierung ist in der Regel nicht Gegenstand einzelner Investitionen, da diese im Rahmen einer unternehmensweiten Budgetplanung zentral durch das Finanzressort vorgenommen wird. Im Zusammenhang von Investitionen wären die Faktoren, ob, wann, in welchem Umfang und zu welchem Zins satz Fremdkapital aufgenommen wird, genauso entscheidend wie die Frage, wann und in welchem Umfang die Schulden getilgt werden. So könnte im Beispiel in Tab. 5-4 eine Finanzierungslücke erst in Periode t = 3 anfallen (Zeitpunkt der Fremdkapitalaufnahme) und diese bereits in t = 4 getilgt werden.

Unklar ist auch, ob zur Tilgung der Schulden ausschließlich oder teilweise die aus der Investition resultierenden Erträge verwendet werden. Geht die Dauer der Laufzeit des Kredits über die Lebensdauer hinaus, so muss für eine Berücksichtigung des Wertbeitrags bei Fremdfinanzierung die zeitliche Betrachtungsweise im Business Case erweitert werden, da die Zinslast auch in späteren (über die Lebensdauer hinausgehenden) Perioden das Ergebnis vor und nach Steuern beeinflusst.

Eine mögliche Vorgehensweise zur Berücksichtigung der Fremdkapitalzinsen basiert auf der Annahme einer Kreditaufnahme in Höhe der kapitalisierungsfähigen Ausgaben in der Projektphase der Investition (Capex) entsprechend der unternehmensweiten Fremdkapitalquote. Für diese Kreditsumme können die Fremdkapitalzinsen gemäß regulärem Marktzins für ein Unternehmen derselben Risikoklasse für eine festgesetzte Laufzeit (z.B. einmalige Tilgung nach der Hälfte der Lebensdauer der Investition) ermittelt und für diese Dauer fortgeschrieben werden.

In der Praxis werden Fremdkapitalzinsen bei IT-Investitionen jedoch nicht oder lediglich in Ausnahmesituationen, z.B. ab einem außergewöhnlich hohen Projektvolumen, berücksichtigt.[619] Im Einzelfall muss geklärt werden, ob die zusätzliche Komplexität einen tatsächlichen Mehrwert bei der Interpretation der IT-Investition liefert und mit welcher Genauigkeit die Fremdkapitalzinsen berücksichtigt werden sollen. Wesentlich ist hierbei, dass für unterschiedliche Business Cases dieselbe Systematik angewendet wird, um eine Vergleichbarkeit zu ermöglichen und Interpretationsspielräume im Hinblick auf verschiedene Berechnungsmethoden zu vermeiden. Werden Fremdkapitalzinsen nicht berücksichtigt, entspricht der Gewinn vor Steuern dem EBIT und der Gewinn nach Steuern dem NOPAT.

Einen weiteren wesentlichen Einfluss auf den Gewinn spielt die Frage der Aktivierungsfähigkeit von IT-Gegenständen.[620] Der Umfang der Aktivierungsfähigkeit bestimmt die Höhe des kapitalisierungsfähigen Ausgaben (Capex) einer Investition. Aus der Abschreibungsdauer folgen die zeitlich nachgelagerten erfolgsrelevanten Abschreibungen. Diesbezüglich ist anzumerken, dass im Jahre 2009 das Bilanzrechtsmodernisierungsgesetz in Kraft trat, welches im Handelsgesetzbuch die Aktivierung von selbsterstellter Software neu regelt.[621] Galt vor dem Inkrafttreten des Gesetzes ein Aktivierungsverbot (keine Abschreibung, direkt erfolgswirksamer Aufwand), besteht seitdem nach § 248 (2) HGB ein Aktivierungswahlrecht von selbst geschaffenen immateriellen Vermögensgegenständen des Anlagevermögens. Im Fall der Aktivierung ist der Vermögensgegen-

---

619 Vgl. Brugger 2005, S. 124.
620 Für eine weitere Vertiefung zu dem Thema siehe Suermann 2006 sowie Böcking 2011.
621 Vgl. Bundesrepublik Deutschland 2009, S. 1103.

stand mit Herstellungskosten anzusetzen. Grundsätzlich wird zwischen Eigenbedarf und Fremdbedarf von IT-Produkten unterschieden. IT-Produkte für den Fremdbedarf werden veräußert. Ihre Herstellung wird als Erlös im Sinne einer Lagerleistung behandelt und im Umlaufvermögen aktiviert. Hardware wird mit den Anschaffungskosten oder Herstellungskosten im Sachanlagevermögen aktiviert. *Anschaffungskosten* sind Ausgaben, die getätigt werden, um „einen Vermögensgegenstand zu erwerben und ihn in einen betriebsbereiten Zustand zu versetzen, sofern sie dem Vermögensgegenstand einzeln zugeordnet werden können".[622] Als *Herstellungskosten* werden Ausgaben verstanden, die der Herstellung, Erweiterung oder der wesentlichen Verbesserung eines Vermögensgegenstands dienen.[623] Dazu zählen Materialkosten, Fertigungskosten, Sonderkosten der Fertigung sowie anteilige Gemeinkosten.

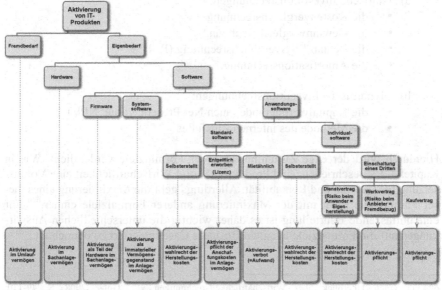

Abb. 5-14: Aktivierung von IT-Produkten nach HGB
(Quelle: eigene Darstellung)

---

622 § 255 (1) HGB.
623 § 255 (2) HGB.

5.2.3.3   Wirtschaftlichkeitsrechnungen

Die unter den Wirtschaftlichkeitsrechnungen zusammengefassten Methoden zur Bewertung von Investitionen gehen über die Betrachtung des Einflusses einer Investition auf das Formalziel der Wirtschaftlichkeit hinaus. Vielmehr untersuchen Wirtschaftlichkeitsrechnungen die Vorteilhaftigkeit von Investitionen im Hinblick auf verschiedene Formalziele. Die Bezeichnung Wirtschaftlichkeitsrechnung ist daher leicht irreführend. Bezieht sich der Einsatz von IT auf ein Produktivitätsziel, so wird neben der rein mengenmäßigen Betrachtung immer auch eine Abschätzung in Bezug auf den damit in Verbindung stehenden finanziellen Aspekt vollzogen. Zu den bekanntesten Wirtschaftlichkeitsrechnungen, die auch bei IT-Investitionen zur Anwendung kommen, zählen:[624]

a)   statische Investitionsrechnungen:
  • die Kostenvergleichsrechnung
  • die Gewinnvergleichsrechnung
  • die Rentabilitätsvergleichsrechnung (RoI)
  • die Amortisationsrechnung

b)   dynamische Investitionsrechnungen:[625]
  • die Kapitalwertmethode (auch Net Present Value, NPV)
  • die Methode des internen Zinsfußes

Hierdurch wird der enge Zusammenhang der Formalziele verdeutlicht. Wie in Kapitel 4.2.3 beschrieben, sind Produktivität und Wirtschaftlichkeit eine Voraussetzung für Gewinn und Rentabilität. Allerdings geht die Maximierung eines dieser Formalziele nicht mit der Maximierung anderer Formalziele einher.[626] Für eine umfassende Beurteilung ist es daher wichtig die unterschiedlichen Auswirkungen auf die Formalziele in einem Business Case integriert zu betrachten.

---

624 Für einen Überblick über Wirtschaftlichkeitsrechnungen vgl. Götze 2008, S. 49-110; Wieczorrek, Mertens 2007, S. 288-291; Amberg, Bodendorf, Möslein 2011, S. 17-21; Nagel 1990, S. 59-70; Kredel 1988, S. 121-123; Reichwald, Höfer, Weichselbaumer 1996, S. 72-75; Korndörfer 2003, S. 284-297.

625 Dynamische Methoden der Wirtschaftlichkeitsrechnung bzw. Investitionsrechnung werden auch als finanzmathematische Methoden bezeichnet (vgl. Korndörfer 2003, S. 288). Die Annuitätenmethode zählt ebenfalls zu den dynamischen Investitionsrechnungen. Diese Methode wird jedoch nicht weiter erläutert, da sie der Kapitalwertmethode weitestgehend entspricht, allerdings werden hierbei als Bewertungsmaßstab gleich hohe Beträge angesetzt, die ein Investor in jeder Periode zusätzlich entnehmen kann (vgl. Götze 2008, S. 93).

626 Vgl. Mertens 2006, S. 32; Korndörfer 2003, S. 47.

Statische Investitionsrechnungen betrachten die aus Investitionen zu erwartenden Stromgrößen unabhängig vom Zeitpunkt der Fälligkeit.[627] Daher wird auch keine Differenzierung in Ausgaben/Einnahmen und Aufwand/Ertrag und der Größen Capex und Abschreibungen vorgenommen. Die jeweils relevanten Stromgrößen werden lediglich periodisch summiert, ohne den Zeitwert des Geldes einzubeziehen.

Die *Kostenvergleichsrechnung* bewertet Investitionsalternativen ausschließlich anhand der mit einer Investition verbundenen Kosten. Es wird unterstellt, dass der Nutzen der Investitionsalternativen identisch ist. Im obigen Beispiel ohne Fremdfinanzierung (Tab. 5-3) entsprechen die Kosten der Summe der Ausgaben in Höhe von 3300 Tsd. EUR. Die durchschnittlichen Kosten pro Periode belaufen sich damit auf 412,5 Tsd. EUR (bei einer Lebensdauer von acht Perioden). Investitionen, die geringere Kosten aufweisen als Alternativinvestitionen oder die Unterlassung, gelten als vorteilhafter.

Bei der *Gewinnvergleichsrechnung* werden den gesamten Erlösen die gesamten Kosten gegenübergestellt. Im obigen Beispiel ergibt sich ein Überschuss von -3300 + 5300 = 2000 Tsd. EUR. Investitionen gelten als vorteilhaft, wenn ihr Überschuss (Gewinn) größer null ist. Bei Investitionsalternativen gilt diejenige Investition als vorteilhaft, die einen höheren Überschuss (Gewinn) aufweist.

Eine *Rentabilitätsvergleichsrechnung* setzt den ermittelten Zahlungsüberschuss einer Investition in Relation zum investierten Kapital. Dadurch wird die Verzinsung des eingesetzten Kapitals transparent. Die Rentabilität von Investitionen wird auch als Return on Investment (RoI) bezeichnet, wobei in diesem Kontext eine abweichende Berechnung zum allgemeinen, auf dem Du-Pont-Kennzahlensystem basierenden, RoI verwendet wird.[628] Bei Investitionsobjekten, wie sie in der IT vorherrschen, werden die relevanten Größen Zahlungsüberschuss und eingesetztes Kapital unterschiedlich definiert, so dass verschiedene Ermittlungsmethoden für die Rentabilität existieren.[629] Bei einem Vergleich von Investitionsalternativen ist daher stets darauf zu achten, dass die gleiche Methode herangezogen wird.

Im Gegensatz zum allgemeinen Rentabilitätsbegriff, welcher das Verhältnis von Jahresüberschuss zum durchschnittlich eingesetzten Kapital betrachtet, ergeben sich in Bezug auf Investitionen einige Besonderheiten.[630] Während bei der Gesamt- und Eigenkapitalrentabilität der finanzielle Erfolg einer einzelnen Rechnungsperiode betrachtet wird, können sich die Rückflüsse einer Investition

---

627 Vgl. Korndörfer 2003, S. 284-285.
628 Siehe Kapitel 4.2.3.
629 Vgl. Götze 2008, S. 60; Taschner 2008, S. 85.
630 Siehe Kapitel 4.2.3.

auf mehrere Perioden erstrecken.[631] Zur Berücksichtigung dieser Mehrperiodizität können entweder Durchschnittswerte ermittelt werden oder kann die Rentabilität über die gesamte Lebensdauer bestimmt werden. Im ersten Fall wird der durchschnittliche Zahlungsüberschuss der Investition während des Betriebs herangezogen. In Bezug auf das eingesetzte Kapital existieren verschiedene Interpretationen. So kann die im unteren Beispiel verwendete Summe des eingesetzten Kapitals während der Projektdauer herangezogen werden, die Hälfte dessen oder der durchschnittliche Restbuchwert der Investition.[632]

$$\text{RoI} = \frac{\varnothing \text{ Zahlungsmittelüberschuss der Investition während des Betriebs}}{\sum \text{ eingesetztes Kapital}} * 100$$

Der durchschnittliche Zahlungsüberschuss während des Betriebs beträgt im Beispiel 4800 Tsd. EUR / 5 Perioden = 960 Tsd. EUR. Das eingesetzte Kapital entspricht hier der Investitionssumme als Summe der kapitalisierten Auszahlungen (Capex) in Höhe von 2800 Tsd. EUR. Damit ergibt sich ein RoI von 960 Tsd. EUR / 2800 Tsd. EUR = 34,29%.[633]

Periodenübergreifend wird nicht der Durchschnitt, sondern die Summe der Zahlungsmittelüberschüsse des Betriebs im Verhältnis zum eingesetzten Kapital betrachtet. Ein Vergleich von Investitionen ist hierbei nur bei gleicher Laufzeit gegeben. Diese Art der Betrachtung wird als kumulierter RoI bezeichnet.

$$\text{kumulierter RoI} = \frac{\sum \text{Zahlungsmittelüberschüsse während des Betriebs}}{\sum \text{ eingesetztes Kapital}} * 100$$

Im Beispiel ergibt sich ein kumulierter RoI von 4800 Tsd. EUR / 2800 = 171%. Ein Wert größer als 100% signalisiert hierbei, dass die Investition kostendeckend ist.

Durch eine *Amortisationsrechnung* wird ermittelt, in welchen Zeitraum sich eine Investition durch die darauf zurückzuführenden Zahlungsüberschüsse refinanziert. Dieser Zeitraum wird auch als Wiedergewinnungszeit, Kapitalrück-

---

631 Vgl. Brugger 2005, S. 180; Kütz 2003, S. 125.
632 Vgl. Taschner 2008, S. 85-86; Brugger 2005, S. 181-183.
633 Wie beschrieben sind hier auch abweichende Berechnungsmethoden anwendbar.

flussdauer, Amortisationsdauer oder Payback-Dauer bezeichnet. Den Zeitpunkt, in dem sich eine Investition refinanziert, nennt man Break-even.

Bei der *Kapitalwertmethode* werden sämtliche Einnahmen und Ausgaben einer Investition, die während der Lebensdauer anfallen, berücksichtigt. Dazu wird der Einnahmen-Ausgaben-Überschuss (Cashflow) jeder Periode auf ihren Kalkulationszeitpunkt diskontiert. Dieser Wert ist der *Barwert* (auch Kapitalwert oder engl.: Net Present Value, NPV) und stellt den Gegenwartswert einer Investition dar, der einem adäquaten Geldvermögen entspricht. Es ist darauf hinzuweisen, dass dieser Barwert nicht mit dem Gewinn gleichzusetzen ist. Die Diskontierung erfolgt zu einem Kalkulationszinssatz z, der einer geforderten Mindestverzinsung des Investors entspricht und seine Kapitalkosten deckt.[634] Der NPV kann über folgende Formel ermittelt werden:[635]

$$NPV = \sum_{t=1}^{T} \frac{(Einnahmen_t - Ausgaben_t)}{(1 + z)^t} = \sum_{t=1}^{T} \frac{(Cashflow_t)}{(1 + z)^t}$$

Basierend auf dem obigen Beispiel ergeben sich die in Tab. 5-5 dargestellten Barwerte der einzelnen Cashflows (Einnahmen-Ausgaben-Überschüsse), die summiert einen NPV von 286 Tsd. EUR ergeben.

Tab. 5-5: Kapitalwertmethode

Projektbeispiel									Angaben in tsd. EUR
	Projektphase			Betriebsphase					
t	1	2	3	4	5	6	7	8	Σ
Budget									
Ausgaben (cash out)	-500	-1500	-800	-100	-100	-100	-100	-100	-3300
Einnahmen (cash in)	0	0	0	+500	+700	+1100	+1500	+1500	+5300
Cashflow	-500	-1500	-800	+400	+600	+1000	+1400	+1400	+2000
Barwert der Cashflows	-455	-1240	-601	+273	+373	+564	+718	+653	+286

Lebensdauer T	8 Jahre
Kalkulationszinssatz z	10%

---

634 Vgl. Nagel 1990, S. 66; Brugger 2005, S. 197

635 Es wird angenommen, dass es sich um zukünftige Cashflows handelt, die auf den Bezugszeitpunkt t = 0 abgezinst werden, also der Periode vor Beginn der ersten Zahlung in t = 1. In dem Beispiel fallen in t = 0 selbst keine Zahlungen an. Sollten im Bezugszeitpunkt t = 0 bereits Zahlungen anfallen, werden diese mit einem Diskontfaktor von 1 berücksichtigt und es gilt die Formel:

$$\sum_{t=0}^{T} \frac{(Cashflow_t)}{(1+z)^t}$$

(vgl. Götze 2008, S. 72; Schniederjans, Hamaker, Schniederjans 2005, S. 119).

Anhand des Barwertes kann sowohl die absolute Vorteilhaftigkeit einer einzelnen Investition als auch die relative Vorteilhaftigkeit zwischen Investitionsalternativen bewertet werden. Bei einem Barwert kleiner null ist die Investition un-
wirtschaftlich. Ist der Barwert gleich null, so werden lediglich die Kapitalkosten
des Investors gedeckt, darüber hinaus jedoch keine weiteren Überschüsse erwirtschaftet. Bei einem positiven Barwert ist die Investition wirtschaftlich. Dieser
Barwert ist der Überschuss, den ein Investor über die genannte Mindestverzinsung hinaus erwirtschaftet. Eine Investitionsalternative ist vorteilhafter gegenüber einer anderen, wenn ihr Barwert größer ist.

Die *Methode des internen Zinsfußes* (engl.: Internal Rate of Return, IRR)
bestimmt die Höhe der durchschnittlichen jährlichen Rendite einer Investition.
Die Kapitalwertmethode bezieht sich bei einem positiven Barwert auf einen über
einer festgelegten Mindestrendite liegenden Ertrag und enthält keine Aussagen
über die gesamte Rendite einer Investition. Der interne Zinsfuß ist derjenige
Zinssatz, „bei dessen Verwendung als Kalkulationszinsfuß der Kapitalwert einer
Investition null ist".[636]

$$-\text{NPV} + \sum_{t=1}^{T} \frac{(\text{Einnahmen}_t - \text{Ausgaben}_t)}{(1 + \underbrace{z}_{\text{IRR}})^t} = 0$$

Eine Investition ist vorteilhaft, wenn der interne Zinsfuß größer ist als der
Kalkulationszinssatz im Sinne der geforderten Mindestrendite des Investors. Bei
Investitionsalternativen gilt, dass die Investition mit dem höchsten internen Zinsfuß als vorteilhafteste angesehen wird. Der interne Zinsfuß kann ermittelt werden, indem die Gleichung nach dem Kalkulationszinssatz z aufgelöst wird. In der
Praxis wird hier üblicherweise mit Näherungsverfahren gearbeitet.[637] In dem
obigen Beispiel errechnet sich der interne Zinsfuß wie folgt:

$$-286 + \sum_{t=1}^{8} \frac{(\text{Cashflow}_t)}{(1 + \text{IRR})^t} = 0$$

Nach IRR gelöst, ergibt sich ein interner Zinsfuß von 13,02%. Die Methode
des internen Zinsfußes hat eine hohe Praxisrelevanz, da sie die Rendite eines In-
vestitionsvorhabens darstellt, die Nachteile der statischen Rentabilitätsrechnung
jedoch umgeht.

---

636 Schmidt, Terberger 1997, S. 144.
637 Vgl. Götze 2008, S. 100-103; Taschner 2008, S. 94-96.

In der Praxis werden in einem Business Case mehrere Methoden der Investitionsrechnung verwendet. Neben unternehmensindividuellen Kennzahlen werden am häufigsten EBIT-Impact (49%), RoI (49%) und die Kapitalwertmethode (44%) angewandt.[638] Die beschriebenen Verfahren, die unter den Wirtschaftlichkeitsrechnungen subsumiert werden, adressieren primär die in Tab. 5-6 dargestellten Formalziele.

Tab. 5-6: Zusammenhang von Methode und Formalziel

Methode	Formalziel
Cashflow	Wirtschaftlichkeit, (Über-)Gewinn
EBIT-Impact	Gewinn
Kostenvergleichsrechnung	(Kosten-)Wirtschaftlichkeit
Gewinnvergleichsrechnung	Wirtschaftlichkeit, Gewinn
RoI	Rentabilität
Kumulierter RoI	Rentabilität, Wirtschaftlichkeit
Kapitalwertmethode	Wirtschaftlichkeit
Methode des internen Zinsfußes	Rentabilität

5.2.3.4 Shareholder Value

Wie in Kapitel 4.2.5 dargestellt, kann der Wertbeitrag aus Sicht der Shareholder als Steigerung des Übergewinns bzw. Residualgewinns aufgefasst werden. Der Übergewinn ist der Teil des Gewinns, der die Kapitalkosten deckt. In dem Fall von Shareholdern handelt es sich bei den Kapitalkosten um Eigenkapitalkosten. Die Eigenkapitalkosten sind Opportunitätskosten im Sinne einer Mindestrendite, die durch alternative risikoadäquate Anlagemöglichkeiten am Markt zu erwirtschaften wäre. Ein Übergewinn wird generiert, wenn die Eigenkapitalrendite (RoE) größer ist als die durchschnittliche Rendite einer Alternativanlage gleichen Risikos (WACC).[639]

Im Mittelpunkt der Betrachtung des Shareholder-Value-Konzeptes liegt die Steigerung des Unternehmenswertes, welcher durch die in Kapitel 4.2.5 dargestellten Verfahren Discounted Cashflow (DCF) oder Economic Value Added (EVA) ermittelt werden kann. Diese Verfahren können auch auf die IT angewandt werden, wobei einzelne IT-Investitionsvorhaben und nicht die IT-Organisation als Ganzes Gegenstand der Betrachtung sind.[640]

---

638 Vgl. Messerschmidt, Schülein, Murnleitner 2008, S. 28.
639 Vgl. Wunderlin 1999, S. 111; Hahn, Hintze 2006, S. 103.
640 Ausnahmen bilden IT-Organisationen, die als Profit-Center organisiert sind.

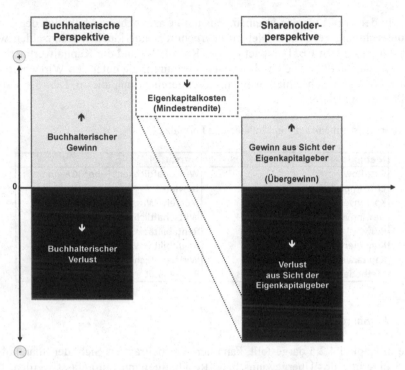

Abb. 5-15: Buchhalterische Gewinnsicht vs. Shareholderperspektive
(Quelle: in Anlehnung an Copeland, Koller, Murrin 2002, S. 14 sowie Hax, Majluf 1991,
S. 232)

Der DCF entspricht methodisch der Kapitalwertmethode, sofern ein gewichteter
Kalkulationszinssatz (WACC) verwendet wird, welcher die Eigen- und
Fremdkapitalkosten deckt. In Abweichung zum Beispiel der Kapitalwertmethode
wird hier jedoch nicht der Cashflow vor Steuern, sondern nach Steuern
verwendet. Da Steuerzahlungen auf den Gewinn die frei zur Verfügung
stehenden Zahlungsüberschüsse der Kapitalgeber senken, müssen diese vom
Cashflow vor Steuern abgezogen werden. Der Cashflow nach Steuern entspricht
dann den Eigen- und Fremdkapitalgebern frei zur Verfügung stehenden
Zahlungsüberschüssen.[641] Es gilt:

---

641 Vgl. Lelke 2005, S. 38; Junginger 2005, S. 65; Thommen, Achleitner 2006, S. 64.

$$\frac{\text{Cashflow}_t}{\text{nach Steuern}} = \frac{\text{Cashflow}_t}{\text{vor Steuern}} - \text{Steuern (auf EBIT)}_t$$

Für die Höhe der Steuerzahlung ist es notwendig mögliche Fremdkapitalzinsen, die zu einer geringeren Steuerlast führen und dadurch den Gewinn nach Steuern relativ erhöhen (Tax Shield), mit zu berücksichtigen.[642] Beim Cashflow selbst dürfen Ausgaben der Fremdfinanzierung (z.B. Zinszahlung oder Tilgung) jedoch nicht mit berücksichtigt werden, sofern ein Bruttoverfahren der DCF-Methode verwendet wird.[643] Unter der Annahme, dass kein Restwert zu berücksichtigen ist, lässt sich der DCF wie folgt ermitteln:[644]

$$DCF = \sum_{t=1}^{T} \frac{(\text{Cashflow nach Steuern}_t)}{(1 + \text{WACC})^t} + \frac{\text{Restwert}_T}{(1 + \text{WACC})^T}$$

Bei dieser Bruttomethode ergibt sich im Beispiel (Tab. 5-7) ein DCF von 31 Tsd. EUR. Der DCF stellt den Übergewinn dar, den die Eigen- und Fremdkapitalgeber in t = 1 über ihre Mindestrenditeerwartung hinaus konsumieren können.

Der Economic Value Add (EVA) ist eine weitere Bruttomethode zur Ermittlung des Übergewinns, bezieht sich jedoch nicht auf Einnahmen und Ausgaben, sondern auf buchhalterische Größen. In Abgrenzung zur DCF-Methode zeigt die EVA-Methode den Übergewinn der Kapitalgeber periodisch an.[645] Der EVA ergibt sich bei Anwendung auf IT-Investitionen analog zur allgemeinen Methode durch:[646]

---

642 Siehe Kapitel 5.2.3.2. Das hier angewendete Verfahren entspricht dem Brutto-Cashflow-Verfahren, welches das Tax Shield durch einen Faktor im WACC berücksichtigt (vgl. Schacht, Fackler 2009, S. 223-224).

643 Bruttoverfahren ermitteln den Marktwert des Gesamtkapitals, so dass der Marktwert des Fremdkapitals abgezogen werden muss, um den Marktwert des Eigenkapitals (Shareholder Value) zu bestimmen (vgl. Schacht, Fackler 2009, S. 208-211; Junginger 2005, S. 65).

644 Die Vernachlässigung des Restwertes unterstellt, dass nach dem Betrachtungszeitraum kein weiterer Nutzen aus der Investition zu erwarten ist (z.B. wenn eine Anwendung eingestellt wird). In der Praxis sollte jedoch berücksichtigt werden, dass IT-Vorhaben zum Teil länger als ursprünglich geplant im Betrieb sein können oder einen Nutzen für Folgeperioden beinhalten, so dass ein angemessener Restwert zu berücksichtigen ist.

645 Vgl. Brugger 2005, S. 224.

646 Eine Beschreibung der allgemeine EVA-Methode sowie der Ermittlung der WACC ist in Kapitel 4.2.5 dargestellt. Der NOPAT wurde in Kapitel 5.2.3.2 definiert.

$$EVA_t = NOPAT_t - Kapitalkosten_t$$
$$= NOPAT_t - (WACC * investiertes\ Kapital_t)$$

Zur Bestimmung des investierten Kapitals kann zum einen der Restbuchwert der Investition im Anlagevermögen herangezogen werden. Der Restbuchwert ergibt sich durch die Summe der kapitalisierungsfähigen Anschaffungskosten (Capex) abzüglich der Summe der Abschreibungen aus Vorperioden.[647] Der Restbuchwert repräsentiert damit das aus der Investition verbleibende gebundene Kapital im Anlagevermögen.

$$Restbuchwert_t = \sum_{t=1}^{T} Capex_t - \sum_{t=2}^{T} Abschreibung_{t-1}$$

Resultieren aus einer IT-Investition Änderungen im Nettoumlaufvermögen (Net Working Capital), gilt es diese Änderungen ebenfalls beim investierten Kapital mit zu berücksichtigen. Dies ist beispielsweise der Fall, wenn durch IT-Investitionen Lagerkapazitäten reduziert werden.[648] Ein Beispiel der EVA-Methode ist in Tab. 5-7 in Zeile 26-28 dargestellt und entspricht mit 31 Tsd. EUR dem Ergebnis der Bruttomethode des DCF. Grundsätzlich kommen Bruttomethode des DCF und EVA zum gleichen Ergebnis.[649]

---

647 Vgl. Horsch 2010, S. 73; Ossadnik 2008, S. 88.
648 Im Beispiel wird davon ausgegangen, dass die Höhe des Umlaufvermögens nicht durch die IT-Investition beeinträchtigt wird.
649 Vgl. Gundel 2012, S. 248. Eine Diskussion der Vor- und Nachteile der einzelnen Methoden findet sich z.B. in Schacht, Fackler 2009; Coenenberg, Salfeld 2007, S. 267-268; Junginger 2005, S. 71-73.

Tab. 5-7: Methoden DCF und EVA anhand des Projektbeispiels

Projektbeispiel									Angaben in tsd. EUR
	Projektphase			Betriebsphase					
t	1	2	3	4	5	6	7	8	Σ
Input (manuelle Eingabe)									
Investitionsausgaben									
1 Capex	-500	-1500	-800						-2800
2 Opex									
Betriebsausgaben									
3 Opex				-100	-100	-100	-100	-100	-500
Output (manuelle Eingabe)									
4 Umsatzerlöse				+200	+400	+800	+1200	+1200	+3800
5 Veränderung im ALV/ULV									0
6 Kostenreduktion				+300	+300	+300	+300	+300	+1500
Wirtschaftlichkeit und Gewinn									
Budget									
7 Ausgaben (cash out)	-500	-1500	-800	-100	-100	-100	-100	-100	-3300
8 Einnahmen (cash in)	0	0	0	+500	+700	+1100	+1500	+1500	+5300
9 Cashflow	-500	-1500	-800	+400	+600	+1000	+1400	+1400	+2000
10 Barwert der Cashflows	-455	-1240	-601	+273	+373	+564	+718	+653	+286
EBIT-Impact									
11 Abschreibungen (aus Capex)	0	-100	-400	-560	-560	-560	-460	-160	-2800
12 Restwert / Investiertes Kapital	0	+500	+1900	+2300	+1740	+1180	+620	+160	
13 Aufwand	0	-100	-400	-660	-660	-660	-560	-260	-3300
14 Ertrag	0	0	0	+500	+700	+1100	+1500	+1500	+5300
Ergebnis bei Eigenfinanzierung									
15 EBIT	0	-100	-400	-160	+40	+440	+940	+1240	+2000
16 Ertragsteuer auf EBIT	0	+30	+120	+48	-12	-132	-282	-372	-600
17 EBIT nach Steuern (NOPAT)	0	-70	-280	-112	+28	+308	+658	+868	+1400
Ergebnis bei Fremdfinanzierung									
18 FK-Aufnahme und -Tilgung	+100	+300	+160		-100	-300	-160		0
19 FK-Zinsen/-Kosten	-6	-24	-34	-34	-28	-10	0	0	-134
Gewinn (EBIT + Finanzergebnis)									
20 Gewinn vor Steuern	-6	-124	-434	-194	+12	+430	+940	+1240	+1866
21 Tax Shield	+2	+7	+10	+10	+8	+3	0	0	+40
22 Ertragsteuer auf Gewinn	+2	+37	+130	+58	-4	-129	-282	-372	-560
23 Gewinn nach Steuern	-4	-87	-304	-136	+9	+301	+658	+868	+1306
Übergewinn									
Bruttoverfahren (free CF)									
24 Free Cashflow nach Steuern	-500	-1470	-680	+448	+588	+868	+1118	+1028	+1400
25 Disounted Cashflow (DCF)	-454	-1214	-510	+306	+364	+489	+572	+478	+31
Bruttoverfahren (EVA)									
26 Kapitalkosten invest. Kapital	0	-50	-191	-231	-175	-118	-62	-16	-843
27 Residualgewinn	0	-120	-471	-343	-147	+190	+596	+852	+557
28 EVA	0	-99	-353	-234	-91	+107	+305	+396	+31
Nettoverfahren									
29 Cashflow der Finanzierung	+94	+276	+126	-34	-128	-310	-160	0	-134
30 Net-Cashflow nach Steuer&Fin.	-404	-1187	-544	+424	+469	+561	+958	+1028	+1306
31 Discounted Net-Cashflow	-363	-955	-392	+275	+272	+292	+447	+430	+7

Abschreibungszeitraum	5 Jahre	FK-Zinssatz vor Steuern (iFK)	6,00%
Projektdauer	3 Jahre	FK-Zinssatz nach Steuern (iFKS)	4,20%
Lebensdauer T	8 Jahre	Risikofreier Basiszins	4,00%
Steuersatz	30%	Marktrendite	9,00%
Kalkulationszinssatz z	10%	Beta-Faktor	1,50
EK-Quote	80%	EK-Zinssatz (nach CAPM)	11,50%
FK-Quote	20%	Kalkulationszinssatz (WACC)	10,04%

Bei der Nettomethode des DCF wird der Marktwert des Eigenkapitals direkt ermittelt, so dass der Marktwert des Fremdkapitals nicht mehr subtrahiert werden
muss. Hierzu werden die Netto-Cashflows ermittelt, die den Eigenkapitalgebern
zur Verfügung stehen und mit den Eigenkapitalkosten abgezinst werden. Der
Netto-Cashflow resultiert aus den freien Cashflows abzüglich des Tax Shields
und dem Cashflow aus Finanzierung, d.h. den Einnahmen und Ausgaben aus der
Aufnahme und Tilgung von Krediten sowie den Zinszahlungen.

$$\text{Netto-Cashflow}_t = \frac{\text{Cashflow}_t}{\text{nach Steuern}} + \text{Tax Shield}_t + \frac{\text{Cashflow}_t}{\text{aus Finanzierung}}$$

Die Nettomethode des DCF lässt sich gemäß folgender Formel ermitteln:[650]

$$DCF_{netto} = \sum_{t=1}^{T} \frac{(\text{Netto-Cashflow}_t)}{(1 + \text{EK-Kosten})^t} + \frac{\text{Netto-Restwert}_T}{(1 + \text{EK-Kosten})^T}$$

Im Beispielprojekt ergibt sich ein Shareholder Value von 7 Tsd. EUR.

Die Frage, mit welchen Mitteln die IT einen Einfluss auf den Shareholder
Value nehmen kann, wird durch die der IT zur Verfügung stehenden Wertsteigerungshebel beantwortet. Diese sind von den allgemeinen, unternehmensweit gel-
tenden Wertsteigerungshebeln abzugrenzen.[651] In der Regel sind sämtliche Fi-
nanzierungsentscheidungen nicht in der IT verankert, so dass keine Einflussnahme auf die Fremdkapitalkosten und die Aufnahme von Fremdkapital bzw.
dessen Tilgung durch die IT vorliegt. Eine Ausnahme, in der die IT die Fremdkapitalkosten beeinflussen kann, stellen IT-bezogene Maßnahmen dar, welche
die Konformität (Compliance) von regulatorischen Vorschriften sicherstellen,
die als Sicherheit vom Kapitalgeber gewertet werden. Der Umfang der Compliance wird zum Teil in dem Bewertungsprozess von Ratingagenturen berücksichtigt, so dass der Umfang der Compliance die Risikoklasse eines Unternehmens
einschließlich der damit verbundenen Kapitalkosten bestimmt.[652]

Als wesentliche Werttreiber der IT zur Steigerung des Shareholder Values
können Umsatzwachstum, Kostenwirtschaftlichkeit und die Vermögensstruktur
identifiziert werden.[653] Durch organisches Umsatzwachstum werden zusätzliche

---

650 Vgl. Schacht, Fackler 2009, S. 226-227.
651 Siehe Kapitel 4.2.5.
652 ROSENKRANZ und MISSLER-BEHR schätzen die Gewichtung der Produktions- und Informationstechnologie am Gesamtrating auf 5% (vgl. Rosenkranz, Missler-Behr 2005, S. 192). Siehe auch
Everling 2008, S. 121-122.
653 Vgl. Junginger 2005, S. 77; Coenenberg, Salfeld 2007, S. 86-88; Holzhammer 2006, S. 420.

Cashflows generiert, die den Kapitalgebern zur Verfügung stehen. Dazu zählen sowohl die Penetration neuer Märkte mit dem Ziel, Neukunden zu akquirieren, als auch eine Erhöhung des Absatzvolumens bei Bestandskunden oder Preiserhöhungen durch informationsangereicherte Produkte oder bessere Services.[654] Des Weiteren sind auch die mit der Durchführung einer Investition verbundenen IT-Ausgaben sowie Effekte, die zu einer Kostenreduktion im Business bei gleich hohem Qualitätsniveau führen (Kostenwirtschaftlichkeit), Wertsteigerungshebel der IT. Es ist anzumerken, dass alleiniges Umsatzwachstum noch keine Wertgenerierung im Sinne des Shareholder Values darstellt, sondern diese erst dann gegenständlich ist, wenn gleichzeitig eine Steigerung der Rentabilität erzielt wird.[655]

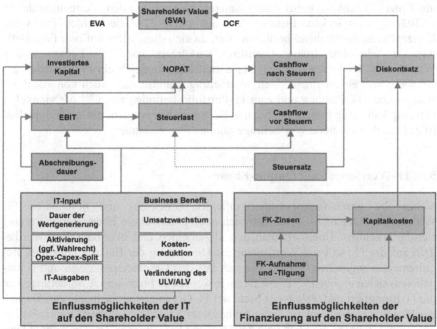

Abb. 5-16: Einflussmöglichkeiten der IT zur Steigerung des Shareholder Values (Quelle: eigene Darstellung)

---

654 Vgl. Holzhammer 2006, S. 422.
655 Vgl. Coenenberg, Salfeld 2007, S. 103. Würden bei einem höheren Umsatz alle Ausgaben relativ mit ansteigen, so wäre der daraus resultierende Cashflow folglich gleich groß und eine Wertgenerierung im Sinne des Shareholder Values hätte nicht stattgefunden.

Ferner stellt die Vermögensstruktur einen Hebel zur Steigerung des Shareholder Values dar. Diese wird zum einen durch die Höhe der mit der IT-Investition verbundenen kapitalisierten Ausgaben (Capex) beeinflusst, zum anderen durch die aus einer IT-Investition resultierende Veränderung im Anlage- und Umlaufvermögen des Unternehmens. Können z.B. Lagerbestände reduziert werden oder werden Anlagen obsolet und veräußert, so stehen den Eigenkapitalgebern zusätzliche freie Cashflows zur Verfügung. Letztendlich stellt die Dauer der Wertgenerierung einen Werthebel dar. Je länger die Wirkung einer IT-Investition anhält, desto länger sind positive Cashflows bzw. ein Restwert ansetzbar.

Grundsätzlich lässt sich der Beitrag der IT auf den Shareholder Value über die dargestellten Steuerungshebel beeinflussen. Versteht man das Shareholder-Value-Konzept explizit als Ausrichtung aller IT-Aktivitäten auf den Marktwert des Unternehmens, so greift dieses Konzept zu kurz, um den Wertbeitrag der IT vollständig abzudecken. Insbesondere qualitative IT-Ziele werden durch das Konzept nicht hinreichend berücksichtigt, da sich diese nicht auf rein finanzielle Aspekte wie den freien Cashflow verkürzen lassen.[656] Ferner weisen WEHRMANN, HEINRICH und SEIFERT darauf hin, dass sich ein IT-Vorhaben unabhängig von einem finanziellen Wertbeitrag grundsätzlich auch kongruent zur strategischen IT-Planung und zum IT-Portfolio befinden muss.[657] Als sinnvoller Umgang kann eine integrative Sichtweise angesehen werden, die sowohl qualitative als auch finanzielle Wertbeiträge miteinander verbindet.

5.3 IT-Wertbeitrag auf Output-Ebene

Neben der geschäftsprozessübergreifenden (direkten) und mittelbaren IT-Wirkung auf Outcome-Ebene lässt sich noch eine weitere Ebene der Wertgenerierung erkennen. Überträgt man den allgemeinen und ökonomischen Wertbegriff auf die IT, so kann Wertbeitrag als Umsetzung der Bedarfe (Business Requirements) angesehen werden, die sich aus den Geschäftsprozessen und Unternehmenszielen ergeben.[658] Diese Bedarfe werden in Form von Anforderungen an die IT formuliert und stellen aus Sicht der IT-Organisation Sachziele dar. Da sich der Handlungsspielraum zur Erreichung dieser Sachziele auf die IT-Organisation beschränkt, werden die Sachziele der IT auch als *IT-interne Ziele* und deren Um-

---

656 Vgl. Lucas 1999, S. 203; Baumöl, Ickler 2008, S. 977 mit Bezug auf Veith, Leimeister, Krcmar 2007, S. 1196.
657 Vgl. Wehrmann, Heinrich, Seifert 2006, S. 235.
658 Vgl. Kapitel 4.1 und Kapitel 4.2.1. BAUMÖL, HOFFMANN und STETTLER verstehen diese Art der Wertgenerierung als „wahrnehmbaren Kundennutzen" bzw. „in den Fachbereichen spürbare Wirksamkeit der IT [...]" (Baumöl, Hoffmann, Stettler 2007, S. 259).

setzung als *IT-interne Wertbeiträge* bezeichnet. Die Erreichung dieser IT-internen Ziele wird als Output der IT-Leistungserstellung verstanden. Der in der Wirkungskette nachgelagerte Nutzen auf Businessseite versteht sich entsprechend der in Kapitel 5 dargestellten Systematik als Outcome.

Unter der Prämisse, dass die IT-internen Ziele auf Bedarfe ausgerichtet sind, deren Erfüllung zu bestimmten Geschäftsprozess- und Unternehmenszielen beitragen, kann die Umsetzung eines IT-internen Ziels zunächst losgelöst von der Realisierung der zugehörigen Geschäftsprozess- oder Unternehmensziele als Wertbeitrag aufgefasst werden. Da auch weitere, nicht-IT-bezogene komplementäre Ressourcen die Leistung von Geschäftsprozessen und die Erreichung der Unternehmensziele beeinflussen, spielen IT-interne Ziele eine entscheidende Rolle innerhalb der Ursache-Wirkungs-Kette und für die Qualifizierung des Wertbeitrags. Die Bereitstellung bedarfsgerechter IT-Produkte und -Services stellt den wesentlichen Hebel zur Generierung von IT-Wertbeitrag dar, da diese autark von der IT-Organisation verantwortet wird und ihren Handlungsspielraum abgrenzt. Die Umsetzung der IT-internen Ziele entspricht damit dem Verständnis der Befriedigung der Bedarfe des Business (Business Requirements). Der Schnittstelle zwischen IT und Business und der Identifikation von „tatsächlichen" Businessanforderungen sowie der Transformation in bedarfsgerechte IT-Lösungen kommt damit eine entscheidende Rolle zu.

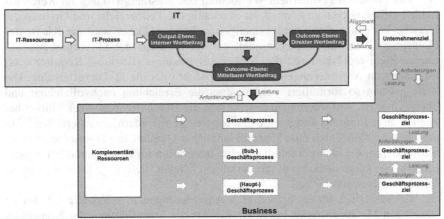

Abb. 5-17: IT-interne, mittelbare und direkte Ebene des Wertbeitrags der IT (Quelle: eigene Darstellung)

Beispiel für einen IT-internen Wertbeitrag:

Ein Direktversicherer verfolgt das Ziel, den Umsatz, den er durch den Verkauf eines Produkts erzielt, um 5% zu steigern. Eine Analyse ergibt, dass sich die Höhe der jährlichen Versicherungsbeiträge im Vergleich zu Wettbewerbern im unteren Drittel bewegt. Um über Onlinevergleicher ein höheres Absatzvolumen zu erreichen, entscheidet der Fachbereich, die Tarifierung so zu gestalten, dass diese mindestens als drittgünstigstes Angebot bei Vergleichsportalen erscheint. Um eine entsprechende Tarifierung vornehmen zu können, soll ein Web-Service entwickelt werden, welcher die Versicherungsbeiträge der Wettbewerber ermittelt und in einer Applikation vorhält. Die IT soll also ein Produkt entwickeln, welches Informationen zur Verfügung stellt, durch deren Nutzung ein höherer Umsatz erwartet wird. Entwickelt die IT den Web-Service entsprechend dem Bedarf des Businessbereichs, wird ein IT-interner Wertbeitrag generiert. Die bedarfsgerechte Bereitstellung des Web-Service stellt jedoch auch einen Wertbeitrag dar, wenn das daraus erwartete Geschäftsziel nicht erreicht wird. Dies kann z.B. dann der Fall sein, wenn Wettbewerber eine ähnliche Strategie verfolgen und sich die Beiträge insgesamt nach unten bewegen, so dass eine Erhöhung des Gesamtumsatzes ausbleibt. IT-interne Wertbeiträge bilden das Potential für eine Wertgenerierung auf Unternehmensebene.

Um zwischen IT-internem Wertbeitrag und Businesswirkung im Referenzmodell differenzieren zu können, ist es wichtig die Teilbereiche und Grenzen der Ursache-Wirkungs-Kette berücksichtigen zu können. Daher wird die Klasse des IT-internen Ziels im Referenzmodell des Wertbeitrags der IT vorgesehen. IT-interne Ziele repräsentieren den Bedarf des Business (Business Requirements) im Sinne von Anforderungen an das IT-Produkt oder die IT-Dienstleistung. Die Ziele müssen so formuliert werden, dass die Erreichung nachvollziehbar und überprüfbar ist. Anforderungen beschreiben die Beschaffenheit einer Einheit bezüglich ihrer Eignung, festgelegte und abgeleitete Erfordernisse zu erfüllen.[659] In der Literatur findet sich eine Vielzahl möglicher Quellen, um IT-interne Ziele zu identifizieren, die sich potentiell für eine Integration im Referenzmodell eignen. Empirische Untersuchungen zu derartigen Zielen liefern jedoch nur unzureichende Ergebnisse.[660]

Grundsätzlich unterscheiden sich Anforderungen in Abhängigkeit des zu steuernden IT-Gegenstands bezüglich der Art der Spezifikation, der Nomenklatur und der zu erfüllenden Qualitätsmerkmale, insbesondere zwischen Systementwicklung und Systembetrieb. So sind Anforderungen in Bezug auf einen IT-

---

659 Vgl. Liggesmeyer 2002, S. 5.
660 Vgl. Heinrich, Stelzer 2011, S. 106. Die in Kapitel 4.2.2 angemerkten Probleme der empirischen Zielforschung finden sich auch bezogen auf IT-Ziele wieder.

Service in Abgrenzung zu einem einmalig zu erstellenden Produkt auf eine lang-fristige, kontinuierliche Dienstleistung ausgelegt.[661]

Als mögliche Quellen von IT-internen Zielen können Softwarequalitäts-merkmale für die Systementwicklung herangezogen werden. Die ISO/ICE 9126 verwendet folgende Strukturierung von Qualitätsmerkmalen:[662]

- Funktionalität (Angemessenheit, Genauigkeit, Interoperabilität, Si-cherheit, Konformität der Funktionalität)
- Zuverlässigkeit (Reife, Fehlertoleranz, Wiederherstellbarkeit, Konfor-mität der Zuverlässigkeit)
- Benutzbarkeit (Verständlichkeit, Erlernbarkeit, Bedienbarkeit, Attrak-tivität, Konformität der Benutzbarkeit)
- Effizienz (Zeitverhalten, Verbrauchsverhalten, Konformität der Effizi-enz)
- Wartbarkeit (Analysierbarkeit, Änderbarkeit, Stabilität, Testbarkeit, Konformität der Wartbarkeit)
- Portabilität (Anpassbarkeit, Installierbarkeit, Koexistenz, Austausch-barkeit, Konformität der Portabilität)

BALZERT und LIGGESMEYER merken an, dass es bis heute zwar keinen Kon-sens bezüglich der zu verwendenden Qualitätsmerkmale gibt, anhand von empi-rischen Untersuchungen jedoch folgende Merkmale am häufigsten Verwendung finden:[663] Leistung[664] (89%), Zuverlässigkeit (68%), Benutzbarkeit (62%), Si-cherheit (60%), Wartbarkeit (55%).

Ein weiterer Ausgangspunkt zur Identifizierung von IT-internen Zielen bie-ten Frameworks für IT-Governance oder für das Service Level Management. Da derartige Frameworks regelmäßigen Reviews unterliegen und sowohl Feedback aus den beteiligten Unternehmen als auch neue Erkenntnisse der Wissenschaft in neueren Versionen explizit mit einfließen lassen, ergibt sich hieraus eine Legiti-mation für die verwendeten Business Requirements im Sinne von IT-internen Zielen. So strukturiert COBIT die Business Requirements nach den folgenden Kategorien:[665]

---

661 Vgl. Brenner, Garschhammer, Nickl 2006.
662 Vgl. Balzert, Liggesmeyer 2011, S. 110-111. Eine ähnliche Klassifikation bietet das „Volere Requirements Specification Template" (vgl. Robertson, Robertson 2010) oder FURPS+ (vgl. Sage, Rouse 2009, S. 617-624).
663 Vgl. Balzert, Liggesmeyer 2011, S. 111.
664 Leistung im Sinne von Zeit, Geschwindigkeit, Volumen und Durchsatz.
665 Vgl. ITGI 2007, S. 10-11.

- Effektivität
- Effizienz
- Vertraulichkeit
- Integrität
- Verfügbarkeit
- Compliance
- und Verlässlichkeit

In Bezug auf den IT-Betrieb bieten sich Kriterien zur Definition von Service Level Agreements (SLA) an.[666] ITIL clustert diese Anforderungen in die Bereiche:[667]

- Verfügbarkeit
- Kapazität und Performanz
- sowie Service Continuity (Verfügbarkeit des Service im Katastrophenfall)

Bei den Anforderungen wird sowohl auf Seiten der Systementwicklung als auch im Systembetrieb zwischen funktionalen[668] und nichtfunktionalen Anforderungen[669] unterschieden. *Funktionale Anforderungen* beschreiben die grundsätzlichen Funktionen („was"), die dem Anwender durch ein IT-Produkt oder einen -Service zur Verfügung gestellt werden sollen, bzw. die Aufgaben, die wahrgenommen werden.[670] *Nichtfunktionale Anforderungen* bilden die Eigenschaften des Produkts bzw. der Dienstleistung ab und beschreiben, wie die funktionalen Anforderungen erfüllt werden sollen.[671] Nichtfunktionale Anforderungen lassen sich in Anforderungen an den Entwicklungsprozess, Anforderungen an das Produkt sowie Anforderungen an den Lieferanten unterteilen.[672] Trotz der unterschiedlichen funktionalen Anforderungen zwischen Systementwicklung und Systembetrieb lassen sich große Übereinstimmungen der nichtfunktionalen Anforderungen feststellen.[673] So entsprechen die Dienstgüteparameter eines SLA weitestgehend den Qualitätsmerkmalen im Lastenheft.

---

666 Bzw. Operational Level Agreements (OLA) für IT-interne und Underpinning Contracts (UC) für externe Dienstleister (vgl. Zarnekow, Brenner, Pilgram 2005, S. 56).
667 Vgl. o.V. 2010.
668 Synonym: fachliche Anforderungen.
669 Synonym: qualitative Anforderungen.
670 Vgl. Köhler 2007, S. 250.
671 Vgl. Robertson, Robertson 2006, S. 9-10.
672 Vgl. Brugger 2005, S. 124-127.
673 Vgl. Brenner, Garschhammer, Nickl 2006.

Um die Anforderungen zu konkretisieren, werden diese innerhalb der IT-Organisation in weitere Teilziele zerlegt, so dass die Ziele innerhalb der IT-Organisation in einer hierarchischen Ursache-Wirkungs-Kette eingebettet sind.[674] Dabei werden in Abstimmung mit der Unternehmensstrategie zunächst grobe IT-Zielcluster gebildet und IT-interne Ziele in einer mehrstufigen Zielstruktur in den tiefer liegenden Ebenen zunehmend konkretisiert.[675] Eine Abbildung jeder beliebigen Ebene der IT-internen Zielhierarchie erscheint für den Zweck der Referenzmodellierung des Wertbeitrags der IT jedoch nicht sinnvoll. Bei einem Referenzmodell steht das Merkmal der Allgemeingültigkeit und des Empfehlungscharakters für darauf aufbauende Modelle im Vordergrund.[676] Entsprechend gilt es diejenigen übergeordneten Kategorien von IT-internen Zielen zu identifizieren, welche die Anforderungsmerkmale möglichst übergreifend abbilden. Vergleicht man die verschiedenen Quellen an IT-internen Zielen, so lassen sich die angeführten übergeordneten Kategorien identifizieren, die folgend genauer beschrieben werden:

- Effektivität
- Effizienz
- Sicherheit und Vertraulichkeit
- Integrität
- Verfügbarkeit
- Compliance

Weitere Kategorien wie z.B. Portabilität, Bedienbarkeit und Modifizierbarkeit stellen zwar auch mögliche Anforderungen dar, lassen sich jedoch als Teilziele der diskutierten Kategorien auffassen und sind in nachgeordneten Ebenen des IT-internen Zielsystems zu integrieren.

---

674 Im Bereich des Service Level Managements werden die SLAs innerhalb der IT-Organisation in sogenannte Operating Level Agreements (OLAs) gegliedert. Diese stellen Vereinbarungen innerhalb der IT-Organisation dar, um die SLAs entsprechend umzusetzen. Für den Bereich der Systementwicklung werden die zur Umsetzung der Anforderungen bestimmten Ziele im Pflichtenheft dokumentiert.
675 Vgl. Eul, Hanssen, Herzwurm 2006, S. 27.
676 Siehe Kapitel 2.2, insbesondere die Ausführungen zum Referenzmodell als Menge normativer Aussagen.

5.3.1 Effektivität

Effektivität wird als Wirksamkeit von Maßnahmen zur Erreichung von Zielen verstanden.[677] Da in diesem Kontext die Ziele der Geschäftsbereiche ausschlaggebend sind, bezieht sich IT-interne Effektivität auf die Wirksamkeit der erbrachten Leistung in Bezug auf die Anforderungen an die IT.[678] Unter dem Gesichtspunkt, dass der IT-Einsatz durch eine Vielzahl von Handlungs- und Technikoptionen gekennzeichnet und mit einem Entscheidungsprozess verbunden ist, zielt Effektivität darauf ab, diejenigen Optionen zu wählen, die eine möglichst große Wirkung zur Befriedigung der Bedarfe des Geschäftsbereichs aufweisen („do the right things").[679] Im Gegensatz zu anderen Anforderungen wird das Ausmaß der Effektivität von der Businessseite nicht a priori qualifiziert, da stets eine größtmögliche Effektivität angestrebt wird. In COBIT wird Effektivität als die in ihrer Relevanz hinsichtlich Zeit, Richtigkeit, Konsistenz und Verwendbarkeit angemessene Bereitstellung von Informationen verstanden.[680] Um das Ausmaß der Effektivität a posteriori qualifizieren zu können, wird dieses als übergeordneter Zielerreichungsgrad im Sinne eines Verhältnisses von erreichtem und definiertem Ziel begriffen.[681] Demnach bestimmt sich die IT-interne Effektivität durch den Deckungsgrad der Erwartungen und Bedarfe der Geschäftsbereiche an die IT und umfasst sowohl die funktionalen als auch nichtfunktionalen Anforderungen.[682] Als indirektes Maß für die Effektivität kommt beispielsweise die Auftraggeberzufriedenheit zur Anwendung.[683] SCHNIEDERJANS, HAMAKER und SCHNIEDERJANS unterteilen den Begriff der IT-Effektivität genauer in einzelne Faktoren, welche die Effektivität determinieren.[684]

---

677 Vgl. Krause, Mertins 2006, S. 32; Schedler 2005, S. 58; Heinrich, Stelzer 2011, S. 107. DYCKHOFF und GILLES differenzieren weiter zwischen absoluter und relativer Effektivität (vgl. Dyckhoff, Gilles 2004, S. 779-780).

678 Vgl. Baumöl, Hoffmann, Stettler 2007, S. 259.

679 Vgl. Johannsen et al. 2007, S. 9.

680 Vgl. ITGI 2007, S. 10.

681 Vgl. Drucker 1974, S. 45; Gladen 2003, S. 132; Otto 2002, S. 279. Begrifflich lässt sich hier eine Nähe zum auf die IT übertragenen betriebswirtschaftlichen Wertbegriff erkennen (siehe Kapitel 5), allerdings bezieht sich die Effektivität explizit auf IT-interne Ziele im Sinne von Bedarfen.

682 Vgl. Kütz 2003, S. 172.

683 Vgl. Brogli 1996.

684 Sie unterscheiden Effektivität in die folgenden Faktoren: Accuracy, Availability, Connectivity, Comprehensibility, Coverage, Flexibility, Instability, Integrity, Learnability, Maintainability, Managerability, Operability, Portability, Reliability, Reparability, Responsiveness, Reusability, Robustness, Security, Testability, Understandability, User-friendliness (vgl. Schniederjans, Hamaker, Schniederjans 2005, S. 69-72). Dabei fällt eine Ähnlichkeit zu den genannten nichtfunktionalen Qualitätsmerkmalen auf.

5.3.2 Effizienz

Das IT-interne Ziel der Effizienz bezieht sich auf den Umfang des Einsatzes von IT-Ressourcen in der Leistungserstellung.[685] Nach Definition der ISO 9000:2000 ist Effizienz das „Verhältnis zwischen dem erzielten Ergebnis und den eingesetzten Mitteln". Da der Ressourceneinsatz unter mengenmäßigen und finanziellen Gesichtspunkten bewertet werden kann, gibt es eine direkte Verbindung zu den Primärzielen Wirtschaftlichkeit und Produktivität.[686] Dieser Umstand findet auch bei einer konkreten, auf dem Referenzmodell aufbauenden, Modellierung eines Wertbeitrags Berücksichtigung. Um die Ursache-Wirkungs-Kette von IT- und Unternehmensziel abzubilden, kann ein IT-internes Effizienzziel durch ein Wirtschaftlichkeits- oder Produktivitätsziel auf Businessseite modelliert werden. Da die Primärziele auf Businessseite übergeordnete Ziele darstellen und beschreiben, unter welchen Bedingungen die Leistungserstellung erfolgen soll, kommen diese auch grundsätzlich für alle Gegenstandsbereiche eines Unternehmens, d.h. auch für die IT-Organisation und deren Steuerungselemente, zur Anwendung. Daher ließen sich die beiden Primärziele Produktivität und Wirtschaftlichkeit alternativ auch als separate IT-interne Ziele auffassen. Effizienz ist in Abgrenzung zur Wirtschaftlichkeit und zur Produktivität eher durch einen minimalen Ressourceneinsatz und (durch die Geschäftsseite) vorgegebenen Output (Minimalprinzip) konnotiert.[687]

Als Maßstäbe für die Effektivität kommen vor allem der personelle Aufwand, die Kalenderzeit oder der unter zeitlichen oder mengenmäßigen Gesichtspunkten bewertete Ressourceneinsatz zur Anwendung.[688]

5.3.3 Sicherheit und Vertraulichkeit

Sicherheit ist die Eigenschaft, Risiken zu vermeiden, bestehende Risiken erkennen und ihre Auswirkungen verhindern oder abmildern zu können.[689] Vertraulichkeit wird als der Schutz verstanden, sensitive Informationen gegen unberech-

---

685 Vgl. Mende 1995, S. 53; Kütz 2003, S. 172.
686 Vgl. Karrer 2006, S. 122.
687 „Efficiency refers to producing the desired effect with minimum effort and resources" (Schniederjans, Hamaker, Schniederjans 2005, S. 72). Siehe auch Karrer 2006, S. 125; Gladen 2003, S. 30.
688 Vgl. Balzert 1998.
689 Vgl. Heinrich, Lehner 2005, S. 485.

tigten Zugang abzusichern.[690] Insofern kann Vertraulichkeit als ein Teilziel der Sicherheit aufgefasst werden.[691]

Gemäß der Definition schließt die Kategorie Sicherheit Aufgaben und Ziele des IT-Risikomanagements mit ein. Risiken werden üblicherweise nach Art ihrer Herkunft gegliedert.[692] Für den Gegenstandsbereich des Wertbeitrags der IT ist zu differenzieren in IT-interne Risiken, welche das Erreichen von IT-internen Zielen beeinträchtigen können, und Risiken, die den nachgelagerten Ursache-Wirkungs-Zusammenhang auf Ebene des Businessziels gefährden. Im Referenzmodell können die Risiken, die ausschließlich auf Businessseite zum Tragen kommen, in der entsprechenden UML-Klasse „Risiko" berücksichtigt werden. Unter dem IT-internen Ziel der Sicherheit sind diejenigen Risiken zu beachten, die das Erreichen anderer IT-interner Ziele gefährden.

Als Maßnahmen kommen beispielsweise redundante Systeme, die der Ausfallsicherheit dienen, Virenschutzmechanismen, Authentifizierungssysteme für eingeschränkte Gebäudezugangsrechte bzw. Zugriffsrechte für IT-Systeme, Verschlüsselungsverfahren und Firewalls für Netze zum Einsatz.[693]

5.3.4 Integrität

Integrität wird als das auf Erfahrungen und Erwartungen basierende Vertrauen verstanden, das ein Akteur gegenüber Dritten genießt.[694] In Bezug auf die IT bezeichnet Integrität die Sicherstellung der Richtigkeit, Unversehrtheit und Vollständigkeit von Informationen.[695]

Das Kriterium der Integrität ist insbesondere im Zusammenspiel verschiedener Informationssysteme relevant. In einem Unternehmen sind häufig verschiedene IS im Einsatz, welche denselben Gegenstand oder Teile dessen aus verschiedenen Perspektiven redundant abbilden. Beispiele sind etwa die Kosten-

690 Vgl. ITGI 2007, S. 10; Heinrich, Lehner 2005, S. 258. Zum Teil wird Vertraulichkeit auch enger gefasst (vgl. Romeike, Hager 2009, S. 374).
691 Vgl. Stahlknecht, Hasenkamp 2005, S. 480-481, S. 489.
692 JUNGINGER unterscheidet zwischen gesellschaftlichen Risiken, Risiken auf Ebene des Individuums und Risiken auf Unternehmensebene, die selbst auch in einzelne Teilbereiche zergliedert werden (vgl. Junginger 2005, S. 101-104).
693 Vgl. Gadatsch, Mayer 2006, S. 101; Stahlknecht, Hasenkamp 2005, S. 481-495.
694 Vgl. Lin-Hi 2010.
695 „Integrity relates to the accuracy and completeness of information as well as to its validity in accordance with business values and expectations" (ITGI 2007, S. 11). HEINRICH und LEHNER beziehen den Integritätsbegriff eher auf Sicherheitsaspekte und stellen diesen als „Zustand der Informationsinfrastruktur, der ein unbefugtes Verändern ihrer Komponenten nicht zulässt und sicherstellt, dass alle sicherheitsrelevanten Objekte vollständig, unverfälscht und korrekt sind" dar (Heinrich, Lehner 2005, S. 258). Ähnlich auch Romeike, Hager 2009, S. 375.

stellenrechnung als Teil eines ERP-Systems und ein Business-Intelligence-System, welches zu Steuerungs- und Reportingzwecken auf einer höheren Aggregationsebene eingesetzt wird. Hier können unterschiedliche Strukturelemente zu deutlichen Verzerrungen bei Analysen führen, die von der IT proaktiv vermieden werden müssen.[696] Darüber hinaus gilt es zu beachten, dass strukturelle Änderungen an Daten in den verschiedenen Systemen in der Regel zeitversetzt durchgeführt werden, so dass der jeweilige Informationsstand des Systems zu berücksichtigen ist. Dies gilt insbesondere auch für historische Änderungen in Systemen, die jeweils nachgehalten werden müssen.

Da diese Informationssysteme genutzt werden, um Entscheidung mit weitreichenden Konsequenzen zu treffen, ist es wesentlich, dass die gleichen objektiven Werte aus den Informationssystemen abgeleitet werden oder Unterschiede transparent und begründet sind. Werden von verschiedenen IT-Verantwortlichen unterschiedliche „Zahlen" desselben Gegenstands im Unternehmen kommuniziert oder ändern sich diese in kommenden Perioden, ohne dass der Grund dafür transparent wird, führt dies zu einem grundsätzlichen Zweifel an der Richtigkeit der zugrunde liegenden Informationen und damit an dem Vertrauen der IT als Ganzes. Entsprechend fordert Integrität, dass keine inhaltlichen oder formalen Widersprüche existieren und die genutzten Informationen in sich konsistent sind.

5.3.5 Verfügbarkeit

Verfügbarkeit ist die Quantifizierung des Zeitraums, in dem ein System bestimmte Anforderungen erfüllt.[697] Gegenstand von Verfügbarkeit sind IT-Services oder Anwendungen.[698] Zum Teil wird der Gegenstandsbereich auch auf IT-Ressourcen im Allgemeinen ausgeweitet.[699] Für die Businessseite ist Verfügbarkeit eine wesentliche Anforderung, da sich diese abhängig von der Kritikalität der Geschäftsprozesse darauf verlassen können muss, in welchem Umfang ein System eine im Voraus vereinbarte Zeit zufriedenstellend arbeitet bzw. dass diese zu bestimmten Zeitpunkten funktionsfähig ist. Darüber hinaus wird unter Verfügbarkeit auch die Wahrscheinlichkeit eines Ausfalls und die Wiederherstel-

---

696 So kann z.B. ein leicht abweichendes Verständnis in den Regionalstrukturen (z.B. Middle East & North Africa inklusive Türkei vs. exklusive Türkei) zu deutlichen Verzerrungen führen.

697 „Die Verfügbarkeit eines technischen Systems ist die Wahrscheinlichkeit oder das Maß, dass das System bestimmte Anforderungen zu bzw. innerhalb eines vereinbarten Zeitraumens erfüllt, und ist somit eine Eigenschaft des Systems" (Romeike, Hager 2009, S. 374). Ähnlich definieren HEINRICH und LEHNER Verfügbarkeit als den „Zustand der Informationsinfrastruktur, in dem keine Beeinträchtigung der Funktionalität vorliegt" (Heinrich, Lehner 2005, S. 258).

698 Vgl. Johannsen et al. 2007, S. 165.

699 Vgl. ITGI 2007, S. 11.

lungszeit als Zeitrahmen, in dem ein Systemausfall zu beheben ist, subsumiert. Um die Verfügbarkeiten zu ermitteln, werden die Geschäftsprozesse auf Businessseite nach ihrer Kritikalität bewertet, Abhängigkeiten zu IT-Systemen analysiert und Anforderungen für die Verfügbarkeit abgeleitet. Auf IT-Seite sind dann Abhängigkeiten von einzelnen IT-Ressourcen untereinander zu berücksichtigen.

Beispiele, an denen sich Verfügbarkeitsanforderungen orientieren, sind die maximale Dauer eines einzelnen Ausfalls, die Anzahl von Unterbrechungen in einem festgelegten Zeitintervall, die durchschnittliche Wiederherstellungszeit nach einem Ausfall (Mean Time To Recover, MTTR) oder die mittlere Betriebsdauer zwischen zwei aufeinanderfolgenden Ausfällen (Mean Time Between Failure, MTBF).[700]

5.3.6 Compliance

Compliance bezieht sich auf die Einhaltung von Gesetzen, externen und internen Regulativen und vertraglichen Vereinbarungen.[701] Aufgrund der Notwendigkeit, den Stakeholdern einen weiterreichenden Schutz durch mehr Transparenz in die Verfahrensweise der Unternehmen zur Verfügung zu stellen, wurden in jüngerer Vergangenheit Gesetze und Regeln veranlasst, welche erhebliche Anforderungen an die Unternehmensführung und die IT-Organisation stellen.[702] Bedeutende Regulative sind z.B. der Sarbanes-Oxley Act (SOX), die International Accounting Standards (IAS), Basel II und III, das Bundesdatenschutzgesetz (BDSG) sowie das Gesetz zur Kontrolle und Transparenz im Unternehmensbereich (KonTraG).[703] Darüber hinaus gibt es beliebige organisationsinterne IT-Governance-Regeln z.B. für die Freigabe von Aufträgen, Qualitätskriterien oder das Vier-Augen-Prinzip bei bestimmten Arten von Informationen oder Adressaten. Compliance als internes Ziel bezieht sich auf die Konformität einer IT-Leistung (Compliance von IT). Davon abzugrenzen ist die Einhaltung von Regeln, Gesetzen und Vorschriften, die durch den IT-Einsatz herbeigeführt wird (Compliance durch IT).

---

700 Vgl. Bernhard, Below 2004, S. 269; Birolini 1997, S. 245; Kütz 2003, S. 94; Romeike, Hager 2009, S. 374.
701 Vgl. ITGI 2007, S. 11; Johannsen et al. 2007, S. 14-15; Kütz, Friese 2006, S. 31.
702 Vgl. Knolmayer 2007, S. 98.
703 Für einen weitreichenden Überblick über regulatorische Anforderungen siehe Johannsen et al. 2007, S. 15-16.

5.3.7 Zusammenfassung der IT-internen Ziele

Abb. 5-18 fasst die diskutierten IT-internen Ziele, die sich aus dem Bedarf ergeben, in einem Ausschnitt des Referenzmodells zusammen.

Abb. 5-18: IT-interne Ziele (Ausschnitt des Referenzmodells zum Wertbeitrag der IT) (Quelle: eigene Darstellung)

In der Praxis treten bei der Zielformulierung typische Kommunikationsprobleme auf, die zu einer Abweichung von erwarteter und tatsächlicher IT-Leistung führen. WARD und PEPPARD identifizieren basierend auf der Arbeit von PARASURAMAN, ZEITHAML und BERRY folgende Problembereiche (Gaps) zwischen IT- und Businessorganisation:[704]

---

704 Vgl. Parasuraman, Zeithaml, Berry 1988; Ward, Peppard 2003, S. 523-534.

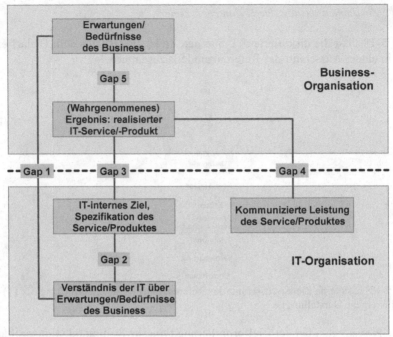

Abb. 5-19: Gaps zwischen IT- und Businessorganisation als Ursachen für einen unzureichenden Wertbeitrag
(Quelle: in Anlehnung an Ward, Peppard 2003, S. 532-534)

Gap 1 – Unterschiedliches Verständnis und Wahrnehmung der IT-Leistung und
der Businessbedürfnisse: Aufgrund ein- oder beidseitiger Kommunikationsdefi-
zite kommt es zu einem mangelhaften Verständnis bzw. einer eingeschränkten
Nachvollziehbarkeit der tatsächlichen Anforderungen und der Erwartungen auf
Businessseite.[705]

Gap 2 – Abweichung zwischen intendiertem und spezifiziertem Ser-
vice/Produkt bzw. internem IT-Ziel: Gründe hierfür sind beispielsweise unpräzise Beschreibungen/Spezifikationen der Anforderungen an das Produkt bzw. die
Servicequalität, die Einschätzung, dass der Service bzw. das Produkt in der Form
nicht vollständig realisierbar ist, oder der Mangel geeigneter Maße, welche die
intendierten Ziele tatsächlich abbilden.

---

705 WARD und PEPPARD sehen die häufig zitierten kulturellen Unterschiede zwischen IT und Business eher als Resultat einer ineffektiven Kommunikation anstatt eines gegebenen Umstands an:
„culture is an excuse for rather than a cause of ineffective application of IT for business benefits
and value" (Peppard, Ward 1999, S. 29, S. 53).

Gap 3 – Abweichung zwischen Spezifikation bzw. IT-internem Ziel und realisiertem Service/Produkt: mangelhafte Umsetzung z.b. aufgrund von Fehlern, fehlender Unterstützung des IT-Managements, Ressourcenkonflikten, unklaren Verantwortlichkeiten, Projektmanagementfehlern, mangelhaftem internen Zusammenhalt und fehlendem Teamwork-Geist oder einem Mangel nachvollziehbarer Maße zur Überprüfung der tatsächlichen IT-Leistung.[706]

Gap 4 – Abweichung zwischen kommunizierter IT-Leistung und wahrgenommener Leistung des Service/Produkts: Ursachen hierfür sind überzogene Zusagen und falsche Versprechen der Leistung/Funktionalität, inkonsistente Kommunikation, unterschiedliche Ansprechpartner, eine fehlende Transparenz der eigentlichen IT-Leistung bei der Nutzung eines Service oder der Durchführung eines Geschäftsprozesses.

Gap 5 – Abweichung im Hinblick auf den erwarteten und wahrgenommenen Service bzw. des Produkts: Ausschlaggebend für diesen Missstand können beispielsweise Verständnisprobleme bei der eigentlichen Nutzung, eine Nutzung des Service/Produkts für andere Zwecke sein, Konsequenzen, die erst bei der tatsächlichen Nutzung bewusst werden, überzogene Erwartungen, Missstand bei Auslieferung des Service/Produkts nicht innerhalb des erwarteten Zeit-, Budget-, Funktionalitätsrahmens.

Diese Bereiche gilt es bei einer Bewertung der Umsetzung der Bedarfe aus den Geschäftsbereichen (Business Requirements) als potentielle Quellen für mangelnde Wertschätzung zu berücksichtigen.

5.4 Kategorisierung von IT-Wertbeitrag

Wie erörtert stellt sich der Wertbeitrag als Ausmaß der Erreichung outputbezogener IT-interner Ziele und outcomebezogener Geschäftsprozess- oder Unternehmensziele dar.[707] Neben diesen Zielinhalten, die sich auf verschiedene Stufen innerhalb der Ursache-Wirkungs-Kette beziehen, lassen sich übergeordnete Wertbeitragskategorien identifizieren, welche die Art des Nutzens der Zielerreichung genauer charakterisieren.

---

706 Zum Nachweis der IT-Funktionalität können verschiedene Testverfahren herangezogen werden. Durch funktionale Tests kann aber beispielsweise nur überprüft werden, ob bestimmte Anforderungen erfüllt sind, die Frage, wie diese erfüllt werden und ob diese auch den Erwartungen des Business entsprechen, bedarf in der Regel eines Akzeptanztests, der eine Einbeziehung der Businessseite erfordert. Akzeptanztests zielen darauf ab Gap 3 zu beheben bzw. zu reduzieren.
707 Siehe Kapitel 5.

Eine verbreitete Klassifizierung des IT-Wertbeitrags geht auf MIRANI und LEDERER zurück, welche den Wertbeitrag der IT anhand einer branchenübergreifenden Analyse von 178 IT-Projekten in drei Kategorien unterteilen:[708]

- Strategische Wertbeiträge
- Transaktionsbezogene Wertbeiträge
- Informationsbezogene Wertbeiträge

In der Literatur lassen sich weitere Strukturierungsformen auffinden, die Teile dieser Klassifikationen abdecken, die Kategorien detaillierter gliedern oder weitere Aspekte ergänzen. Ziel der Referenzmodellierung ist es, den Gegenstandsbereich des Wertbeitrags möglichst vollständig abzubilden. Daher gilt es diejenigen Kategorien zu identifizieren, welche die unterschiedlichen Facetten des Wertbeitrags der IT umfassend beschreiben. Die Abgrenzung einer eigenen Klasse scheint dann gerechtfertigt, wenn der Gegenstandsbereich einen grundsätzlich andersartigen Nutzen stiftet oder sich dessen Quantifizierung und Steuerung entscheidend anders gestalten. Hierbei gilt es einen angemessenen Detaillierungsgrad im Sinne der Verständlichkeit und Allgemeingültigkeit des Modells zu wahren. Die im Rahmen der Arbeit verwendeten Quellen, die einen übergeordneten Wertbeitrag thematisieren, wurden auf ihre Strukturierungsformen hin überprüft. Dazu wurden die Quellen zunächst inhaltlich geprüft, miteinander verglichen und identifiziert, ob bestimmte Teilaspekte nicht durch die von MIRANI und LEDERER vorgestellte Klassifikation abgedeckt werden. Das Ergebnis dieser Evaluation ist in Anhang A dargestellt. Im Folgenden werden die unterschiedlichen Wertbeitragskategorien erläutert und wird dargelegt, inwieweit sich die Strukturierungsformen mit dieser Klassifikation decken bzw. welche Kategorien darüber hinaus berücksichtigt werden müssen.

5.4.1 Strategische Wertbeiträge

Als strategische Wertbeiträge werden Maßnahmen erachtet, die auf langfristige, strategische Unternehmensziele ausgerichtet sind oder den Prozess der Strategieentwicklung unterstützen.[709]

Basierend auf dem Resource Based View (RBV) werden strategische Wettbewerbsvorteile durch Ressourcen erzielt, welche zur Umsetzung von Unternehmenszielen wirksam genutzt werden können und bestimmten Eigenschaften

---

708 Vgl. im Folgenden Mirani, Lederer 1998.
709 Vgl. Chandler 1962, S. 13.

genügen. Dazu zählen eine nachhaltige Knappheit, eine eingeschränkte Imitierbarkeit sowie eine eingeschränkte Substituierbarkeit.[710] Aus diesen Kriterien ergibt sich die Notwendigkeit eines innovativen Charakters von strategischen Wertbeiträgen. BAUMÖL und ICKLER betonen den Aspekt der Innovation explizit und verstehen strategische IT-Wertbeiträge als die Entwicklung neuer Geschäftsfelder durch neue Applikationen und Produkte.[711]

PARKER, BENSON und TRAINOR unterteilen die strategischen Wertbeiträge in (1) strategic Match (Umsetzung strategischer Unternehmensziele), (2) competitive Advantage (Wettbewerbsvorteile im Sinne von PORTERs Branchenstrukturanalyse) und (3) strategic IS Architecture (Infrastruktur zur langfristigen Bedarfsdeckung).[712] Im Sinne des Market Based View (MBV) fallen hierunter Maßnahmen, die im Sinne marktbezogener Einflussfaktoren (PORTERs 5 Forces) einen strategischen Wettbewerbsvorteil darstellen.[713] Diese branchenspezifischen Einflussfaktoren können auf die Handlungsebene eines Unternehmens heruntergebrochen und die Potentiale der IT zur Umsetzung dieser Einflussfaktoren untersucht werden. Dementsprechend stellen sich strategische Wertbeiträge der IT dar als:[714]

- Maßnahmen, welche die Markteintrittsbarrieren erhöhen und Bedrohungen durch weitere Anbieter mindern (z.B. Aufbau eines Social-Media-Netzwerks zu Endkunden oder kooperierenden Unternehmen, mit dem Ziel, einen Lock-in zu erreichen)
- Maßnahmen, welche die Verhandlungsstärke gegenüber Lieferanten stärken (z.B. ein zentralisierter IT-Einkauf, der aufgrund größerer Bestellmengen höhere Abschläge bei Preisverhandlungen ermöglicht)
- Maßnahmen, die Verhandlungsstärke gegenüber Abnehmern stärken, (z.B. hohe Wechselkosten eines IT-Service durch proprietäre Schnittstellen)
- Maßnahmen, welche die Bedrohung durch Substitution verringern

---

710 Vgl. Barney 1991.
711 Vgl. Baumöl, Ickler 2008, S. 978.
712 Vgl. Parker, Benson, Trainor 1988, S. 12, S. 65-72.
713 Zum RBV vgl. Wernerfelt 1984; Wade, Hulland 2004; Barney 1991. Zur marktorientierten Sichtweise vgl. Porter 1998, S. 4-12.
714 PORTER nennt als weiteren Einflussfaktor die Rivalität der Branche insgesamt (unter anderem bestimmt durch Wachstum der Branche, Diversifikation der Wettbewerber etc.). Allerdings ist dieser Einflussfaktor auch eine Folge der hier genannten Einflussfaktoren, da diese auf die Rivalität der Branche einwirken. Des Weiteren ist die Einflussnahme der IT auf die Branchenstruktur eingeschränkt, so dass dieser Aspekt nicht explizit aufgeführt wird.

Weiterhin können die von PORTER dargelegten drei generischen Strategien der Kostenführerschaft, Differenzierung und Fokussierung als Ausgangsbasis für die Umsetzung strategischer Unternehmensziele herangezogen werden.[715] Allerdings werden Beiträge, die auf die Strategie der Kostenführerschaft ausgelegt sind und ausschließlich zur Reduktion von Kosten beitragen, nicht als strategischer Wertbeitrag klassifiziert, da diese mit den transaktionsbezogenen Wertbeiträgen eine eigene Kategorie bilden.

MIRANI und LEDERER verstehen unter strategischen Wertbeiträgen Maßnahmen, welche die Kundenbindung durch neuartige oder bessere Produkte erhöhen.[716] Unter der Annahme, dass eine hohe Kundenzufriedenheit die Verhandlungsstärke gegenüber Abnehmern stärkt, steht diese Sichtweise im Einklang mit der marktbezogenen Sichtweise eines strategischen Wettbewerbsvorteils. Grundsätzlich kann der Alignment-Prozess als Teil der Strategieentwicklung mit als strategischer Wertbeitrag aufgefasst werden. Der Prozess schließt den Abstimmungsprozess der Unternehmensstrategie durch IT-ermöglichte Strategien mit ein (Enabler). Da die Organisationsstruktur einen langfristigen Ordnungsrahmen zur Umsetzung von Unternehmenszielen bildet („structure follows strategy"), werden IT-Projekte, welche die Struktur der IT-Organisation als Gegenstand betreffen, ebenfalls zu strategischen Wertbeiträgen gezählt.[717] Weiterhin lassen sich Budgetierungsprozesse der IT als strategische Wertbeiträge auffassen. Zwar könnten diese auch unter der Annahme der Zielsetzung der Kostensenkung als transaktionsbezogener oder aufgrund der Bereitstellung von Budgetinformationen als informationsbezogener Wertbeitrag aufgefasst werden, allerdings wird der Budgetierungsprozess GREINER folgend so eingeordnet, dass er „die Anforderungen der zu realisierenden Strategie ausdrücklich berücksichtigt".[718] Infolgedessen beziehen sich auch kurzfristige Budgetierungen auf eine Gestaltung strategischer Anforderungen. Grundsätzlich lassen sich IT-Investitionen, die einen strategischen Wertbeitrag erzielen sollen, zwar a priori im Hinblick auf ihr Potential entscheiden, eine finanzielle Quantifizierung scheint aufgrund der Langfristigkeit jedoch nur in Einzelfällen möglich.[719]

Obwohl die Rolle der IT zur Erreichung strategischer Unternehmensziele als sehr bedeutend eingestuft wird, ist die Höhe der im Zusammenhang stehen-

---

715 Vgl. Porter 1998, S. 11-22.
716 Vgl. Mirani, Lederer 1998, S. 833.
717 Vgl. Macharzina 1999, S. 349; Chandler 1962. LUCAS bezeichnet diese Wertbeitragskategorie als „Transformational" (Lucas 1999, S. 18-193).
718 Greiner 2004, S. 77.
719 Vgl. Nagel 1990, S. 28-32; Lucas 1999, S. 205.

den Budgets für Innovationen („Change the Business") auf einem relativ geringen Niveau angesiedelt.[720]

5.4.2 Transaktionsbezogene Wertbeiträge

Als transaktionsbezogene Wertbeiträge werden Maßnahmen benannt, welche die Effizienz der IT-Leistungserstellung oder des Business steigern.[721] Die Bezeichnung betont die Transaktionskosten, die bei Inanspruchnahme von IT-Dienstleistungen entstehen. Zu den transaktionsbezogenen Wertbeiträgen zählen sowohl die Reduktion von IT-Kosten als auch die Verringerung von mittelbaren Geschäftsprozesskosten, die z.B. durch die Reduktion von Durchlaufzeiten bewirkt werden. Des Weiteren werden Maßnahmen, die einen höheren finanziellen Rückfluss zur Folge haben, als transaktionsbezogene Wertbeiträge aufgefasst. Grundsätzlich zielen transaktionsbezogene Wertbeiträge auf Formalziele ab, so dass mit der Umsetzung eine Steigerung der Produktivität, Wirtschaftlichkeit oder Rentabilität / des Gewinns einhergeht. Es überrascht nicht, dass derartige Wertbeiträge in nahezu allen Quellen genannt werden. Zum Teil werden transaktionsbezogene Wertbeiträge auf unterschiedliche IT-Steuerungsobjekte bezogen oder unterschiedliche Wirkungsmodelle zugrunde gelegt.[722] NAGEL unterscheidet explizit zwischen Produktivitätsverbesserungen und Kostenersparnis.[723] BUCHTA, EUL und SCHULTE-CROONENBERG nehmen eine Einteilung des Potentials zur Reduktion der Unternehmenskosten und Reduktion der IT-Kosten vor.[724] Grundsätzlich lässt sich diese Unterscheidung im Referenzmodell durch die Zuordnung des entsprechenden Formalziels beschreiben, so dass eine Berücksichtigung übergeordneter Ebene nicht notwendig erscheint. Da transaktionsbezogene Wertbeiträge darauf abzielen ein Formalziel zu verbessern, lassen sich diese quantitativ auch gut beschreiben.[725]

---

720 Vgl. Xantus Ltd. 2011, S. 6; Messerschmidt, Schülein, Murnleitner 2008, S. 8; Bubik, Quenter, Ruppelt 2000, S. 104 sowie ITGI 2008, S. 19.
721 Vgl. Mirani, Lederer 1998, S. 833.
722 BAUMÖL und ICKLER sowie NAGEL beziehen diesen beispielsweise auf Anwendungen, während BUCHTA, EUL und SCHULTE-CROONENBERG die IT allgemein beschreiben (vgl. Baumöl, Ickler 2008, S. 978; Nagel 1990, S. 24-25; Buchta, Eul, Schulte-Croonenberg 2005, S. 11).
723 Vgl. Nagel 1990, S. 25-32.
724 Vgl. Buchta, Eul, Schulte-Croonenberg 2005, S. 10-12. Für eine detaillierte Beschreibung siehe auch Kesten, Müller, Schröder 2007, S. 11-15.
725 LUCAS beschreibt diese Wertbeiträge als gut quantifizierbar: „You can measure an expected return, evaluate the costs, and use a number of capital budgeting techniques to decide whether or not to invest" (Lucas 1999, S. 15).

5.4.3 Informationsbezogene Wertbeiträge

Neben den strategischen und transaktionsbezogenen bilden informationsbezoge-ne Wertbeiträge eine weitere Wertbeitragskategorie.[726] Diese sind dadurch ge-kennzeichnet, dass sie der Funktion der Informationsversorgung durch IT nach-kommen. Zu den informationsbezogenen Wertbeiträgen zählen ein besserer Zu-gang zu Informationen, ein qualitativ besserer Informationsgehalt durch größere Genauigkeit, Verlässlichkeit und Verständlichkeit der Informationen sowie eine flexiblere Informationsversorgung. Die im Management verankerte Kompetenz der Entscheidungsfindung ist wesentlich auf eine solide Grundlage der Informa-tionsversorgung angewiesen. Wertbeiträge dieser Kategorie wurden bereits in frühen Zeiten der Nutzung von Informationssystemen angestrebt, wie die in den siebziger Jahren aufkommende Bezeichnung der Management Information Sys-tems (MIS) verdeutlicht.[727] PARKER, BENSON und TRAINOR nennen Management Information Support explizit als eigenständige Wertbeitragskategorie.[728] Mitt-lerweile ist die Nutzung derartiger Systeme in sämtlichen Managementbereichen obligatorisch. Informationen und Entscheidungsunterstützung werden neben Produktivitätssteigerungen als wichtigster Wertbeitragsfaktor wahrgenommen.[729] Für die Entscheidungsfindung im Management werden die Informationen über-wiegend durch Controlling- oder interne Beratungseinheiten vorverdichtet, so dass sie effizient zur Entscheidungsfindung genutzt werden können. Derartige IT-Anwendungen werden als Business-Intelligence-Systeme bezeichnet. Diese greifen auf Daten aus Data-Warehouses oder ERP-Systemen zurück und verdich-ten diese für spezifische Anwendungszwecke zu Informationen.[730]

Informationsbezogene Wertbeiträge sind finanziell nicht solide quantifizier-bar, da der Zusammenhang zwischen der Informationsgrundlage eines Entschei-ders und deren Auswirkungen bei einer Entscheidung insbesondere a priori vage ist. Grundsätzlich handelt es sich bei IT-Systemen, die darauf abzielen einen in-formationsbezogenen Wertbeitrag zu generieren, um Erfahrungsgüter, deren Ge-halt erst dann beurteilt werden kann, wenn die Information bekannt ist.[731]

---

726 Vgl. Mirani, Lederer 1998, S. 833.
727 Vgl. Ward, Peppard 2003, S. 15-17.
728 Vgl. Parker, Benson, Trainor 1988, S. 12, S. 65-72.
729 Vgl. Gammelgård, Ekstedt, Gustafsson 2006, S. 9.
730 Zur Abgrenzung von Daten und Wissen siehe Gladen 2011, S. 2.
731 Vgl. Amberg, Bodendorf, Möslein 2011, S. 150.

5.4.4 Wertsichernde Wertbeiträge

Die bisher diskutierten Wertbeitragskategorien beschreiben jeweils einen Wertzuwachs. Wie in Kapitel 2.5 geschildert, umfasst das Konzept des Wertbeitrags darüber hinaus auch die Wertsicherung. Wertsichernde Wertbeiträge streben kein eigenes Ziel innerhalb der Hierarchie von Unternehmenszielen an. Vielmehr beschreiben diese die Einschränkung oder Vermeidung negativer Zielbeiträge.

Die Quellen für Zielabweichungen werden als *Risiken* bezeichnet, die sich auf verschiedenen Ebenen innerhalb und außerhalb des Unternehmens wiederfinden lassen und durch Gegenmaßnahmen gesteuert werden.[732] Einzelne Risiken werden anhand ihres Risikoniveaus bewertet, welches sich aus den Kriterien Eintrittswahrscheinlichkeit und Kritikalität ihrer Auswirkung zusammensetzt.[733] In der Regel ist das Ziel der Risikosteuerung nicht die vollständige Eliminierung der negativen Zielbeiträge, sondern eine Beeinflussung des Risikoniveaus durch Absenkung der Eintrittswahrscheinlichkeit oder Minderung ihrer Auswirkungen.[734]

Entsprechend den vorgestellten Wirkungsmodellen ist zwischen IT-internen und IT-externen Risiken zu unterscheiden. IT-interne Risiken betreffen den Output der IT und gefährden die Erreichung eines IT-internen Ziels. Das Management dieser Risiken liegt innerhalb des Verantwortungsbereichs der IT-Organisation und ist Gegenstand des IT-Ziels Sicherheit und Vertraulichkeit. Der Ursprung des Risikos selbst kann jedoch sowohl innerhalb als auch außerhalb der IT-Organisation liegen.[735]

IT-externe Risiken betreffen den Outcome und können eine Abweichung eines Formal- oder Sachziels auf Geschäftsprozess- oder Gesamtunternehmensebene bewirken. Diese Risiken treten an einer Stelle der Wirkungskette im Unternehmen auf, die der IT nachgelagert ist. Daher sind diese Risiken nur eingeschränkt durch IT-bezogene Maßnahmen beeinflussbar.

Folgende IT-interne Risikokategorien können identifiziert werden:[736]

*   Betriebsrisiken
*   Projektrisiken

---

732 Vgl. Kütz, Friese 2006, S. 84.
733 Vgl. BSI 2008, S. 28; Balzert, Liggesmeyer 2011, S. 364.
734 Vgl. Junginger 2005, S. 107.
735 So kann z.B. der Ausfall eines IT-Service durch ein Erdbeben oder ein inkompatibles Software-Update verursacht werden.
736 Die Strukturierung erfolgt basierend auf Kesten, Müller, Schröder 2007, S. 18-25 mit Bezug auf Junginger 2005, S. 137-141 sowie Junginger, Krcmar 2004, S. 7-16. Allerdings wird bei KESTEN, MÜLLER und SCHRÖDER in Abweichung zu JUNGINGER keine Unterteilung von Portfoliorisiken und Strategie- und Führungsrisiken vorgenommen.

- Portfoliorisiken
- Outsourcingrisiken

Wertbeiträge, welche Betriebsrisiken reduzieren, zielen darauf ab die Betriebs- und Lieferfähigkeit eines Unternehmens zu wahren.[737] Die Aufrechterhaltung des Betriebs („run the Business") nimmt einen großen Stellenwert innerhalb der IT ein, nicht zuletzt, weil der Anteil der Ausgaben in vielen Organisationen drei Viertel der gesamten IT-Ausgaben entspricht. Hierbei sind Ersatz- und Erweiterungsinvestitionen zu identifizieren, die für die Aufrechterhaltung des Betriebs notwendig sind.

Neben der Aufrechterhaltung der Basisinfrastruktur zählt die Minderung von Risiken mit gravierenden Auswirkungen auf den Betrieb zu den wertsichernden Wertbeiträgen. Dazu gehören auch Maßnahmen, die im Notfall die Aufnahme des Betriebs in einem vereinbarten Zeitraum sicherstellen. Diese Maßnahmen werden im Rahmen eines Business Continuity Managements identifiziert und aktiv gesteuert.[738] Des Weiteren zählen sämtliche Bereiche der Informationssicherheit wie z.B. Datensicherheit, Verschlüsselungstechnologien, Backups und Zugangssicherungssysteme zu den Maßnahmen der Reduktion von Betriebsrisiken. Betriebsrisiken stellen die Risikogruppe dar, die am häufigsten tatsächlich eintritt.[739]

Die Durchführung von IT-Projekten ist definitionsgemäß ein risikobehaftetes Vorhaben.[740] Entsprechend werden die mit der Durchführung von IT-Projekten verbundenen Risiken als Projektrisiken bezeichnet. Im Wesentlichen betreffen diese die Faktoren Zeit, Kosten und Qualität sowie involvierte Beteiligte und eingesetzte Projektmanagementmethoden.[741] Grundsätzlich ist die Steuerung der Projektrisiken fester Bestandteil des Projektmanagements jedes einzelnen Projekts. Entsprechend sind Maßnahmen zur Steuerung einzelner Projektrisiken nicht als separates Objekt für Wertbeitragsbetrachtungen anzusehen. Ausgenommen hiervon sind eigenständige Projekte, die darauf abzielen konkrete Prozessverbesserungen im Projektmanagement zu etablieren.

---

737 Vgl. Bubik, Quenter, Ruppelt 2000, S. 104; Lucas 1999, S. 13-14.
738 Vgl. BSI 2008; Macfarlane, Rudd 2001, S. 58-63.
739 Vgl. Junginger, Krcmar 2004, S. 17, S. 24. Die Erkenntnis des wirtschaftlichen Risikos durch Ausfallzeiten von Geschäftsanwendungen motivierte zu einem großen Teil die Erstellung des COBIT-Frameworks, welches in der ersten Version primär Kontrollziele für geschäftliche Anwendungen zur Verfügung stellte (vgl. ITGI 2007, S. 187).
740 Siehe Kapitel 2.4.4.
741 Die ersten drei Faktoren werden auch als *magisches Dreieck* bezeichnet und beeinflussen sich gegenseitig (vgl. Amberg, Bodendorf, Möslein 2011, S. 3). Eine Erweiterung auf fünf Faktoren ist zurückzuführen auf Heilmann 2000, S. 19-20.

Portfoliorisiken sind Risiken, die über die Entscheidung einer einzelnen Investition hinausgehen und die Gesamtheit der IT-Landschaft betreffen.[742] Demzufolge betrachten diese das Gesamtrisiko des IT-Portfolios.[743] Sie unterscheiden sich von der Summe der Einzelrisiken, da sich diese jeweils kompensieren können, aufgrund möglicher Interdependenzen, aber auch deutlich verstärken können.[744] Hierbei steht die Frage im Vordergrund, inwieweit das IT-Portfolio beschaffen ist, um langfristigen strategischen Entwicklungen und insbesondere dem IT-Business-Alignment gerecht zu werden. So können Projekte, die per se keinen Wertzuwachs generieren, deren Unterlassung jedoch zu geringeren Marktanteilen führen, identifiziert und im Portfolio mit aufgenommen werden.[745] Darüber hinaus müssen langfristig notwendige Ersatz- und Erweiterungsinvestitionen, die den dauerhaften Betrieb sicherstellen, auch im Hinblick auf das gesamte Portfolio bemessen werden.[746] Das Portfolio ist überdies auf die gewünschte Ausgewogenheit verschiedener Stakeholderinteressen auszurichten.

Outsourcingrisiken gehen auf die besonderen Bedingungen ein, die mit der Auslagerung von Dienstleistungen an externe IT-Dienstleister verbunden sind. Durch Outsourcing gibt die IT-Organisation einen Teil ihrer Kontrolle bei der Erstellung einer definierten IT-Leistung ab. Dieser Kontrollverlust stellt ein Risiko dar, das in Vertragsgestaltungen durch die Definition von SLAs bzw. UCs abgesichert wird. Genau genommen kommt es hier zu einer Verlagerung des Risikos. Das Risiko bezieht sich nicht mehr auf den Leistungserstellungsprozess an sich, sondern vielmehr auf eine dem „tatsächlichen" Bedarf entsprechende Definition von SLAs.[747] Deutlich über dem Bedarf liegende Vereinbarungen haben höhere Kosten zur Folge, während eine Unterschreitung die Betriebsfähigkeit des Unternehmens gefährden kann. Darüber hinaus ist die Abhängigkeit zum Outsourcingpartner eine grundsätzliche Gefahrenquelle.

---

742 Vgl. Kesten, Müller, Schröder 2007, S. 19.
743 Einzelrisiken betreffen die Risiken einer einzelnen (Investitions-)Entscheidung, die Gesamtheit aller Einzelrisiken stellt das Gesamtrisiko dar (vgl. Farny 1979).
744 Vgl. Junginger 2005, S. 107; Wehrmann, Heinrich, Seifert 2006, S. 235.
745 Vgl. Parker, Benson, Trainor 1988, S. 72.
746 Diese können z.B. langfristig notwendig werden, weil bestehende Technologien durch neuartige abgelöst werden und kein Support mehr für die bestehende Technologie zur Verfügung steht oder weil IT-Ressourcen aufgrund einer steigenden Nachfrage deutlicher in Anspruch genommen werden und keine weiteren Kapazitäten mehr zur Verfügung stehen.
747 Vgl. Kesten, Müller, Schröder 2007, S. 22.

Neben den Risiken zählen Maßnahmen zu den wertsichernden Wertbeiträgen, die sich aufgrund von Compliance-Anforderungen ergeben.[748] Während rechtlich notwendige Wertbeiträge kaum quantifiziert werden können, kann die Höhe des Wertbeitrags von Risikovermeidungen durch Szenarien, welche den wirtschaftlichen Einfluss der Unterlassung beschreiben, mit entsprechender Eintrittswahrscheinlichkeit abgeschätzt werden.[749]

Im Referenzmodell können wertsichernde Wertbeiträge so modelliert werden, dass die adressierten Unternehmensziele, für welche die negativen Zielbeiträge eingeschränkt werden sollen, mit instanziiert werden.

5.4.5 Transformationsbezogene Wertbeiträge

Als weitere Wertbeitragskategorie lassen sich transformationsbezogene Wertbeiträge identifizieren. Diese bilden die langfristigen Voraussetzungen für die in Kapitel 5.3 beschriebene Erstellung bedarfsgerechter Produkte und Dienstleistungen. Transformationsbezogene Wertbeiträge verstehen sich als vorbereitende Maßnahmen, aus denen sich noch kein Wertbeitrag ergibt, aber zukünftig ergeben wird. Der Nutzen auf Output- oder Outcome-Ebene tritt bei dieser Wertbeitragskategorie zeitlich verzögert ein. Transformationsbezogene Wertbeiträge bereiten den Wertbeitrag daher in gewisser Weise vor. Eine zeitliche Trennung von IT-Ausgaben und realisiertem Nutzen ist bei IT-Investitionen üblicherweise bereits aufgrund einer Trennung in Projekt- und Betriebsphase gegeben,[750] der Nutzen entwickelt sich bei transformationsbezogenen Wertbeiträgen jedoch auch während der Nutzungsphase allmählich und ist intangibler Natur. Insbesondere die Einführung neuer Technologien, Standards und Änderungen in der Organisationsstruktur sind Maßnahmen, die einer charakteristischen Lernkurve entsprechen, bei der sich der Nutzen nur zögernd während der Nutzung entfaltet.[751]

Zu den transformationsbezogenen Wertbeiträgen können auch technisch notwendige Vorprojekte gezählt werden, die ihren Nutzen erst mit der Fertigstel-

---

748 Diese Wertbeiträge gehen über die in Kapitel 5.3.6 beschriebenen Aspekte der Compliance hinaus. Während sich Compliance als IT-internes Ziel auf die Konformität einer IT-Leistung selbst bezieht (Compliance von IT), gibt es andere übergreifende Regeln, Gesetze und Vorschriften, die beachtet werden müssen und mit Hilfe von IT umgesetzt werden (Compliance durch IT). Hierzu zählen beispielsweise eine Umstellung des Umsatzsteuersatzes in der Anwendungslandschaft oder IT-Maßnahmen zur Vorratsdatenspeicherung.

749 Dies gilt insbesondere für Betriebsrisiken, Projektrisiken und Outsourcingrisiken. WEHRMANN, HEINRICH und SEIFERT sowie VERHOEF beschreiben, wie man die Wirtschaftlichkeit von IT-Portfolios berücksichtigen kann (Wehrmann, Heinrich, Seifert 2006, Verhoef 2002).

750 Siehe Abb. 2-13.

751 Vgl. Brynjolfsson 1993, S. 75.

lung eines darauf aufbauenden Businessprojekts oder aufgrund zukünftig zu erwartender Synergieeffekte entfalten. Dazu zählen beispielsweise Refrakturierungsmaßnahmen oder eine geänderte IT-Architektur, in der zukünftige Produkte leichter zu integrieren sind. Ohne darauf aufbauende Folgeprojekte entsteht an sich noch kein Wertbeitrag auf Businessseite. Transformationsbezogene Wertbeiträge ziehen damit die Erzeugung eins Wertbeitrags einer anderen Wertbeitragskategorie zeitlich vor. Des Weiteren sind Maßnahmen als IT-interner Wertbeitrag aufzufassen, welche die IT-Organisation an sich betreffen und zukünftig in einen „besseren" Zustand versetzen. Dazu zählen beispielsweise eine an die Aufgabenerfüllung besser angepasste Ablauf- und Aufbauorganisation sowie interne Standards. Derartige Maßnahmen sind mit den bisherigen Wertbeitragskategorien nicht hinreichend abbildbar. Zwar kann die Frage gestellt werden, ob Aktivitäten, durch die noch kein Nutzen auf Output- oder Outcome-Ebene eingetreten ist, grundsätzlich als Wertbeitrag anzusehen sind; unter der diskutierten Konzeption der mittelbaren Zielerreichung von IT-internen Zielen, die auf Unternehmensziele ausgerichtet sind, ist ein derartiger Wertbeitrag jedoch gegenständlich. GREGOR et al. begründen diese Wertbeitragskategorie empirisch und verstehen diese als „IT-related organizational transformation: that is, the changes occurring over time in organizational systems and structures that are necessary to reap the full benefits from the use of information and communication technologies".[752] VEITH, LEIMEISTER und KRCMAR bezeichnen die Wertbeitragskategorie als „infrastructural IT asset class".[753] PARKER, BENSON und TRAINOR gehen ebenfalls auf diese Art des Wertbeitrags ein und nutzen den Begriff der „strategic IS Architecture", um die langfristigen Bedarfe zu decken.[754] In Abgrenzung zu den strategischen Wertbeiträgen visieren diese jedoch keine strategischen Unternehmensziele an.

5.4.6 Integration der Wertbeitragskategorien in das Referenzmodell

In Abb. 5-20 sind die diskutierten Wertbeitragskategorien im Referenzmodell zum Wertbeitrag der IT in UML integriert dargestellt. Hierbei können durch eine Initiative auch mehrere Wertbeitragskategorien verfolgt werden.

---

752 Gregor et al. 2006, S. 250.
753 Veith, Leimeister, Krcmar 2007, S. 1193.
754 Parker, Benson, Trainor 1988, S. 65-72.

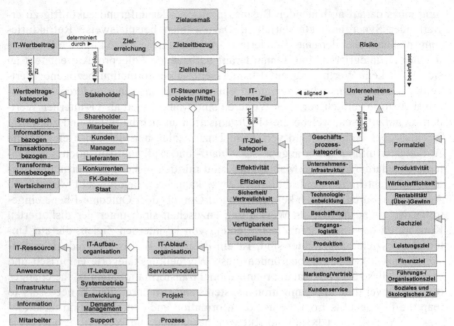

Abb. 5-20: Normatives Referenzmodell zum Wertbeitrag der IT
(Quelle: eigene Darstellung)

6   Literature Review

Im vorherigen Kapitel wurde der Wertbeitrag der IT aus normativer Sicht hergeleitet und ein Referenzmodell des Wertbeitrags der IT erarbeitet. Entsprechend
der vorgestellten Forschungsmethode wird das Referenzmodell anhand eines Literature Reviews evaluiert und um weitere mögliche Erkenntnisse ergänzt. Gemäß der Konsenstheorie lässt sich eine Annahme als wahr auffassen, sofern sie
sich mit einer Menge wissenschaftlicher Erkenntnisse deckt.[755] Ein möglicher
Erkenntnisgewinn wird dadurch erzeugt, dass eine Annahme gegen einen bereits
etablierten Wissensstand evaluiert wird. In diesem Kapitel wird das normative
Referenzmodell zum Wertbeitrag der IT strukturiert überprüft. Dazu wird untersucht, auf welche Gegenstände und Domänen sich der Wertbeitrag der IT in der
Literatur bezieht und ob das vorgestellte normative Referenzmodell konsistent zu
diesem Forschungsstand ist. Ein Literature Review ist eine Forschungsmethode,
die eine Forschungsfrage auf Basis einer Menge von Primäruntersuchungen untersucht.[756] Durch diese Forschungsmethode werden keine neuen Forschungsergebnisse an sich vorgestellt. Durch die ganzheitliche Evaluation von Primäruntersuchungen gegen einen Forschungsgegenstand können sich jedoch Implikationen für neue Erkenntnisse ergeben.
    Aufgrund einer zunehmenden Anzahl an Veröffentlichungen und einer
wachsenden Komplexität der Forschung im Zeitverlauf ist es unabdingbar die
Ergebnisse des Forschungsgegenstands methodisch zu filtern, zu synthetisieren,
auszuwerten und zu integrieren. Während FETTKE den Prozess des Literature
Reviews in die Phasen Problemformulierung, Literatursuche, Literaturauswertung, Analyse/Interpretation und Präsentation gliedert,[757] schlagen SCHWARZ et
al. die folgende Strukturierung vor:[758]

1.   Auswahl der Artikel
2.   Filterung relevanter Artikel
3.   Identifikation des Inhalts und der Struktur
4.   Evaluation des Inhalts und der Struktur

---

755 Vgl. Frank 2006, S. 14.
756 Vgl. Fettke 2006, S. 258.
757 Vgl. im Folgenden Fettke 2006, S. 260.
758 Vgl. Schwarz et al. 2007, S. 30.

5.   Gruppierung
6.   Cluster-Analyse und Bewertung
7.   Triangulation[759]

Die beiden Vorschläge schließen sich nicht gegenseitig aus und werden integriert berücksichtigt. Die Literatursuche besteht aus den Teilaufgaben Auswahl und Filterung der Artikel. Die Literaturauswertung wird dreistufig vollzogen. Zunächst wird eine Identifikation und Evaluation des Inhalts und der Struktur vorgenommen. Im Anschluss findet eine Gruppierung der Artikel nach ähnlichen Zielen, Strukturen und Charakteristika statt. Eine Cluster-Analyse und eine Bewertung der Kategorien schließen den Teil der Literaturauswertung ab. Die Triangulation ist üblicherweise Bestandteil der Literaturauswertung. Zuletzt werden die Ergebnisse und Schlussfolgerungen dargestellt. Der Prozess ist in Abb. 6-1 veranschaulicht.

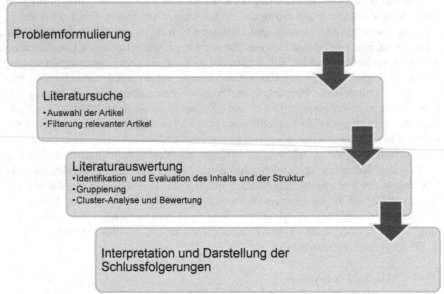

Abb. 6-1: Vorgehensweise zur Durchführung des Literature Reviews
(Quelle: eigene Darstellung)

---

759 Triangulation beschreibt eine Überprüfung der Daten und gebildeten Kategorien durch einen unabhängigen dritten Forscher. Dieser Prozessschritt entfällt in der vorliegenden Arbeit.

Die Problemformulierung wurde bereits durch den übergeordneten Forschungsansatz in Kapitel 1 beschrieben. Die Ergebnisse des vorgestellten normativen Referenzmodells sollen anhand der zugrundeliegenden Primäruntersuchungen plausibilisiert werden. Hierdurch sollen fehlende, überflüssige Artefakte identifiziert und Inkonsistenzen aufgedeckt werden. Die Ergebnisse des Literature Reviews fließen im Anschluss in das normative Referenzmodell ein, so dass dieses entsprechend der DSRM adaptiert wird. Zur Klassifikation der Art des Literature Reviews wird die von FETTKE vorgeschlagene Charakterisierung von Reviews verwendet, die in Abb. 6-2 dargestellt ist.

	Charakteristik		Kategorie			
1	Typ		Natürlich-sprachlich		Mathematisch-statistisch	
2	Fokus		Forschungs-ergebnis	Forschungs-methode	Theorie	Erfahrung
3	Ziel	Definition	Nicht expliziert		Expliziert	
3	Ziel	Inhalt	Integration	Kritik		Zentrale Inhalte
4	Zielgruppe		Allgemeine Öffentlichkeit	Praktiker	Forscher im Allgemeinen	Spezialisierte Forscher
5	Literatur	Auswahl	Nicht expliziert		Expliziert	
5	Literatur	Umfang	Schlüssel-arbeiten	Repräsentativ	Selektiv	Vollständig
6	Zukünftige Forschung		Nicht expliziert		Expliziert	
7	Perspektive		Neutral		Position	
8	Struktur		Historisch	Thematisch		Methodisch

Abb. 6-2: Klassifikation des Literature Reviews
(Quelle: in Anlehnung an Fettke 2006, S. 259)

Der Typ des Literature Reviews (1) ist entsprechend einer verbalen Erläuterung als natürlich-sprachlich einzuordnen. Der Fokus (2) liegt auf der Evaluation des vorgestellten Forschungsergebnisses. Entsprechend wurde das Ziel (3) als Evaluation des normativen Referenzmodells expliziert. Der Zielinhalt ist beschrieben durch eine Integration der Erkenntnisse, die sich aus dem Literature Review ergeben. Diese Erkenntnisse fließen in ein überarbeitetes Referenzmodell ein. Als Zielgruppe (4) lassen sich sowohl Praktiker als auch Forscher des Themenkomplexes nennen. Zum einen soll das Referenzmodell als Diskussionsgrundlage unterschiedlicher Parteien in der Praxis dienen, zum anderen als Ausgangsbasis für weitere Forschungszwecke. Der Literaturauswahlprozess (5) wird im Folgenden genauer beschrieben. Er ist als selektiv zu charakterisieren, da bestimmte Anforderungen an die Quellen gestellt werden. Hinweise für die zukünftige Forschung

(6) werden in dem Teil nicht aufgezeigt, daher ist diese Kategorie als nicht expliziert einzuordnen. Darüber hinaus wird keine bestimmte Perspektive (7) bei der Analyse der Literatur eingenommen, so dass diese als neutral zu charakterisieren ist. Die Ergebnisse des Literature Reviews werden nach bestimmten Themen bzw. Gegenständen strukturiert, daher handelt es sich um eine thematische Struktur (8).

Die weiteren Schritte orientieren sich an der genannten Vorgehensweise zur Durchführung des Literature Reviews und werden im Folgenden näher erläutert.

6.1 Literatursuche

Zunächst wurde eine Liste mit Primärquellen identifiziert, die den Gegenstand möglichst exakt betreffen. Hierbei galt es zwischen einem Umfang der Quellen, die eine möglichst breite Sichtweise des Wertbeitrags der IT abdecken, und einem handhabbaren Aufwand abzuwägen. Als Datenquellen wurden zunächst der Senior Scholars' Basket of Journals der Association for Information Systems (AIS) herangezogen. Dieser besteht aus den folgenden sechs Zeitschriften des Fachgebiets der Wirtschaftsinformatik bzw. der angloamerikanischen Schwesterdisziplin Information Systems:

- European Journal of Information Systems
- Information Systems Journal
- Information Systems Research
- Journal of AIS
- Journal of MIS
- MIS Quarterly

sowie den optionalen, aber von der AIS empfohlenen Zeitschriften Journal of Information Technology und Journal of Strategic Information Systems. Daher wurden diese beiden Zeitschriften ebenfalls mit berücksichtigt. Auch wenn diese Auswahl nicht für jedes Forschungsvorhaben geeignet ist, wird die Eignung insbesondere für Doktoranden hervorgehoben, da die Zeitschriften verschiedene thematische Schwerpunkte repräsentieren, eine regionale und methodische Diversifikation aufweisen und die einzelnen Zeitschriften z.B. nach dem VHB-Jourqual[760] (Ranking des Verbands der Hochschullehrer für Betriebswirtschaft e.V.) oder dem Handelsblatt-Ranking für Betriebswirtschaftslehre[761] als hoch-

---

760 VHB-JOURQUAL 2003, VHB-JOURQUAL 2008.
761 Vgl. o.V. 2009.

rangige internationale Spitzenzeitschriften eingestuft werden. Um den deutschsprachigen Begriff des Wertbeitrags der IT zu berücksichtigen, wurde die Zeitschrift WIRTSCHAFTSINFORMATIK ebenfalls als Datenquelle berücksichtigt. Zwar kann die Fokussierung auf englischsprachige Zeitschriften kritisiert werden, für das entwickelte normative Referenzmodell wurden jedoch zahlreiche deutschsprachige Quellen herangezogen, die sich aufgrund der heterogenen Entstehungsgeschichte des Forschungsgegenstands mit dem Themenkomplex auseinandersetzen. Die Zielsetzung des Literature Reviews besteht in einer strukturierten Evaluation des normativen Referenzmodells, um mögliche Lücken aufzudecken und das Referenzmodell zu ergänzen. Da der Forschungsgegenstand vom englischsprachigen Raum dominiert wird, liegt auch hier der Fokus der Quellen. Konferenzbeiträge wurden als Datenquelle zunächst nicht kategorisch ausgeschlossen, jedoch aufgrund des hinreichenden Umfangs und der Qualität der Ergebnisse aus den Zeitschriftenartikeln nicht mitberücksichtigt. Monografien wurden bewusst nicht einbezogen, da der bei Zeitschriften übliche Filterprozess durch Peer-Reviews nicht gegeben ist und somit kein formales Qualitätskriterium der Quellen verfügbar ist.

Bezüglich des Zeitrahmens sollten sowohl aktuelle Arbeiten berücksichtigt werden als auch solche, die den Forschungsgegenstand in früheren Jahren behandeln. Wie in Kapitel 3.3 erörtert, ist der Forschungsgegenstand des Wertbeitrags der IT aus verschiedenen Strömungen entstanden, so dass sich der Begriff IT Business Value als eigenständiger Begriff erst seit Beginn der Jahrtausendwende etablierte.[762] Daher wurde ein Untersuchungszeitraum von 2000 bis 2009 als angemessen eingestuft.

Zur eigentlichen Auswahl der Artikel wurden die genannten englischsprachigen Zeitschriften in dem Untersuchungszeitraum nach den Begriffen „IT Business Value", „Business Value of IT" und „IT Value" in Titel, Abstract und Keywords durchsucht. Weitere Suchwörter wie „Benefits" waren denkbar, jedoch wurden diese wegen der genannten Beschränkung auf einen handhabbaren Umfang nicht verwendet. Für die Suche wurden die elektronischen Datenbanken EBSCO und SCIENCEDIRECT genutzt, da diese alle genannten englischsprachigen Zeitschriften umfassen. Für die Abfrage der Zeitschrift WIRTSCHAFTSINFORMATIK wurde die Suche der Zeitschriftenwebsite verwendet.[763] Hier wurde nach dem Suchbegriff „Wertbeitrag" für Fachartikel im genannten Zeitraum vorgegangen. Allerdings wurde hier eine Volltextsuche durchgeführt, da die Suche nicht auf Titel, Abstract und Keywords beschränkt werden

---

762 So zeigt eine Suchanfrage via SCIENCEDIRECT nach „IT Business Value" im Abstract, Titel oder in den Schlagwörtern zwar das erstmalige Erscheinen eines Artikels in den neunziger Jahren, allerdings sind alle weiteren Quellen erst nach der Jahrtausendwende erschienen.
763 http://www.wirtschaftsinformatik.de.

konnte. Insgesamt wurden durch den beschriebenen Prozess 64 Artikel (42 englischsprachige und 22 deutschsprachige) identifiziert.

Die Filterung beschreibt die Vorgehensweise zur Auswahl der in einem Review berücksichtigten Artikel. Folgende Artikel wurden nicht weiter berücksichtigt:

- Artikel, die einen grundsätzlich anderen Gegenstand aufweisen. So be-
  handelte ein Artikel beispielsweise den Nutzen der Zusatzqualifikation
  MBA für IT-Fachkräfte.
- Artikel, deren Gegenstand sich auf nicht gewinnorientierte Unterneh-
  men bezieht, d.h. auf gemeinnützige Organisationen, öffentliche Ver-
  waltung, Nichtregierungsorganisationen oder Vereine.
- Buchrezensionen, Einleitungen, Call for Papers und nicht eigenständige
  Beiträge. Aufgrund der Kürze der Texte und der knappen inhaltlichen
  Darstellung wurden diese Artikel nicht beachtet.

Sieben Artikel der englischsprachen Zeitschriften wurden durch die Anwendung
der Kriterien gefiltert, so dass 35 Artikel in den Literature Review einflossen.
Bei den deutschsprachigen Artikeln wurden von den 22 potentiellen lediglich 2
Artikel verwendet. Die geringe Quote der genutzten Artikel aus dem deutschsprachigen Raum lässt sich darauf zurückführen, dass die Bezeichnung Wertbeitrag zwar in vielen Artikeln vorkam, die Bezeichnung aber selbst nicht Gegenstand der Artikel war. Zum Teil trat der Begriff auch nur einmalig in einem Ne-
bensatz auf oder wurde in einem gänzlich anderen Zusammenhang gebraucht,
was die unscharfe Benutzung des Begriffs nochmals verdeutlicht. Die Filterung
beschränkte die Auswahl damit auf insgesamt 37 Artikel, die in den Literature
Review eingingen (siehe Tab. 6-1).

Tab. 6-1: Verwendete Quellen im Literature Review

Nr	Autoren	Jahr	Titel	Zeitschrift
1	Au; Kauffman	2003	What Do You Know? Rational Expectations in Information Technology Adoption and Investment	Journal of Management Information Systems
2	Bardhan; Bagchi; Sougstad	2004	Prioritizing a Portfolio of Information Technology Investment Projects	Journal of Management Information Systems
3	Barua et al.	2004	AN EMPIRICAL INVESTIGATION OF NET-ENABLED BUSINESS VALUE	MIS Quarterly
4	Chan	2000	IT Value: The Great Divide Between Qualitative and Quantitative and Individual and Organizational Measures	Journal of Management Information Systems
5	Chau; Kuan; Ting-Peng	2007	Research on IT value: what we have done in Asia and Europe	European Journal of Information Systems
6	Chircu AM; Kauffman RJ	2000	Limits to Value in Electronic Commerce-Related IT Investments	Journal of Management Information Systems
7	Curley M	2006	THE IT TRANSFORMATION AT INTEL	MIS Quarterly Executiv
8	Davamanirajan et al.	2006	Systems Design, Process Performance, and Economic Outcomes in International Banking	Journal of Management Information Systems

9	Davern; Kauffman	2000	Discovering Potential and Realizing Value from Information Technology Investments	Journal of Management Information Systems
10	Davidson	2002	TECHNOLOGY FRAMES AND FRAMING: A SOCIO-COGNITIVE INVESTIGATION OF REQUIREMENTS DETERMINATION	MIS Quarterly
11	Gregor et al.	2006	The transformational dimension in the realization of business value from information technology	The Journal of Strategic Information Systems
12	Jasperson; Carter; Zmud	2005	A COMPREHENSIVE CONCEPTUALIZATION OF POST-ADOPTIVE BEHAVIORS ASSOCIATED WITH INFORMATION TECHNOLOGY ENABLED WORK SYSTEMS	MIS Quarterly
13	Kohli; Grover	2008	Business Value of IT: An Essay on Expanding Research Directions to Keep up with the Times	Journal of the Association for Information System
14	Kumar; Park; Subramaniam	2008	Understanding the Value of Countermeasure Portfolios in Information Systems Security	Journal of Management Information Systems
15	Kwon; Watts	2006	IT valuation in turbulent times	The Journal of Strategic Information Systems
16	Melville; Kraemer; Gurbaxani	2004	Information Technology and Organizational Performance: An integrative Model of IT Business Value	MIS Quarterly
17	Mishra; Konana; Barua	2007	Antecedents and Consequences of Internet Use in Procurement: An Empirical Investigation of US Manufacturing Firms	Information Systems Research
18	Mitra	2005	Information Technology as an Enabler of Growth in Firms: An Empirical Assessment	Journal of Management Information Systems
19	Oh; Pinsonneault	2007	ON THE ASSESSMENT OF THE STRATEGIC VALUE OF INFORMATION TECHNOLOGIES: CONCEPTUAL AND ANALYTICAL APPROACHES	MIS Quarterly
20	Pavlou et al.	2005	Measuring the Return on Information Technology: A Knowledge-Based Approach for Revenue Allocation at the Process and Firm Level	Journal of the Association for Information System
21	Peppard	2007	The conundrum of IT management	European Journal of Information Systems
22	Ranganathan; Brown	2006	ERP Investments and the Market Value of Firms: Toward an Understanding of Influential ERP Project Variables	Information Systems Research
23	Ravichandran et al.	2009	Diversification and Firm Performance: Exploring the Moderating Effects of Information Technology Spending	Journal of Management Information Systems
24	Ray; Muhanna; Barney	2005	INFORMATION TECHNOLOGY AND THE PERFORMANCE OF THE CUSTOMER SERVICE PROCESS: A RESOURCE-BASED ANALYSIS	MIS Quarterly
25	Shang; Seddon	2002	Assessing and managing the benefits of enterprise systems: the business manager's perspective	Information Systems Journal
26	Dong; Xu; Zhu	2009	Information Technology in Supply Chains: The Value of IT-Enabled Resources Under Competition	Information Systems Research
27	Tallon	2007	Does IT pay to focus? An analysis of IT business value under single and multi-focused business strategies	The Journal of Strategic Information Systems
28	Tallon	2007	A Process-Oriented Perspective on the Alignment of Information Technology and Business Strategy	Journal of Management Information Systems
29	Tallon; Kraemer	2007	Fact or Fiction? A Sensemaking Perspective on the Reality Behind Executives' Perceptions of IT Business Value	Journal of Management Information Systems
30	Tallon; Kraemer; Gurbaxani	2000	Executives' Perceptions of the Business Value of Information Technology: A Process-Oriented Approach	Journal of Management Information Systems
31	Thatcher; Oliver	2001	The Impact of Technology Investments on a Firm's Production Efficiency, Product Quality, and Productivity	Journal of Management Information Systems
32	Thatcher; Pingry	2004	An Economic Model of Product Quality and IT Value	Information Systems Research
33	Thiesse; Ai-Kassab; Fleisch	2009	Understanding the value of integrated RFID systems: a case study from apparel retail	European Journal of Information System
34	vom Brocke; Sonnenberg; Simons	2009	Wertorientierte Gestaltung von Informationssystemen: Konzeption und Anwendung einer Potenzialmodellierung am Beispiel serviceorientierter Architekturen	WIRTSCHAFTSINFORMATIK
35	Westerman	2009	IT RISK AS A LANGUAGE FOR ALIGNMENT	MIS Quarterly Executiv
36	Zhu	2004	The Complementarity of Information Technology Infrastructure and E-Commerce Capability: A Resource-Based Assessment of Their Business Value	Journal of Management Information Systems
37	Zimmermann	2008	Governance im IT-Portfoliomanagement – Ein Ansatz zur Berücksichtigung von Strategic Alignment bei der Bewertung von IT	WIRTSCHAFTSINFORMATIK

6.2 Literaturauswertung

Zur Identifikation des Inhalts und des jeweiligen Themenschwerpunktes wurden zunächst alle Artikel gelesen. Hierbei wurde mit zunehmendem Fortschritt darauf geachtet, inwieweit sich ein Artikel von den zuvor gelesenen unterscheidet. Ein besonderes Augenmerk wurde auf die Definition oder das implizite Verständnis von IT-Wertbeitrag geworfen. Die beschriebenen Teilschritte der Evaluation wurden hierbei parallel durchgeführt. Bei der Evaluation des Inhalts und der Struktur eines Artikels wurde das vorgestellte normative Referenzmodell verwendet und überprüft, inwieweit sich ein Artikel in das Modell einordnen lässt. Dazu wurden die relevanten Aspekte eines Artikels in einer Evaluationsmatrix hinterlegt, die sich den Klassen des normativen Referenzmodells zuordnen lassen sollten. Die Evaluationsmatrix ist im Anhang B ersichtlich.

Da eine thematisch breite Basis an Primärquellen herangezogen wurde, war davon auszugehen, dass sich einzelne Artikel bezüglich der Klassifikation auch tatsächlich unterscheiden und in Bezug auf die Zuordnung zu den Klassen kein homogenes Bild entsteht. Die Evaluationsmatrix ermöglicht es die Artikel nach den verschiedenen Dimensionen zu gruppieren und innerhalb einer Gruppierung nach weiteren Differenzierungsmerkmalen zu suchen. Neuartige Elemente, die nicht im normativen Referenzmodell berücksichtigt wurden, aber ein wesentliches Differenzierungsmerkmal aufwiesen, wurden in der Evaluationsmatrix ergänzt. Ferner wurden die Artikel daraufhin geprüft, ob bzw. nach welchen Gesichtspunkten sich der verwendete Begriff des Wertbeitrags unterscheidet. Aus diesen Unterschieden sollten Erkenntnisse abgeleitet werden, die zu einer Ergänzung des normativen Referenzmodells führen. Neben den erläuterten Klassen des Referenzmodells wurden folgende Merkmale in der Evaluationsmatrix aufgenommen.

- Theoretische Grundlage

Bei der Evaluation fiel auf, dass sich die Quellen zum Teil auf unterschiedliche Theorien wie z.B. den Resource Based View (RBV) oder die Transaktionskostentheorie beziehen. Da diese Differenzierung zum Verständnis des darauf basierenden Wertbegriffs beitragen kann, wurde diese Kategorie in der Evaluationsmatrix abgebildet.

- Forschungsansatz

Die Kategorie Forschungsansatz wurde mit in der Evaluationsmatrix aufgenommen, um die Grundlage der Erkenntnisgewinnung eines Artikels zu charakterisieren. GALLIERS und LAND unterscheiden in der Wirtschaftsinformatik grob nach empirischen und interpretativen Forschungsansätzen.[764] Empirische Forschungsansätze basieren auf systematischer Beobachtung und umfassen Laborexperimente, Feldstudien, Fallstudien, Interviews und Umfragen.[765] Interpretative Forschungsansätze beruhen nicht auf einer systematischen Beobachtung. Vielmehr bilden Ideen, Erfahrung und Argumentation die Basis eines interpretativen Forschungsansatzes. Hierzu zählen mathematisch-formale Modelle, semiformale konzeptionelle Modelle, eine subjektiv argumentative Vorgehensweise sowie deskriptiv-interpretative Ansätze, Aktionsforschung und Simulation/Spieltheorie.

• Definition/Sichtweise des Wertbeitrags der IT
Die Definition/Sichtweise des Wertbeitrags der IT zeigt das einem Artikel zugrundeliegende Verständnis des Wertbeitrags der IT. In der Regel wurde dieses anhand des Schwerpunktes und des beschriebenen Inhalts zusammengefasst. Da bei den englischsprachigen Artikeln verschiedene Übersetzungen möglich sind und um das zusammengefasste Verständnis möglichst originalgetreu wiederzugeben, wurde hierbei auf eine Übersetzung verzichtet.

• Reichweite des Verständnisses
Die Reichweite des Verständnisses beschreibt die Ebenen der Ursache-Wirkungs-Kette, in denen der Wertbeitrag gegenständlich ist. Während sich das Produktivitätsparadoxon überwiegend mit dem Gegenstand von Wertbeitrag auf volkswirtschaftlicher Ebene beschäftigt, waren hier verschiedene Verständnisse wiederzufinden. Die volkswirtschaftliche Ebene wurde zwar mit aufgenommen, im Rahmen dieser Arbeit aber nicht weiter berücksichtigt, da der Fokus dieser Abhandlung auf dem Gegenstand des Wertbeitrags von Unternehmen liegt. Der Wertbeitrag kann sich daher auf ein Wirtschaftssubjekt als Ganzes oder auf bestimmte organisatorische Teilbereiche oder Anspruchsgruppen innerhalb eines Unternehmens beziehen. Dazu gehören Individuen, eine bestimmte Gruppe (z.B. Anwender), die IT-Organisation oder ein oder mehrere konkrete Geschäftsprozesse.

• Primärer Überprüfungspunkt
Da die Wirkung von IT in eine komplexe Ursache-Wirkungs-Kette eingebettet ist, stellt sich die Frage, an welchen Punkten die Wirkung überprüft wird. Bei der

---

764 Vgl. Galliers, Land 1987. Eine ähnliche Klassifizierung in empirische und konstruktive Forschungsansätze nehmen WILDE und HESS vor (vgl. Wilde, Hess 2007).
765 Nach Art der Datenanalyse (Strukturgleichungsmodell, Regressionsanalyse etc.) wurde bei empirischen Arbeiten nicht separat unterschieden, da davon ausgegangen wurde, dass sich hieraus keine neuen Erkenntnisse ableiten lassen.

Evaluation der Artikel fiel auf, dass hierzu ebenfalls unterschiedliche Sichtweisen existieren. Im Wesentlichen lässt sich zwischen Überprüfungspunkten innerhalb der IT-Organisation, geschäftsprozessspezifischen Überprüfungspunkten und solchen auf Unternehmensebene unterscheiden.

• Art der Bewertung

Die Art der Bewertung des Wertbeitrags wurde in eine subjektive und objektive Bewertung unterschieden. Während eine objektive Bewertung einer Messung anhand definierter Kennzahlen entspricht (z.B. Finanzkennzahlen auf Unternehmensebene oder Durchlaufzeiten auf Geschäftsprozessebene), erfolgt eine subjektive Bewertung anhand von Einschätzungen und der Wahrnehmung bestimmter Personen bzw. Gruppen.[766] Bei einer subjektiven Bewertung liegen keine scharfen Beurteilungskriterien vor. Vielmehr besteht die subjektive Bewertung aus einer interpretativen Leistung, die auf dem subjektiven Verständnis des Wertenden über das, was als Wertbeitrag zu erachten ist, beruht. Obwohl einer subjektiven Bewertung häufig der Vorwurf der Ungenauigkeit gemacht wird, kommen TALLON und KRAEMER bei einer Untersuchung zur Güte von Wahrnehmung als Messinstrument zu dem Schluss, dass diese sowohl am Überprüfungspunkt von Geschäftsprozessen als auch auf Unternehmensebene hinreichend genau und zuverlässig sind.[767] Ein wesentlicher Aspekt für die Güte der subjektiven Beurteilung ist die Frage, aus wessen Perspektive der Wertbeitrag der IT beurteilt wird. Daher wird dieser Aspekt als Evaluationsperspektive ebenfalls mit aufgenommen.

• Evaluationsperspektive

Die Kategorie Evaluationsperspektive beschreibt die Personen oder Gruppe, aus deren Sicht eine subjektive Beurteilung erfolgt. Bei einer objektiven Bewertung ist diese Kategorie der Evaluationsmatrix nicht gegenständlich. Die Information der Evaluationsperspektive war nicht bei allen subjektiven Beurteilungen ersichtlich. Die Zusatzinformation der Evaluationsperspektive ist auch deshalb wichtig, weil von verschiedenen Gruppen innerhalb eines Unternehmens unterschiedliche IT-Ziele verfolgt oder diese Ziele anders priorisiert werden. GAMMELGÅRD, EKSTEDT und GUSTAFSSON zeigen, dass die Erfahrungen und der berufliche Hintergrund die Wahrnehmung des Gegenstands des Wertbeitrags der IT maßgeblich beeinflussen.[768] TALLON und KRAEMER stellen fest, dass insbesondere die

---

766 Eine ähnliche Einteilung nehmen auch Seddon et al. 1998, S. 166; Tallon, Kraemer 2006, S. 999 sowie Chau, Kuan, Ting-Peng 2007, S. 197 vor. In anderen Quellen wird eine Einteilung in qualitative und quantitative Bewertung vorgenommen (vgl. Kleist, Williams, Peace 2004, S. 14).
767 Vgl. Tallon, Kraemer 2007.
768 Vgl. Gammelgård, Ekstedt, Gustafsson 2006, S. 8. Siehe auch Kapitel 3.4.

organisatorische Einordnung einer Position in Business oder IT zu unterschiedlichen Sichtweisen in Bezug auf den Wertbeitrag führt.[769] Grundsätzlich kommen für die Evaluationsperspektive alle Stakeholder in Frage. Die Kategorie der Evaluationsperspektive ist von der Kategorie der Stakeholder zu unterscheiden. Während die Kategorie Stakeholder die Anspruchsgruppe spezifiziert, für die primär Wert erzeugt wird, beschreibt die Evaluationsperspektive die bewertende Instanz. URBACH, SMOLNIK und RIEMPP nehmen eine Klassifikation der Evaluationsperspektive in IT-Führungskräfte, IT-Personal, Anwender und Multi-Stakeholder vor.[770] CHAU, KUAN und TING-PENG leiten die Kategorien unabhängiger Beobachter, Individuum innerhalb eines Unternehmens, Gruppe innerhalb eines Unternehmens, Management und Eigentümer ab.[771] Bei der Evaluation der Artikel wurde bewusst keine Einschränkung auf bestimmte Gruppen vollzogen, sondern eine exakte Zuordnung auf Basis der Primärquellen vorgenommen, um Erkenntnisse in Hinsicht auf andere, noch nicht berücksichtigte Evaluationsperspektiven zu gewinnen.

• Metrik
In der Kategorie Metrik wurde festgehalten, nach welcher Messgröße der quantitative oder qualitative Wertbeitrag bestimmt wurde. Sofern die Information verfügbar war, wurde für nicht allgemein bekannte Messgrößen beschrieben, wie diese zustande kommen bzw. berechnet werden.

• Branchenfokus
Da sich einige Arbeiten auf bestimmte Branchen beschränken, wurde diese Kategorie mit aufgenommen, um bei der Analyse und Interpretation mögliche spezifische Verwendungen berücksichtigen zu können.

6.3 Interpretation und Darstellung der Ergebnisse

Insgesamt wurden die verschiedenen Klassen des normativen Referenzmodells adressiert, so dass sich kein Anlass für das Verwerfen einer Klasse ergab. Bei der theoretischen Grundlage war der RBV dominierend. Dieser wurde in zehn Quellen genutzt, um die Generierung strategischer Wertbeiträge argumentativ zu untermauern. Bei den Forschungsansätzen überwogen empirische Ansätze. Dies ist

---

769 Vgl. Tallon, Kraemer 2007, S. 16.
770 Vgl. Urbach, Smolnik, Riempp 2009, S. 367.
771 Chau, Kuan, Ting-Peng 2007, S. 197. Für eine ähnliche Klassifikation vgl. Seddon et al. 1998, S. 173 sowie Potthoff 1998, S. 54.

auf den überwiegenden Anteil englischsprachiger Artikel und das dort dominierende Paradigma des Behaviorismus zurückzuführen.[772]

Als bisher nicht berücksichtigtes IT-internes Ziel (Output-Ebene) wurde Flexibilität identifiziert. *Flexibilität* wird verstanden als die Fähigkeit, auf quantitative und qualitative Änderungen angemessen reagieren zu können.[773] Dieses Ziel wurde anhand zweier Quellen identifiziert, in denen Flexibilität als eigenständiges Ziel verfolgt wurde. In Anbetracht der zunehmenden strategischen Relevanz, innovative Produkte möglichst früh in den Markt bringen und hierbei auf eine IT zugreifen zu können, die die jeweiligen Anforderungen möglichst zeitnah umsetzt, wird eine Berücksichtigung von Flexibilität als eigenständiges Ziel nachvollziehbar.

Die Evaluationsperspektive wurde ebenfalls mit in das Referenzmodell aufgenommen, da die Frage, wer den Wertbeitrag faktisch bemisst, als wichtiger Faktor erachtet wird, der im normativen Referenzmodell unberücksichtigt ist.

Eine weitere Erkenntnis, die sich aus dem Literature Review ergibt, bezieht sich auf die Modellierung der Zielerreichung. Bei der Analyse der Evaluationsmatrix fiel auf, dass das Zielausmaß der jeweiligen IT-Ziele, Geschäftsprozessziele und Unternehmensziele durch unterschiedliche Metriken gemessen wird. Dieser Sachverhalt ist in dem normativen Referenzmodell nur unzureichend abbildbar. Daher wird die generalisierte Klasse Ziel durch die Beziehung zu Metrik und Zielzeitbezug so modelliert, dass diesem Umstand Rechnung getragen wird. Ein IT-internes und auf ein Unternehmensziel hin ausgerichtete Ziel wird damit ein Bestandteil der generalisierten Zielklasse, die den Wertbeitrag determiniert. Die Zielerreichung, die im normativen Referenzmodell berücksichtigt wurde, ergibt sich dann aus der Beziehung zwischen der Klasse Ziel und dem Zielzeitbezug. Die Änderungen, die sich aus dem Literature Review ergeben, sind in Abb. 6-3 dargestellt.

---

772 Vgl. Österle et al. 2010, S. 1.
773 Vgl. Weihs 2008, S. 5; Mende 1995, S. 49; Schniederjans, Hamaker, Schniederjans 2005, S. 71.

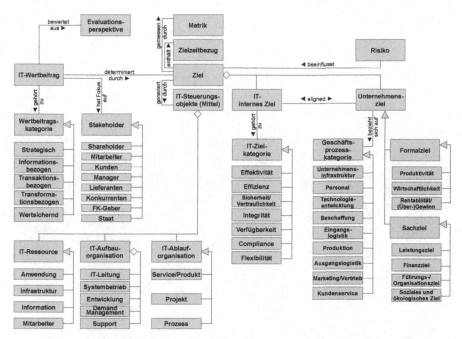

Abb. 6-3: Referenzmodell zum Wertbeitrag der IT, ergänzt um Ergebnisse aus dem Literature Review
(Quelle: eigene Darstellung)

7 Fallstudien zum Wertbeitrag der IT

Zur Analyse der in der Praxis verwendeten Dimensionen des Gegenstands des Wertbeitrags der IT wird im folgenden Kapitel eine Fallstudie durchgeführt. Fallstudien zielen darauf ab, die Modellierung eines Gegenstandsbereichs in der Praxis zu einem bestimmten Zeitpunkt zu erfassen.[774] „Die Fallstudie untersucht in der Regel komplexe, schwer abgrenzbare Phänomene in ihrem natürlichen Kontext. Sie stellt eine spezielle Form der qualitativ-empirischen Methodik dar, die wenige Merkmalsträger intensiv untersucht."[775] FETTKE und LOOS merken weiterhin an, dass durch Fallstudien „eine bestimmte Problemstellung der Referenzmodellierung praktisch gelöst" wird.[776]

Durch die Fallstudie wird geprüft, inwieweit das konstruierte Artefakt die Gegenstandsbereiche der Praxis tatsächlich abdeckt. Darüber hinaus bietet das Referenzmodell Anhaltspunkte für einen besseren Umgang mit dem Gegenstandsbereich in der Praxis. Die Erkenntnisse der Fallstudie lassen sich bei der angewendeten Forschungsmethode DSRM als Evaluationsschritt des Konstruktionsprozesses auffassen.

7.1 Vorgehensweise

Die Grundlage der Fallstudien bilden IT Business Cases aus der Praxis. Da ein IT Business Case die Bewertung einer geplanten Investition aus unternehmerischer Sicht darstellt und alle entscheidungsrelevanten Gesichtspunkte eines Vorhabens abbilden sollte,[777] wird ein Business Case als geeignetes Modell zur Abbildung des Wertbeitrags angesehen.

Insgesamt wurden 47 IT Business Cases analysiert. Aufgrund der sensiblen Informationen der Business Cases wurden diese von Unternehmen zur Verfügung gestellt, zu denen ein persönliches Vertrauensverhältnis besteht. Die originären Business Cases unterlagen dabei selbst einer Geheimhaltungsvereinbarung

---

774 Vgl. Fettke, Loos 2004, S. 18.
775 Wilde, Hess 2007, S. 282.
776 Fettke, Loos 2004, S. 18.
777 Vgl. Brugger 2005, S. 13; Taschner 2008, S. 5-7.

zur Wahrung der Geschäftsgeheimnisse.[778] Ein Beispiel für die Strukturierung eines verwendeten Business Cases ist in Tab. 7-1 dargestellt. Die Informationen aus den Business Cases wurden in eine einheitliche Struktur überführt und die verwendeten Elemente im Hinblick auf eine Übereinstimmung des Referenzmodells untersucht. Aufgrund der selektiven Auswahl und des eingeschränkten Umfangs der Fallstudie ist diese als nicht repräsentativ zu bewerten.

Zur Überführung der Daten der Business Cases in eine einheitliche Struktur wurden diese in einem Meta-Template zusammengeführt und so strukturiert, dass die verwendeten Beschreibungselemente untereinander und in Bezug auf das Referenzmodell verglichen werden konnten. Hierbei fiel auf, dass die Strukturelemente der originalen Business Cases unterschiedlich genutzt wurden und zum Teil sowohl redundante als auch inkonsistente Informationen enthielten. So gab es beispielsweise mehrere Möglichkeiten, qualitative Nutzenaspekte zu beschreiben. In einigen Business Cases konnte die Höhe der Investitionsausgaben sowohl in Summe als auch periodenspezifisch in einer Zeitreihe hinterlegt werden. Hierbei gab es geringfügige Inkonsistenzen, die zum Teil auf Währungskurseffekte zurückzuführen waren (Eingabe der Gesamtsumme über alle Perioden in Euro, Zeitreihe in lokaler Währung). In anderen Fällen kann gemutmaßt werden, dass die Gesamtsumme der detaillierten Zahlungsreihen in der Gesamtübersicht nicht manuell nachgepflegt wurde. In diesen Fällen wurde angenommen, dass die Daten der Zahlungsreihe aktueller sind.

Zur Vorbereitung der weiteren Analyse wurde jeder Business Case auf das Referenzmodell gemappt. Hierbei wurden sämtliche Beschreibungsmittel der Business Cases herangezogen und den vorgestellten Klassen zugeordnet.[779] Die Business Cases wurden den Wertbeitragskategorien, den IT-internen Zielen, einem möglichen Geschäftsprozessbezug sowie den diskutierten Formal- und Sachzielen zugeordnet. Bei den Formalzielen wurde ferner analysiert, welche Methode zum Einsatz kam, um diese zu quantifizieren. Darüber hinaus wurden die involvierten IT-Steuerungsobjekte IT-Ressourcen, IT-Aufbau- und -Ablauforganisation sowie die Evaluationsperspektive und die Stakeholderschwerpunkte extrahiert, sofern diese ersichtlich waren. Ein Business Case konnte hierbei jeweils mehreren Kategorien zugeordnet werden, sofern verschiedene Nutzenaspekte oder Teile des Referenzmodells genannt waren. Darüber hinaus wurde der Projekt- und Betriebszeitraum ermittelt, falls dieser anhand von Beschreibungen oder Zeitreihen ersichtlich war.

---

778 Die Business Cases (siehe Anhang C) wurden anonymisiert, so dass keine Rückschlüsse auf die zugrunde liegenden Unternehmen gezogen werden können. Mitglieder des Prüfungsausschusses haben nach Ratifizierung der Geheimhaltungsvereinbarung Zugriff auf die originären Business Cases.
779 Das Ergebnis dieser Zuordnung findet sich im Anhang C.

Tab. 7-1: Beispielstruktur eines Business Cases

Name des Projektes:		IT-Projektleiter:	
Projektbeschreibung:			
Owner Business:		Owner IT:	
Nutzenkategorie:		Land / Region:	
Priorität (Business und IT):		Risikobewertung:	
Qualitativer Nutzen:			
Finanzkennzahlen (in tsd. EUR):	Projektkosten: Betriebskosten:	NPV: Amortisationsdauer:	Kapitalisierungsfähig (J/N): Net-Working-Capital-Effekt:
Dringlichkeit:		Timing:	Projektstart: Go-live: / Projektende: Lebensdauer:
Qualitative Nutzenbeschreibung			

Business-Case-Kalkulation
Werte in tsd. EUR

		Abschreibung (Jahre)	2009	2010	2011	2012	2013	2014	2015	TOTAL
Projektkosten	Capex		-	-	-	-	-	-	-	0,0
	Hardware									
	Softwarelizenzen		-	-					-	
	Server									
	User									
	Projektspezifisch									
	Entwicklung								-	
	Roll-out									
	Weitere Investments									
	Opex		-	-	-	-	-	-	-	0,0
	nicht kapitalisierungsfähige Ausgaben									
	Entwicklung									
	Roll-out									
	Change requests									
	Training und Dokumentation									
	Reisekosten:									
	Weitere Opex									
	Subtotal: Cashflow Projekt		-	-	-	-	-	-	-	
Betriebskosten	Opex									
	Infrastruktur Betrieb:									
	weitere Infrastrukturkosten:									
	Software maintenance:									
	Abschreibung aus Hardware:		-	-	-	-	-	-	-	
	Abschreibung aus Softwarelizenzen									
	Weitere Betriebskosten									0,0
	Subtotal: Betriebskosten		-	-	-	-	-	-	-	0,0
Kostenersparnisse / Net Working Capital	Kostenersparnisse									
	Personalkostenersparnisse									
	Prozesskostenersparnisse									
	IT-Kostenersparnisse									
	Sonstige Kostenersparnisse									
	Net Working Capital									
	Net-Working-Capital-Effekt								-	
	Subtotal: Kostenersparnisse		-	-	-	-	-	-	-	0,0
Abschreibungen	Hardware		-	-	-	-	-	-	-	
	Softwarelizenzen									
	Server		-	-	-	-	-	-	-	
	User									
	Projektspezifisch									
	Entwicklung		-	-	-	-	-	-	-	
	Roll-out									
	Weitere Investments		-	-	-	-	-	-	-	
	Subtotal: Abschreibungen		-	-	-	-	-	-	-	
Ergebnis	Ausgaben:		0	0	0	0	0	0	0	
	Aufwand:		0	0	0	0	0	0	0	
	Nutzen		0	0	0	0	0	0	0	
	Cash out		0	0	0	0	0	0	0	
	Cashflow		0	0	0	0	0	0	0	
	Kumulierter Cashflow		0	0	0	0	0	0	0	
	Diskontfaktor	0%								
	Barwert des Cashflow									
	Kumulierter NPV									
	Interner Zinsfuß	0%								
			0	1	2	3	4	5	6	
	Kalkulation Armortisationsdauer	0	0,00	0,00	0,00	0,00	0,00	0,00	0,00	
	RoI Total	0%								

7.2 Evaluation

In einer ersten Konsistenzprüfung fiel auf, dass zwei Business Cases zwar kapitalisierungsfähige Ausgaben, jedoch weder Abschreibungen noch eine konkrete Abschreibungsdauer enthielten, aus der sich die jährliche Abschreibung ableiten ließ. Diese Ausgaben wurden als direkter Aufwand (Opex) interpretiert. Zwei Business Cases, die der Wertbeitragskategorie Wertsicherung entsprechen, waren weder durch kapitalisierungsfähige Ausgaben noch durch direkt erfolgswirksame Ausgaben beschrieben. Zum einen handelte es sich um ein notwendiges Upgrade eines Lagerverwaltungssystems. Hierbei lagen zwar bereits Lizenzen vor, allerdings wurde der mit dem Upgrade verbundene Integrationsaufwand nicht explizit berücksichtigt und der Business Case ausschließlich qualitativ anhand von Risiken beurteilt, die aus seiner Unterlassung resultieren. Bei der anderen nicht monetär quantifizierten Initiative handelte es sich ebenfalls um eine wertsichernde Initiative zur Archivierung historischer Datenbestände. Diese Initiative befand sich noch in einem frühen Planungsstatus, so dass eine Kostenabschätzung noch nicht vorlag.

Neben den Teilbereichen des Referenzmodells lassen sich die Business Cases anhand von verschiedenen Charakteristika beschreiben. Die durchschnittlichen Gesamtkosten lagen bei 1,2 Mio. EUR, mit einer Spannweite von 92 Tsd. EUR bis 5,5 Mio. EUR.[780] Der Projektanteil (Change) belief sich dabei im Durchschnitt auf einen Anteil von 46% der Gesamtausgaben mit 555 Tsd. EUR im Vergleich zum Betrieb mit 654 Tsd. EUR. Ein Großteil (70%) der Initiativen wurde ausschließlich auf Basis von Opex geplant, 30% der Initiativen enthielten zu kapitalisierende Ausgaben. Die Abschreibungsdauer schwankte zwischen 3 und 8 Jahren und lag im Mittel bei 4,45 Jahren.

Die durchschnittliche Projektdauer lag mit einer Spannweite von 2 Monaten bis 4 Jahren bei 1,18 Jahren. Die durchschnittliche Betriebsdauer betrug bei einer Spannweite von 3 Monaten bis 11 Jahren 5,6 Jahre. Die durchschnittliche geplante Lebensdauer bezifferte sich auf 6,8 Jahre (siehe Abb. 7-1).

Insgesamt ergab sich ein heterogenes Bild im Hinblick auf die Stärke der Abdeckung der Referenzmodellklassen. Bei spezialisierten Klassen war der Abdeckungsgrad erwartungsgemäß kleiner als bei ihrer zugehörigen Generalisierung

---

780 Korrigiert um die beiden Business Cases ohne Kostenabschätzung.

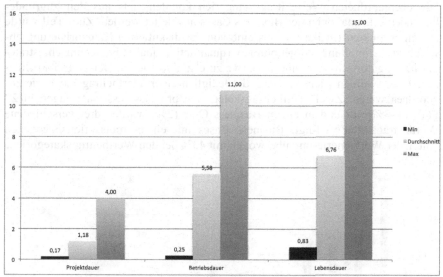

Abb. 7-1: Projekt-, Betriebs- und Lebensdauer der Initiativen in Jahren
(Quelle: eigene Darstellung)

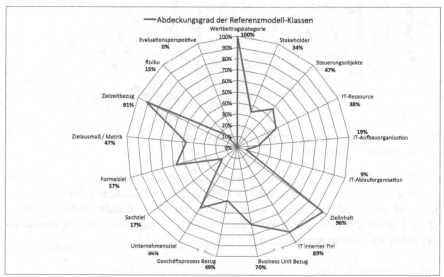

Abb. 7-2: Abdeckungsgrad der Referenzmodellklassen
(Quelle: eigene Darstellung)

Die übergeordneten Wertbeitragskategorien konnten stets aus den zugrundeliegenden Informationen der Business Cases abgeleitet werden. Zum Teil wurde
in den originären Business Cases eine von der diskutierten Kategorisierung abweichende Einteilung vorgenommen (quantitativ, qualitativ, technisch, strategisch, obligatorisch), um eine Initiative zu charakterisieren. Bei 26 (55%) Business Cases wurden Ziele verfolgt, die lediglich einer Wertbeitragskategorie zuzuordnen waren. Zwei Wertbeitragskategorien pro Business Case lagen in 20
Fällen (43%) vor und in einem Business Case (2%) wurden drei verschiedene
Wertbeitragsarten verfolgt. Business Cases mit einem transaktionsbezogenen
Anteil der Wertgenerierung überwogen mit 43% bei den Wertbeitragskategorien.

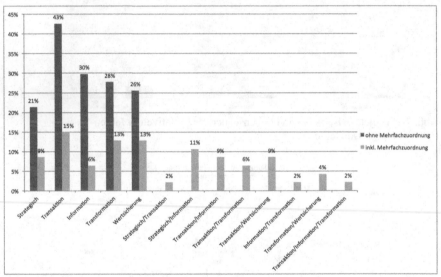

Abb. 7-3: Wertbeitragskategorien der Business Cases
(Quelle: eigene Darstellung)

Die Einbeziehung der Stakeholderperspektive war erwartungsgemäß gering und
lag bei einem Anteil von 34% mit einer deutlichen Dominanz auf der Gruppe der
Shareholder (26%). Weiterhin waren Mitarbeiter (2%), Kunden (9%), Manager
(2%), Lieferanten (6%) sowie der Staat (4%) als Stakeholder aus den zugrundeliegenden Informationen ableitbar.[781]

---

[781] Die gleichzeitige Einbeziehung mehrerer Stakeholderinteressen pro Business Case war möglich.
Die Shareholderperspektive wurde meist nicht explizit genannt. Im Falle eines positiven NPV
wurde davon ausgegangen, dass diese primär den Shareholderinteressen entspricht.

Die Steuerungsobjekte, die als Mittel zur Erzielung eines Wertbeitrags eingesetzt werden, wurden in 47% der Fälle expliziert, die benötigten IT-
Ressourcen in 38%, die verantwortliche Organisationseinheit in 19% und der zugehörige Teil der Ablauforganisation in 9% der Fälle. Es kann davon ausgegangen werden, dass die relevanten Steuerungsobjekte unternehmensintern zwar
festgelegt waren, jedoch von der Notwendigkeit, diese im Business Case zu beschreiben, abgesehen wurde und ein Fokus auf den Output der IT bzw. den
nachgelagerten Outcome in der Wirkungskette gelegt wurde.

Ein Zielinhalt wurde in 96% der Fälle expliziert. In zweien der Business
Cases war ein Zielinhalt nicht klar ersichtlich. Hierzu zählte zum einen die Entwicklung eines Reportingsystems, das der Vereinheitlichung von Planungspro-
zessen dienen sollte. Ein weiteres als strategisch zu klassifizierendes Projekt war
mit der Zielsetzung des Alignments charakterisiert. In beiden Fällen wurde jedoch davon abgesehen das Ziel genauer zu spezifizieren. Der Zielinhalt wurde
entlang der Wirkungskette unterschiedlich stark betont. Während IT-interne Ziele in 87% der Fälle identifiziert werden konnten, war ein übergeordnetes Unternehmensziel in 64% der Fälle ersichtlich (Formalziele 57%, Sachziele 17%). Ein
Geschäftsprozessbezug bestand in 49% der Fälle. Allerdings war ein Zielbezug
erkennbar, der durch die bisherigen Konstrukte des Referenzmodells nicht hinreichend abgedeckt wurde. In 70% der Fälle wurde eine konkrete Business Unit
genannt auf die sich der Business Case bezog. Als Business Unit (auch: Ge-
schäftseinheit) wird ein dedizierter Bereich des Unternehmens verstanden, der
einen segmentierten Produkt/Markt-Bereich (z.B. Privatkunden und Geschäfts-
kunden) bedient.[782]

Bei den IT-internen Zielen dominierte das Ziel der Effizienzsteigerung
(43%), gefolgt von dem Ziel der Effektivität (28%). Die Dominanz der Effizienzsteigerung wird auch durch das Primärziel der Wirtschaftlichkeit bei den
übergeordneten Unternehmenszielen reflektiert (51%). Grundsätzlich kann angenommen werden, dass sich die IT-internen Effizienzziele in einem übergeordneten Wirtschaftlichkeitsziel widerspiegeln. Im Umkehrschluss wird eine erhöhte
Wirtschaftlichkeit jedoch nicht zwangsweise durch einen effizienteren IT-
Einsatz erreicht. So wurde in einem Fall davon ausgegangen, dass ein neues
Software-Release durch die Verfügbarkeit neuartiger Features die Wirtschaftlichkeit im Einkauf verbessert. Trotz des eingeschränkten Umfangs der Fallbeispiele wurden bis auf den Bereich der Technologieentwicklung alle Geschäfts-
prozesskategorien abgedeckt. Bei den Sachzielen als Teil der Unternehmensziele
waren Leistungsziele (15%), die sich auf Marktpenetration oder die Produktent-
wicklung beziehen, dominierend. Finanz- oder Führungs-/Organisationsziele

---

782 Vgl. Thommen, Achleitner 2006, S. 942-943; Macharzina 1999, S. 260-261.

wurden durch keinen Business Case angestrebt. Es kann angenommen werden, dass Finanzziele wie z.B. der Aufbau einer optimalen Vermögensstruktur nur eingeschränkt durch die IT-Organisation umgesetzt werden, da die Stärke der Hebel (Änderungen am Umlaufvermögen oder Aktivierungswahlrecht) im Vergleich zu außerhalb der IT liegenden Hebeln als gering eingeschätzt wird. Ausgenommen hiervon sind IT-Produkte, welche die Finance-Organisation in ihrer Aufgabenerfüllung unterstützen.

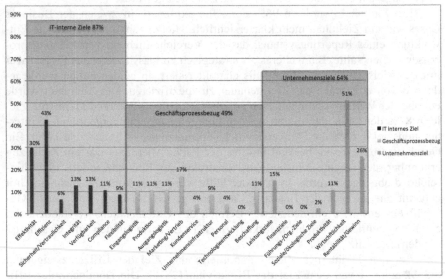

Abb. 7-4: Abdeckungsgrad der Ziele entlang der Ursache-Wirkungs-Kette
(Quelle: eigene Darstellung)

Rentabilitäts- und Gewinnziele (26%) wurden als zweithäufigstes Formalziel antizipiert. Die Rentabilitäts- und Gewinnziele waren jedoch nicht explizit beschrieben, sondern ergaben sich aus dem aus Zahlungsreihen abgeleiteten EBIT-Impact im Zusammenhang strategischer Wertbeiträge oder einer gesteigerten Wirtschaftlichkeit. Hervorzuheben ist, dass in nur einem Business Case zusätzlicher Umsatz quantifiziert geplant wurde.

Ein Zielzeitbezug war in 91% der Fälle offenkundig. Die Genauigkeit schwankte hier von einem monatlichen, jährlichen Zeitpunkt bis zu einzelnen Meilensteinen, in denen Ziele schrittweise zu erreichen sind. Problematisch erscheint jedoch, dass bei der Verfolgung mehrerer Ziele in keinem Fall eine zeitliche Unterscheidung im Zielzeitbezug gemacht wurde. Dies kann in Einzelfällen zwar so gewollt sein, im Hinblick auf eine zeitliche Verzögerung von IT-Ziel und sich anschließendem Unternehmensziel, ist jedoch eher von einem Manko bei der Zielbeschreibung auszugehen. Die Business Cases wurden ausschließlich zur Planung genutzt. Eine Überprüfung der Zielerreichung bzw. Ist-Analyse war in keinem Fall gegenständlich. Die Frage, inwieweit die Daten der Business Cases zur Steuerung und Kontrolle der gesetzten Ziele in den Unternehmen genutzt wurden, lässt sich anhand der Business Cases nicht beantworten.

Erstaunlicherweise wurde ein Zielausmaß in nur 47% der Fälle festgelegt. Der geringe Anteil ist nicht ausschließlich durch Wertbeitragskategorien zu begründen, die eher qualitativer Natur sind und sich grundsätzlich schwierig quantifizieren lassen. Auch bei Business Cases, die einen transaktionsbezogenen Wertbeitrag anvisieren, war ein Zielausmaß in nur 14 von 20 (70%) Fällen konkretisiert. Bei Business Cases, die ausschließlich einen transaktionsbezogenen Wertbeitrag anvisieren, fehlte das Zielausmaß in 43% der Fälle. Explizite Gründe hierfür sind nicht ersichtlich. Möglicherweise waren einige Business Cases in Bezug auf den quantifizierten Nutzen noch nicht finalisiert oder transaktionsbezogene Wertbeiträge wurden lediglich als vage qualitative Ziele angestrebt. Festgehalten werden kann, dass das Zielausmaß nicht hinreichend quantifiziert wurde.

Ein weiteres Defizit konnte bei der Berücksichtigung von Risiken festgestellt werden. Risiken wurden in 15% der Fälle expliziert. Diese Fälle waren allesamt der Wertbeitragskategorie Wertsicherung zuzuschreiben, jedoch lediglich derart spezifiziert, dass die Konsequenzen der Unterlassung aufgezeigt wurden. Zwar waren einige Business Cases durch eine allgemeine Schätzung des Risikoniveaus beschrieben (z.B. durch Abstufungen der Kritikalität in hoch, mittel, gering), die genauen Risikofaktoren, die insbesondere relevant sind, um geeignete Maßnahmen zur Steuerung und Kontrolle zu etablieren, waren jedoch nicht gegenständlich. Ohne genauere Beschreibung der Risikofaktoren erscheint die Angabe eines allgemeinen Risikoniveaus nur eingeschränkt nutzbar.

In allen Business Cases wurden unabhängig von der Wertbeitragskategorie verschiedene Methoden zur Bewertung von Wirtschaftlichkeit und Gewinn angewendet. Das war auch dann der Fall, wenn keine Wirtschaftlichkeits- oder Gewinnziele verfolgt wurden. Dies ist dadurch zu begründen, dass es sich bei den Business Cases augenscheinlich um Templates aus den jeweiligen Unternehmen handelte, die bezogen auf den einzelnen Fall mit Daten befüllt wurden. NPV, IRR und Amortisationsdauer waren in 96% der Business Cases gegenständlich, allerdings kamen diese nur in einem geringen Anteil zu einem positiven Ergebnis. Der NPV war in 26% der Fälle positiv, der IRR in 32% der Fälle und die Amortisationsdauer in 23%. Erstaunlicherweise wurde in nur 50% der Business Cases mit einem transaktionsbezogenen Anteil ein positiver NPV erreicht (57% bei Business Cases, die ausschließlich dieser Wertbeitragskategorie zuzuordnen sind). Ob der Nutzen hierbei nicht vollumfänglich quantifiziert wurde, konnte aus den bestehenden Daten jedoch nicht abgeleitet werden. Kosten- und Gewinnvergleichsrechnungen kamen im engeren Sinne nicht zum Einsatz, da diese dem Zwecke der Bewertung von Investitionsalternativen dienen und Alternativen für denselben Zweck nicht gegenständlich waren. Ausgaben, Kosten und periodenspezifische EBIT-Auswirkungen wurden bis auf die beiden angemerkten Fälle der wertsichernden Wertbeiträge durchgängig aufgeführt. Potentielle Steuereffekte wurden in keinem Business Case ausgewiesen.

Bemerkenswert ist darüber hinaus, dass Effekte, die das Umlaufvermögen betreffen, zwar in acht Fällen verbal beschrieben wurden, jedoch in keinem Fall in den Zahlungsströmen bzw. quantitativ berücksichtigt wurden. Shareholder-Value-orientierte Verfahren kamen ebenfalls in keinem Fall zur Anwendung. Methodisch entspricht zwar der NPV dem DCF, es war jedoch ersichtlich, dass in keinem Fall mit WACC abgezinst wurde, so dass die Mindestrenditeerwartungen der Kapitalgeber nicht hinreichend berücksichtigt waren. Des Weiteren wurde kein Restwert bei den Betrachtungen angesetzt.

7.3 Schlussfolgerungen

Anhand der Evaluation des vorherigen Kapitels lässt sich erkennen, dass die verschiedenen Klassen des Referenzmodells weitestgehend durch die Praxisbeispiele antizipiert wurden, was eine Legitimation der identifizierten Klassen stützt. Die Evaluationsperspektive kam in den Praxisbeispielen nicht zur Anwendung. Allerdings ist anzumerken, dass diese erst a posteriori explizit ersichtlich wird, insbesondere wenn im Unternehmen von entscheidender Stelle nachgefragt wird, warum ob ein bestimmtes Projekt den angestrebten Wertbeitrag nicht erreicht hat. Da die verwendeten Business Cases ausschließlich zur Planung verwendet wurden, ist die Absenz der Evaluationsperspektive nachvollziehbar. Die subjektive Wahrnehmung und Frage, wer die entsprechenden Resultate von Wertbeitragsbetrachtungen interpretiert, spielt neben der formalen Bewertung jedoch eine wichtige Rolle. Dieser Aspekt und die Ergebnisse des Literature Reviews sprechen daher für eine Aufrechterhaltung dieser Klasse im Referenzmodell.

Neben der Frage, ob die Klassen durch die Praxisbeispiele abgedeckt wurden, stellt sich die Frage, ob die Inhalte der Business Cases durch die Klassen des Referenzmodells angemessen repräsentiert wurden. Bei der Evaluation wurde identifiziert, dass das aufgeführte Strukturierungselement der Business Unit nicht durch das Referenzmodell abgedeckt werden konnte. Da der Business-Unit-Bezug zu einem hohen Anteil (70%) gegenständlich war, kann dieser als relevant erachtet werden, so dass das Referenzmodell um diesen Aspekt wie folgt erweitert wird (siehe Abb. 7-5). Da die Auffassung vertreten wird, dass die weiteren Inhalte der Business Cases hinreichend durch das Referenzmodell abgebildet werden konnten, ergeben sich darüber hinaus keine weiteren zwingend notwendigen Anpassungen im Referenzmodell.

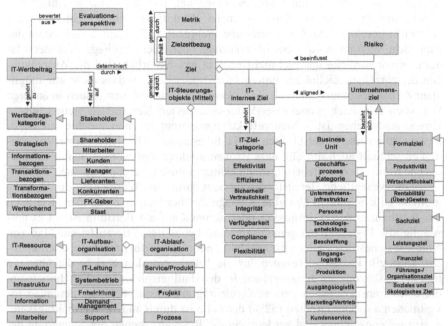

Abb. 7-5: Referenzmodell zum Wertbeitrag der IT, ergänzt um Ergebnisse aus der Fallstudie
(Quelle: eigene Darstellung)

Neben dieser Änderung im Referenzmodell lassen sich auf Basis der Evaluation der Fallbeispiele einige Handlungsempfehlungen für die Handhabung und Dokumentation des Wertbeitrags ableiten. Um bei mehreren Zielen klar abzugrenzen, wann welches Teilziel erreicht werden soll, sollte der Zielzeitbezug für jeden Zielinhalt separat berücksichtigt und im Business Case dokumentiert werden. Darüber hinaus ist es essentiell die unterschiedlichen Ziele im Sinne von jeweiligem Zielinhalt und Zielausmaß vollständig zu beschreiben. So ist es nur teilweise hilfreich, wenn ein positiver Effekt in Hinsicht auf das Nettoumlaufvermögen angemerkt wird, aber keine Größenordnung erkennbar ist. Dies gilt insbesondere auch dann, wenn verschiedene Wertbeitragskategorien betroffen sind und eine Kategorie lediglich als Nebeneffekt erreicht werden soll. Um die Stärke verschiedener Zielbeiträge kenntlich zu machen, ist eine Priorisierung der Zielbeiträge wünschenswert. Ferner wäre es hilfreich auch erkennbar zu machen, wenn ein bestimmtes Ziel durch eine Initiative nicht angestrebt wird. Dies macht kenntlich, dass der jeweilige Planungsverantwortliche eine vollständige Abschätzung der Zielerreichung vorgenommen hat, und lässt eine abschließende Bearbeitung eines Business Cases erkennen. Wird dieser Schritt nicht vollzogen, sind nicht beschriebene Ziele zumindest mehrdeutig. So kann es sein, dass das Ziel nicht verfolgt wird, eine Abschätzung noch nicht vorliegt oder der Planungsverantwortliche das Ziel nicht bedacht hat. Natürlich sind die Ausprägungen der einzelnen Zielinhalte unternehmensspezifisch, so dass nicht alle möglichen Zielausprägungen sinnvoll sind. Wenn ein Unternehmen jedoch in anderen Bereichen z.B. nach Shareholder-Value-orientierten Kennzahlen steuert oder – wovon auszugehen ist – Steuereffekte transparent machen möchte, so ist es zweckmäßig diese in der IT auch für IT-Investitionen abzuleiten. Eine Vollständigkeit schließt auch mit ein, dass Risiken konkretisiert werden, damit entsprechende Kontroll- und Steuerungsmaßnahmen etabliert werden können.

Eine wesentliche Herausforderung liegt darin, den Wertbeitrag der IT übergreifend zu bestimmen. Um eine Aussage darüber treffen zu können, wie hoch der Wertbeitrag der IT insgesamt oder bezogen auf ein Portfolio ist, ist es notwendig alle IT-Initiativen gemeinsamen zu betrachten. Hierzu ist ein Maß von Nöten, welches den Zielerreichungsgrad über alle Wertbeitragskategorien abbildet. Dies gilt insbesondere auch für die Wertbeitragskategorien, die über die transaktionsbezogenen hinausgehen. In den Fallbeispielen machen Initiativen, die einen transaktionsbezogenen Wertbeitrag anstreben, 48% der gesamten Investitionen aus. Der Großteil (52%) der Fälle ist durch andere Wertbeitragskategorien gekennzeichnet und verdeutlicht die Relevanz, neben der Steigerung der Kosteneffizienz weitere Ziele zu berücksichtigen. Als Maß für einen übergreifenden Wertbeitrag können die einzelnen Wertbeitragskategorien z.B. mit unterschiedlichen Gewichtungsfaktoren versehen und zu einem Indexwert verdichtet werden.[783] Dieser Indexwert versteht sich als Indikator (siehe Kapitel 3.6), der als Verbund den Wertbeitrag aus den verschiedenen Blickwinkeln (den Wertbeitragskategorien) misst.

Ferner bietet sich an das Thema Steuerung des IT-Wertbeitrags auch organisatorisch zu verankern. Aufgrund der intermediären Rolle von IT und Business würde sich das Demand Management anbieten. Eine zentrale Stelle, welche Wertbeitragsfortschritte im Sinne der Zielerreichungsgrade kontinuierlich überwacht, würde für eine Verankerung im IT-Controlling sprechen. Die Entwick-

---

[783] Derartige Ansätze sind bereits vereinzelt in der Praxis vorzufinden. Siehe hierzu Finius GmbH 2010, S. 41.

lung von Richtlinien, um sämtliche IT-Initiativen ganzheitlich aussteuern zu können, würde eine Integration in einer IT-Governance-Organisation nahelegen. Die Bezeichnung spielt in der Praxis jedoch eine untergeordnete Rolle. Wesentlich ist, dass die Business- und IT-Ziele von einer zentralen Stelle koordiniert werden und das Maß, mit dem der Wertbeitrag der IT übergreifend gemessen und gesteuert wird, über alle Organisationseinheiten hinweg identisch ist.

8 Zusammenfassung und Ausblick

8.1 Zusammenfassung

Das primäre Forschungsziel dieser Abhandlung wurde als systematische Begründung und Darstellung der verschiedenen Facetten des Wertbeitrags der IT im unternehmerischen Kontext beschrieben. Hierbei galt es als Erkenntnisziel zunächst Ursachen zu identifizieren, die eine heterogene Sichtweise des Gegenstandsbereichs begründen und zu einem uneindeutigen Begriffsverständnis führen. Als eine Ursache wurde zunächst ein von der IT losgelöster, an sich unklarer Wertbegriff identifiziert. Im Kontext der IT zeichnet sich Wertbeitrag durch eine Interpretationsvielfalt und eine mangelnde Präzision des Begriffs aus. Hierbei sind eine unbestimmte Kohärenz und Abgrenzung zu anderen Begriffen ersichtlich, welche kontextspezifisch und in verschiedenen Anwendungsdomänen verschiedene Gegenstände referenzieren. Die Vielfalt des Begriffs begründet sich darüber hinaus durch seine unterschiedliche historische Entwicklung. Es wurde dargestellt, dass der Gegenstand des Wertbeitrags und dessen Wahrnehmung subjektiv geprägt ist und sowohl ein hoher Durchdringungsgrad als auch eine steigende Komplexität der Wirkungsweise von IT zu einer Unbestimmtheit des Themenkomplexes führen. Ferner wurde die Schwierigkeit, den Wertbeitrag angemessen quantifizieren zu können, erläutert.

Als weiteres Erkenntnisziel wurde der Gegenstandsbereich des Wertbeitrags der IT ausgehend von einem allgemeinen Wertbegriff deduktiv hergeleitet und auf die IT übertragen. Die wesentlichen Dimensionen, in denen sich der Wertbeitrag der IT unterscheidet, wurden hierbei intensiv diskutiert. Indes wurde auf alternative Strukturierungsmöglichkeiten eingegangen und die Aufnahme von Klassen in das Referenzmodell eingehend begründet. Durch das entwickelte Referenzmodell wurde dem gesetzten Gestaltungsziel Rechnung getragen. Die verschiedenen Sichtweisen des Wertbeitrags der IT wurden im Referenzmodell integriert. Hierbei wurden zum einen die einzusetzenden Mittel in Form von Ressourcen, Aufbau- und Ablauforganisation bedacht. Zum anderen wurde die Wirkungskette von IT-Output und nachgelagertem Outcome auf Businessseite berücksichtigt. Die deduktiv hergeleiteten Strukturierungsformen wurden anhand der Literatur und anhand von Praxisbeispielen plausibilisiert und das Referenzmodell entsprechend ergänzt.

Aus den Erkenntnissen der Arbeit ergeben sich die drei Handlungsempfehlungen, die in einem stärkeren Umfang berücksichtigt werden sollten:

- Darlegung der individuell beigemessenen Bedeutung von IT-
  Wertbeitrag einschließlich subjektiver Erwartungen
- Einbeziehung der unterschiedlichen Dimensionen von Wertbeitrag und
  möglichst vollständige Beschreibung bei der Bewertung von IT-
  Investitionen
- Erweiterung der Anwendung von Wertbeitrag über die Planung hinaus
  und Integration in eine aktive Steuerung auch über die Grenzen der IT-
  Organisation hinweg

Aufgrund des vagen Begriffs und der Verschiedenartigkeit der Wirkungsweise von IT sollte das jeweilig zugrunde liegende Verständnis von Wertbeitrag
sowohl in wissenschaftlichen Arbeiten als auch bei der Bewertung von IT-
Investitionen präzisiert werden. Hierbei steht nicht notwendigerweise eine kon-
sensorientierte Zielbildung unter der Einbeziehung verschiedener Stakeholder im
Vordergrund, es sollte jedoch Konsens in Bezug auf die Konsequenzen bestehen,
die durch eine IT-Initiative erreicht werden.

Im Hinblick auf die Konkretisierung des Wertbeitrags stellt sich die Frage,
durch welche Merkmale man den jeweilig intendierten Wertbeitrag beschreibt.
Um eine Vergleichbarkeit zwischen verschiedenen Investitionen, Unternehmen
oder wissenschaftlichen Arbeiten zu ermöglichen, ist eine einheitliche Systematik und möglichst vollständige Beschreibung wünschenswert. Das vorgestellte
Referenzmodell zum Wertbeitrag der IT bietet die Möglichkeit konkrete Merkmale für die Beschreibung des jeweiligen Verständnisses von Wertbeitrag abzuleiten, den beteiligten Parteien die unterschiedlichen Sichtweisen bewusst zu
machen, spezifische Sichtweisen darzustellen und das eigene domänenspezifi-
sche Verständnis zu reflektieren.

Für eine wertorientierte Steuerung ist es unerlässlich die verschiedenen Dimensionen von Wertbeitrag sowohl in der IT als auch im Business integriert zu
berücksichtigen und sich nicht nur auf eine Teilmenge von Wertbeitrag zu beschränken. Insbesondere wenn – wie in der Praxis vorzufinden – unterschiedliche Zielsetzungen durch einzelne IT-Investitionen verfolgt werden, ist es wichtig
die verschiedenen Wertbeitragsfelder im Business Case transparent zu machen
und nicht alle Investitionen über einen Teilaspekt von Wertbeitrag zu quantifizieren.

Darüber hinaus ist es von zentraler Bedeutung, das Thema Wertbeitrag der
IT in der Planung, Steuerung und Kontrolle integriert zu behandeln. Damit ist
gemeint, dass sowohl A-priori-Erwartungen zur Entscheidungsfindung, die tradi-

tionell in einem Business Case dokumentiert werden, als auch die Ist-Stände der Zielerreichung eines Vorhabens in einer Quelle gemeinsam verankert werden.

8.2 Ausblick

Die Frage, was als Wertbeitrag der IT zu betrachten ist und wie dieser angemessen quantifiziert werden kann, wird vermutlich stets eine kontrovers geführte Diskussion bleiben und durch unterschiedliche Schwerpunkte geprägt sein. Ein Zustand, in dem der Erkenntnisprozess abgeschlossen ist und der Gegenstand sowohl präzise als auch einheitlich verstanden wird, scheint aufgrund der systemimmanenten Varianz zumindest unwahrscheinlich. Die Abwägung des Nutzens und die zielgerichtete Steuerung der IT bleiben daher sowohl bei neuartigen als auch bei etablierten Technologien eine herausfordernde Aufgabe im Gegenstandsbereich der Wirtschaftsinformatik.

Einem Referenzmodell als Menge normativer Aussagen kommt ein Empfehlungscharakter bei der Gestaltung anderer Modelle zu. Es erbringt seinen Nutzen durch den Einsatz von darauf basierenden Modellen. Eine Frage, die sich daraus ableitet, ist, welche konkreten Modelle aus dem Referenzmodell abgeleitet werden können, die den Gegenstand des IT-Wertbeitrags unter praktischen Gesichtspunkten besser abbilden. Es wäre wünschenswert, wenn die genannten integrativen Aspekte von IT und Business in einer Anwendung zur Bewertung von Investitionen praktisch zum Einsatz kämen. Denkbar wäre z.B. eine BI-Anwendung, die den Prozess der Business-Case-Erstellung/-Pflege von der beauftragenden Instanz im Business, bis hin zum IT-Projektmanagement und die Überführung in den Betrieb ganzheitlich unterstützt. Eine derartige BI-Anwendung wäre als Template aufzufassen, welches die verschiedenen Wertbeitragskategorien einschließlich einheitlicher Verfahren für Wirtschaftlichkeitsrechnungen zur Bewertung von Investitionen vorhält und sowohl in der Planung auch zur Steuerung verwendet wird. Gleichzeitig müsste eine derartige Anwendung auch Raum für spezifische Anpassung der unternehmensindividuellen Steuerungsobjekte lassen.

Überdies wäre die Etablierung eines Standards erstrebenswert, der die einzelnen Quantifizierungsmethoden für jede Wertbeitragskategorie spezifiziert und die Darstellung von Business Cases vereinheitlicht. Durch einen derartigen Standard ließen sich IT-Projekte auch unternehmensübergreifend einfacher interpretieren und vergleichen.

Aufgrund der selektiven Auswahl und des eingeschränkten Umfangs sind die Fallstudien als nicht repräsentativ zu bewerten. Daher besteht der Bedarf die Ergebnisse auch im Rahmen der empirischen Forschung zu vertiefen. Hierbei wären weitere Erkenntnisse im Hinblick auf die in der Praxis vorliegenden Steuerungsobjekte und verfolgten Wertbeitragskategorien wünschenswert. Insbesondere die Frage, wie ausgewogen sich die IT-Portfolios im Hinblick auf die verschiedenen Wertbeitragskategorien in der Praxis zusammensetzen, lässt noch Raum für weitere Forschungsvorhaben erkennen.

Trotz der Schwierigkeiten, die im Zusammenhang mit der empirischen Zielforschung bestehen, wären empirische Forschungsbefunde zu konkreten Sach- und Formalzielen der IT wünschenswert.

Literaturverzeichnis

A.T. Kearney 2003
 A.T. Kearney (2003): The Road to Business Value. http://www.atkearney.de/content
 /misc/wrapper.php/id/48876/area/sitp/name/pdf_road_to_business_value_s_106448
 9911cec8.pdf, Abruf am 2007-04-04.
Abts, Mülder 2009
 Abts, Dietmar; Mülder, Wilhelm (2009): Grundkurs Wirtschaftsinformatik. Eine
 kompakte und praxisorientierte Einführung. 6., überarb. und erw. Aufl., Vie-
 weg+Teubner, Wiesbaden.
Ahlemann 2006
 Ahlemann, Frederik (2006): Unternehmensweites Projektcontrolling. Ein Referenz-
 modell für Software- und Organisationssysteme. Eul, Lohmar [u.a.].
Allweyer 2005
 Allweyer, Thomas (2005): Geschäftsprozessmanagement. Strategie, Entwurf, Im-
 plementierung, Controlling. W3L, Herdecke [u.a.].
Alpar, Porembski 1998
 Alpar, Paul; Porembski, Marcus (1998): Auswirkungen von IT-Einsatz auf die Kos-
 teneffizienz kleinerer Banken – Eine empirische Analyse mittels Data Envelopment
 Analysis. Philipps-Universität Marburg, Institut für Wirtschaftsinformatik, Marburg.
Amberg, Bodendorf, Möslein 2011
 Amberg, Michael; Bodendorf, Freimut; Möslein, Kathrin M. (2011): Wertschöp-
 fungsorientierte Wirtschaftsinformatik. Springer, Berlin [u.a.].
Anderegg 2000
 Anderegg, Brigitte (2000): IT-Prozessmanagement effizient und verständlich. Vie-
 weg, Braunschweig [u.a.].
Appel, Arora, Zenkich 2005
 Appel, Andrew M.; Arora, Neeru; Zenkich, Raymond (2005): Unraveling the mys-
 tery of IT costs. http://www.mckinseyquarterly.com/Unraveling_the_mystery_of_IT
 _costs_1651, Abruf am 2010-09-03.
Applegate, Elam 1992
 Applegate, Lynda M.; Elam, Joyce J. (1992): New information systems leaders: A
 changing role in a changing world. In: MIS Quarterly 16(4) S. 469-490.
Armistead, Clark 1993
 Armistead, Colin G.; Clark, Graham (1993): Resource activity mapping: The value
 chain in service operations strategy. In: The Service Industries Journal 13(4) S. 221-
 239.

Ashby 1957
   Ashby, W. Ross (1957): An introduction to cybernetics. 1. Aufl., Wiley & Sons,
   New York.
Auner 2008
   Auner, Klaus (2008): ITIL-COBIT-Mapping : Gemeinsamkeiten und Unterschiede
   der IT-Standards. 1. Aufl., Symposion, Düsseldorf.
Backhaus et al. 2008
   Backhaus, Klaus; Erichson, Bernd; Plinke, Wulff; Weiber, Rolf (2008): Multivariate
   Analysemethoden. Eine anwendungsorientierte Einführung. 12., vollst. überarb.
   Aufl., Springer, Berlin [u.a.].
Balzert 1998
   Balzert, Helmut (1998): Software-Management, Software-Qualitätssicherung, Un-
   ternehmensmodellierung. Spektrum, Heidelberg [u.a.].
Balzert, Ebert 2008
   Balzert, Helmut; Ebert, Christof (2008): Softwaremanagement. Spektrum, Heidel-
   berg.
Balzert, Liggesmeyer 2011
   Balzert, Helmut; Liggesmeyer, Peter (2011): Lehrbuch der Softwaretechnik: Ent-
   wurf, Implementierung, Installation und Betrieb. 3. Aufl., Spektrum, Heidelberg.
Bannister, Remenyi 2000
   Bannister, Frank; Remenyi, Dan (2000): Acts of Faith: Instinct, Value and IT In-
   vestment Decisions. In: Journal of Information Technology 15(3) S. 231-241.
Bardhan, Bagchi, Sougstad 2004
   Bardhan, Indranil; Bagchi, Sugato; Sougstad, Ryan (2004): Prioritizing a Portfolio
   of Information Technology Investment Projects. In: Journal of Management Infor-
   mation Systems 21(2) S. 33-60.
Barnes Städler, Bircher, Streiff 2000
   Barnes Städler, Shirley; Bircher, Walter; Streiff, Stefan (2000): Der Begriff "Wert"
   im Management. Haupt, Bern [u.a.].
Barney 1991
   Barney, Jay (1991): Firm Resources and Sustained Competitive Advantage. In:
   Journal of Management 17(1) S. 99-120.
Bauer, Stokburger, Hammerschmidt 2006
   Bauer, Hans H.; Stokburger, Gregor; Hammerschmidt, Maik (2006): Unterneh-
   menswert-Management. Gabler, Wiesbaden.
Baumöl, Hoffmann, Stettler 2007
   Baumöl, Ulrike; Hoffmann, Norbert; Stettler, Jean-Claude (2007): Koordination von
   Projekt- und Linien-Controlling in IT-Bereichen am Beispiel der Swiss Life AG. In:
   ZfCM 51(4) S. 258-263.
Baumöl, Ickler 2008
   Baumöl, Ulrike; Ickler, Henrik (2008): Wertorientiertes IT-Controlling Projektselek-
   tion als Werkzeug der Projektportfolio-Steuerung. In: Bichler, M; Hess, T.; Krcmar,
   H.; Lechner, U.; Matthes, F.; Picot, A.; Speitkamp, B.; Wolf, P. (Hrsg.): Multikonfe-
   renz Wirtschaftsinformatik 2008, Gito, Berlin, S. 975-987.

Bausch 2006
  Bausch, Andreas (2006): Branchen- und Wettbewerbsanalyse im strategischen Management. In: Hahn, Dietger; Taylor, Bernard (Hrsg.): Strategische Unternehmungsplanung - strategische Unternehmungsf,hrung. Stand und Entwicklungstendenzen, 9., überarb. Aufl., Springer, Berlin [u.a.], S. 195-214.
Bea, Schweitzer 1993
  Bea, Franz Xaver; Schweitzer, Marcell (1993): Führung. 9. Aufl., Fischer, Stuttgart.
Becker 2011
  Becker, Alexander (2011): Nutzenpotenziale und Herausforderungen Service-orientierter Architekturen. Gabler, Wiesbaden.
Becker 1992
  Becker, Fred (1992): Grundlagen betrieblicher Leistungsbeurteilungen. Leistungsverständnis und -prinzip, Beurteilungsproblematik und Verfahrensprobleme. Schäffer-Poeschel, Stuttgart.
Becker et al. 2003
  Becker, Jörg; Holten, Roland; Knackstedt, Ralf; Niehaves, Björn (2003): Forschungsmethodische Positionierung in der Wirtschaftsinformatik - epistemologische, ontologische und linguistische Leitfragen. Arbeisbericht, Institut für Wirtschaftsinformatik, Westfälische Wilhelms-Universität Münster, Münster.
Becker, Pfeiffer 2006
  Becker, Jörg; Pfeiffer, Daniel (2006): Beziehungen zwischen behavioristischer und kons- truktionsorientierter Forschung in der Wirtschaftsinformatik. In: Zelewski, Stephan; Akca, Naciye (Hrsg.): Fortschritt in den Wirtschaftswissenschaften. Wissenschaftstheoretische Grundlagen und exemplarische Anwendungen, Deutscher Universitäts-Verlag, Wiesbaden, S. 1-17.
Becker, Althaus 2008
  Becker, Lutz; Althaus, Wolfgang (2008): Führung, Innovation und Wandel. Wie Sie Potenziale entdecken und erfolgreich umsetzen. 1. Aufl., Symposion, Düsseldorf.
Becker, Kunz, Mayer 2009
  Becker, Wolfgang; Kunz, Christian; Mayer, Benjamin (2009): Shared Service Center. Konzeption und Implementierung in internationalen Konzernen. Kohlhammer, Stuttgart.
Beimborn, Franke, Gomber 2007
  Beimborn, Daniel; Franke, Jochen; Gomber, Peter (2007): IT-Business-Alignment und der Wertbeitrag der IT - Ergebnisse einer empirischen Studie unter den 1000 größten deutschen Banken. In: Information Management & Consulting 22(1) S. 74-79.
Bennicke, Rust 2003
  Bennicke, Marcel; Rust, Heinrich (2003): Software-Produktanalyse. http://www-sst.informatik.tu-cottbus.de/~db/doc/SoftwareEngineering/Software-Produktanalyse_Metriken_QA.pdf, 2003 05 19, Abruf am 2011-02-08.
Berger 1988
  Berger, Paul (1988): Selecting Enterprise-Level Measures of IT Value. In: Berger, Paul; Kobielus, James G.; Sutherland, David E. (Hrsg.): Measuring business value of information technologies, ICIT Press, Washington, DC, S. 57-92.

Berger, Kobielus, Sutherland 1988
    Berger, Paul; Kobielus, James G.; Sutherland, David E. (1988): Prologue. In: Berger, Paul; Kobielus, James G.; Sutherland, David E. (Hrsg.): Measuring business value of information technologies, ICIT Press, Washington, DC, S. 1-15.

Bernhard, Arenz 2003
    Bernhard, Martin G.; Arenz, Thomas (2003): Strategisches IT-Management - Organisation, Prozesse, Referenzmodelle. 1. Aufl., Stand: Dez. 2003, Symposion, Düsseldorf.

Bernhard, Below 2004
    Bernhard, Martin G.; Below, Christine von (2004): Service-Level-Management in der IT. 5. Aufl., Symposion, Düsseldorf.

Bharadwaj, Bharadwaj, Konsynski 1999
    Bharadwaj, Anandhi S.; Bharadwaj, Sundar C.; Konsynski, Benn R. (1999): Information Technology Effects on Firm Performance as Measured by Tobin's q. In: Management Science 45(7) S. 1008-1024.

Bichler 2006
    Bichler, Martin (2006): Design science in information systems research. In: WIRTSCHAFTSINFORMATIK 48(2) S. 133-135.

Biethahn, Muksch, Ruf 2004
    Biethahn, Jörg; Muksch, Harry; Ruf, Walter (2004): Ganzheitliches Informationsmanagement: Bd. I:Grundlagen. 6., vollst. überarb. u. neu gefasste Aufl., Oldenbourg, München.

Birolini 1997
    Birolini, Alessandro (1997): Zuverlässigkeit von Geräten und Systemen. 4. Aufl., Springer, Berlin [u.a.].

Blaha 1992
    Blaha, Michael (1992): Models of models. In: Journal of Object-Oriented Programming 5(5) S. 13-18.

Bleicher 1991
    Bleicher, Knut (1991): Organisation : Strategien - Strukturen - Kulturen. 2., vollst. neu bearb. und erw. Aufl., Gabler, Wiesbaden.

Böcking 2011
    Böcking, Hans-Joachim (2011): Bilanzierung von Software. http://wirtschaftslexikon.gabler.de/Definition/bilanzierung-von-software.html#head6, Abruf am 2011-09-07.

Boehm, Sullivan 2000
    Boehm, Barry W.; Sullivan, Kevin J. (2000): Software economics: a roadmap. In: Proceedings of the Conference on the Future of Software Engineering. Limerick, S. 319-343.

Bouckaert, Van Dooren 2009
    Bouckaert, Geert; Van Dooren, Wouter (2009): Performance measurement and and management in public sector organizations. In: Bovaird, T.; Löffler, E.; Loffler, E. (Hrsg.): Public Management and Governance, Routledge, S. 151-164.

Braun, Esswein 2006
Braun, Robert; Esswein, Werner (2006): Die Qualifizierung der Referenz in der Wirtschaftsinformatik. In: Proceedings of the 30th Annual Conference of the German Classification Society. Berlin, S. 401-408.

Brenner, Garschhammer, Nickl 2006
Brenner, Michael; Garschhammer, Markus; Nickl, Friederike (2006): Requirements Engineering und IT Service Management - Ansatzpunte einer integrierten Sichtweise. In: Mayr, Heinrich C.; Breu, Ruth (Hrsg.): Modellierung 2006, Köllen, S. 51-66.

Brenner 1993
Brenner, Walter (1993): Konzepte des Informationssystem-Managements. Physica-Verl., Heidelberg.

Breuer 2010
Breuer, Claudia (2010): Shareholder Value. http://wirtschaftslexikon.gabler.de/Definition/shareholder-value.html, Abruf am 2010-08-07.

Brogli 1996
Brogli, Martin (1996): Steigerung der Performance von Informationsprozessen. Vieweg+Teubner.

Brown, Gatian, Hicks Jr. 1995
Brown, Robert M.; Gatian, Amy W.; Hicks Jr., James O. (1995): Strategic Information Systems and Financial Performance. In: Journal of Management Information Systems 11(4) S. 215-248.

Brugger 2005
Brugger, Ralph (2005): Der IT Business Case. Springer, Berlin, Heidelberg.

Brugger 2005
Brugger, Ralph (2005): IT-Projekte strukturiert realisieren. Situationen analysieren, Lösungen konzipieren - Vorgehen systematisieren, Sachverhalte visualisieren - UML und EPKs nutzen. 2., vollst. überarb. und erw. Aufl., Vieweg, Wiesbaden.

Brynjolfsson 1993
Brynjolfsson, Erik (1993): The productivity paradox of information technology. In: Communivations of the ACM 63(12) S. 67-77.

Brynjolfsson, Hitt 1996
Brynjolfsson, Erik; Hitt, Lorin (1996): Paradox Lost? Firm-Level Evidence on the Returns to Information Systems Spending. In: Management Science 42(4) S. 541-558.

Brynjolfsson, Hitt 1998
Brynjolfsson, Erik; Hitt, Lorin M. (1998): Beyond the productivity paradox. In: Commun. ACM 41(8) S. 49-55.

Brynjolfsson, Yang, Marvin 1996
Brynjolfsson, Erik; Yang, Shinkyu; Marvin, V. Zelkowitz (1996): Information Technology and Productivity: A Review of the Literature. In: Advances in Computers, Elsevier, S. 179-214.

BSI 2008
   BSI (2008): BSI-Standard 100-1 - Managementsysteme für Informationssicherheit.
   https://www.bsi.bund.de/SharedDocs/Downloads/DE/BSI/Publikationen/ITGrundsc
   hutzstandards/standard_1001_pdf.pdf?__blob=publicationFile, Abruf am 2012-12-
   28.
BSI 2008
   BSI (2008): BSI-Standard 100-4 - Notfallmanagment. https://www.bsi.bund.de
   /SharedDocs/Downloads/DE/BSI/Publikationen/ITGrundschutzstandards/standard_1
   004_pdf.pdf?__blob=publicationFile, Abruf am 2012-12-28.
Bubik, Quenter, Ruppelt 2000
   Bubik, Roland; Quenter, Dirk; Ruppelt, Thomas (2000): Informationstechnik - sel-
   ten geschäftsbezogen geführt. In: Harvard Business Manager 22(2) S. 102-111.
Bucher, Riege, Saat 2008
   Bucher, Tobias; Riege, Christian; Saat, Jan (2008): Evaluation in der gestaltungsori-
   entierten Wirtschaftsinformatik - Systematisierung nach Erkenntnisziel und Gestal-
   tungsziel. In: Bichler, Martin; Hess, Thomas; Krcmar, Helmut; Lechner, Ulrike;
   Matthes, Florian; Picot, Arnold; Speitkamp, Benjamin; Wolf, Petra (Hrsg.): Multi-
   konferenz Wirtschaftsinformatik 2008. Berlin, S. 69-86.
Buchta, Eul, Schulte-Croonenberg 2005
   Buchta, Dirk; Eul, Marcus; Schulte-Croonenberg, Helmut (2005): Strategisches IT-
   Management. Gabler, Wiesbaden.
Bühner 1999
   Bühner, Rolf (1999): Betriebswirtschaftliche Organisationslehre. 9., bearb. und erg.
   Aufl., Oldenbourg, München [u.a.].
Bühner 2004
   Bühner, Rolf (2004): Betriebswirtschaftliche Organisationslehre. 10., überarb. Aufl.,
   Oldenbourg, München [u.a.].
Bundesrepublik Deutschland 2009
   Bundesrepublik Deutschland (2009): Gesetz zur Modernisierung des Bilanzrechts
   (Bilanzrechtsmodernisierungsgesetz – BilMoG). In: Bundesgesetzblatt(27) S. 1102-
   1137.
Burgwinkel 2004
   Burgwinkel, Daniel J. (2004): Ein Vorgehens- und Gestaltungsmodell für die Stan-
   dardisierung und Einführung von digitalen Verträgen auf Basis der XML-
   Technologie. http://www.biblio.unisg.ch/www/edis.nsf/wwwDisplayIdentifier/
   2866/, Abruf am 2011-01-07.
Büschgen 1998
   Büschgen, Hans Egon (1998): Bankbetriebslehre. Gabler, Wiesbaden.
Carr 2003
   Carr, Nicholas G. (2003): IT doesn't matter. In: Harvard Business Review 81(5) S.
   41-49.
Chan 2000
   Chan, Yolande E. (2000): IT Value: The Great Divide Between Qualitative and
   Quantitative and Individual and Organizational Measures. In: Journal of Manage-
   ment Information Systems 16(4) S. 225-261.

Chandler 1962
    Chandler, Alfred Dupont (1962): Strategy and structure. Chapters in the history of the industrial enterprise. MIT Press, Cambridge, Mass.
Chau, Kuan, Ting-Peng 2007
    Chau, Patrick Y. K.; Kuan, Kevin K. Y.; Ting-Peng, Liang (2007): Research on IT value: what we have done in Asia and Europe. In: European Journal of Information Systems 16(3) S. 196-201.
Coase 1937
    Coase, Ronald Harry (1937): The nature of the firm.
Coenenberg 1997
    Coenenberg, Adolf G. (1997): Jahresabschluß und Jahresabschlußanalyse: Grunds- ätze der Bilanzieung nach betriebswirtschaftlichen, handeslrechtlichen, steuerrecht- lichen und internationalen Grundsätzen. 16., überarb. und erw. Aufl., Augsburg.
Coenenberg, Salfeld 2007
    Coenenberg, Adolf G.; Salfeld, Rainer (2007): Wertorientierte Unternehmensfüh- rung. Schäffer-Poeschel, Stuttgart.
Conner 1991
    Conner, Kathleen R. (1991): A Historical Comparison of Resource-Based Theory and Five Schools of Thought Within Industrial Organization Economics: Do We Have a New Theory of the Firm? In: Journal of Management 17(1) S. 121-154.
Conway, Davenport 2003
    Conway, Susan; Davenport, Tom (2003): A half-century of debate continues. In: Optimize 63(12) S. 40.
Copeland, Koller, Murrin 2002
    Copeland, Tom; Koller, Tim; Murrin, Jack (2002): Unternehmenswert. 3. Auflage, Campus.
Cowie, Hornby 1990
    Cowie, Anthony Paul; Hornby, Albert Sydney (1990): Oxford advanced learner's dictionary of current English. Oxford Univ. Press, Oxford [u.a.].
Cron, Sobol 1983
    Cron, William L.; Sobol, Marion G. (1983): The relationship between computeriza- tion and performance: A strategy for maximizing the economic benefits of compute- rization. In: Information & Management 6(3) S. 171-181.
Cronk, Fitzgerald 1997
    Cronk, Marguerite C.; Fitzgerald, Edmond P. (1997): A Conceptual Framework for Furthering Understanding of 'IT business value' and its Dimensions. In: Proceedings of 3rd Pacific Asia Conference on Information Systems. Brisbane, S. 405-413.
Daft 1983
    Daft, Richard L. (1983): Organization theory and design. 1. repr., internat. ed, West Publ., St. Paul [u.a.].
Davamanirajan et al. 2006
    Davamanirajan, Prabu; Kauffman, Robert J.; Kriebel, Charles H.; Mukhopadhyay, Tridas (2006): Systems Design, Process Performance, and Economic Outcomes in International Banking. In: Journal of Management Information Systems 23(2) S. 65- 90.

De Rose 1991
   De Rose, Louis J. (1991): Meet today's buying influences with value selling. In: Industrial Marketing Management 20(2) S. 87-90.

Dearborn, Simon 1958
   Dearborn, DeWitt C.; Simon, Herbert A. (1958): Selective Perception: A Note on the Departmental Identifications of Executives. In: Sociometry 21(2) S. 140-144.

Dedrick, Gurbaxani, Kraemer 2003
   Dedrick, Jason; Gurbaxani, Vijay; Kraemer, Kenneth L. (2003): Information technology and economic performance: A critical review of the empirical evidence. In: ACM Comput. Surv. 35(1) S. 1-28.

Dedrick, Kraemer 2001
   Dedrick, Jason; Kraemer, Kenneth L. (2001): The Productivity Paradox: Is it Resolved? Is there a New One? What Does It All Mean for Managers? http://www.escholarship.org/uc/item/4gs825bg, Abruf am 2009-03-11.

Deloitte 2009
   Deloitte (2009): 2009 Survey on IT-business balance - Shaping the relationship between business and IT for the future. Survey, Deloitte.

Deming 2000
   Deming, William Edwards (2000): Out of the crisis. MIT Press, Cambridge, Mass. [u.a.].

Devaraj, Kohli 2002
   Devaraj, Sarv; Kohli, Rajiv (2002): The IT payoff. Measuring the business value of information technology investments. Financial Times Prentice Hall, New York.

Dewan, Min 1997
   Dewan, Sanjeev; Min, Chung-ki (1997): The Substitution of Information Technology for Other Factors of Production: A Firm Level Analysis. In: Management Science 43(12) S. 1660-1675.

Dietze 2004
   Dietze, Andreas (2004): Information System Value Management. Wertorientierte Gestaltung des Informationssystems im Unternehmen. Deutscher Universitäts-Verlag, Wiesbaden.

Dous 2007
   Dous, Malte (2007): Kundenbeziehungsmanagement für interne IT-Dienstleister. Strategischer Rahmen, Prozessgestaltung und Optionen für die Systemunterstützung. Deutscher Universitäts-Verlag, Wiesbaden.

Drucker 1974
   Drucker, Peter Ferdinand (1974): Management. Tasks responsibilities practices. Heinemann, London.

Duden 1986
   Duden (1986): Duden Rechtschreibung der deutschen Sprache und der Fremdwörter. 19., neu bearb. und erw. Aufl., Dudenverlag, Mannheim [u.a.].

Duffy 2002
   Duffy, James A. (2002): IT Governance and business value part 2: Who's responsible for what? Abruf am 2011-12-07.

Duffy, Jeffery 1987
Duffy, James A.; Jeffery, William J. (1987): Is it time for the Chief Information Officer? In: Management Review 76(11) S. 59.
Durst 2007
Durst, Michael (2007): Wertorientiertes Management von IT-Architekturen. Deutscher Universitäts Verlag, Wiesbaden.
Dyckhoff, Gilles 2004
Dyckhoff, Harald; Gilles, Roland (2004): Messung der Effektivität und Effizienz produktiver Einheiten. In: Zeitschrift für Betriebswirtschaft 74(8) S. 765–783.
Earl 1993
Earl, Michael J. (1993): Experiences in Strategic Information Systems Planning. In: MIS Quarterly 17(1) S. 1-24.
Earl, Sampler 1998
Earl, Michael J.; Sampler, Jeffrey L. (1998): Market Management to Transform the IT Organization. In: Sloan Management Review 39(4) S. 9.
Eco, Trabant 2002
Eco, Umberto; Trabant, Jürgen (2002): Einführung in die Semiotik. 9. Auflage, UTB, Stuttgart.
Egle, Weibel, Myrach 2008
Egle, Ulrich; Weibel, David; Myrach, Thomas (2008): Ziele und erfasste Kosten im IT-Kostenmanagement: Eine empirische Untersuchung. In: Bichler, Martin; Hess, Thomas; Krcmar, Helmut; Lechner, Ulrike; Matthes, Florian; Picot, Arnold; Speitkamp, Benjamin; Wolf, Petra (Hrsg.): Multikonferenz Wirtschaftsinformatik. Berlin, S. 939-950.
Eisenführ 1996
Eisenführ, Franz (1996): Einführung in die Betriebswirtschaftslehre. Schäffer-Poeschel, Stuttgart.
Eisenführ, Weber 1999
Eisenführ, Franz; Weber, Martin (1999): Rationales Entscheiden. Springer, Berlin [u.a.].
Engels 2010
Engels, Gregor (2010): Modellierungssprache. http://www.enzyklopaedie-der-wirt schaftsinformatik.de/wi-enzyklopaedie/lexikon/technologien-methoden/Sprache/Modellierungssprache, Abruf am 2010-10-04.
Eppich et al. 2002
Eppich, Hans-Christian; Gerick, Thomas; Krab, Wolfgang; Spelthahn, Simon (2002): Wettbewerbsvorteile durch Knowledge Management am Beispiel der FIDUCIA AG. In: Franken, Rolf; Gadatsch, Andreas (Hrsg.): Integriertes Knowledge-Management. Konzepte, Methoden, Instrumente und Fallbeispiele, 1. Aufl., Vieweg, Braunschweig [u.a.], S. 41-59.
Eul, Hanssen, Herzwurm 2006
Eul, Marcus; Hanssen, Sven; Herzwurm, Georg (2006): Systematische Leistungsbestimmung der IT. Steuerung durch IT-Performance-Management. In: Controlling 18(1) S. 25-30.

Eul, Röder, Simons 2010
    Eul, Marcus; Röder, Holger; Simons, Edgar (2010): Strategisches IT-Management –
    Vom Kostenfaktor zum Werttreiber. In: Keuper, Frank; Schomann, Marc; Zimmer-
    mann, Klaus (Hrsg.): Innovatives IT-Management. Management von IT und IT-
    gestütztes Management, 2. Aufl., Gabler, Wiesbaden, S. 53-70.
Everling 2008
    Everling, Oliver (2008): Certified Rating Analyst. Oldenbourg, München.
Farny 1979
    Farny, Dieter (1979): Grundfragen des Risk Management. In: Goetzke, Wolfgang;
    Sieben, Günter (Hrsg.): Risk Management - Strategien zur Risikobeherrschung,
    Köln, S. 11-37.
Felber, Budin 1989
    Felber, Helmut; Budin, Gerhard (1989): Terminologie in Theorie und Praxis. Gunter
    Narr, Tübingen.
Felfernig, Friedrich, Jannach 2000
    Felfernig, Alexander; Friedrich, Gerhard E.; Jannach, Dietmar (2000): UML as Do-
    main Specific Language for the Construction of Knowledge-based Configuration
    Systems. In: International Journal of Software Engineering & Knowledge Enginee-
    ring 10(4) S. 449.
Ferstl, Sinz 2006
    Ferstl, Otto K.; Sinz, Elmar J. (2006): Grundlagen der Wirtschaftsinformatik. 5.,
    überarb. und erw. Aufl., Oldenbourg, München [u.a.].
Fettke 2006
    Fettke,   Peter   (2006):   State-of-the-Art   des   State-of-the-Art.   In:
    WIRTSCHAFTSINFORMATIK 48(4) S. 257-266.
Fettke, Loos 2004
    Fettke, Peter; Loos, Peter (2004): Entwicklung eines Bezugsrahmens zur Evaluie-
    rung von Referenzmodellen: Langfassung eines Beitrages. ISYM, Mainz.
Fettke, Loos 2004
    Fettke, Peter; Loos, Peter (2004): Referenzmodellierungsforschung. Arbeitspapier,
    Johannes Gutenberg-University Lehrstuhl für Wirtschaftsinformatik und BWL,
    Mainz.
Finius GmbH 2010
    Finius GmbH (2010): Wertorientierte Steuerung - Ausprägungen im IT-Controlling.
    http://www.sigs.de/download/oop_2010/files/Mi_2-
    4_Schroeder_ebitize_im_finius_format.pdf, Abruf am 2010-02-30.
Finkeiflen 1999
    Finkeiflen, Alexander (1999): Prozess-Wertschöpfung. Neukonzeption eines Mo-
    dells zur nutzenorientierten Analyse und Bewertung. A. Finkeiflen, Heidelberg.
Finkemeier 2011
    Finkemeier, Frank (2011): ITIL-COBIT-Mapping. Gemeinsamkeiten und Unter-
    schiede von ITIL V3 und COBIT 4.1. 2., aktualisierte Aufl., Symposion Publ., Düs-
    seldorf.

Frank 1997
    Frank, Ulrich (1997): Erfahrung, Erkenntnis und Wirklichkeitsgestaltung - Anmer-
    kungen zur Rolle der Empirie in der Wirtschafsinformatik. In: Grün, Oskar; Hein-
    rich, L. J. (Hrsg.): Wirtschaftsinformatik : Ergebnisse empirischer Forschung,
    Springer, Wien [u.a.], S. 21-35.
Frank 1999
    Frank, Ulrich (1999): Zur Verwendung formaler Sprachen in der Wirtschaftsinfor-
    matik: Notwendiges Merkmal eines wissenschaftlichen Anspruchs oder Ausdruck
    eines übertriebenen Szientismus? In: Becker, J.; Schütte, R.; Wendt, O.; Zelewski,
    S. (Hrsg.): Wirtschaftsinformatik und Wissenschaftstheorie. Bestandsaufnahme und
    Perspektiven, Gabler, Wiesbaden, S. 127-158.
Frank 2006
    Frank, Ulrich (2006): Towards a Pluralistic Conception of Research Methods in In-
    formation Systems Research. ICB Institut für Informatik und Wirtschaftsinformatik,
    Essen.
Frank, Prasse 1997
    Frank, Ulrich; Prasse, Michael (1997): Ein Bezugsrahmen zur Beurteilung objekt-
    orientierter Modellierungssprachen - Veranschaulicht am Beispiel von OML und
    UML. Arbeitsbericht, Instituts für Wirtschaftsinformatik, Universität Koblenz-
    Landau, Koblenz.
Frank, van Laak 2003
    Frank, Ulrich; van Laak, Bodo L. (2003): Anforderungen an Sprachen zur Modellie-
    rung von Geschäftsprozessen. Arbeitsbericht, Universität Koblenz-Landau, Koblenz.
Franklin 2005
    Franklin, Daniel (2005): Business 2010 - Embracing the challenge of change.
    http://a330.g.akamai.net/7/330/25828/20050225165109/graphics.eiu.com/files/ad_p
    dfs/Business%202010_Global_FINAL.pdf, Abruf am 2008-11-20.
Freeman 1984
    Freeman, R. Edward (1984): Strategic management. Pitman, Boston.
Freeman, McVea 2001
    Freeman, R. Edward; McVea, J. (2001): A Stakeholder Approach to Strategic Ma-
    nagement. In: Hitt, Michael A.; Freeman, R. Edward; Harrison, Jeffrey S. (Hrsg.):
    The Blackwell handbook of strategic management, Blackwell, Oxford [u.a.], S. 189-
    207.
Freiling 2001
    Freiling, Jörg (2001): Resource-based view und ökonomische Theorie. Grundlagen
    und Positionierung des Ressourcenansatzes. 1. Aufl., Deutscher Universitäts-Verlag,
    Wiesbaden.
Freiling, Reckenfelderbäumer 2004
    Freiling, Jörg; Reckenfelderbäumer, Martin (2004): Markt und Unternehmung. Eine
    marktorientierte Einführung in die Betriebowirtschaftslehre. 1. Aufl., Gabler, Wies-
    baden.
Frese 2000
    Frese, Erich (2000): Grundlagen der Organisation: Konzept - Prinzipien - Struktu-
    ren. Gabler, Wiesbaden.

Friedrichs 1968
    Friedrichs, Jürgen (1968): Werte und soziales Handeln. Ein Beitrag zur soziologi-
    schen Theorie. Mohr, Tübingen.
Fröhlich, Glasner 2007
    Fröhlich, Martin; Glasner, Kurt (2007): IT-Governance. Gabler, Wiesbaden.
Gadatsch 2010
    Gadatsch, Andreas (2010): Grundkurs Geschäftsprozess-Management. 6., aktuali-
    sierte Aufl., Vieweg, Wiesbaden.
Gadatsch, Mayer 2006
    Gadatsch, Andreas; Mayer, Elmar (2006): Masterkurs IT-Controlling. Vieweg und
    Sohn, Wiesbaden.
Galliers, Land 1987
    Galliers, Robert D.; Land, Frank F. (1987): Viewpoint: choosing appropriate infor-
    mation systems research methodologies. In: Commun. ACM 30(11) S. 901-902.
Gammelgård, Ekstedt, Gustafsson 2006
    Gammelgård, Magnus; Ekstedt, Mathias; Gustafsson, Pia (2006): A Categorization
    of Benefits From IS/IT Investments http://www.ee.kth.se/php/modules/publications/
    reports/2006/IR-EE-ICS_2006_026.pdf, Abruf am 2008-11-24.
Gärtner 2009
    Gärtner, Robert (2009): Der Einfluss von Stakeholder-Gruppen auf den Strategie-
    prozess. Kanalisierung von Emergenz am Beispiel externer Stakeholder. Diplomica,
    Hamburg.
Gebauer et al. 2005
    Gebauer, Daniel; Scherrer, Barbara; Kühl, Merkus; Müller-Glaser, Klaus D. (2005):
    Verfahren zur Aufstellung formaler Metamodelle. http://www.fzi.de/images/files/
    pub/Verfahren%20zur%20Aufstellung%20formaler%20Metamodelle.pdf, Abruf am
    2010-10-19.
Gehlert 2007
    Gehlert, Andreas (2007): Migration fachkonzeptueller Modelle. Logos, Berlin.
Geib 2006
    Geib, Malte (2006): Kooperatives Customer Relationship Management : Fallstudien
    und Informationssystemarchitektur in Finanzdienstleistungsnetzwerken. 1. Aufl.,
    Deutscher Universitäts-Verlag, Wiesbaden.
Gladen 2003
    Gladen, Werner (2003): Kennzahlen- und Berichtssysteme. Grundlagen zum Per-
    formance Measurement. 2., überarb. Aufl., Gabler, Wiesbaden.
Gladen 2011
    Gladen, Werner (2011): Performance Measurement. Controlling mit Kennzahlen. 5.,
    überarb. Aufl., Gabler, Wiesbaden.
Gleich 2001
    Gleich, Ronald (2001): Das System des Performance Measurement. Vahlen, Mün-
    chen.

Gleich 2001
Gleich, Ronald (2001): Leistungebenen von Performance Measurement-Systemen. In: Klingebiel, Norbert (Hrsg.): Performance Measurement und Balanced Scorecard, Vahlen, München, S. 65-89.

Göpferich 1998
Göpferich, Susanne (1998): Interkulturelles Technical Writing : Fachliches adressatengerecht vermitteln ; ein Lehr- und Arbeitsbuch. Narr, Tübingen.

Görlitz 2007
Görlitz, Janet (2007): Die Bedeutung des Anspruchsgruppenkonzepts im strategischen Management. In: Zeitschrift für Planung und Unternehmenssteuerung 17(4) S. 411-431.

Gottschalk 2007
Gottschalk, Petter (2007): Business dynamics in information technology. Idea Group, Hershey [u.a.].

Götze 2008
Götze, Uwe (2008): Investitionsrechnung. Modelle und Analysen zur Beurteilung von Investitionsvorhaben. http://dx.doi.org/10.1007/978-3-540-78873-7, Abruf am 2011-06-10.

Grant 1991
Grant, Robert M. (1991): The Resource-Based Theory of Competitive Advantage: Implications for Strategy Formulation. In: California Management Review 33(3) S. 114-135.

Greene 2003
Greene, William H. (2003): Econometric analysis. 5. ed., Prentice-Hall, Upper Saddle River, NJ [u.a.].

Gregor 2006
Gregor, Shirley (2006): The nature of theory in Information Systems. In: MIS Quarterly 30(3) S. 611-642.

Gregor et al. 2006
Gregor, Shirley; Martin, Michael; Fernandez, Walter; Stern, Steven; Vitale, Michael (2006): The transformational dimension in the realization of business value from information technology. In: The Journal of Strategic Information Systems 15(3) S. 249-270.

Greiner 2004
Greiner, Oliver (2004): Strategiegerechte Budgetierung: Anforderungen und Gestaltungsmöglichkeiten der Budgetierung im Rahmen der Strategierealisierung. 1. Auflage, Vahlen, München.

Grimm 2010
Grimm, Robert (2010): Der operative IT-Strategie-Ansatz. In: Keuper, Frank; Schomann, Marc; Zimmermann, Klaus (Hrsg.): Innovatives IT-Management. Management von IT und IT-gestütztes Management, 2. Aufl., Gabler, Wiesbaden, S. 72-97.

Groll 2004
Groll, Karl-Heinz (2004): Das Kennzahlensystem zur Bilanzanalyse. 2., aktualisierte und erweiterte Auflage, Hanser, München.

Gundel 2012
    Gundel, Tobias (2012): Der EVA als Management- und Bewertungsinstrument.
    Gabler, Wiesbaden.
Günther 1991
    Günther, Thomas (1991): Erfolg durch strategisches Controlling? Eine empirische
    Studie zum Stand des strategischen Controlling in deutschen Unternehmen und des-
    sen Beitrag zu Unternehmenserfolg und -risiko. Vahlen, München.
Hahn, Hintze 2006
    Hahn, Dietger; Hintze, M. (2006): Konzepte wertorientierter Unternehmungs-
    führung. In: Hahn, Dietger; Taylor, Bernard (Hrsg.): Strategische Unternehmungs-
    planung - strategische Unternehmungsführung. Stand und Entwicklungstendenzen,
    9., überarb. Aufl., Springer, Berlin [u.a.], S. 83-113.
Hahn, Hungenberg 2001
    Hahn, Dietger; Hungenberg, Harald (2001): PuK. Planung und Kontrolle. Planungs-
    und Kontrollsysteme. Planungs- und Kontrollrechnung. Wertorientierte Controlling-
    konzepte. Unternehmensbeispiele von DaimlerChrysler AG, Stuttgart, Siemens AG,
    München, Franz Haniel & Cie. GmbH, Duisburg. 6. Aufl., Wiesbaden, Gabler.
Hair et al. 2006
    Hair, Joseph F.; Black, William C.; Babin, Barry J.; Anderson, Rolph E.; Tatham,
    Ronald L. (2006): Multivariate data analysis. 6. ed., internat. ed., Pearson/Prentice
    Hall, Upper Saddle River, NJ.
Hamilton, Chervany 1981
    Hamilton, Scott; Chervany, Norman L. (1981): Evaluating Information System
    Effectiveness - Part I: Comparing Evaluation Approaches. In: MIS Quarterly 5(3) S.
    55-69.
Hammer, Champy 1994
    Hammer, Michael; Champy, James (1994): Business reengineering. 2. Aufl., Cam-
    pus, Frankfurt am Main [u.a.].
Hansen, Neumann 2001
    Hansen, Hans Robert; Neumann, Gustaf (2001): Grundlagen betrieblicher Informa-
    tionsverarbeitung. 8., völlig neubearb. und erw. Aufl., Lucius & Lucius, Stuttgart.
Härtl 2008
    Härtl, Holden (2008): Implizite Informationen. Sprachliche Ökonomie und interpre-
    tative Komplexität bei Verben. Oldenbourg, Berlin.
Hauschildt 2001
    Hauschildt, Jürgen (2001): Unternehmensverfassung - Grundlagen und Anwendung.
    In: Festel, Gunter; Hassan, Ali; Leker, Jens; Bamelis, Pol (Hrsg.): Betriebswirt-
    schaftslehre für Chemiker : eine praxisorientierte Einf,hrung, Springer, Berlin, S. 8-
    22.
Hausladen 2010
    Hausladen, Iris (2010): Materialwirtschaft und Produktion heute - prozessorientiert
    und IT-gestützt. In: HMD - Praxis der Wirtschaftsinformatik(272) S. 6-16.
Hax, Majluf 1991
    Hax, A.C.; Majluf, N.S. (1991): Strategisches Management: ein integratives Kon-
    zept aus dem MIT. Campus, Frankfurt am Main.

Heilmann 2000
    Heilmann, Heidi (2000): Erfolgsfaktoren des IT-Projektmanagements. In: Etzel,
    H.J.; Heilmann, H.; Richter, R. (Hrsg.): IT-Projektmanagement - Fallstricke und Er-
    folgsfaktoren, dpunkt, Heidelberg, S. 1-35.
Heinrich 2005
    Heinrich, J. Lutz (2005): Forschungsmethodik einer Integrationsdisziplin: Ein Bei-
    trag zur Geschichte der Wirtschaftsinformatik. In: NTM International Journal of
    History and Ethics of Natural Sciences, Technology and Medicine 13(2) S. 104-117.
Heinrich, Lehner 2005
    Heinrich, Lutz J.; Lehner, Franz (2005): Informationsmanagement. 8., vollst. über-
    arb. und erg. Aufl., Oldenbourg, München [u.a.].
Heinrich, Stelzer 2011
    Heinrich, Lutz J.; Stelzer, Dirk (2011): Informationsmanagement. 10., vollst. über-
    arb. Aufl., Oldenbourg, München [u.a.].
Henderson, Venkatraman 1993
    Henderson, John C.; Venkatraman, N. (1993): Strategic alignment: Leveraging in-
    formation technology for transforming organizations. In: IBM Systems Journal
    32(1) S. 4.
Henkel AG & Co. KGaA 2011
    Henkel AG & Co. KGaA (2011): Geschäftsbericht 2010. http://www.henkel.de/
    de/content_data/209100_2011.02.24_FY_2010_annualreport_de.pdf,   Abruf   am
    2011-05-17.
Henkel KGaA 2007
    Henkel KGaA (2007): Geschäftsbericht 2006. http://www.henkel.de/de/content_data
    /Geschaeftsbericht_2006.pdf, Abruf am
Hering, Martin, Stohrer 2009
    Hering, Ekbert; Martin, Rolf; Stohrer, Martin (2009): Taschenbuch der Mathematik
    und Physik. 5., aktualis. u. erw. Aufl., Springer, Berlin [u.a.].
Hermes, Schwarz 2005
    Hermes, Heinz-Josef; Schwarz, Gerd (2005): Shared Services in der Praxis. In:
    Hermes, Heinz-Josef; Schwarz, Gerd (Hrsg.): Outsourcing: Chancen und Risiken,
    Erfolgsfaktoren, rechtssichere Umsetzung, Haufe, Freiburg im Breisgau [u.a.], S.
    101-119.
Herr 2001
    Herr, Joachim (2001): In vielen Unternehmen fehlt noch ein CIO im Vorstand. In:
    FAZ(228) S. 30.
Hevner et al. 2004
    Hevner, Alan R.; March, Salvatore T.; Jinsoo, Park; Ram, Sudha (2004): Design
    Science In Information Systems Research. In: MIS Quarterly 28(1) S. 75-105.
Heyde 1926
    Heyde, Johannes Erich (1926): Wert: eine philosophische Grundlegung. Stenger,
    Erfurt.
Hilbert 1970
    Hilbert, David (1970): Gesammelte Abhandlungen Bd. I-III. 2. Aufl., Springer, Ber-
    lin [u.a.].

Hill 2006
   Hill, Peter (2006): Cobit - Control Objectives for Information and related Technolo-
   gy. In: ITSMF (Hrsg.): Frameworks für das IT Management, 1. Aufl., Van Haren
   Publ., Zaltbommel, S. 145-156.
Hirschheim, Porra, Parks 2003
   Hirschheim, Rudy; Porra, Jaana; Parks, Michael S. (2003): The evolution of the cor-
   porate IT function and the role of the CIO at Texaco: how do perceptions of IT's per-
   formance get formed? In: SIGMIS Database 34(4) S. 8-27.
Hirschheim, Schwarz, Todd 2006
   Hirschheim, Rudy; Schwarz, Andrew; Todd, Peter (2006): A marketing maturity
   model for IT: Building a customer-centric IT organization. In: IBM Systems Journal
   45(1) S. 181.
Hitt, Brynjolfsson 1996
   Hitt, Lorin M.; Brynjolfsson, Erik (1996): Productivity, business profitability, and
   consumer surplus: Three different measures of information technology value. In:
   MIS Quarterly 20(2) S. 121-121.
Hoffmann 2002
   Hoffmann, Olaf (2002): Performance-Management. Haupt, Bern [u.a.].
Holten 2003
   Holten,   Roland   (2003):   Integration   von   Informationssystemen.   In:
   WIRTSCHAFTSINFORMATIK 45(1) S. 41-52.
Holthoff 1988
   Holthoff, Alfred (1988): Rationalität und Wirtschaftlichkeit als Imperative für die
   Betriebsführung von Elektrizitätsversorgungsunternehmungen. Duncker & Humblot,
   Berlin.
Holzhammer 2006
   Holzhammer, Ulrich (2006): Den strategschen Wertbeitrag der IT ermitteln. In:
   Blomer, Roland; Mann, Hartmut; Bernhard, Martin G. (Hrsg.): Praktisches IT-
   Management, Symposion, Düsseldorf, S. 413-428.
Hoover et al. 1996
   Hoover, William E.; Tyreman, Magnus; Westh, Joakim; Wollung, Lars (1996): Or-
   der to payment. In: McKinsey Quarterly(1) S. 38-49.
Hopfenbeck 2000
   Hopfenbeck, Waldemar (2000): Allgemeine Betriebswirtschafts- und Management-
   lehre. 13., vollst. überarb. und erw. Aufl., Moderne Industrie, Landsberg.
Horsch 2010
   Horsch, Jürgen (2010): Kostenrechnung Klassische und neue Methoden in der Un-
   ternehmenspraxis. Gabler, Wiesbaden.
Horváth 2009
   Horváth, Péter (2009): Controlling. Vahlen, München.
Howe 2009
   Howe, Jeff (2009): Crowdsourcing: Why the Power of the Crowd Is Driving the Fu-
   ture of Business. Crown, New York.

Hunold 2003
    Hunold, Claus (2003): Kommunale Kostenrechnung. Gestaltung, Nutzung und Er-
    folgsfaktoren. Deutscher Universitäts-Verlag, Wiesbaden.
Huppertz 2006
    Huppertz, Paul G. (2006): IT-Service - Der Kern des Ganzen. 1. Aufl., live IT!L,
    Bad Homburg.
ITGI 2005
    ITGI (2005): CobiT 4.0. http://www.isaca.at/Ressourcen/CobiT%204.0.%20Deutsch
    .pdf, Abruf am 2009-09-11.
ITGI 2007
    ITGI (2007): Cobit 4.1. ISACA, Rolling Meadows, IL.
ITGI 2008
    ITGI (2008): IT Governance Global Status Report 2008. ISACA, Rolling Meadows,
    IL.
ITGI 2008
    ITGI (2008): IT Governance Roundtable: IT Governance Frameworks. http://www
    .itgi.org/AMTemplate.cfm?Section=ITGI_Research_Publications&Template=/Cont
    entManagement/ContentDisplay.cfm&ContentID=40319, Abruf am 2008-10-31.
ITGI 2009
    ITGI (2009): An Executive View of IT Governance.
ITSMF 2006
    ITSMF (2006): Frameworks für das IT Management. 1. Aufl., Van Haren Publ.,
    Zaltbommel.
Jäger-Goy 2002
    Jäger-Goy, Heidi (2002): Führungsinstrumente für das IV-Management. Lang,
    Frankfurt am Main [u.a.].
Jamin 1976
    Jamin, Klaus (1976): Entscheidungsorientiertes Management als Regelkreis. Mo-
    derne Industrie, München.
Janisch 1993
    Janisch, Monika (1993): Das strategische Anspruchsgruppenmanagement. Vom
    Shareholder Value zum Stakeholder Value. Haupt, Bern [u.a.].
Johannsen, Goeken 2006
    Johannsen, Wolfgang; Goeken, Matthias (2006): IT-Governance - neue Aufgaben
    des IT-Managements. In: Fröschle, Hans-Peter; Strahringer, Susanne (Hrsg.): IT-
    Governance, dpunkt, Heidelberg, S. 7-20.
Johannsen et al. 2007
    Johannsen, Wolfgang; Goeken, Matthias; Just, Daniel; Tami, Farsin (2007): Refe-
    renzmodelle für IT-Governance. dpunkt, Heidelberg.
Jung 2006
    Jung, Hans (2006): Allgemeine Betriebswirtschaftslehre. 10., überarb. Aufl., Olden-
    bourg, München [u.a.].
Junginger 2005
    Junginger, Markus (2005): Wertorientierte Steuerung von Risiken im Informations-
    management. Deutscher Universitäts-Verlag, Wiesbaden.

Junginger, Krcmar 2004
 Junginger, Markus; Krcmar, H. (2004): Wahrnehmung und Steuerung von Risiken im Informationsmanagement - Eine Befragung deutscher IT-Führungskräfte. Studie, Institut für Informatik, Lehrstuhl für Wirtschaftsinformatik TUM, München.

Käfer 1974
 Käfer, Karl (1974): Investitionsrechnungen. Einführung in die Theorie, Beispiele und Aufgaben, Tabellen. 4., verb. Aufl., Schultheß, Zürich.

Kagelmann 2001
 Kagelmann, Uwe (2001): Shared Services als alternative Organisationsform. Am Beispiel der Finanzfunktion im multinationalen Konzern. Deutscher Universitäts-Verlag, Wiesbaden.

Kaplan, Norton 1996
 Kaplan, Robert S.; Norton, David P. (1996): The balanced scorecard. Translating strategy into action. Harvard Business School Press, Boston, Mass.

Kargl 1999
 Kargl, Herbert (1999): DV-Controlling. Oldenbourg, München [u.a.].

Karrer 2006
 Karrer, Michael (2006): Supply chain performance management. Entwicklung und Ausgestaltung einer unternehmensübergreifenden Steuerungskonzeption. Deutscher Universitäts-Verlag, Wiesbaden.

Katzke 2008
 Katzke, Uwe (2008): Spezifikation und Anwendung einer Modellierungssprache für die Automatisierungstechnik auf Basis der Unified Modeling Language(UML). Kassel University Press, Kassel.

Keen 1995
 Keen, Peter G. W. (1995): Every Manager's Guide To Information Technology: A Glossary of Key Terms and Conceptsfor Today's Leader. 2nd ed., Harvard Business School Press, Boston, MA.

Kessinger, Vohasek, Duffer 2009
 Kessinger, Kristen; Vohasek, Deborah; Duffer, Joanne (2009): Nine-country ISACA Survey: Two-thirds of Companies Not Fully Measuring IT Value, Neglecting Competitive Advantage. http://www.isaca.org/Template.cfm?Section=Press_Releases1& CONTENTID=51580&TEMPLATE=/ContentManagement/ContentDisplay.cfm, Abruf am 2009-08-10.

Kesten, Müller, Schröder 2007
 Kesten, Ralf; Müller, Arno; Schröder, Hinrich (2007): IT-Controlling. Messung und Steuerung des Wertbeitrags der IT. Vahlen, München.

King, Schrems 1978
 King, John Leslie; Schrems, Edward L. (1978): Cost-Benefit Analysis in Information Systems Development and Operation. In: ACM Comput. Surv. 10(1) S. 19-34.

Kirchner, Regenbogen 2005
 Kirchner, Friedrich; Regenbogen, Arnim (2005): Wörterbuch der philosophischen Begriffe. Sonderausg. aus der Reihe "Philosophische Bibliothek" (Bd. 500), Meiner, Hamburg.

Klaffke 2008
   Klaffke, Henning (2008): Geschäftsprozesse als Gegenstand beruflichen Lernens -
   IT-gestützte Produktion in der Druckvorstufe In: bwp@ 8(Spezial 4) S.
Klaus, Buhr 1971
   Klaus, Georg; Buhr, Manfred (1971): Philosophisches Wörterbuch. 8., berichtigte
   Aufl., Bibliograph. Inst., Leipzig.
Kleinschmidt, Pfeifer 2004
   Kleinschmidt, Peter; Pfeifer, Andreas (2004): Zur Wirkung von IT/IM in Unterneh-
   men: Analyserahmen, Bestandsaufnahme und Empfehlungen für zukünftige Studien.
   Wirtschaftswissenschaftliche Fakultät, Universität Passau, Passau.
Kleist, Williams, Peace 2004
   Kleist, Virginia Franke; Williams, Larue; Peace, A. Graham (2004): A performance
   evaluation framework for a public university knowledge management system. In:
   Journal of Computer Information Systems 44(3) S. 9-16.
Kluckhohn 1962
   Kluckhohn, Clyde (1962): Values and value-orientation in the theory of action. In:
   Parson, T; Shils, E. (Hrsg.): Toward a General Theory of Action, Harvard Universi-
   ty Press, Cambridge, Mass., S. 388-433.
Knolmayer 2007
   Knolmayer, Gerhard F. (2007): Compliance-Nachweise bei Outsourcing von IT-
   Aufgaben. In: WIRTSCHAFTSINFORMATIK 49(Special Issue) S. 98-106.
Köhler 2007
   Köhler, Peter T. (2007): ITIL. Das IT-Servicemanagement Framework. 2., überarb.
   Aufl., Springer, Berlin [u.a.].
König 2000
   König, Wolfgang (2000): Geschichte der Konsumgesellschaft. Steiner, Stuttgart.
Korndörfer 1999
   Korndörfer, Wolfgang (1999): Unternehmensführungslehre. Einführung, Entschei-
   dungslogik, soziale Komponenten. 9., aktualisierte Aufl., Gabler, Wiesbaden.
Korndörfer 2003
   Korndörfer, Wolfgang (2003): Allgemeine Betriebswirtschaftslehre. Aufbau, Ab-
   lauf, Führung, Leitung. 13., überarb. Aufl., Gabler, Wiesbaden.
Kosiol 1968
   Kosiol, Erich (1968): Einführung in die Betriebswirtschaftslehre: Die Unterneh-
   mung als wirtschaftl. Aktionszentrum. Gabler, Wiesbaden.
Kosiol 1976
   Kosiol, Erich (1976): Organisation der Unternehmung. 2., durchges. Aufl., Gabler,
   Wiesbaden.
Krallmann 2007
   Krallmann, Hermann (2007): Systemanalyse im Unternehmen : prozessorientierte
   Methoden der Wirtschaftsinformatik. 5., vollst. überarb. Aufl., Oldenbourg, Mün-
   chen [u.a.].
Kratz 1987
   Kratz, Jürgen (1987): Informationsmanagement. In: Bull Magazin 6(25) S. 4-8.

Krause 2008
  Krause, Eric (2008): Methode für das Outsourcing in der Informationstechnologie von Retail Banken. Logos, Berlin.

Krause, Mertins 2006
  Krause, Oliver; Mertins, Kai (2006): Performance Management Eine Stakeholder-Nutzen-orientierte und Geschäftsprozess-basierte Methode. http://dx.doi.org/ 10.1007/978-3-8350-9191-7, Abruf am 2011-01-07.

Krcmar 2005
  Krcmar, Helmut (2005): Informationsmanagement. Springer, Berlin [u.a.].

Kredel 1988
  Kredel, Lutz (1988): Wirtschaftlichkeit von Bürokommunikationssystemen. Eine vergleichende Darstellung. de Gruyter, Berlin [u.a.].

Krems 2011
  Krems, Burkhardt (2011): Input - Output - Outcome - Zusatzinformationen. http:// www.olev.de/o/outcome.htm, Abruf am 2011-08-01.

Krystek, Müller-Stewens 2006
  Krystek, Ulrich; Müller-Stewens, Günter (2006): Strategische Frühaufklärung. In: Hahn, Dietger; Taylor, Bernard (Hrsg.): Strategische Unternehmungsplanung - strategische Unternehmungsführung. Stand und Entwicklungstendenzen, 9., überarb. Aufl., Springer, Berlin [u.a.], S. 175-193.

Kubicek 1981
  Kubicek, Herbert (1981): Unternehmungsziele, Zielkonflikte und Zielbildungsprozess. In: Wirtschaftswissenschaftliches Studium 10(10) S. 458-466.

Kudyba, Diwan 2002
  Kudyba, Stephan; Diwan, Romesh (2002): Research Report: Increasing Returns to Information Technology. In: Information Systems Research 13(1) S. 104-111.

Kußmaul 2006
  Kußmaul, Heinz (2006): Betriebswirtschaftliche Steuerlehre. 4., völlig überarb. und stark erw. Aufl., Oldenbourg, München [u.a.].

Kußmaul 2008
  Kußmaul, Heinz (2008): Betriebswirtschaftslehre für Existenzgründer. Grundlagen mit Fallbeispielen und Fragen der Existenzgründungspraxis. 6., vollst. überarb. und erw. Aufl., Oldenbourg, München.

Kütz 2003
  Kütz, Martin (2003): Kennzahlen in der IT. dpunkt, Heidelberg.

Kütz, Friese 2006
  Kütz, Martin; Friese, Patrick (2006): IT-Steuerung mit Kennzahlensystemen. dpunkt, Heidelberg.

Labhart, Volkart 2001
  Labhart, Perter A.; Volkart, Rudolf (2001): Wertorientiertes Reporting. In: Klingebiel, Norbert (Hrsg.): Performance Measurement und Balanced Scorecard, Vahlen, München, S. 111-130.

Lange 2005
Lange, Carola (2005): Development and Status of the Information Systems / Wirtschaftsinformatik Discipline - An Interpretive Evaluation of Interviews with Renowned Researchers: Part I - Research Objectives and Method. In: ICB Research Report 1(2) S. 42.

Langner 2008
Langner, Torsten (2008): Ein modellbasierter Ansatz zur Lösung komplexitätsbedingter Entscheidungsprobleme in der Infrastrukturarchitektur der Finanzdienstleistungsinformatik. http://elib.uni-stuttgart.de/opus/volltexte/2008/3358/, Abruf am 2010-12-17.

Lassmann, Schwarzer, Rogge 2006
Lassmann, Wolfgang; Schwarzer, Jens; Rogge, Rolf (2006): Wirtschaftsinformatik. Nachschlagewerk für Studium und Praxis. 1. Aufl., Gabler, Wiesbaden.

Laudon, Laudon, Schoder 2010
Laudon, Kenneth C.; Laudon, Jane P.; Schoder, Detlef (2010): Wirtschaftsinformatik. Eine Einführung. 2., aktualisierte Aufl., Pearson Studium, München [u.a.].

Laux, Liermann, Laux 2005
Laux, Helmut; Liermann, Felix; Laux, Liermann (2005): Grundlagen der Organisation. Springer, Berlin [u.a.].

Lehmann 1994
Lehmann, Steffen (1994): Neue Wege in der Bewertung börsennotierter Aktiengesellschaften. Ein cash-flow-orientiertes Ertragswertmodell. Deutscher Universitäts-Verlag, Wiesbaden.

Lehner 1989
Lehner, Franz (1989): Wartung und Nutzung von Anwendungssystemen: Ergebnisse einer empirischen Untersuchung. Arbeitspapier, Institut für Wirtschaftsinformatik und Organisation, Linz.

Lelke 2005
Lelke, Frank (2005): Kennzahlensysteme in konzerngebundenen Dienstleistungsunternehmen unter besonderer Berücksichtigung der Entwicklung eines wissensbasierten Kennzahlengenerators. http://miless.uni-duisburg-essen.de/servlets/DerivateServlet/Derivate-13370/Dissertation_Lelke.pdf, Abruf am 2006-02-13.

Lewis, Lehmann 1992
Lewis, Thomas G.; Lehmann, Steffen (1992): Überlegene Investitionsentscheidungen durch CFROI. In: Betriebswirtschaftliche Forschung und Praxis 44(1) S. 1-13.

Lichtenberg 1995
Lichtenberg, Frank R. (1995): The Output Contributions Of Computer Equipment And Personnel: A Firm-Level Analysis. In: Economics of Innovation and New Technology 3(3) S. 201 - 218.

Liggesmeyer 2002
Liggesmeyer, Peter (2002): Software-Qualität Spektrum, Akad. Verl, Heidelberg [u.a.].

Lin-Hi 2010
Lin-Hi, Nick (2010): Integrität. http://wirtschaftslexikon.gabler.de/Definition/integritaet.html, Abruf am 2010-09-07.

Linhardt 2003
    Linhardt, Matthias (2003): Einsatz der UML für die Entwicklung sicherheitskritischer Systeme. In: Entwicklung von "Mission Critical" Systemen für industrielle Anwendungen. Engineeringmethoden & Technologien. Düsseldorf, S. 127-141.

Littkemann, Derfuß 2009
    Littkemann, Jörn; Derfuß, Klaus (2009): Corporate Governance-Gestaltung mit Hilfe des Controllings? Eine konflikttheoretische Analyse. In: Wall, Friederike; Schröder, Regina W. (Hrsg.): Controlling zwischen Shareholder Value und Stakeholder Value. Neue Anforderungen, Konzepte und Instrumente, Oldenbourg, München, S. 61-80.

Lorenz-Meyer 2004
    Lorenz-Meyer, Dirk (2004): Management industrieller Dienstleistungen. Ein Leitfaden zur effizienten Gestaltung von industriellen Dienstleistungsangeboten. Deutscher Universitäts-Verlag, Wiesbaden.

Loth 2010
    Loth, Richard (2010): Profitability Indicator Ratios: Return On Capital Employed. http://www.investopedia.com/university/ratios/profitability-indicator/ratio5.asp, Abruf am 2010-010-09.

Lucas 1999
    Lucas, Henry C. (1999): Information technology and the productivity paradox. Oxford Univ. Press, New York [u.a.].

Luftman 2000
    Luftman, Jerry (2000): Assessing Business-IT Alignment Maturity. In: Communications of the Association for Information Systems 4(1) S. 1-49.

Luftman, Kempaiah 2007
    Luftman, Jerry; Kempaiah, Rajkumar (2007): An update on Business-IT Alignment. In: MIS Quarterly Executive 6(3) S. 165-177.

Macfarlane, Rudd 2001
    Macfarlane, Ivor; Rudd, Colin (2001): IT Service Management. itSMF, Frankfurt.

Macharzina 1999
    Macharzina, Klaus (1999): Unternehmensführung. Gabler, Wiesbaden.

Mahmood, Mann 1993
    Mahmood, Mo Adam; Mann, Gary J. (1993): Measuring the Organizational Impact of Information Technology Investment: An Exploratory Study. In: Journal of Management Information Systems 10(1) S. 97-122.

Marchand 2000
    Marchand, Donald A. (2000): Why information is the responsibility of every manager. In: Wiley, Chichester [u.a.], S. 3-16.

Marchand, Kettinger, Rollins 2004
    Marchand, Donald A.; Kettinger, William J.; Rollins, John D. (2004): Information orientation. The link to business performance. Repr, Oxford University Press, Oxford.

Marx, Kautsky 1957
    Marx, Karl; Kautsky, Benedikt (1957): Das Kapital. Kröner, Stuttgart.

Mattern 2005
    Mattern, Friedemann (2005): Ubiquitous Computing: Scenarios from an informatised world. In: Zerdick, Axel; Picot, Arnold; Schrape, Klaus; Burgelman, Jean-Claude; Silverstone, Roger; Feldmann, Valerie; Wernick, Christian; Wolff, Carolin (Hrsg.): E-Merging Media - Communication and the Media Economy of the Future, Springer, Berlin, S. 145-163.
May 2008
    May, Hermann (2008): Die menschlichen Bedürfnisse. In: May, Hermann (Hrsg.): Handbuch zur ökonomischen Bildung, 9. Aufl., Oldenbourg Wissenschaftsverlag GmbH, München, S. 3-14.
McUmber, Cheng 2001
    McUmber, William E.; Cheng, Betty H. C. (2001): A general framework for formalizing UML with formal languages. In: Müller, Hausi A.; Harrold, Mary Jean; Schäfer, Wilhelm (Hrsg.): Proceedings of the 23rd International Conference on Software Engineering. Washington, S. 433-442.
Melville, Kraemer, Gurbaxani 2004
    Melville, Nigel; Kraemer, Kenneth; Gurbaxani, Vijay (2004): Information Technology and Organizational Performance: An integrative Model of IT Business Value. In: MIS Quarterly 28(2) S. 283-322.
Melville 2001
    Melville, Nigel Patrick (2001): Information technology investment impact and industry structure : evidence from firms and industries. University of California, Irvine.
Mende 1995
    Mende, Martin (1995): Ein Führungssystem für Geschäftsprozesse. St. Gallen.
Mensch 2008
    Mensch, Gerhard (2008): Finanz-Controlling. Finanzplanung und -kontrolle ; Controlling zur finanziellen Unternehmensführung. 2., überarb. und erw. Aufl., Oldenbourg, München.
Mertens 2006
    Mertens, Peter (2006): Moden und Nachhaltigkeit in der Wirtschaftsinformatik. In: dpunkt, Heidelberg, S. 109-118.
Mertens, Knolmayer 1998
    Mertens, Peter; Knolmayer, Gerhard F. (1998): Organisation der Informationsverarbeitung. Gabler, Wiesbaden.
Messerschmidt, Schülein, Murnleitner 2008
    Messerschmidt, Marcus; Schülein, Peter; Murnleitner, Martin (2008): Der Wertbeitrag der IT zum Unternehmenserfolg - Manage IT as a business. http://www.pwc.de/de/consulting/it/assets/PwC-Studie_Wertbeitrag.pdf, Abruf am 2011-12-22.
Mirani, Lederer 1998
    Mirani, Rajesh; Lederer, Albert L. (1998): An instrument for assessing the organizational benefits of IS projects. In: Decision Sciences 29(4) S. 803-838.

Mitra 2005
   Mitra, Sabyasachi (2005): Information Technology as an Enabler of Growth in
   Firms: An Empirical Assessment. In: Journal of Management Information Systems
   22(2) S. 279-300.
Mittelstrass et al. 1995
   Mittelstrass, Jürgen; Blasche, Siegfried; Carrier, Martin; Wolters, Gereon (1995):
   Enzyklopädie Philosophie und Wissenschaftstheorie ; Bd. 2, H - O. Korrigierter
   Nachdr., Metzler, Stuttgart.
Moro 2004
   Moro, Martin (2004): Modellbasierte Qualitätsbewertung von Softwaresystemen:
   Bewertung von Softwarearchitekturen in Bezug auf ihren Erfüllungsgrad der Quali-
   tätsanforderungen. Books on Demand, Norderstedt.
Moxter 1982
   Moxter, Adolf (1982): Betriebswirtschaftliche Gewinnermittlung. Mohr, Tübingen.
Mukhopadhyay et al. 1995
   Mukhopadhyay, Tridas; Kekre; Sunder; Kalathur, Suresh (1995): Business Value of
   Information Technology: A Study of Electronic Data Interchange. In: MIS Quarterly
   19(2) S. 137-156.
Mulder 2004
   Mulder, Dwayne H. (2004): Objectivity. http://www.iep.utm.edu/objectiv/, Abruf
   am 2011-02-02.
Müller 2005
   Müller, Andreas (2005): Wirtschaftlichkeit der Integration. Eine ökonomische Ana-
   lyse der Standardisierung betrieblicher Anwendungssysteme. Deutscher Universi-
   täts-Verlag, Wiesbaden.
Müller, Löbel, Schmid 1988
   Müller, Peter; Löbel, Guido; Schmid, Hans (1988): Lexikon der Datenverarbeitung.
   10., überarb. und erw. Aufl., Verl. Moderne Industrie, Landsberg am Lech.
Murarotto 2003
   Murarotto, Flavio (2003): Performancemessung von eUnternehmen. Difo-Druck, St.
   Gallen.
Murnleitner, Schülein 2006
   Murnleitner, Martin; Schülein, Peter (2006): IT-Kosten- und Wertmanagmenet: Die
   IT als Geschäftsfeld. In: Lemmens, Bonn, S. 169-185.
Nagel 1990
   Nagel, Kurt (1990): Nutzen der Informationsverarbeitung. Methoden zur Bewertung
   von strategischen Wettbewerbsvorteilen, Produktivitätsverbesserungen und Kosten-
   einsparungen. 2., überarb. und erw. Aufl., Oldenbourg, München [u.a.].
o.V. 2009
   o.V. (2009): Handelsblatt Ranking BWL: Zeitschriftenliste 2009. http://www.
   handelsblatt.com/bwl-journals/, Abruf am 2010-09-23.
o.V. 2010
   o.V. (2010): Checkliste SLA OLA UC. http://wiki.de.it-processmaps.com/index.php
   /Checkliste_SLA_OLA_UC, Abruf am 2010-12-06.

o.V. 2010
o.V. (2010): Renatbilität. http://www.daswirtschaftslexikon.com/d/rentabilit%
C3%A4t/rentabilit%C3%A4t.htm, Abruf am 2010-08-07.

o.V. 2011
o.V. (2011): IT-CMF. http://www.ivi.ie/, Abruf am 2011-06-04.

O'Donnell, Duffy 2001
O'Donnell, Francis J.; Duffy, Alexander (2001): Modelling Design Development
Performance. In: Bitici, U.; MacBryde, J. (Hrsg.): Proceedings of the 1st Internatio-
nal Workshop on Performance Measurement. Glasgow, S. 1198-1221.

Oechsler 2000
Oechsler, Walter Anton (2000): Personal und Arbeit. Grundlagen des Human Resource Management und der Arbeitgeber-Arbeitnehmer-Beziehungen. 7., grundle-
gend überarb. und erw. Aufl., Oldenbourg, München [u.a.].

Oehlrich, Dahmen 2010
Oehlrich, Marcus; Dahmen, Andreas (2010): Betriebswirtschaftslehre. Eine Einführung am Businessplan-Prozess. 2., überarb. und aktualisierte Aufl., Vahlen, München.

Office of Government Commerce 2005
Office of Government Commerce (2005): PRINCE2 im Überblick. TSO, The Stati-
onery Office, Norwich.

Olbrich 2008
Olbrich, Alfred (2008): ITIL kompakt und verständlich. Effizientes IT Service Management. 4., erw. und verb. Aufl., Vieweg+Teubner, Wiesbaden.

Olufs, Schott 2007
Olufs, Dirk; Schott, Eberhard (2007): Die IT-Organisation im Wandel: die Entwick-
lung zu einer integrierten, international eingebetteten CIO - Nachfrageorganisation.
In: Clement, Reiner (Hrsg.): IT-Controlling in Forschung und Praxis : Tagungsband
zur 4. Fachtagung IT-Controlling, Fachhochschule Bonn-Rhein-Sieg, Fachbereich
Wirtschaft Sankt Augustin, Sankt Augustin, S. 107-121.

OMG 2011
OMG (2011): Documents Associated With UML Version 2.4.1. http://www.omg.
org/spec/UML/2.4.1/, Abruf am 2011-12-12.

Opp 1983
Opp, Karl-Dieter (1983): Die Entstehung sozialer Normen. Ein Integrationsversuch
soziologischer, sozialpsychologischer und Ökonomischer Erklärungen. Mohr, Tübingen.

Ossadnik 2003
Ossadnik, Wolfgang (2003): Controlling. 3., überarb. und erw. Aufl., Oldenbourg,
München [u.a.].

Ossadnik 2008
Ossadnik, Wolfgang (2008): Kosten Und Leistungsrechnung. Springer Verlag.

Österle et al. 2010
    Österle, Hubert; Becker, Jörg; Frank, Ulrich; Hess, Thomas; Karagiannis, Dimitris;
    Kccmar, Helmut; Loos, Peter; Mertens, Peter; Oberweis, Andreas; Sinz, Elmar J.
    (2010): Memorandum zur gestaltungsorientierten Wirtschaftsinformatik. In: Österle,
    Hubert; Winter, Robert; Brenner, Walter (Hrsg.): Gestaltungsorientierte Wirt-
    schaftsinformatik: Ein Plädoyer für Rigor und Relevanz, Infowerk, Nürnberg, S. 1-
    6.
Otto 2002
    Otto, Andreas (2002): Management und Controlling von Supply Chains. Ein Modell
    auf der Basis der Netzwerktheorie. Deutscher Universitäts-Verlag, Wiesbaden.
Parasuraman, Zeithaml, Berry 1988
    Parasuraman, A.; Zeithaml, Valarie A.; Berry, Leonard L. (1988): Servqual: A Mul-
    tiple-Item Scale For Measuring Consumer Perceptions of Service Quality. In: Jour-
    nal of Retailing 64(1) S. 12.
Parker, Benson, Trainor 1988
    Parker, Marilyn M.; Benson, Robert J.; Trainor, H. Edgar (1988): Information eco-
    nomics. Prentice Hall, Englewood Cliffs.
Patig 2006
    Patig, Susanne (2006): Die Evolution von Modellierungssprachen. Frank & Timme,
    Berlin.
Patzak 1982
    Patzak, Gerold (1982): Systemtechnik - Planung komplexer innovativer Systeme.
    Grundlagen, Methoden, Techniken. Springer, Berlin [u.a.].
Pavlou et al. 2005
    Pavlou, Paul A.; Housel, Thomas J.; Rodgers, Waymond; Jansen, Erik (2005): Mea-
    suring the Return on Information Technology: A Knowledge-Based Approach for
    Revenue Allocation at the Process and Firm Level. In: Journal of the Association for
    Information Systems 6(7) S. 199-226.
Pedhazur, Pedhazur Schmelkin 1991
    Pedhazur, Elazar J.; Pedhazur Schmelkin, Liora (1991): Measurement, design, and
    analysis. An integrated approach. Erlbaum, Hillsdale.
Peffers et al. 2007
    Peffers, Ken; Tuunanen, Tuure; Rothenberger, Marcus A.; Chatterjee, Samir (2007):
    A Design Science Research Methodology for Information Systems Research. In:
    Journal of Management Information Systems 24(3) S. 45-77.
Pelz 2008
    Pelz, Richard (2008): Anzeigenmarketing im Verlag. Eine empirische Analyse der
    Marketingressourcen und Marketingkompetenzen im Anzeigenmarketing von Zeit-
    schriftenverlagen. Gabler, Wiesbaden.
Penzel 2001
    Penzel, H.-G. (2001): Hat der CIO im Vorstand eine Zukunft? In:
    WIRTSCHAFTSINFORMATIK 43(4) S. 409.
Peppard, Ward 1999
    Peppard, Joe; Ward, John (1999): Mind the Gap: diagnosing the relationship
    between the IT organization and the rest of the business. In: S. 29-60.

Pescholl 2011
    Pescholl, Andreas (2011): Adaptive Entwicklung eines Referenzmodells für die Geschäftsprozessunterstützung im technischen Großhandel. http://nbn-resolving.de/urn:nbn:de:101:1-201101311019, Abruf am 2012-04-30.

Peterson 2004
    Peterson, Ryan R. (2004): Integration Strategies and Tactics for Information Technology Governance. In: Van Grembergen, Wim (Hrsg.): Strategies for Information Technology Governance, Idea Group, London, S. 37-80.

Pezoldt, Sattler 2009
    Pezoldt, Kerstin; Sattler, Britta (2009): Medienmarketing. Marketingmanagement für werbefinanziertes Fernsehen und Radio. Lucius & Lucius, Stuttgart.

Pfeifer 2003
    Pfeifer, Andreas (2003): Zum Wertbeitrag von Informationstechnologie. http://www.opus-bayern.de/uni-passau/volltexte/2004/34/pdf/PfeiferAndreas.PDF, Abruf am 2009-09-11.

Piekenbrock 2010
    Piekenbrock, Dirk (2010): Erlös. http://wirtschaftslexikon.gabler.de/Definition/erloes.html, Abruf am 2010-08-07.

Pietsch 2003
    Pietsch, Thomas (2003): Bewertung von Informations- und Kommunikationssystemen. Schmidt, Berlin.

Pigoski 1997
    Pigoski, Thomas M. (1997): Practical software maintenance. Best practices for managing your software investment. Wiley, New York [u.a.].

Piller, Waringer 1999
    Piller, Frank Thomas; Waringer, Daniela (1999): Modularisierung in der Automobilindustrie. Neue Formen und Prinzipien ; Modular Sourcing, Plattformkonzept und Fertigungssegmentierung als Mittel des KomplexitÄ¤tsmanagements. Als Ms. gedr, Shaker, Aachen.

Porter 2001
    Porter, Michael (2001): Strategy and the Internet. In: Harvard Business Review 79(3) S. 62-78.

Porter 1998
    Porter, Michael E. (1998): Competitive advantage. Free Press, New York.

Porter, Millar 1985
    Porter, Michael E.; Millar, Victor E. (1985): How information gives you competitive advantage. In: Harvard Business Review 63(4) S. 149-174.

Potthoff 1998
    Potthoff, Ingo (1998): Empirische Studien zum wirtschaftlichen Erfolg der Informationsverarbeitung. In: WIRTSCHAFTSINFORMATIK 40(4) S. 54-65.

Prahalad, Ramaswamy 2004
    Prahalad, Coimbatore Krishnarao; Ramaswamy, Venkatram (2004): The Future of Competition: Co-Creating Unique Value With Customers. Harvard Business School Pub.

Prechtl, Burkard 2008
    Prechtl, Peter; Burkard, Franz-Peter (2008): Metzler Lexikon Philosophie. Begriffe
    und Definitionen. 3., erw. und aktualisierte Aufl., Metzler, Stuttgart [u.a.].
Preißler 2008
    Preißler, Peter R. (2008): Betriebswirtschaftliche Kennzahlen. Formeln, Aussage-
    kraft, Sollwerte, Ermittlungsintervalle. Oldenbourg, München [u.a.].
Pribilla, Reichwald, Goecke 1996
    Pribilla, Peter; Reichwald, Ralf; Goecke, Robert (1996): Telekommunikation im
    Management: Strategien für den globalen Wettbewerb. Schäffer-Poeschel, Stuttgart.
Principe et al. 2002
    Principe, Sandro C.; Schaub, Marco; Bechmann, Torsten; Hage, Bernard El (2002):
    Informationstechnologie als Wettbewerbsfaktor. http://www.principe.ch/download/
    020315-ivw-trendmonitor-it-als-wettbewerbsfaktor.pdf, Abruf am 2011-07-13.
Probst, Raub, Romhardt 2010
    Probst, Gilbert; Raub, Steffen; Romhardt, Kai (2010): Wissen managen. Wie Unter-
    nehmen ihre wertvollste Ressource optimal nutzen. 6., ,berarb. und erw. Aufl., Gab-
    ler, Wiesbaden.
Ragowsky, Stern, Adams 2000
    Ragowsky, Arik; Stern, Myles; Adams, Dennis A. (2000): Relating Benefits from
    Using IS to an Organization's Operating Characteristics: Interpreting Results from
    Two Countries. In: Journal of Management Information Systems 16(4) S. 175-194.
Ranganathan, Brown 2006
    Ranganathan, Chingleput; Brown, Carol V. (2006): ERP Investments and the Mar-
    ket Value of Firms: Toward an Understanding of Influential ERP Project Variables.
    In: Information Systems Research 17(2) S. 145-161.
Rappaport 1998
    Rappaport, Alfred (1998): Creating shareholder value. A guide for managers and
    investors. 2. ed., rev. and updated, Free Press, New York [u.a.].
Reichwald, Höfer, Weichselbaumer 1996
    Reichwald, Ralf; Höfer, Claudia; Weichselbaumer, Jürgen (1996): Erfolg von Reor-
    ganisationsprozessen. Leitfaden zur strategieorientierten Bewertung. Schäffer-
    Poeschel, Stuttgart.
Renkema, Berghout 1997
    Renkema, Theo J. W.; Berghout, Egon W. (1997): Methodologies for information
    systems investment evaluation at the proposal stage: a comparative review. In: In-
    formation and Software Technology 39(1) S. 1-13.
Reucher 2009
    Reucher, Elmar (2009): Information und Wissen im Spannungsfeld von Informati-
    onstheorie und Betriebswirtschaftslehre. 1. Aufl., Lang, Frankfurt am Main [u.a.].
Rickards 2009
    Rickards, Robert C. (2009): Leistungssteuerung kompakt. Mit Praxisbeispielen und
    Übungsaufgaben zum Lernerfolg. Oldenbourg, München.
Riezler 1996
    Riezler, Stephan (1996): Lebenszyklusrechnung. Instrument des Controlling strate-
    gischer Projekte. Gabler, Wiesbaden.

Robertson, Robertson 2006
  Robertson, Suzanne; Robertson, James (2006): Mastering the requirements process. 2nd ed, Addison-Wesley, Upper Saddle River, NJ [u.a.].
Robertson, Robertson 2010
  Robertson, Suzanne; Robertson, James (2010): Mastering the requirements process. 2. ed., 8. printing, Addison-Wesley, Upper Saddle River, NJ [u.a.].
Romeike, Hager 2009
  Romeike, Frank; Hager, Peter (2009): Erfolgsfaktor Risiko-Management 2.0. Methoden, Beispiele, Checklisten ; Praxishandbuch für Industrie und Handel. 2., vollst. überarb. und erw. Aufl., Gabler, Wiesbaden.
Rommelspacher 2011
  Rommelspacher, Jonas (2011): Automatisierung von Führungsentscheidungen: Framework, Modellierung und Prototyp. Vieweg+Teubner Verlag.
Rosemann, Schütte 1999
  Rosemann, Michael; Schütte, Reinhard (1999): Multiperspektivische Referenzmodellierung. In: Becker, Jörg; Rosemann, Michael; Schütte, Reinhard (Hrsg.): Referenzmodellierung : State-of-the-Art und Entwicklungsperspektiven, Physica-Verl., Heidelberg, S. 22-25.
Rosenkranz, Missler-Behr 2005
  Rosenkranz, Friedrich; Missler-Behr, Magdalena (2005): Unternehmensrisiken erkennen und managen: Einführung in die quantitative Planung. Springer.
Ross, Feeny 1999
  Ross, Jeanne W.; Feeny, David F. (1999): The Evolving Role of the CIO. Working Paper, Massachusetts Institute of Technology, Cambridge.
Ruf, Fittkau 2008
  Ruf, Walter; Fittkau, Thomas (2008): Ganzheitliches IT-Projektmanagement. Oldenbourg, München [u.a.].
Sage, Rouse 2009
  Sage, Andrew P.; Rouse, William B. (2009): Handbook of systems engineering and management. 2. ed., Wiley, Hoboken.
Sambamurthy, Bharadwaj, Grover 2003
  Sambamurthy, Vallabh; Bharadwaj, Anandhi; Grover, Varun (2003): Shaping Agility through Digital Options: Reconceptualizing the Role of Information Technology in Contemporary Firms. In: MIS Quarterly 27(2) S. 237-263.
Schacht, Fackler 2009
  Schacht, Ulrich; Fackler, Matthias (2009): Discounted-Cash-flow-Verfahren. In: Schacht, Ulrich; Fackler, Matthias (Hrsg.): Praxishandbuch Unternehmensbewertung. Grundlagen, Methoden, Fallbeispiele, 2., vollst. überarb. Aufl., Gabler, Wiesbaden, S. 205-232.
Schedler 2005
  Schedler, Bernd Helmar (2005). Leistungsmessung in multinationalen Unternehmen. http://www.biblio.unisg.ch/www/edis.nsf/wwwDisplayIdentifier/3057/%24FILE/dis3057.pdf, Abruf am 2009-09-11.

Schlick et al. 2010
  Schlick, Christopher; Bruder, Ralph; Luczak, Holger; Mayer, Marcel; Abendroth,
  Bettina (2010): Arbeitswissenschaft. 3., vollst. überarb. und erw. Aufl., Springer,
  Berlin [u.a.].
Schmeisser, Clausen, Schindler 2009
  Schmeisser, Wilhelm; Clausen, Lydia; Schindler, Falko (2009): Controlling und
  Berliner Balanced Scorecard Ansatz. Oldenbourg, München.
Schmid 1997
  Schmid, Uwe (1997): Das Anspruchsgruppen-Konzept. In: WiSu 26(7) S. 633-635.
Schmidt, Terberger 1997
  Schmidt, Reinhard H.; Terberger, Eva (1997): Grundzüge der Investitions- und Fi-
  nanzierungstheorie. 4., aktualisierte Aufl., Nachdr., Gabler, Wiesbaden.
Schniederjans, Hamaker, Schniederjans 2005
  Schniederjans, Marc J.; Hamaker, Jamie L.; Schniederjans, Ashlyn M. (2005): In-
  formation technology investment. Decision-making methodology. Reprinted, World
  Scientific, Singapore [u.a.].
Scholl-Schaaf 1975
  Scholl-Schaaf, Margret (1975): Werthaltung und Wertsystem. Bouvier, Bonn.
Schreyögg 1999
  Schreyögg, Georg (1999): Organisation. Grundlagen moderner Organisationsgestal-
  tung ; mit Fallstudien. 3., Überarb. und erw. Aufl., Gabler, Wiesbaden.
Schülein, Murnleitner 2009
  Schülein, Peter; Murnleitner, Martin (2009): IT-Kosten- und Wertmanagement. Stu-
  die, PricewaterhouseCoopers, Hechingen.
Schulte-Zurhausen 2005
  Schulte-Zurhausen, Manfred (2005): Organisation. 4., überarb. und erw. Aufl., Vah-
  len, München.
Schwarz et al. 2007
  Schwarz, Andrew; Mehta, Manjari; Johnson, Norman; Chin, Wynne W. (2007): Un-
  derstanding frameworks and reviews: a commentary to assist us in moving our field
  forward by analyzing our past. In: SIGMIS Database 38(3) S. 29-50.
Schwegmann 1999
  Schwegmann, Ansgar (1999): Objektorientierte Referenzmodellierung. Theoretische
  Grundlagen und praktische Anwendung. Deutscher Universitäts-Verlag, Wiesbaden.
Schweitzer, Bea 2004
  Schweitzer, Marcell; Bea, Franz Xaver (2004): Allgemeine Betriebswirtschaftslehre;
  Bd. 1. 9., überarb. Aufl., G. Fischer, Stuttgart.
Seddon et al. 1998
  Seddon, Peter B.; Staples, D. Sandy; Patnayakuni, Ravi; Bowtell, Matthew J.
  (1998): The IS effectiveness matrix: the importance of stakeholder and system in
  measuring IS success. In: DeGross, Janice I.; Hirschheim, Rudy; Newman, Michael
  (Hrsg.): Proceedings of the international conference on Information systems. Hel-
  sinki, S. 165-176.

Seibt 2001
  Seibt, Dietrich (2001): Anwendungssystem. In: Mertens, Peter (Hrsg.): Lexikon der Wirtschaftsinformatik, 4., vollst. neu bearb. und erw. Aufl., Springer, Berlin [u.a.], S. 46-47.
Seiffert 1997
  Seiffert, Helmut (1997): Einführung in die Wissenschaftstheorie: Bd. Wörterbuch der wissenschaftstheoretischen Terminologie. C.H. Beck.
Sekaran, Bougie 2010
  Sekaran, Uma; Bougie, Roger (2010): Research Methods for Business: A Skill Building Approach. John Wiley & Sons.
Selig 1986
  Selig, Jürgen (1986): EDV-Management : e. empir. Unters. d. Entwicklung von Anwendungssystemen in dt. Unternehmen. Springer, Berlin [u.a.].
Seppelfricke 2005
  Seppelfricke, Peter (2005): Handbuch Aktien- und Unternehmensbewertung. Schäffer-Poeschel, Stuttgart.
Shang, Seddon 2002
  Shang, Shari; Seddon, Peter B. (2002): Assessing and managing the benefits of enterprise systems: the business manager's perspective. In: Information Systems Journal 12(4) S. 271-299.
Smart 1923
  Smart, William (1923): An introduction to the theory of value on the lines of Menger, Wieser, and Böhm-Bawerk. Macmillan, London.
Smith, Smith 1977
  Smith, John Miles; Smith, Diane C. P. (1977): Database abstractions: aggregation and generalization. In: ACM Trans. Database Syst. 2(2) S. 105-133.
Solow 1987
  Solow, Robert M. (1987): We'd better watch out. In: New York Times Book Review(12) S. 36.
Son, Gladyszewski 2005
  Son, Sertaç; Gladyszewski, Thomas (2005): Return on IT-Controlling 2005 - eine empirische Untersuchung zum Einfluss des IT-Controllings auf die unternehmensweite IT Performance. Studie, E-Finance Lab, Frankfurt am Main.
Stabell, Fjeldstad 1998
  Stabell, Charles B.; Fjeldstad, Oystein D. (1998): Configuring value for competitive advantage: On chains, shops, and networks. In: Strategic Management Journal 19(5) S. 413.
Stachowiak 1973
  Stachowiak, Herbert (1973): Allgemeine Modelltheorie. Springer, Wien [u.a.].
Stahlknecht, Hasenkamp 2005
  Stahlknecht, Peter; Hasenkamp, Ulrich (2005): Einführung in die Wirtschaftsinformatik. 11. Aufl., Springer, Berlin [u.a.].

Staud 2010
   Staud, Josef L. (2010): Unternehmensmodellierung. Objektorientierte Theorie und
   Praxis mit UML 2.0. http://dx.doi.org/10.1007/978-3-642-04412-0, Abruf am 2011-
   01-27.
Steininger, Riedl, Roithmayr 2008
   Steininger, Katharina; Riedl, René; Roithmayr, Friedrich (2008): Zu den Begriff-
   lichkeiten und Moden der Wirtschaftsinformatik: Ergebnisse einer inhaltsanalyti-
   schen Betrachtung. In: Gito, Berlin, S. 1539-1550.
Stephan 2005
   Stephan, Bernd (2005): IT-Transparenz - zum Stand der Praxis in deutschen Unter-
   nehmen. White Paper, Detecon, Bonn.
Stewart 1991
   Stewart, G. Bennet (1991): The quest for value. A guide for senior managers. Harper
   Business, New York.
Stewart 2003
   Stewart, Rodney Anthony (2003): Lifecycle Management of Information Technolo-
   gy (IT) Projects in Construction. http://www4.gu.edu.au:8080/adt-root/uploads/
   approved/adt-QGU20030423.122317/public/04Chapter5-6.pdf, Abruf am 2009-01-
   29.
Stickel 2001
   Stickel, Eberhard (2001): Informationsmanagement. Oldenbourg, München [u.a.].
Strahringer 1996
   Strahringer, Susanne (1996): Metamodellierung als Instrument des Methodenver-
   gleichs : eine Evaluierung am Beispiel objektorientierter Analysemethoden. Shaker,
   Aachen.
Strecker 2009
   Strecker, Stefan (2009): Wertorientierung des Informationsmanagements. In: HMD:
   Praxis der Wirtschaftsinformatik 46(269) S. 27-33.
Suermann 2006
   Suermann, Jan-Christoph (2006): Bilanzierung von Software nach HGB, US-GAAP
   und IFRS. Integrative Analyse der Regelungen zu Ansatz, Bewertung und Umsatz-
   realisation   von   Software   aus   Hersteller-   und   Anwendersicht.
   http://opus.bibliothek.uni-wuerzburg.de/opus.t3/volltexte/2006/1933/pdf/, Abruf am
   2011-11-09.
Synnott 1987
   Synnott, William R. (1987): The information weapon. Wiley, New York [u.a.].
Szyszka 2011
   Szyszka, Uwe (2011): Operatives Controlling auf Basis IT-gestützter Kostenrech-
   nung. 1. Aufl., Gabler, Wiesbaden.
Tallon 2000
   Tallon, Paul P. (2000): A Process-Oriented Assessment of the Alignment of Infor-
   mation Systems and Business Strategy: Implications for IT Business Value. UMI,
   Irvine.

Tallon 2007
 Tallon, Paul P. (2007): Does IT pay to focus? An analysis of IT business value un-
 der single and multi-focused business strategies. In: The Journal of Strategic Infor-
 mation Systems 16(3) S. 278-300.
Tallon 2007
 Tallon, Paul P. (2007): A Process-Oriented Perspective on the Alignment of Infor-
 mation Technology and Business Strategy. In: Journal of Management Information
 Systems 24(3) S. 227-268.
Tallon, Kraemer 2006
 Tallon, Paul P.; Kraemer, Kenneth L. (2006): The Development and Application of
 a Process-oriented "Thermometer" of IT Business Value. In: Communications of the
 Association for Information Systems 17(1) S. 995-1027.
Tallon, Kraemer 2007
 Tallon, Paul P.; Kraemer, Kenneth L. (2007): Fact or Fiction? A Sensemaking Per-
 spective on the Reality Behind Executives' Perceptions of IT Business Value. In:
 Journal of Management Information Systems 24(1) S. 13-54.
Tallon, Kraemer, Gurbaxani 2000
 Tallon, Paul P.; Kraemer, Kenneth L.; Gurbaxani, Vijay (2000): Executives' Percep-
 tions of the Business Value of Information Technology: A Process-Oriented Ap-
 proach. In: Journal of Management Information Systems 16(4) S. 145-173.
Taschner 2008
 Taschner, Andreas (2008): Business Cases: Ein anwendungsorientierter Leitfaden.
 Gabler.
Teubner 2006
 Teubner, Alexander (2006): IT/Business Alignment. In: Wirtschftsinformatik(5) S.
 368-371.
Teubner 2003
 Teubner, Rolf Alexander (2003): Grundlegung Informationsmanagement. Arbeitsbe-
 richt, Institut für Wirtschaftsinformatik, Münster.
Teubner 2008
 Teubner, Rolf Alexander (2008): IT-Service Management: Ein neues Paradigma für
 das Informationsmanagement. Arbeitsbericht, Institut für Wirtschaftsinformatik,
 Münster.
Thatcher, Pingry 2004
 Thatcher, Matt E.; Pingry, David E. (2004): An Economic Model of Product Quality
 and IT Value. In: Information Systems Research 15(3) S. 268-286.
Thomas 2006
 Thomas, Oliver (2006): Das Referenzmodellverständnis in der Wirtschaftsinforma-
 tik: Historie, Literaturanalyse und Begriffsexplikation. http://www.iwi.uni-sb.de/
 frameset/menu.php?ueber=3&start=/publikation/#, Abruf am 2010-11-01.
Thommen, Achleitner 2006
 Thommen, Jean-Paul; Achleitner, Ann-Kristin (2006): Allgemeine Betriebswirt-
 schaftslehre. Gabler, Wiesbaden.

Thompson 1967
    Thompson, James David (1967): Organizations in action. Social science bases of
    administrative theory. McGraw-Hill, New York [u.a.].
Tiemeyer 2005
    Tiemeyer, Ernst (2005): IT-Controlling kompakt. 1. Aufl., Spektrum Akademischer
    Verl, Heidelberg.
Ulrich 1970
    Ulrich, Hans (1970): Die Unternehmung als produktives soziales System. Grundla-
    gen der allgemeinen Unternehmungslehre. 2., überarb. Aufl., Haupt, Bern [u.a.].
Ulrich, Fluri 1992
    Ulrich, Peter; Fluri, Edgar (1992): Management. 7., verb. Aufl., Haupt, Bern [u.a.].
Urbach, Smolnik, Riempp 2009
    Urbach, Nils; Smolnik, Stefan; Riempp, Gerold (2009): Der Stand der Forschung
    zur Erfolgsmessung von Informationssystemen. In: WIRTSCHAFTSINFORMATIK
    51(4) S. 363-375.
van Bon 2006
    van Bon, Jan (2006): IT Service Management: eine Einführung basierend auf ITIL.
    3. Ausg., Van Haren, Zaltbommel.
van Grembergen, De Haes, Guldentops 2004
    van Grembergen, Wim; De Haes, Steven; Guldentops, Erik (2004): Structures, Pro-
    cesses and Relational Mechanisms for IT Governance. In: Van Grembergen, Wim
    (Hrsg.): Strategies for Information Technology Governance, Idea Group, London, S.
    1-36.
Veit 2007
    Veit, Thomas (2007): Würde und Verhältnismäßigkeit. Lit.
Veith, Leimeister, Krcmar 2007
    Veith, Viktor; Leimeister, Jan Marco; Krcmar, Helmut (2007): Towards Value-
    Based Management of Flexible IT Environments. In: Proceedings of the 15th Euro-
    pean Conference on Information Systems (ECIS 2007), St. Gallen.
Verhoef 2002
    Verhoef, C. (2002): Quantitative IT portfolio management. In: Science of Computer
    Programming 45(1) S. 1-96.
VHB-JOURQUAL 2003
    VHB-JOURQUAL (2003): VHB-JOURQUAL: Teilranking Wirtschaftsinformatik
    & Informationsmanagement. http://vhbonline.org/service/jourqual/jq1/teilranking-
    wirtschaftsinformatik-informationsmanagement/, Abruf am 2010-09-23.
VHB-JOURQUAL 2008
    VHB-JOURQUAL (2008): Teilranking Wirtschaftsinformatik und Informationsma-
    nagement. http://vhbonline.org/service/jourqual/jq2/teilranking-wirtschafts
    informatik-und-informationsmanagement/, Abruf am 2010-09-23.
vom Brocke 2003
    vom Brocke, Jan (2003): Referenzmodellierung : Gestaltung und Verteilung von
    Konstruktionsprozessen. Logos, Berlin.

vom Brocke 2008
    vom Brocke, Jan (2008): Wertorientiertes Prozessmanagement. In: WISU 37(02) S.
    195-197.
von Düsterlho 2003
    von Düsterlho, Jens-Eric (2003): Das Shareholder-Value-Konzept: Methodik und
    Anwendung im strategischen Management. Deutscher Universitäts-Verlag, Wiesba-
    den.
von Känel 2008
    von Känel, Siegfried (2008): Kostenrechnung und Controlling. Grundlagen, An-
    wendungen, Excel-Tools. 1. Aufl., Haupt, Bern [u.a.].
Wade, Hulland 2004
    Wade, Michael; Hulland, John (2004): The Resource-Based View And Information
    Systems Research: Review, Extension, And Suggestions For Future Research. In:
    MIS Quarterly 28(1) S. 107-142.
Ward, Peppard 1996
    Ward, John; Peppard, Joe (1996): Reconciling the IT/business relationship: a troub-
    led marriage in need of guidance. In: The Journal of Strategic Information Systems
    5(1) S. 37-65.
Ward, Peppard 2003
    Ward, John; Peppard, Joe (2003): Strategic planning for information systems. Wiley,
    Chichester [u.a.].
Warnecke 2003
    Warnecke, Hans-Jürgen (2003): Wirtschaftlichkeitsrechnung für Ingenieure. 3.,
    überarb. Aufl., Hanser, München [u.a.].
Wassermann 2011
    Wassermann, H. (2011): Kapitalmarktorientierung in Accounting und Controlling.
    Gabler.
Watzlawick, Beavin, Jackson 2007
    Watzlawick, Paul; Beavin, Janet H.; Jackson, Don D. (2007): Menschliche Kommu-
    nikation: Formen, Störungen, Paradoxien. Hans Huber.
Weber 2004
    Weber, Jürgen (2004): Einführung in das Controlling. Schäffer-Poeschel, Stuttgart.
Weber 2004
    Weber, Jürgen (2004): Wertorientierte Unternehmenssteuerung. Konzepte - Imple-
    mentierung - Praxisstatements. 1. Aufl., Gabler, Wiesbaden.
Weber 2010
    Weber, Jürgen (2010): Wirtschaftlichkeit. http://wirtschaftslexikon.gabler.de/
    Definition/wirtschaftlichkeit.html, Abruf am 2010-08-07.
Wehrmann, Heinrich, Seifert 2006
    Wehrmann, Alexander; Heinrich, Bernd; Seifert, Frank (2006): Quantitatives IT-
    Portfoliomanagement - Risiken von IT-Investitionen wertorientiert steuern. In:
    WIRTSCHAFTSINFORMATIK 48(4) S. 234-245.
Weichhart 1986
    Weichhart, Peter (1986): Das Erkenntnisobjekt der Sozialgeographie aus handlungs-
    theoretischer Sicht. In: Geographica Helvetica 41(2) S. 84-90.

Weihs 2008
    Weihs, Philip (2008): Steuerung von Flexibilität. Management von Softwareinvesti-
    tionen mit Realoptionen. http://epub.wu-wien.ac.at/dyn/virlib/diss/eng/mediate/
    epub-wu-01_dbb.pdf?, 2008-05, Abruf am 2008-11-24.
Weill, Broadbent 1998
    Weill, Peter; Broadbent, Marianne (1998): Leveraging the new infrastructure. Har-
    vard Business School Press, Boston, Mass.
Weill, Olson 1989
    Weill, Peter; Olson, Margrethe H. (1989): Managing Investment in Information
    Technology: Mini Case Examples and Implications. In: MIS Quarterly 13(1) S. 3-
    17.
Weill, Ross 2004
    Weill, Peter; Ross, Jeanne W. (2004): IT Governance. Harvard Business School
    Press, Boston, Mass.
Wengler 2006
    Wengler, Stefan (2006): Key account management in business-to-business markets:
    an assessment of its economic value. 1. Aufl., Deutscher Universitäts-Verlag, Wies-
    baden.
Wernerfelt 1984
    Wernerfelt, Birger (1984): A Resource-Based View of the Firm. In: Strategic Man-
    agement Journal 5(2) S. 171-180.
Wieczorrek, Mertens 2007
    Wieczorrek, Hans W.; Mertens, Peter (2007): Management von IT-Projekten. Sprin-
    ger-Verlag Berlin Heidelberg, Berlin, Heidelberg.
Wiehle et al. 2011
    Wiehle, Ulrich; Diegelmann, Michael; Deter, Henryk; Schömig, Peter Noel; Rolf,
    Michael (2011): 100 Finanzkennzahlen. 4. Aufl., cometis, Wiesbaden.
Wigand, Picot, Reichwald 1997
    Wigand, Rolf; Picot, Arnold; Reichwald, Ralf (1997): Information, organization and
    management. Wiley, Chichester [u.a.].
Wilde, Hess 2007
    Wilde, Thomas; Hess, Thomas (2007): Forschungsmethoden der Wirtschaftsinfor-
    matik. In: WIRTSCHAFTSINFORMATIK 49(4) S. 280-287.
Wildfeuer 2002
    Wildfeuer, Armin G. (2002): Werte/Wertediskussion. In: Becker, W.; Buchstab, G.;
    Doering-Manteuffel, A.; Morsey, R. (Hrsg.): Lexikon der christlichen Demokratie in
    Deutschland, Schöningh, Paderborn, S. 684-694.
Wilhelm 2007
    Wilhelm, Rudolf (2007): Prozessorganisation. Oldenbourg Wissensch.Vlg.
Wilson 1988
    Wilson, Diane. D. (1988): Assessing I.T. performance: what the experts say. Sloan
    School of Management, Massachusetts Institute of Technology.

Wirtschaftslexikon24 2010
    Wirtschaftslexikon24 (2010): Primärziele - Sekundärziele. http://www. wirtschafts
    lexikon24.net/e/primaerziele-sekundaerziele/primaerziele-sekundaerziele.htm, Ab-
    ruf am 2010-08-07.
Wollnik 1988
    Wollnik, Michael (1988): Ein Referenzmodell des Informationsmanagements. In:
    Information Management(3) S. 34-43.
Wolters, Dünnebacke 2011
    Wolters, Philipp; Dünnebacke, Daniel (2011): Wertbeitrag der IT - Messen des
    Wertbeitrages der Unternehmens-IT. Abschlussbericht, Institut für Unterneh-
    menskybernetik, Aachen.
Wörpel 2011
    Wörpel, Christian (2011): Change Management in der öffentlichen Verwaltung: Die
    Verwaltungsbeschäftigten im Fokus von IT-Veränderungsprozessen. Diplomica.
Wunderlin 1999
    Wunderlin, Georg (1999): Performance Management.
Xantus Ltd. 2011
    Xantus Ltd. (2011): Compliance versus Innovation. http://www.sourceforconsulting.
    com/files/file/Compliance%20vs%20Regulation%20-%20Should%20CI Os%20Hav
    e%20to%20Choose%20-%20Xantus%20Report.pdf, Abruf am 2012-02-26.

Zarnekow, Brenner 2004
    Zarnekow, Rüdiger; Brenner, Walter (2004): Integriertes Informationsmanagement:
    Vom Plan, Build, Run zum Source, Make, Deliver. In: Zarnekow, Rüdiger; Brenner,
    Walter; Grohmann, Helmut (Hrsg.): Informationsmanagement: Konzepte und Stra-
    tegien für die Praxis, dpunkt, Heidelberg, S. 3-24.
Zarnekow, Brenner, Pilgram 2005
    Zarnekow, Rüdiger; Brenner, Walter; Pilgram, Uwe (2005): Integriertes Informati-
    onsmanagement. Strategien und Lösungen für das Management von IT-Dienst-
    leistungen. Springer, Berlin [u.a.].
Zarnekow, Scheeg, Brenner 2004
    Zarnekow, Rüdiger; Scheeg, Jochen; Brenner, Walter (2004): Untersuchung der Le-
    benszykluskosten von IT-Anwendungen. In: WIRTSCHAFTSINFORMATIK 3(46)
    S. 181-187.
Zhu 2004
    Zhu, Kevin (2004): The Complementarity of Information Technology Infrastructure
    and E-Commerce Capability: A Resource-Based Assessment of Their Business Va-
    lue. In: Journal of Management Information Systems 21(1) S. 167-202.
Zimmermann, Gutsche 1991
    Zimmermann, Hans-Jürgen; Gutsche, Lothar (1991): Multi-Criteria-Analyse. Ein-
    führung in die Theorie der Entscheidungen bei Mehrfachzielsetzungen. Springer,
    Berlin [u.a.].

Zimmermann 2008
    Zimmermann, Steffen (2008): Governance im IT-Portfoliomanagement – Ein An-
    satz zur Berücksichtigung von Strategic Alignment bei der Bewertung von IT. In:
    WIRTSCHAFTSINFORMATIK 50(5) S. 357-365.
Zimmermann 2008
    Zimmermann, Steffen (2008): IT-Portfoliomanagement. In: Ein Konzept zur Bewer-
    tung und Gestaltung von IT 31(5) S. 460-468.
Zingel 2009
    Zingel, Harry (2009): Grundlagen der Cash Flow Rechnung. http://www.zingel.de/
    pdf/05cflow.pdf, Abruf am 2011-11-09.
Zinsch 2008
    Zinsch, Benjamin Alexander (2008): Bewertung mittelständischer Unternehmen.
    Diplomica, Hamburg.
ZVEI 1989
    ZVEI (1989): ZVEI-Kennzahlensystem. Ein Instrument zur Unternehmenssteue-
    rung. 4., veränd. Aufl., ZVEI, Betriebswirtschaftlicher Ausschuss, Frankfurt am
    Main.

Anhang

Anhang A - Klassifikationsformen von IT-Wertbeitrag

Autor (Jahr)	Wertbeitragskategorie	Beschreibung	Wertzuwachs				Wert-sicherung
			Strategisch	Informations-bezogen	Transaktions- bzw. Formalziel bezogen	Trans-formations-bezogen	Risiko-Steuerung
Parker, Benson, Trainor (1988)	Return on Investment	Cost Reduction and Performance Enhancement	-	-	x	-	-
	Strategic Match	Strategic goals of company	x	-	-	-	-
	Competitive Advantage	Competitive advantages linked to Porter's 5 forces	x	-	-	-	-
	Management Information Support	Contribution to management's need for information on core activities	-	x	-	-	-
	Competetive Response	Risks of not implementing the project (loosing market share, opportunity costs etc.)	x	-	-	-	x
	Strategic IS Architecture	Infrastructure to fulfill needs in long term	-	-	-	x	-
Mirani, Lederer (1998)	Strategic Benefits	Competetive Advantages, Alignment, Customer Relations	x	-	-	-	-
	Informational Benefits	Information Access, Information Quality, Information Flexibility	-	x	-	-	-
	Transactional Benefits	Communication Efficency (Costs), Systems Development Efficency, Business Efficency	-	-	x	-	-
Berger (1988)	Internal/Operational	Improoved productivity: Costs, timelines, accuracy, quality	-	-	x	-	-
	Strategic/Competetive	market share, new markets, lower product costs	x	-	-	-	-
	Product/Service	Revenue-producing IT products (e.g. IT products sold to external market)	-	-	x	-	-
Val IT (2007)	Alignment	Degree to which a programme aligns with regulatory requirements, operational standards and policies as well as business strategy	x	-	-	-	-
	Financial benefits	Revenues, volumes and margins, cost reductions, or risk mitigation causing lower costs	-	-	x	-	-
	Non-financial benefits	Assets representing changes which the value cannot be expressed in accurate financial terms (brand, knowledge, relationships with customers / suppliers, governance processes)	x	x	-	x	-
	Risks	Risk factors leads to worst-case outcomes with impact of the identified risk drivers on events and probability	-	-	-	-	x
Hajela (2010)	Alignment	n/a	x	-	-	-	-
	Net Present Value	n/a	-	-	x	-	-
	Technology Value	n/a	-	-	-	x	-
	Organization Value	n/a	x	-	-	-	-
	Cost	n/a	-	-	x	-	-
	Risk	n/a	-	-	-	-	x
Nagel (1990)	Kostenersparnis	n/a	-	-	x	-	-
	Produktivitätsverbesserung	n/a	-	-	x	-	-
	Strategische Wettbewerbsvorteile	n/a	x	-	-	-	-

Autor (Jahr)	Wertbeitragskategorie	Beschreibung	Strategisch	Informations-bezogen	Transaktions-bezogen bzw. Formalziel-bezogen	Trans-formations-bezogen	Risiko-Steuerung
					Wertzuwachs		Wert-sicherung
Gammelgård, Ekstedt, Gustafsson (2006)	Information	n/a	-	x	-	-	-
	Productivity	n/a	-	-	x	-	-
	Decision making	n/a	-	x	-	-	-
	Input	n/a	-	-	-	-	-
	Communication	n/a	-	x	-	-	-
	Quality	n/a	x	x	-	-	-
	Efficency	n/a	-	-	x	-	-
	Customer relations	n/a	x	-	-	-	-
	Differentiations in products/services	n/a	x	-	-	-	-
	Flexibility	n/a	-	-	-	x	-
	Learning Knowledge	n/a	-	x	-	-	-
	Cost reduction	n/a	-	-	x	-	-
	Deliveries	n/a	x	-	x	-	-
	Organization culture	n/a	x	-	-	x	-
	Supplier relations	n/a	x	-	x	-	-
Bubik (2000)	Sicherung der Betriebs- und Lieferfähigkeit	n/a	-	-	-	-	x
	Verbesserung der Leistungs-fähigkeit des Unternehmens	n/a	-	-	x	-	-
	Verbesserung der Wettbe-werbsfähigkeit des Unter-nehmens	n/a	x	x	-	-	-
Buchta, Eul, Schulte-C. (2005)	Steigerung des Unternehmensumsatzes	n/a	x	-	-	-	-
	Reduktion der Unternehmenskosten	n/a	-	-	x	-	-
	Reduktion der IT Kosten	n/a	-	-	x	-	-
Baumöl, Ickler (2008)	Innovation	Neue Applikationen und Produkte, die die Entwicklung neuer Geschäftsfelder unterstützen oder bestehende Prozesse optimieren bzw. neue Prozesse ermöglichen	x	-	-	-	-
	Wirtschaftlichkeit	Einführung/Betrieb bestehender und neuer Applikationen durch eine effektive und effiziente Aufbau- und Ablauforganisation	-	-	x	-	-
	Risiko	Kontinuierliche Betrachtung des vorhandenen Risikopotenzials zur Verringerung des Verlustpotenzials	-	-	-	-	x
Shang, Seddon (2002)	Operational	Cutting costs and raising output by automating basic, repetitive operations	-	-	x	-	-
	Managerial	Rely on summarized information or exception reports	-	x	-	-	-
	Strategic	IT-based competitive advantage to enable innovative strategies	x	-	-	-	-
	IT Infrastructure	Provide a foundation for present and future business applications	-	-	-	x	-
	Organizational		-	-	-	-	-

| Autor (Jahr) | Wertbeitragskategorie | Beschreibung | Wertzuwachs | | | | Wert-sicherung |
			Strategisch	Informationsbezogen	Transaktions- bzw. Formalzielbezogen	Transformationsbezogen	Risiko-Steuerung
Weill, Broadbent (1998)	Strategic	Competitive advantage, market positioning, innovative services	x	-	-	-	- -
	Informational	Increased control, better information and integration, improved quality	-	x	-	-	- -
	Transactional	Cut costs, increased throughput	-	-	x	-	- -
	Infrastructure	Provide IT to process the basic, repetitive transactions of the firm; coordinated centrally	-	-	-	-	x x
Gregor et al. (2006)	Strategic	Referring Mirani, Lederer (1998)	x	-	-	-	- -
	Informational	Referring Mirani, Lederer (1998)	-	x	-	-	- -
	Transactional	Referring Mirani, Lederer (1998)	-	-	x	-	- -
	Transformational	Value realization from IT depends on time-consuming investments in organizational change and results in new, often intangible, organizational assets	-	-	-	x	- -

Anhang B – Evaluationsmatrix des Literature Reviews

Literature Review: Evaluationsmatrix - Teil 1 (Quellen 1-7)							
Nr	Theoretische Grundlage	Forschungsansatz	Definition / Sichtweise des IT-Wertbeitrags	Reichweite des Verständnisses des IT-Wertbeitrags	Primärer Überprüfungspunkt des IT-Wertbeitrags	Art der Bewertung des IT-Wertbeitrags	Evaluationsperspektive
1	-	interpretativ (Spieltheorie)	IT value is a managerial expectation of certain economic variables, related to perceptions about how beliefs in the economy are shaping up	Unternehmen	Manager	-	Shareholder
2	-	Empirisch (Fallstudie)	Impact of flexibility as an enabler for future projects	Unternehmen	Unternehmen	-	Shareholder
3	Resource Based View (RBV)	Empirisch (Umfrage)	Abilities to coordinate and exploit firm resources (processes, information, technology and readiness of customers and suppliers) create online informational capabilities which leads to improved operational and financial performance	Unternehmen	-	-	-
4	-	Literatur Review	IT driven quantitative or qualitative performance increase at individual, group, process or organizational level	Unternehmen (Hinweis auf Branche, Land)	individual, group, process or organizational level	-	-
5	-	Literatur Review	Output of an information system which can be described in different dimensions	Individuen, Benutzer, Unternehmen, Volkswirtschaft	independent observer, Individuum, Gruppe, Management, Land	-	-
6	-	Empirisch (Fallstudie)	Potential and realized value as benefits from an IT investment	Unternehmen	Geschäftsprozess	-	Shareholder
7	-	Empirisch (Fallstudie)	Not specified	Unternehmen	value chain, Unternehmen		Shareholder

				Reichweite des Verständnisses des IT-Wertbeitrags	Primärer Über-prüfungspunkt des IT-Wertbeitrags	Art der Bewertung des IT-Wertbeitrags	Evaluations-perspektive
Nr	**Theoretische Grundlage**	**Forschungsansatz**	**Definition / Sichtweise des IT-Wertbeitrags**				
8	-	Empirisch (Interviews, Umfrage)	Seperation of IT value which affects performance at business process level and economic performance at firm's economic performance	Unternehmen	Geschäfts-prozess	Objektiv	Shareholder
9	Information Economics	Interpretativ (konzeptionelle Modellentwicklung)	Ability to realize the estaimated Potential of an IT project	Markt, Unternehmen, Gruppe, Geschäfts-prozess, Individuum	-	-	-
10	-	Empirisch (Fallstudie)	Generalized assumptions and expectations about IT can be used to: - influence the organization's relationship with ist external environment - improve internal operations, increase efficency, reduce administration, inrcrease coordination	Unternehmen	-	Erfüllung der Requiremnets	-
11	Wertbeitrags-Kategorien nach Miriani und Lederer (strategisch, transaktions-bezogen, informations-bezogen)	Empirisch (Umfrage)	Organizational performance impacts of IT at intermediate process- and organizational-level, including efficency impacts and competetive impacts extended by transformational impacts (changes from IT investments which results in in long term structure and capacity benefits)	Geschäftsproze ss und Unternehmen	Geschäfts-prozess und Unternehmen	Subjektiv (Wahr-nehmung)	-
12	-	Interpretativ (konzeptionelle Modellentwicklung)	Considerable economic benefits by successfully including and enabling users to approriately enrich their use of already-installed IT-enabled work systems	Individuum/ Gruppe (Benutzer)	-	-	-
13	-	Interpretativ (subjektiv argumentativ)	broader and richer understanding of it value: 1 Co-creation of value (multiple firms) 2 IT value as IT embedded business capabilities 3 IT as enabling factor for business capabilities 4 intangible aspects of business value like flexibility, agility, customer service, quality of employee life, user satisfaction are under-represented	Unternehmen	-	-	-
14	-	Empirisch (Fallstudie)	IT is creating value along three dimensions and leads to automational, informational (data quality/detail) and transformational (change to a more effective process) effects	Unternehmen	Management Prozess perfromance, operational process performance	Objektiv und subjektiv	Shareholder
15	-	Empirisch (Umfrage)	IT as driver for efficency and knowledge management to achieve firm performance	Unternehmen	Perception of IT executives	Subjektiv (Wahr-nehmung)	IT-Exceutives
16	Resouce Based View (RBV)	Interpretativ (konzeptionelle Modellentwicklung, Literatur Review)	Organizational performance impacts of IT at process or organizational level, including productivity enhancements, profitability improvement, cost reduction, competetive advantage, inventory reduction and other measures of performance	Unternehmen	-	-	-

Table title: **Literature Review: Evaluationsmatrix - Teil 1 (Quellen 8-16)**

Nr	Theoretische Grundlage	Forschungsansatz	Definition / Sichtweise des IT-Wertbeitrags	Reichweite des Verständnisses des IT-Wertbeitrags	Primärer Überprüfungspunkt des IT-Wertbeitrags	Art der Bewertung des IT-Wertbeitrags	Evaluationsperspektive
			Literature Review: Evaluationsmatrix - Teil 1 (Quellen 17-30)				
17	Resource Based View (RBV)	Empirisch (Umfrage)	Procurement process performance: process efficencies, cost savings, (find and use of products in higher quality and lower prices) from use of internet technologies.	Unternehmen	-		-
18	-	Empirisch (Umfrage)	IT as an enabler of growth	Unternehmen	-		Shareholder
19	Resource Based View (RBV), Kontingenz-theorie	Empirisch (Umfrage)	IT as a strategic resource which need to be aligned with business strategy to increase organzational performace	Unternehmen	Unternehmen	Objektiv und subjektiv	Shareholder
20	Knowledged Based View (KBV)	Empirisch (Fallstudie)	Impact of IT investments on firm performance or on a specific process	Unternehmen	Unternehmen und Geschäftsprozess	-	Shareholder
21	Resource Based View (RBV)	Interpretativ (subjektiv, argumentativ)	Value is not created by managing IT per se, but by managing the delivery of value through IT	Unternehmen	-	-	-
22	-	Empirisch (Nutzung verschiedener Datenbanken)	IT as growth options that enhance a firm's competitive agility and innovativeness	Unternehmen	-	-	Shareholder
23	Resource Based View, Transaktionskostentheorie	Empirisch (Umfrage)	IT enables a decrease of coordination costs and enhace the effectiveness diversifikation	-	-	-	-
24	Resouce Based View (RBV)	Empirisch (Umfrage)	Use of IT Resources to increase efficency or effectiveness of processes compared to what would be the case if these resources were not exploited in these processes	Unternehmen	-	-	-
25	Andere	Empirisch (Fallstudie, Interviews, Web-Site Analyse)	Mixture of aspects characterized by five dimensons: Operational Managerial Strategic IT infrastructure Organizational which are consolidated into Perceived Net Benefit Flow (PNBF)	Unternehmen	-	mix aus objektiver und subjektiver Verifizierung	-
26	Resource Based View (RBV), Transaktionskostentheorie	Empirisch (Umfrage)	Impact of IT-related resources (backend integration, managerial skills, partner support) to firm business process performance along the supply chain	Unternehmen	Geschäftsprozess	-	Shareholder
27	Porter's generische Strategien	Empirisch (Umfrage)	IT as an enabler for business strategies	Unternehmen	Perception (IT and Business Executives) on Business-Prozess-Level	-	-
28	Resource Based View (RBV)	Empirisch (Umfrage)	Right type of fit of IT alignment to processes	Unternehmen	-	-	-
29		Empirisch (Umfrage)	Messung des Wertbeitrag der IT durch Wahrnehmung von Executives	Unternehmen	-	-	executives
30	-	Empirisch (Umfrage)	Contribution of IT to firm performance (how IT affects critical business activities within the corporate value system)	Unternehmen	-	-	business executives

				Literature Review: Evaluationsmatrix - Teil 1 (Quellen 31-37)				
Nr	Theoretische Grundlage	Forschungsansatz	Definition / Sichtweise des IT-Wertbeitrags	Reichweite des Verständnisses des IT-Wertbeitrags	Primärer Überprüfungspunkt des IT-Wertbeitrags	Art der Bewertung des IT-Wertbeitrags	Evaluations-perspektive
31	-	Interpretativ (mathematisch-formales Modell)	IT value as increased production efficency, product quality or increased productivity	Unternehmen	-	-	Shareholder
32	Integrated model based on Thatcher and Oliver (2000) who examine the impact of it investments by a single-product monopolist that chooses product price and quality	Interpretativ (mathematisch-formales Modell)	Zusammenhang von IT Investitionen auf Sekundärziele (Produktqualität und Output-Level) und wirtschatlicher Performanz (Produktivität, Profit, Konsumentenrente)	Schwerpunkt liegt auf Unternehmen (zum Teil auch Volkswirtschft, jedoch nicht Gegenstand diese Arbeit)	-	-	-
33	-	Interpretativ (Simulation)	Security countermeasures that consider threat detection and prevention as well as recovery from disasters to ensure business continuity	Unternehmen	IT intern	Objektiv	Shareholder
34	-	Interpretativ (konzeptionelle Modellentwicklung, aubjektiv-argumentativ)	Ökonomischer Wert von IT Investitionen, die sich als Gestaltungsalternativen im Hinblick auf den individuellen unternehmerischen Kontext auffassen lassen	Unternehmen	Geschäfts-prozess(e)	Objektiv	-
35	-	Empirisch (Umfrage, Interviews, Fallstudie)	Conflicting views between change perspective and resilience perpective of IT need to be balanced to make better investment decisions and manage IT in a better way	Unternehmen	Geschäfts-prozess	-	-
36	Resource Based View (RBV)	Empirisch (Umfrage, Web-Site Analyse)	How firms leverage their investments in IT and e-commerce to create unique Internet-enabled capabilities that determines a firm's overall e-commerce effevtiveness	Unternehmen	Unternehmen	-	Shareholder
37	Nutzwert-analyse	Interpretativ (mathematisch-formales Modell)	Beitrag zur Steigerung des Unternehmenswertes unter Berücksichtigung des Ertrages, des Risikos, der Abhängigkeiten und des strategischen Fit im Sinne des Alignments	Unternehmen	-	quantitativ und qualitativ	Shareholder

				Literature Review: Evaluationsmatrix - Teil 2 (Quellen 1-3)		
Nr	Metrik	Detaillierte Beschreibung der Metrik	Branchenfokus	Stakeholder-Fokus des Wertbeitrags	Ziel-Zeitbezug	Wertbeitrags-kategorie
1	-	-	-	-	Pre-Implementierung	Informations-bezogen (Decision basis of manager)
2	Realoptionen	-	Energie	-	Pre-Implementierung	Strategisch
3	-	-	tested with data out of manufacturing, retail, and wholesale	Shareholder, Lieferanten, Kunden	-	Transaktions-bezogen

Nr	Metrik	Detaillierte Beschreibung der Metrik	Branchenfokus	Stakeholder-Fokus des Wertbeitrags	Ziel-Zeitbezug	Wertbeitrags-kategorie
	Literature Review: Evaluationsmatrix - Teil 2 (Quellen 4-14)					
4	-	-	-	-	-	
5	-	-	-	-	-	Gesamt
6	-	-	On line travel reservation Systems (Case studies)	-	Post- und Pre-Implementierung	Strategisch, Transaktions-bezogen
7	Business Value Index (BVI) multidimensional set of hard and soft measures	-	IT	-	Post- und Pre-Implementierung	Transaktions-bezogen, Strategisch
8	Prozessebene: Qualität und Produktivität Unternehmensebene: Gewinnmarge, Marktanteil, Konsumentenrente, Shareholder Value	-	Banken	-	Pre-Implementierung	Transaktions-bezogen, Informations-bezogen
9	-	-	-	-	Post- und Pre-Implementierung	-
10	-	-	-	multiple Stakeholder	Post- und Pre-Implementierung	Strategisch, Transaktions-bezogen
11	Wahrnehmung in den Bereichen: Informational Transactional Strategic Transformational	Informational: - Enabling faster access to information - Enabling easier access to Information - Improving information for strategic planning - Improving information accuracy - Providing information in more useable formats Transactional: - Savings in supply chain management - Reducing operating costs - Reducing communication costs - Avoiding the need to increase the workforce - Increasing return on financial assets - Enhancing employee productivity Strategic: - Creating competitive advantage - Aligning ICT strategy with business strategy - Establishing useful links with other organizations - Enabling quicker response to change - Improving customer relations - Providing better products or services to customers	-	Shareholder	-	Strategisch, Informations-bezogen, Transaktions-bezogen, Transformations-bezogen (future benefit over a period of time)
12	-	-	-	Mitarbeiter (einzelner User)	Post-Implementierung	Informations-bezogen
13	-	-	-	multiple Stakeholder	-	-
14	Automational: Zeit, Personalkosten Detection-Rate Informational: Kundenzufriedenheit/Loyalität Umsatz, Profitabilität Transformational: Kapitalbindung, Capital commitment inventory service level, Kundenzufriedenheit/Loyalität	-	Handel	-	-	Strategisch, Transaktions-bezogen, Informations-bezogen

Nr	Metrik	Detaillierte Beschreibung der Metrik	Branchenfokus	Stakeholder-Fokus des Wertbeitrags	Ziel-Zeitbezug	Wertbeitrags-kategorie
Literature Review: Evaluationsmatrix - Teil 2 (Quellen 15-26)						
15	Wahrnehmung von IT-Executives in Bereichen: Effizenz, Wissensmanagement, Finanzen (EBIT Marge)	-	-	Shareholder	-	Informations-bezogen, Transaktions-bezogen
16	-	-	-	single Stakeholder	-	Strategisch, Transaktions-bezogen
17	-	-	Manufacturing Firms	-	-	Transaktions-bezogen
18	-	-	-	single Stakeholder	-	Strategisch
19	Perceived Profitability, Kosten, Umsatz	-	manufacturing industry	-	Pre-Implementierung	Strategisch
20	leverage knowledge into productive outcomes. Uses Return on IT (ROIT) as a typical productivity ratio that accurately captures the true business value of IT	-	-	-	Post-Implementierung	Informations-bezogen, Transaktions-bezogen
21	-	-	-	-	-	Informations-bezogen, Strategisch
22	-	-	-	single Stakeholder	-	Strategisch, Transaktions-bezogen Informations-bezogen
23	-	-	produzierende Gewerbe	-	-	Transaktions-bezogen, (Strategisch)
24	-	-	life and health insurance	-	-	Strategisch, Transaktions-bezogen, Informations-bezogen
25	Operational benefits Managerial benefits Strategic benefits IT infrastructure benefits Organizational benefits	Operational 1.1 Cost reduction 1.2 Cycle time reduction 1.3 Productivity improvement 1.4 Quality improvement 1.5 Customer service improvement Managerial 2.1 Better resource management 2.2 Improved decision making and planning 2.3 Performance improvement Strategic 3.1 Support for business growth 3.2 Support for business alliance 3.3 Building business innovations 3.4 Building cost leadership 3.5 Generating product differentiation 3.6 Building external linkages IT infrastructure 4.1 Building business flexibility for current and future changes 4.2 IT cost reduction 4.3 Increased IT infrastructure capability Organizational 5.1 Changing work patterns 5.2 Facilitating organizational learning 5.3 Empowerment 5.4 Building common vision	-	Lieferanten und Business-Manager	Post-Implementierung	Strategisch, Informations-bezogen, Transaktions-bezogen
26	-	-	-	single Stakeholder	-	Strategisch, Transaktions-bezogen

Literature Review: Evaluationsmatrix - Teil 2 (Quellen 27-37)

Nr	Metrik	Detaillierte Beschreibung der Metrik	Branchenfokus	Stakeholder-Fokus des Wertbeitrags	Ziel-Zeitbezug	Wertbeitrags-kategorie
27	Wahrgenommener Einfluss auf Geschäftsprozesse	-	-	multiple Stakeholder (Business and IT executives)	-	Strategisch, Transaktions-bezogen
28	-	-	-	Tendenziell Shareholder	-	Strategisch
29	-	-	-	single Stakeholder	Post- und Pre-Implementierung	-
30	-	-	-	single Stakeholder	Post- und Pre-Implementierung	Strategisch, Transaktions-bezogen Informations-bezogen
31	-	-	-	-	-	Transaktions-bezogen
32	-	-	-	Tendenziell Shareholder	-	Gesamt
33	NPV	-	-	-	-	-
34	Als Beispiel werden TCO und ROI genannt	-	-	Shareholder	Pre-Implementierung	Transaktions-bezogen
35	-	-	-	-	-	Strategisch, Transaktions-bezogen
36	-	-	Handel	-	Post-implementierung	Transaktions-bezogen, Informations-bezogen
37	Zielbeitrag einzelner Bewertungsgegenstände, strtategic Fit	-	-	-	-	Strategisch

Literature Review: Evaluationsmatrix - Teil 3 (Quellen 1-6)

Nr	IT-Steuerungsobjekte (Mittel der Wertgenerierung)				Ziele		
	IT-Ressource	Aggregations-grad der IT-Ressource	IT-Aufbau-organisation	IT-Ablauf-organisation	IT-internes Ziel	Geschäftsprozess (-ziel)	Unternehmensziel
1	-	-	-	-	-	-	-
2	-	Infrastructur Projekte	-	-	Flexibilität	Real options NPV, DCF for E-billing/Payment	cost reduction, increased customer loyality
3	-	-	Gesamt / nicht genannt	Gesamt / nicht genannt	-	Beschaffung (Supplier side digitalization), Marketing/Vertrieb (Customer side digitalization)	Fininacial Performance (percentage increase om revenue per employee, gross profit margin, return on assets (ROA), return on invested capital (ROIC))
4	-	-	-	-	-	-	-
5	-	-	-	-	-	-	-
6	-	-	-	-	-	cost savings, increased productivity process efficency, product quality, competetiv pricing, innovation (product development), knowledge, customer service, relationship with partners	sustainable competitive advantage, positive network externalities

	IT-Steuerungsobjekte (Mittel der Wertgenerierung)				**Ziele**		
Nr	**IT-Ressource**	**Aggregations-grad der IT-Ressource**	**IT-Aufbau-organisation**	**IT-Ablauf-organisation**	**IT-internes Ziel**	**Geschäftsprozess (-ziel)**	**Unternehmensziel**
7	Anwendung, Infrastruktur, Mitarbeiter	-	-	-	improve performance, alignment, operating efficency	-	business growth, improved provitability
8	-	-	-	-	-	productivity, quality	profit margin, market share, consumer surplus, shareholder value
9	-	-	-	-	Realize Potential IT Value	allgemein, Measurement must consider business-process context	-
10	-	-	-	-	Effektivität, Verfügbarkeit	efficeny, cost decrease, increase coordination	-
11	-	-	-	-	-	-	-
12	Anwendung, Mitarbeiter	-	Applikationen/ Entwicklung	Aktivität	-	Aktivität im jeweiligen Geschäftsprozess besser nutzen	-
13	IT Resources (Human & Technical)	-	-	-	Effektivität, IT Strategy Alignment, optimal use of IT and organizational complemantary resources and creation of IT based capabilities	-	economic Performance also by intangible aspects
14	Infrastruktur	RFID	-	-	-	Management Process Operational Process	productivity, profitability, competetive advantage, cost reduction
15	Information (Knowledge Management)	-	-	-	Effizienz, Knowledge Management	Effizienz	Financial Performance
16	Gesamt (es werden verschiedene Sichtweisen diskutiert)	-	-	-	linkage between IT and the nature of process and organizational performance impacts	Geschäftsprozesse allgemein	Performance (e.g. cost reduction, revenue enhancement, competive advantage, stock market violation)
17	Anwendung, Infrastruktur	Internet Technologie	-	nicht genannt (Gesamtheitlich eingeschätzt)	-	Beschaffung	-
18	Infrastruktur	-	-	-	-	-	Growth
19	-	Applikations-Protfolio	-	-	Effektivität (Alignment)	-	Cost reduction, quality improvement, revenue growth
20	Knowledge	-	-	-	-	-	Productivity
21	-	-	-	-	Creating strategy, defining the IS contribution, exploiting information, defining the IT capability, implementing solutions, delivering IT supply	-	-
22	Anwendung	Applikationstyp ERP	-	-	-	nicht spezifiziert, interpretiert als Erreichung der Prozessziele	enhance competitive agility, innovativeness and market value of a firm
23	-	-	-	-	-	-	ROA

Literature Review: Evaluationsmatrix - Teil 3 (Quellen 7-23)

Nr	IT-Steuerungsobjekte (Mittel der Wertgenerierung)				Ziele		
	IT-Ressource	Aggregations-grad der IT-Ressource	IT-Aufbau-organisation	IT-Ablauf-organisation	IT-internes Ziel	Geschäftsprozess (-ziel)	Unternehmensziel
24	a) technical IT Skills and generic information technologies b) Level of IT Spending c) shared knowledge (IT managers and customer service managers) and IT infrastructure felexibility	-	-	-	-	Prozess Performance des Kundendienst (a) Productivit: troughput and process cycle time b) quality of output)	-
25	Anwendung	ERP	-	-	Effizienz Flexibilität Effektivität	Cycle Time Reduction	Produktivität Wirtschaftlichkeit Leistungsziel (Wachstum) Führungs-Organisationsziel (organizational learning)
26	backend integration: web applications which links with back-office databases and facilities information sharing managerial skills: ability to manage technology-strategy alignment, organizational changes, process redesign -partner support: use of interoperable information systems and provide compatible services with supply chain partners	-	-	-	-backend integration: integration (extent of: web applications are electronically integrated in back office IS, company databases are eelectronically integrated with suppliers, firm has used internet along the supply chain) -managerial skills: technology-strategy alignment, management of organizational change and supply chain restructuring induced ny internet based platforms, ability to aquire expertise -partner support: extent of: customers and suppliers have compatible systems in place, internet-based value chains are involved in procurement	Process Performance (procuremnet costs, inventory costs, coordination with suppliers, process efficencies, staff productivity, increased sales, wider segments, improved customer service)	competetive position (relative position in competition which has been improved through IT-enabled supply chain integtration)
27	-	-	-	-	Alignment	- supplier relations - production and operations - produce and service enhancement - marketing and sales support - customer relations	-
28	Gesamt	-	Gesamt	Gesamt	Effektivität (Alignment)	Geschäftsprozess-übergreifend	
29	-	-	-	-	-	Perceived impact of IT	Financial Performance

Literature Review: Evaluationsmatrix - Teil 3 (Quellen 30-37)

Nr	IT-Steuerungsobjekte (Mittel der Wertgenerierung)				Ziele		
	IT-Ressource	Aggregations-grad der IT-Ressource	IT-Aufbau-organisation	IT-Ablauf-organisation	IT-internes Ziel	Geschäftsprozess (-ziel)	Unternehmensziel
30	Gesamt	-	-	-	Kostenreduktion, Produktivität, Geschwindigkeit, Effektivität	Eingangs-Logistik, Produktion, Ausgangs-Logistik, Vertrieb, Marketing, Kundenservice, Adminstration	Effizienz, Effektivität, Marktreichweite
31	-	-	-	-	-	-	production efficency, product quality, pricing decisions, production costs, profits and productivity
32	Infrastruktur (Anwendungen werden implizit mit eingeschlossen)	-	Gesamt	Gesamt	-	Produktion bzw. Produktqualität	Produktivität, Konsumentenrente
33	Anwendungen, Infrastruktur, Information	-	Firewall, Encryption, Intrusion Detection System, Antivirus products, Business continuity contract	-	Verfügbarkeit, Verlässlichkeit, Vertraulichkeit	-	-
34	Infrastruktur	-	-	Aktivität und Service	-	IT Gestaltungsalternative mit bestem ökonomischen Wert auswählen	
35	-	-	-	-	Availability, Access (providing information to the right and not the wrong people), Accuracy (information is timely, complete and correct) , Agility	-	-
36	Infrastruktur (e-commerce capability)	-	-	-	-	-	revenue generation, cost reduction, operational efficency, asset return
37	-	Portfolio	-	-	-	minimales Risiko, makimaler Ertrag, maximaler strategic fit	-

Anhang C – Mapping der Business Cases auf das Referenzmodell

folgt ab S. 291

Mapping der Business Cases (1-10)	1	2	3	4	5	6	7	8	9	10
CashOut Total	3.582	2.601	3.836	525	1.100	1.820	1.520	2.785	700	1.250
Einnahmen/Ertrag Total	5.632	102	-	70	-	11.300	-	-	1.800	1.400
Cashflow Total	2.050	-2.499	-3.836	-455	-1.100	9.480	-1.520	-2.785	1.100	150
NPV Cashflow Zahlung t=1	1.148	-2.327	-3.090	-455	-962	8.205	-1.173	-2.284	716	81
Armortisationsdauer	4	-	-	-	-	1	-	-	3	4
IRR	26%	-	-	-	-	1077%	-	-	47%	24%
DCF mit WACC	-	-	-	-	-	-	-	-	-	-
Wertbeitragskategorie	2	2	1	2	1	2	2	1	1	1
Strategisch	-	-	-	-	-	1	1	1	-	-
Transaktionsbezogen	1	1	-	-	-	-	-	-	1	1
Informationsbezogen	1	-	1	-	1	1	1	-	-	-
Transformationsbezogen	-	-	-	1	-	-	-	-	-	-
Wertsichernd	-	1	-	1	-	-	-	-	-	-
1Kat_Strategisch	-	-	-	-	-	-	-	1	-	-
1Kat_Transaktion	-	-	-	-	-	-	-	-	1	1
1Kat_Information	-	-	1	-	1	-	-	-	-	-
1Kat_Transformation	-	-	-	-	-	-	-	-	-	-
1Kat_Wertsicherung	-	-	-	-	-	-	-	-	-	-
2Kat_Strategisch/Transaktion	-	-	-	-	-	-	-	-	-	-
2Kat_Strategisch/Information	-	-	-	-	-	1	1	-	-	-
2Kat_Transaktion/Information	1	-	-	-	-	-	-	-	-	-
2Kat_Transaktion/Transformation	-	-	-	-	-	-	-	-	-	-
2Kat_Transaktion/Wertsicherung	-	1	-	-	-	-	-	-	-	-
2Kat_Information/Transformation	-	-	-	-	-	-	-	-	-	-
2Kat_Transformation/Wertsicherung	-	-	-	1	-	-	-	-	-	-
3Kat_Transakt./Inform./Transform.	-	-	-	-	-	-	-	-	-	-
Stakeholder	1	-	-	-	-	1	-	-	1	1
Shareholder	1	-	-	-	-	1	-	-	1	1
Mitarbeiter	-	-	-	-	-	-	-	-	-	-
Kunden	-	-	-	-	-	-	-	-	-	-
Manager	-	-	-	-	-	-	-	-	-	-
Lieferanten	-	-	-	-	-	-	-	-	-	-
Konkurrenten	-	-	-	-	-	-	-	-	-	-
FK-Geber	-	-	-	-	-	-	-	-	-	-
Staat	-	-	-	-	-	-	-	-	-	-
Steuerungsobjekte	4	4	1	-	-	-	-	1	1	-
IT-Ressource	3	2	1	-	-	-	-	-	1	-
Anwendung	1	1	-	-	-	-	-	-	-	-
Infrastruktur	1	1	1	-	-	-	-	-	1	-
Information	1	-	-	-	-	-	-	-	-	-
Mitarbeiter	-	-	-	-	-	-	-	-	-	-
IT-Aufbauorganisation	-	2	-	-	-	-	-	1	-	-
IT-Leitung	-	1	-	-	-	-	-	-	-	-
Systembetrieb	-	1	-	-	-	-	-	-	-	-
Entwicklung	-	-	-	-	-	-	-	-	-	-
Demand Management	-	-	-	-	-	-	-	1	-	-
Support	-	-	-	-	-	-	-	-	-	-
IT-Ablauforganisation	1	-	-	-	-	-	-	-	-	-
Service/Produkt	1	-	-	-	-	-	-	-	-	-
Projekt	-	-	-	-	-	-	-	-	-	-
Prozess	-	-	-	-	-	-	-	-	-	-
IT-internes Ziel	4	2	2	3	1	1	1	-	1	1
Effektivität	-	-	1	1	-	-	-	-	-	-
Effizienz	1	-	-	-	1	1	1	-	1	1
Sicherheit/Vertraulichkeit	-	1	-	-	-	-	-	-	-	-
Integrität	1	-	1	-	-	-	-	-	-	-
Verfügbarkeit	1	1	-	-	-	-	-	-	-	-
Compliance	-	-	-	1	-	-	-	-	-	-
Flexibilität	1	-	-	1	-	-	-	-	-	-
Business Unit Bezug	-	1	1	-	1	1	1	1	1	1
Geschäftsprozess Bezug										
Eingangslogistik	-	-	-	-	-	-	-	-	-	-
Produktion	-	-	-	1	-	-	-	-	-	-
Ausgangslogistik	-	-	-	-	-	-	-	-	-	-
Marketing/Vertrieb	-	-	-	-	1	-	-	1	-	-
Kundenservice	-	-	-	-	-	-	-	-	-	-
Unternehmensinfrastruktur	-	-	-	-	-	-	-	-	-	-
Personal	-	-	-	-	-	-	-	-	-	-
Technologieentwicklung	-	-	-	-	-	-	-	-	-	-
Beschaffung	-	-	-	1	-	-	-	-	-	-
Unternehmensziel										
Sachziel	-	-	-	1	1	1	-	-	*	*
Leistungsziel	-	-	-	1	1	1	-	-	-	-
Finanzziel	-	-	-	-	-	-	-	-	-	-
Führungs-/Org.-Ziel	-	-	-	-	-	-	-	-	-	-
Soziales/ökol. Ziel	-	-	-	-	-	-	-	-	-	-
Formalziel	2	2	-	1	-	2	-	-	2	1
Produktivität	-	1	-	-	-	-	-	-	-	-
Wirtschftlichkeit	1	1	-	1	-	1	-	-	1	1
Rentabilität/Gewinn	1	-	-	-	-	1	-	-	1	-
Zielausmaß	1	1	-	1	-	1	-	-	1	1
Zielzeitbezug	1	1	1	1	1	1	1	1	1	1
Risiko	-	-	-	1	-	-	-	-	-	-
Evaluationsperspektive	-	-	-	-	-	-	-	-	-	-

Row group labels (left margin): Quantitativ / in tsd. EUR · Qualitative Bewertung · Zielinhalte

Mapping der Business Cases (11-20)		11	12	13	14	15	16	17	18	19	20
Quantitativ in tsd. EUR	CashOut Total	750	850	1.594	719	3.704	3.225	418	250	550	330
	Einnahmen/Ertrag Total	-	-	918	301	-	4.290	432	-	300	-
	Cashflow Total	-750	-850	-676	-418	-3.704	1.065	14	-250	-250	-330
	NPV Cashflow Zahlung t=1	-644	-785	-619	-383	-3.298	728	-28	-250	-250	-311
	Amortisationsdauer	-	-	-	-	-	2	-	-	-	-
	IRR	-	-	-59%	-	-	55%	2%	-	-	-
	DCF mit WACC	-	-	-	-	-	-	-	-	-	-
Qualitative Bewertung	**Wertbeitragskategorie**	2	1	1	1	1	2	2	1	1	1
	Strategisch	1	1	-	-	1	-	-	-	-	-
	Transaktionsbezogen	-	-	-	-	-	1	-	-	-	1
	Informationsbezogen	1	-	-	-	-	-	1	-	-	-
	Transformationsbezogen	-	-	1	-	-	1	1	-	1	-
	Wertsichernd	-	-	-	1	-	-	-	1	-	-
	1Kat_Strategisch	-	1	-	-	1	-	-	-	-	-
	1Kat_Transaktion	-	-	-	-	-	-	-	-	-	1
	1Kat_Information	-	-	-	-	-	-	-	-	-	-
	1Kat_Transformation	-	-	1	-	-	-	-	-	1	-
	1Kat_Wertsicherung	-	-	-	1	-	-	-	1	-	-
	2Kat_Strategisch/Transaktion	-	-	-	-	-	-	-	-	-	-
	2Kat_Strategisch/Information	1	-	-	-	-	-	-	-	-	-
	2Kat_Transaktion/Information	-	-	-	-	-	-	-	-	-	-
	2Kat_Transaktion/Transformation	-	-	-	-	-	1	-	-	-	-
	2Kat_Transaktion/Wertsicherung	-	-	-	-	-	-	-	-	-	-
	2Kat_Information/Transformation	-	-	-	-	-	-	1	-	-	-
	2Kat_Transformation/Wertsicherung	-	-	-	-	-	-	-	-	-	-
	3Kat_Transakt./Inform./Transform.	-	-	-	-	-	-	-	-	-	-
	Stakeholder	-	-	-	-	-	1	-	-	-	-
	Shareholder	-	-	-	-	-	1	-	-	-	-
	Mitarbeiter	-	-	-	-	-	-	-	-	-	-
	Kunden	-	-	-	-	-	-	-	-	-	-
	Manager	-	-	-	-	-	-	-	-	-	-
	Lieferanten	-	-	-	-	-	-	-	-	-	-
	Konkurrenten	-	-	-	-	-	-	-	-	-	-
	FK-Geber	-	-	-	-	-	-	-	-	-	-
	Staat	-	-	-	-	-	-	-	-	-	-
	Steuerungsobjekte	-	-	-	2	1	3	-	-	-	-
	IT-Ressource	-	-	-	1	1	1	-	-	-	-
	Anwendung	-	-	-	-	-	-	-	-	-	-
	Infrastruktur	-	-	-	1	1	1	-	-	-	-
	Information	-	-	-	-	-	-	-	-	-	-
	Mitarbeiter	-	-	-	-	-	-	-	-	-	-
	IT-Aufbauorganisation	-	-	-	1	-	2	-	-	-	-
	IT-Leitung	-	-	-	-	-	-	-	-	-	-
	Systembetrieb	-	-	-	-	-	1	-	-	-	-
	Entwicklung	-	-	-	-	-	1	-	-	-	-
	Demand Management	-	-	-	-	-	-	-	-	-	-
	Support	-	-	-	1	-	-	-	-	-	-
	IT-Ablauforganisation	-	-	-	-	-	-	-	-	-	-
	Service/Produkt	-	-	-	-	-	-	-	-	-	-
	Projekt	-	-	-	-	-	-	-	-	-	-
	Prozess	-	-	-	-	-	-	-	-	-	-
	IT-internes Ziel	-	-	1	2	1	-	2	1	3	1
	Effektivität	-	-	-	-	-	-	-	1	1	-
	Effizienz	-	-	-	1	-	-	1	-	-	1
	Sicherheit/Vertraulichkeit	-	-	-	1	-	-	-	-	1	-
	Integrität	-	-	-	-	1	-	-	-	-	-
	Verfügbarkeit	-	-	1	-	-	-	-	-	1	-
	Compliance	-	-	-	-	-	-	-	-	-	-
	Flexibilität	-	-	-	-	-	-	1	-	-	-
	Business Unit Bezug	1	1	1	1	1	-	-	1	1	1
Zielinhalte	**Geschäftsprozess Bezug**										
	Eingangslogistik	-	-	-	-	-	-	-	-	1	-
	Produktion	-	-	-	-	-	1	-	1	1	-
	Ausgangslogistik	-	-	-	-	-	-	-	-	1	-
	Marketing/Vertrieb	-	-	-	-	1	-	1	-	-	-
	Kundenservice	-	-	-	-	-	-	-	-	-	-
	Unternehmensinfrastruktur	-	-	1	-	-	1	-	-	-	-
	Personal	-	-	-	-	-	1	-	-	-	-
	Technologieentwicklung	-	-	-	-	-	-	-	-	-	-
	Beschaffung	-	-	-	-	-	-	-	-	-	1
	Unternehmensziel										
	Sachziel	-	-	-	-	-	-	-	-	-	-
	Leistungsziel	-	-	-	-	-	-	-	-	-	-
	Finanzziel	-	-	-	-	-	-	-	-	-	-
	Führungs-/Org.-Ziel	-	-	-	-	-	-	-	-	-	-
	Soziales/ökol. Ziel	-	-	-	-	-	-	-	-	-	-
	Formalziel	-	-	-	1	-	2	1	-	-	1
	Produktivität	-	-	-	-	-	-	-	-	-	-
	Wirtschftlichkeit	-	-	-	1	-	1	1	-	-	1
	Rentabilität/Gewinn	-	-	-	-	-	1	-	-	-	-
	Zielausmaß	-	-	1	1	-	1	1	-	1	-
	Zielzeitbezug	1	1	1	1	1	1	1	1	1	1
	Risiko	-	-	-	1	-	-	-	-	-	-
	Evaluationsperspektive	-	-	-	-	-	-	-	-	-	-

Mapping der Business Cases (21-30)	21	22	23	24	25	26	27	28	29	30
Quantitativ / in tsd. EUR										
CashOut Total	250	100	2.736	-	390	-	900	360	5.115	150
Einnahmen/Ertrag Total	-	-	10.625	-	420	-	-	180	-	420
Cashflow Total	-250	-100	7.889	-	30	-	-900	-180	-5.115	270
NPV Cashflow Zahlung t=1	-250	-100	5.054	-	-25	-	-755	-180	-4.309	180
Armortisationsdauer	-	-	4	-	-	-	-	-	-	3
IRR	-	-	72%	-	4%	-	-	-	-	49%
DCF mit WACC	-	-	-	-	-	-	-	-	-	-
Wertbeitragskategorie	1	1	2	1	2	1	1	2	2	1
Strategisch	-	-	-	-	-	-	-	-	-	-
Transaktionsbezogen	-	-	1	-	1	-	1	1	1	1
Informationsbezogen	-	-	1	-	1	-	-	-	-	-
Transformationsbezogen	-	1	-	-	-	-	-	-	1	-
Wertsichernd	1	-	-	1	-	1	-	1	-	-
1Kat_Strategisch	-	-	-	-	-	-	-	-	-	-
1Kat_Transaktion	-	-	-	-	-	-	1	-	-	1
1Kat_Information	-	-	-	-	-	-	-	-	-	-
1Kat_Transformation	-	1	-	-	-	-	-	-	-	-
1Kat_Wertsicherung	1	-	-	1	-	1	-	-	-	-
2Kat_Strategisch/Transaktion	-	-	-	-	-	-	-	-	-	-
2Kat_Strategisch/Information	-	-	-	-	-	-	-	-	-	-
2Kat_Transaktion/Information	-	-	1	-	1	-	-	-	-	-
2Kat_Transaktion/Transformation	-	-	-	-	-	-	-	-	1	-
2Kat_Transaktion/Wertsicherung	-	-	-	-	-	-	-	1	-	-
2Kat_Information/Transformation	-	-	-	-	-	-	-	-	-	-
2Kat_Transformation/Wertsicherung	-	-	-	-	-	-	-	-	-	-
3Kat_Transakt./Inform./Transform.	-	-	-	-	-	-	-	-	-	-
Stakeholder	-	-	3	-	2	-	-	-	-	1
Shareholder	-	-	1	-	-	-	-	-	-	1
Mitarbeiter	-	-	-	-	-	-	-	-	-	-
Kunden	-	-	1	-	-	-	-	-	-	-
Manager	-	-	-	-	1	-	-	-	-	-
Lieferanten	-	-	1	-	-	-	-	-	-	-
Konkurrenten	-	-	-	-	-	-	-	-	-	-
FK-Geber	-	-	-	-	-	-	-	-	-	-
Staat	-	-	-	-	1	-	-	-	-	-
Steuerungsobjekte	-	-	3	1	1	1	-	-	2	-
IT-Ressource	-	-	2	1	1	1	-	-	1	-
Anwendung	-	-	1	1	1	-	-	-	-	-
Infrastruktur	-	-	1	-	-	1	-	-	1	-
Information	-	-	-	-	-	-	-	-	-	-
Mitarbeiter	-	-	-	-	-	-	-	-	-	-
IT-Aufbauorganisation	-	-	1	-	-	-	-	-	1	-
IT-Leitung	-	-	-	-	-	-	-	-	-	-
Systembetrieb	-	-	-	-	-	-	-	-	-	-
Entwicklung	-	-	-	-	-	-	-	-	1	-
Demand Management	-	-	-	-	-	-	-	-	-	-
Support	-	-	1	-	-	-	-	-	-	-
IT-Ablauforganisation	-	-	-	-	-	-	-	-	-	-
Service/Produkt	-	-	-	-	-	-	-	-	-	-
Projekt	-	-	-	-	-	-	-	-	-	-
Prozess	-	-	-	-	-	-	-	-	-	-
IT-internes Ziel	2	2	1	1	1	1	-	1	1	1
Effektivität	1	1	-	1	-	-	-	-	-	-
Effizienz	-	-	-	-	1	-	-	1	1	1
Sicherheit/Vertraulichkeit	-	-	-	-	-	-	-	-	-	-
Integrität	-	1	-	-	-	-	-	-	-	-
Verfügbarkeit	-	-	1	-	-	1	-	-	-	-
Compliance	1	-	-	-	-	-	-	-	-	-
Flexibilität	-	-	-	-	-	-	-	-	-	-
Business Unit Bezug	1	-	1	1	-	-	1	1	1	1
Geschäftsprozess Bezug										
Eingangslogistik	1	-	-	1	-	-	-	-	-	1
Produktion	-	-	-	-	-	-	1	-	-	-
Ausgangslogistik	1	-	-	1	-	-	1	-	-	1
Marketing/Vertrieb	-	-	1	-	-	-	-	-	-	-
Kundenservice	-	-	-	-	-	-	-	-	-	-
Unternehmensinfrastruktur	-	-	-	-	-	-	-	-	-	-
Personal	-	-	-	-	-	-	-	-	-	-
Technologieentwicklung	-	-	-	-	-	-	-	-	-	-
Beschaffung	-	1	1	-	-	-	-	-	-	-
Unternehmensziel										
Sachziel	-	-	-	-	1	-	-	-	-	-
Leistungsziel	-	-	-	-	*	-	-	-	-	-
Finanzziel	-	-	-	-	-	-	-	-	-	-
Führungs-/Org.-Ziel	-	-	-	-	-	-	-	-	-	-
Soziales/ökol. Ziel	-	-	-	-	1	-	-	-	-	-
Formalziel	-	-	3	-	-	-	1	1	1	2
Produktivität	-	-	1	-	-	-	-	-	-	-
Wirtschftlichkeit	-	-	1	-	-	-	1	1	1	1
Rentabilität/Gewinn	-	-	1	-	-	-	-	-	-	1
Zielausmaß	-	-	1	-	1	-	-	1	-	1
Zielzeitbezug	1	1	1	1	1	-	1	1	1	1
Risiko	1	-	-	1	-	-	-	1	-	-
Evaluationsperspektive	-	-	-	-	-	-	-	-	-	-

Mapping der Business Cases (31-40)	31	32	33	34	35	36	37	38	39	40
CashOut Total	154	550	154	92	120	480	555	100	300	354
Einnahmen/Ertrag Total	665	1.120	-	-	-	-	614	-	-	-
Cashflow Total	511	570	-154	-92	-120	-480	59	-100	-300	-354
NPV Cashflow Zahlung t=1	380	318	-142	-92	-120	-397	11	-100	-278	-299
Armortisationsdauer	1	4	-	-	-	-	6	-	-	-
IRR	161%	30%	-	-	-	-	11%	-	-	-
DCF mit WACC	-	-	-	-	-	-	-	-	-	-
Wertbeitragskategorie	2	2	2	1	2	2	2	2	1	1
Strategisch	-	-	-	-	1	1	-	1	-	-
Transaktionsbezogen	1	1	1	-	1	-	1	-	-	-
Informationsbezogen	-	1	-	1	-	1	-	1	-	-
Transformationsbezogen	1	-	-	-	-	-	-	-	-	1
Wertsichernd	-	-	1	-	-	-	1	-	1	-
1Kat_Strategisch	-	-	-	-	-	-	-	-	-	-
1Kat_Transaktion	-	-	-	-	-	-	-	-	-	-
1Kat_Information	-	-	-	1	-	-	-	-	-	-
1Kat_Transformation	-	-	-	-	-	-	-	-	-	1
1Kat_Wertsicherung	-	-	-	-	-	-	-	-	1	-
2Kat_Strategisch/Transaktion	-	-	-	-	1	-	-	-	-	-
2Kat_Strategisch/Information	-	-	-	-	-	1	-	1	-	-
2Kat_Transaktion/Information	-	1	-	-	-	-	-	-	-	-
2Kat_Transaktion/Transformation	1	-	-	-	-	-	-	-	-	-
2Kat_Transaktion/Wertsicherung	-	-	1	-	-	-	1	-	-	-
2Kat_Information/Transformation	-	-	-	-	-	-	-	-	-	-
2Kat_Transformation/Wertsicherung	-	-	-	-	-	-	-	-	-	-
3Kat_Transakt./Inform./Transform.	-	-	-	-	-	-	-	-	-	-
Stakeholder	1	4	-	-	-	-	1	2	1	1
Shareholder	1	1	-	-	-	-	1	-	-	-
Mitarbeiter	-	1	-	-	-	-	-	-	-	-
Kunden	-	1	-	-	-	-	-	1	-	1
Manager	-	-	-	-	-	-	-	-	-	-
Lieferanten	-	1	-	-	-	-	-	1	-	-
Konkurrenten	-	-	-	-	-	-	-	-	-	-
FK-Geber	-	-	-	-	-	-	-	-	-	-
Staat	-	-	-	-	-	-	-	-	1	-
Steuerungsobjekte	-	1	-	1	-	1	4	-	-	1
IT-Ressource	-	1	-	-	-	1	2	-	-	-
Anwendung	-	-	-	-	-	-	1	-	-	-
Infrastruktur	-	-	-	-	-	1	1	-	-	-
Information	-	-	-	-	-	-	-	-	-	-
Mitarbeiter	-	1	-	-	-	-	-	-	-	-
IT-Aufbauorganisation	-	-	-	-	-	-	2	-	-	-
IT-Leitung	-	-	-	-	-	-	-	-	-	-
Systembetrieb	-	-	-	-	-	-	1	-	-	-
Entwicklung	-	-	-	-	-	-	-	-	-	-
Demand Management	-	-	-	-	-	-	-	-	-	-
Support	-	-	-	-	-	-	1	-	-	-
IT-Ablauforganisation	-	-	-	1	-	-	-	-	-	1
Service/Produkt	-	-	-	1	-	-	-	-	-	-
Projekt	-	-	-	-	-	-	-	-	-	-
Prozess	-	-	-	-	-	-	-	-	-	1
IT-internes Ziel	1	1	1	1	1	1	2	1	1	2
Effektivität	-	1	-	-	-	1	-	-	-	-
Effizienz	1	-	1	-	1	-	-	1	-	-
Sicherheit/Vertraulichkeit	-	-	-	-	-	-	-	-	-	-
Integrität	-	-	-	1	-	-	1	-	-	-
Verfügbarkeit	-	-	-	-	-	-	-	-	-	-
Compliance	-	-	-	-	-	-	1	-	1	-
Flexibilität	-	-	-	-	-	-	-	-	-	1
Business Unit Bezug	-	1	1	-	-	1	1	1	1	1
Geschäftsprozess Bezug										
Eingangslogistik	-	-	-	-	-	-	-	1	-	-
Produktion	-	-	-	1	-	-	-	-	-	-
Ausgangslogistik	-	-	-	-	-	-	-	-	-	-
Marketing/Vertrieb	-	-	-	-	-	-	-	-	-	-
Kundenservice	-	1	-	-	-	-	-	1	-	-
Unternehmensinfrastruktur	1	-	-	1	-	-	-	-	-	-
Personal	-	-	-	1	-	-	-	-	-	-
Technologieentwicklung	-	-	-	-	-	-	-	-	-	-
Beschaffung	-	-	-	-	-	-	-	1	-	-
Unternehmensziel										
Sachziel	-	1	-	-	-	-	-	1	-	-
Leistungsziel	-	1	-	-	-	-	-	1	-	-
Finanzziel	-	-	-	-	-	-	-	-	-	-
Führungs-/Org.-Ziel	-	-	-	-	-	-	-	-	-	-
Soziales/ökol. Ziel	-	-	-	-	-	-	-	-	-	-
Formalziel	2	2	1	-	1	-	2	2	-	1
Produktivität	-	-	1	-	-	-	-	1	-	1
Wirtschftlichkeit	1	1	-	-	1	-	1	1	-	-
Rentabilität/Gewinn	1	1	-	-	-	-	1	-	-	-
Zielausmaß	1	1	-	-	-	-	1	-	-	-
Zielzeitbezug	1	1	1	-	1	1	1	1	-	1
Risiko	-	-	-	-	-	-	1	-	1	-
Evaluationsperspektive	-	-	-	-	-	-	-	-	-	-

Quantitativ in tsd. EUR — Qualitative Bewertung — Zielinhalte

Mapping der Business Cases (41-47)		41	42	43	44	45	46	47
Quantitativ in tsd. EUR	CashOut Total	190	2.664	460	178	172	5.497	262
	Einnahmen/Ertrag Total	228	100	14.500	-	-	6.838	-
	Cashflow Total	38	-2.564	14.040	-178	-172	1.341	-262
	NPV Cashflow Zahlung t=1	6	-2.219	11.893	-178	-172	1.341	-262
	Armortisationsdauer	6	-	-	-	-	-	-
	IRR	10%	-	-	-	-	159%	-
	DCF mit WACC	-	-	-	-	-	-	-
Wertbeitragskategorie		2	3	1	1	1	1	1
	Strategisch	-	-	-	-	-	1	-
	Transaktionsbezogen	-	1	1	-	1	-	-
	Informationsbezogen	-	1	-	-	-	-	-
	Transformationsbezogen	1	1	-	1	-	-	1
	Wertsichernd	1	-	-	-	-	-	-
	1Kat_Strategisch	-	-	-	-	-	1	-
	1Kat_Transaktion	-	-	1	-	1	-	-
	1Kat_Information	-	-	-	-	-	-	-
	1Kat_Transformation	-	-	-	1	-	-	1
	1Kat_Wertsicherung	-	-	-	-	-	-	-
	2Kat_Strategisch/Transaktion	-	-	-	-	-	-	-
	2Kat_Strategisch/Information	-	-	-	-	-	-	-
	2Kat_Transaktion/Information	-	-	-	-	-	-	-
	2Kat_Transaktion/Transformation	-	-	-	-	-	-	-
	2Kat_Transaktion/Wertsicherung	-	-	-	-	-	-	-
	2Kat_Information/Transformation	-	-	-	-	-	-	-
	2Kat_Transformation/Wertsicherung	1	-	-	-	-	-	-
	3Kat_Transakt./Inform./Transform.	-	1	-	-	-	-	-
Stakeholder		1	-	1	-	-	-	-
	Shareholder	1	-	1	-	-	-	-
	Mitarbeiter	-	-	-	-	-	-	-
	Kunden	-	-	-	-	-	-	-
	Manager	-	-	-	-	-	-	-
	Lieferanten	-	-	-	-	-	-	-
	Konkurrenten	-	-	-	-	-	-	-
	FK-Geber	-	-	-	-	-	-	-
	Staat	-	-	-	-	-	-	-
Steuerungsobjekte		-	1	1	-	-	2	3
	IT-Ressource	-	-	1	-	-	2	1
	Anwendung	-	-	1	-	-	1	1
	Infrastruktur	-	-	-	-	-	1	-
	Information	-	-	-	-	-	-	-
	Mitarbeiter	-	-	-	-	-	-	-
	IT-Aufbauorganisation	-	1	-	-	-	-	1
	IT-Leitung	-	-	-	-	-	-	-
	Systembetrieb	-	-	-	-	-	-	-
	Entwicklung	-	-	-	-	-	-	1
	Demand Management	-	-	-	-	-	-	-
	Support	-	1	-	-	-	-	-
	IT-Ablauforganisation	-	-	-	-	-	-	1
	Service/Produkt	-	-	-	-	-	-	1
	Projekt	-	-	-	-	-	-	-
	Prozess	-	-	-	-	-	-	-
IT-internes Ziel		2	1	1	1	1	1	1
	Effektivität	1	-	1	1	-	1	1
	Effizienz	1	1	-	-	1	-	-
	Sicherheit/Vertraulichkeit	-	-	-	-	-	-	-
	Integrität	-	-	-	-	-	-	-
	Verfügbarkeit	-	-	-	-	-	-	-
	Compliance	-	-	-	1	-	-	-
	Flexibilität	-	-	-	-	-	-	-
Business Unit Bezug		1	-	-	1	1	-	-
Geschäftsprozess Bezug								
	Eingangslogistik	-	-	-	-	-	-	-
	Produktion	-	-	-	-	-	-	-
	Ausgangslogistik	-	-	-	-	-	-	-
	Marketing/Vertrieb	1	-	-	-	-	1	1
	Kundenservice	-	-	-	-	-	-	-
	Unternehmensinfrastruktur	-	-	-	-	-	-	-
	Personal	-	-	-	-	-	-	-
	Technologieentwicklung	-	-	-	-	-	-	-
	Beschaffung	-	-	-	-	-	-	-
Unternehmensziel								
	Sachziel	-	-	-	-	-	1	1
	Leistungsziel	*	-	-	-	-	1	1
	Finanzziel	-	-	-	-	-	-	-
	Führungs-/Org.-Ziel	-	-	-	-	-	-	-
	Soziales/ökol. Ziel	-	-	-	-	-	-	-
	Formalziel	2	1	2	-	1	1	-
	Produktivität	-	-	-	-	-	-	-
	Wirtschftlichkeit	1	1	1	-	1	-	-
	Rentabilität/Gewinn	1	-	1	-	-	1	-
Zielausmaß		1	1	1	-	-	1	-
Zielzeitbezug		1	1	1	1	-	1	1
Risiko		-	-	-	-	-	-	-
Evaluationsperspektive		-	-	-	-	-	-	-